# Monika Prem · Stationen meines Lebens

Für meine sieben Kinder, für meine sieben Schwiegerkinder,
für meine 25 Enkelkinder und für meine Schwiegerenkelin Giulia

Monika Prem

# Stationen meines Lebens

Krankenstation · USA · Sibirien · Irland

Bibliografische Information der Deutschen Nationalbibliothek: Die Deutsche National-bibliothek verzeichnet diese Publikation in der Deutschen Nationalbibliografie; detail-lierte bibliografische Daten sind im Internet über dnb.dnb.de abrufbar.

2. Auflage (Juni 2025)
Copyright © 2025 Boris Prem (boris.prem@gmx.de)
Herausgeber: Boris Prem
Lektorat: Boris Prem
Korrektur (Orthographie/Stilistik): Christine Prem (Krankenstation), Boris Prem (USA, Sibirien), Boris und Christine Prem (Irland)
Coverabbildung: Krankenstation, New York, Kasyr (Sibirien), Irland; Sajangebirge (Rück-deckel); alle fünf Fotos: Monika Prem
Verlag: BoD · Books on Demand GmbH, Überseering 33, 22297 Hamburg, bod@bod.de
Druck: Libri Plureos GmbH, Friedensallee 273, 22763 Hamburg

ISBN: 978-3-8192-4493-3

# Inhalt

## Weitere Titel von Monika Prem
### (nicht in diesem Sammelband)

# Krankenhaus

**Meine beiden Krankenhausaufenthalte im Klinikum Neuperlach in München – eine biographische Erzählung (21. bis 28. Feb. 2008 und 7. bis 10. Mai 2008)**

Kurz vor 15 Uhr, am Donnerstag den 21. Februar 2008, verlasse ich meine gut aufgeräumte Wohnung in Laim, einem westlichen Stadtteil Münchens.

Nachdem ich im Postamt am Laimer Platz noch ein Päckchen aufgegeben habe, in dem sich ein russischer Sprachführer und eine Russland-Sibirien-Landkarte befinden, fahre ich mit der U-Bahn der Linie 5 bis Neuperlach Zentrum, steige dort in einen der vielen Busse um und erreiche nach drei Stationen das Städtische Krankenhaus Neuperlach.

Mit dem Rucksack auf dem Rücken und der mit Rollen ausgestatteten Tasche, die ich an einem Griff hinter mir herziehe, betrete ich durch eine der beiden Glastüren, die sich lautlos öffnet und sich ebenso wieder hinter mir schließt, den breiten Gang des Erdgeschosses.

Linker Hand befinden sich eine Cafeteria, ein Blumenladen und die Krankenhausbücherei.

Ein Blick auf meine Armbanduhr bestätigt mir meine exakte zeitliche Planung, die mich aber gleichzeitig überrascht. Wegen des Gepäcks fahre ich heute mit dem Lift und zwar in das vierte Stockwerk, hier Ebene 4 genannt, wo ich um 16 Uhr im Stationszimmer der Station 40 erwartet werde.

Schwester Katja, eine große, kräftige Person, etwa Mitte dreißig mit blonden Haaren, die sie am Hinterkopf zu einer Rolle zusammen gesteckt hat, und der Sprache nach aus den neuen Bundesländern, aus Thüringen, wie ich später erfahre, stammend, weist mir das Zimmer gleich gegenüber dem Stationszimmer zu. Links an der Wand stehen drei Betten, die alle besetzt sind. Ein zusätzlich hereingeschobenes Bett an der rechten Wand ist leer und anscheinend für mich vorgesehen. Katja erklärt mir in großer Eile, dass noch an diesem Abend das linke Bett frei würde, weil die Dame, die darinnen liegt, heute Abend noch nach Hause gehen werde.

Ich sehe mir die Dame näher an - anscheinend eine Chinesin - und begreife nicht, wie sie heute noch die Klinik verlassen kann. Ihr gelblich wächsernes Gesicht liegt umrahmt von pechschwarzen Haaren auf dem weißen Kissen und erscheint mir wie eine reliefartige Skulptur. Mir schaudert fast, denn sie liegt da, als würde sie nie wieder erwachen.

Während ich mutlos auf dem Bett sitzend und innerlich aufgewühlt Gott um seinen Beistand bitte, kommt Katja wieder und sagt, dass ich in das Behandlungszimmer kommen soll, damit sie mir einen Einlauf machen könne. Ich bin froh, dass sie ihn nicht hier macht.

Rechts am Fenster liegt eine ältere Dame, die mich erwartungsvoll beobachtet. Ich gehe zu ihr, gebe ihr die Hand und stellte mich vor. Es ist Frau Maier, etwa 75 Jahre alt. Ich frage, ob das Maier mit ai geschrieben wird. Sie bejaht es und ich sage ihr, dass ich denselben Mädchennamen hatte.

Die Dame, die in der Mitte zwischen der marmorgleichen Chinesin und Frau Maier liegt, ist ein junges Geschöpf mit blonden und brünetten Strähnen im Haar. Sie hängt am Tropf, wirft den Kopf hin und her und stößt leidende, unartikulierte Worte aus.

Ich frage Frau Maier, ob ich ein wenig das Fenster öffnen dürfe. Sie macht ein bedenkliches Gesicht und meint, das ginge wegen der Frischoperierten nicht. Die Luft im Zimmer ist heiß und stickig. Ich gehe zum Fenster und versuche hinter den riesigen in Falten herabhängenden Tüllvorhängen eine Möglichkeit zu finden, ein klein wenig frische Luft herein zu lassen. Ein schmales hohes Fenster, das sich ganz rechts befindet, lässt sich öffnen. Leise schiebe ich den Vorhang wieder zurecht. Frau Maier ist mittlerweile mit sich selbst beschäftigt.

Ich gehe zurück zu meinem Bett, der Rucksack und die Reisetasche stehen am Kopfende auf dem Boden. Während ich beinahe in Panik gerate, und das Gefühl habe, dass ich hier keine Nacht zubringen kann, fällt mir wieder Katja mit ihrer Klistierspritze ein.

Der Waschraum befindet sich rechts von der Türe. Er ist eineinhalb Quadratmeter groß; rechts und links oberhalb des Waschbeckens befindet sich ein Behälter mit flüssiger Waschlotion, ein anderer mit Desinfektionsmittel. Eine Wand, in der die drei Kleiderspinde eingelassen sind, und ein blauer Vorhang trennen das Patientenzimmer vom Waschraum.

Zwei Regale, in denen je vier Aufhängehaken befestigt sind, also im ganzen acht Stück, sind für Handtücher, Waschlappen und zum Aufbewahren weiterer Körperpflegeartikel.

Ich verlasse den Raum und schaue mich in dem langen Gang um. Ärzte, Pfleger, Schwestern und Zivildienstleistende unterhalten sich oder rennen an mir vorbei.

Plötzlich entdecke ich Schwester Katja und ich sage ihr, dass ich mich lieber vorher entkleiden und mein Nachthemd anziehen möchte. Sie spricht sehr schnell und

zeigt auf einen weißen Schrank, in dem Gläser, Tassen, Kunststoffbecher und große Wasserkannen mit blauen und roten Schraubdeckeln stehen, die man sich holen kann, um sich am schräg gegenüberliegenden Getränkeautomaten mit Sprudel oder Stillem Wasser zu versorgen. Mir fällt die Vielfalt an Teesorten auf. Die Aufgussbeutel in den länglichen Schachteln stehen in einem Regal über den Getränkeautomaten. Neben dem Kaffeeautomat befindet sich der Heißwasserhahn. Tag und Nacht kann man sich hier bedienen. Zucker und Salz in kleinen Tüten und winzige Kondensmilchbehälter befinden sich in Glasbehältern. Es hängt ein Schild dort mit der Aufschrift „Nur für Patienten".

Gerade als ich hier vorbeischlendere, kommt eine sehr dünne junge Frau; ich höre sie schon von weitem schimpfen. Sie bleibt am Automaten stehen. Ihr Gesicht ist rot und nass, sie ist erhitzt, die wirren Haare hängen ihr übers Gesicht und sind nur teilweise im Nacken zu einem Zopf zusammengebunden. Sie zetert unaufhaltsam vor sich hin und schaut dabei nach rechts und nach links. Während sie Sätze wie: „Hier lässt man einen einfach verdursten", ausstößt, zieht sie eine Campingflasche unter ihrer zu weiten, glänzenden Schlafanzugjacke hervor und füllt sie mit Wasser.

Ich betrete wieder mein Krankenzimmer und beginne mich langsam zu entkleiden. Ich fühle den Blick von Frau Maier im Nacken, aber dann dreht sie sich weg. Ich entscheide mich für das kleinkarierte blauweiße Nachthemd. Ich habe ohnehin nur zwei Stück dabei. Nachdem ich meinen blassgelben Morgenmantel angezogen habe, verlasse ich wieder das Zimmer.

Ich gehe zum Behandlungszimmer und sehe ein Papierschild an der Türe hängen mit der Aufschrift „besetzt". Katja hetzt wieder vorbei und meint lakonisch, dass ich nun eben warten müsse. Das macht mir nichts aus, besteht das Leben hier nicht ohnehin vorwiegend aus Warten? Sie eröffnet mir noch schnell, dass ich bis um 24 Uhr noch trinken dürfe und zum Abendessen nur eine kleine Schüssel Suppe bekäme. Dann aber nichts mehr vor der morgigen Operation zu mir nehmen dürfe. Ich höre ihr schweigend zu, frage sie aber noch, was es mit der Frau, die laut schimpfend herumläuft, auf sich hat. Sie entgegnete ein wenig unwirsch, man kenne die zur Genüge, sie sei eigentlich ein Fall für die Psychiatrie. Ich habe wieder ein beklemmendes Gefühl und will das auch Katja sagen, aber noch ehe mir das gelingt, ist sie schon wieder weg.

Inzwischen schiebt das Klinikpersonal bereits die großen Wagen gefüllt mit den unzähligen hellgrauen Tabletts, Warmhaltetellern mit orangefarbenen Deckeln, Schüsseln, Bestecken, aber auch einer Unmenge von kleinverpackten Lebensmitteln durch die Krankenhausgänge. Es ist erst 16.30 Uhr. Wo mögen diese unglaublich großen Müllberge, die durch die Essensreste anfallen, wohl alle landen? Ich hoffe, sie werden Schweinemastbetrieben zugeführt.

Was die Patienten zu Essen bekommen, ist wohl mit dem zu vergleichen, was man in einem ländlichen, nicht mit allzu anspruchsvollen Gästen verwöhnten Gasthaus erhält.

Die Erkenntnis, dass Ernährung viel mit Gesundheit oder Krankheit zu tun hat, scheint nicht ins Konzept eines Krankenhauses dieser Ausmaße zu passen. Es muss dort eingespart werden, wo es am wenigsten sichtbar und der Verlust an Prestige am geringsten ist und das ist in den Mägen der Patienten.

Ich habe nichts zu tun und beobachte ungestört den Betrieb um mich herum. Ich frage mich, ob die Patienten an einer gesünderen Ernährung, die sie vielleicht teilweise selbst mitfinanzieren müssten, überhaupt interessiert wären. Es sind, denke ich, nur wenige, die solchen Ansätzen gegenüber aufgeschlossen wären und ihre Lebensweise ändern würden. Es werden ganz nebenbei noch große Mengen an Näschereien und ungesunden Getränken konsumiert. Diätetische Maßnahmen von Seiten der Klinik werden erst dann unternommen, wenn sie zur Therapie eines Patienten unumgänglich sind.

Inzwischen ist das Behandlungszimmer frei geworden und ich suche mit den Augen Schwester Katja. Ich entdecke sie und sie winkt mir; wir betreten den Raum und sie zeigt auf das einzige Bett, auf das ich mich legen soll. Sie füllt einen Topf mit lauwarmem Wasser, an dem ein etwa einen halben Meter langer Schlauch hängt. Nachdem sie ihre Aufgabe erfüllt hat und ich mich krümme, sagt sie, ich solle so lange wie möglich das Wasser im Darm halten. Ich verspreche das und wir verlassen den Raum.

Nun plane ich weitläufige Spaziergänge und entdecke dabei, dass ausreichend Toiletten vorhanden sind, denn das werden für die kommenden Stunden meine wichtigsten Zufluchtsorte sein.

Der Flur führt an einem von Glaswänden umgebenen Platz vorbei, den man von zwei Seiten betreten kann. Auf diesem stehen einige braune Holztische umgeben von blauen Stühlen. In jeder der sechs Etagen befindet sich so eine Besucher - und Patienteninsel; es liegen auch Zeitungen und Zeitschriften auf.

Ich bemerke einen jungen Mann, der ein wenig nach vorne gebeugt dasitzt, den Kopf in eine Hand stützt und irgendwie kummervoll aussieht. Trotz meines mittlerweile starken Bauchgrimmens bemerke ich bei näherer Betrachtung sein asiatisches oder sogar fernöstliches Aussehen. Plötzlich fällt mir die Chinesin in meinem Zimmer ein und ich stelle gedanklich einen Zusammenhang zwischen den beiden her. Da meine Bauchschmerzen und der Druck nun zu heftig werden, suche ich schnellstens eine Toilette auf. Anschließend gehe ich ins Zimmer, wo Frau Maier bereits an dem Esstisch sitzt, der in der Nähe des Fensters steht, und ihr Abendessen zu sich nimmt. Auch mein Suppenschüsselchen steht auf dem Tisch. Ich setze mich Frau Maier gegenüber und wir kommen ins Gespräch. Sie sagt, der Grund ihrer Einweisung in die Klinik sei, dass sie seit vierzehn Tagen keinen Stuhlgang mehr habe. Ich bin erstaunt, dass dieser Tatbestand bereits eine Klinikaufenthalt rechtfertigt. Mir wird aber schnell klar, dass diese Maschinerie, von der man hier umgeben ist, am Laufen gehalten werden muss. Mit der Tatsache, dass ein Klinikaufenthalt etwas durchaus Magisches hat, werde ich in den nächsten Tagen noch einige Male konfrontiert werden. Einerseits ist ein solcher ein Ausweg für Menschen, die der Einsamkeit entfliehen wollen, und andererseits für jene, die ihrer eigenen Wahrnehmung nicht trauen und die eigenständige Behandlung ihres Körpers selbst bei harmlosen Erkrankungen als zu riskant betrachten oder diese als beinahe verantwortungslos ablehnen. Auch ist der Glaube an die Ärzte ungebrochen, und das selbst dann, wenn jemand schon mehrmals mit der Unzulänglichkeit ärztlicher Kunst konfrontiert wurde. Es ist wohl ihre Aura, ihr gleichbleibend souveränes Auftreten, ihr schwer durchschaubarer Charakter, was Ärzte so unwiderstehlich

macht. Gerade Ausländer, vorwiegend solche aus südlichen oder östlichen Ländern, haben große Ehrfurcht vor dem hohen technischen Standard deutscher Kliniken und denen, die sich dieser Technik bedienen.

Frau Maier fragt mich, weshalb ich hier bin, ich sage es ihr und sie sagt, sie hätte diese Operation, bei der die Gebärmuttersenkung behoben wurde, vor zwei Wochen auch machen lassen, aber mit einem Bauchschnitt von dieser Länge. Dabei hebt sie beide Hände in der Höhe der Tischplatte und dazwischen entsteht ein Abstand von etwa 25 Zentimetern. Seitdem streike ihr Darm und sie sei inkontinent. Ich erschrecke innerlich und flehe zu Gott und während ich auf meine Gepäckstücke starre, kommt mir der Gedanke schnell und lautlos die Klinik zu verlassen. Ich soll morgen ohne Bauchschnitt mit einer anderen Methode die gleiche OP bekommen. Mit diesem Gedanken versuche ich mich ein wenig zu beruhigen.

Die junge Dame in dem mittleren Bett rekelt sich auf ihrem Kissen und nachdem sie ununterbrochen leise Laute von sich gibt, denke ich, sie führe Selbstgespräche - wohl eine Nachwirkung der Narkose. Plötzlich bemerke ich etwas Glitzerndes in einer ihrer Hände, das sie zur Hälfte unter der Bettdecke versteckt hält. Ich höre, wie sie ihrem Handy liebevolle Worte zuflüstert; dann verzieht sie ihr Gesicht zu einem leisen, schmerzvollen Lachen. Diese Beschäftigung setzt sie etwa zwei Stunden fort. In den kurzen Pausen klagt sie über Schmerzen am Bauchnabel. Den Grund ihrer Operation weiß sie nicht, aber ihr Papa wird am nächsten Morgen kommen und den Ärzten ordentlich Bescheid sagen.

Sie heißt Nadine, krümmte sich tagelang wegen fürchterlicher Bauchschmerzen, und

**9**

nachdem die Ärzte durch Ultraschall und andere Untersuchungen nichts Krankhaftes feststellen konnten, wurde ihr von den Chirurgen am Bauchnabel und in der Leistengegend der Bauch aufgeschnitten, um sie von innen zu betrachten. Aber auch das brachte keinen Befund. Nun hat sie zwei Schnitte und zwei Nähte und darf bald wieder heim.

Nadine ist zwanzig Jahre alt, leitet ein Jugendzentrum in dem Münchener Vorort Käferloh, hat viel Erfahrung mit Jugendlichen, ist streng und zeigt ihnen die Grenzen auf, ist ehrgeizig und will nebenbei noch das Fachabitur machen um Sozialpädagogik zu studieren. Sie hat noch zwei kleine Halbgeschwister von vier und zwei Jahren, einen Jungen und ein Mädchen. Das sind die Kinder aus der zweiten Ehe ihres Vaters; alle zusammen, auch Oma und Opa leben in einem Haus.

Mittlerweile ist auch die Chinesin aus ihrem Tiefschlaf erwacht und schaut ernst und fragend um sich. Ich betrachte ihre mandelförmigen Augen und ihr schmales, makelloses Gesicht. Ihre Haut ist wie aus ockerfarbenem Samt. Sie erscheint mir im wachen Zustand noch schöner und ich denke bei ihrem Anblick an fernöstliche Malerei. Besonders an chinesisches Porzellan, das nicht nur mit Blumengebilden, sondern auch mit solch grazilen Frauen verziert ist. Eine Krankenschwester hat mittlerweile die Infusionsflasche, die an einem Gestänge hängt, hinausgeschoben und das Pflaster von ihrer Hand entfernt.

Ich muss das Zimmer wieder schleunigst verlassen, weil erneuter Drang in meinem Gedärm mich dazu zwingt.

Als ich zurückkomme, sehe ich den Mann, den ich auf der Besucherinsel beobachtet habe, neben der Chinesin am Bett sitzen. Er redet leise in dieser merkwürdi-

gen, konsonantenarmen chinesischen Sprache auf sie ein. Sie blickt schweigend vor sich hin und reagiert mit wenigen Worten ohne ihre Miene zu verändern. Sein Gesicht ist ernst und angespannt und ich spüre, wie Mitleid in mir hochsteigt. Ich verlasse lautlos den Raum.

Mittlerweile ist es 19.30 Uhr und ich entschließe mich das Krankenhaus auszukundschaften und viel zu laufen, um nachts wenigstens halbwegs schlafen zu können. Die für morgen geplante Operation erzeugt in mir eine gewisse Ruhelosigkeit.

Als ich gerade in einem etwas größeren Abstand zu den beiden Liften hinter der Glaswand stehe, bemerke ich die in einen fliederfarbenen, leichten Plüschmantel gehüllte Chinesin. Ich erkenne sie, obwohl ich sie nur von hinten sehe. Neben ihr steht der Mann, ihr Mann oder ihr Freund - ich weiß es nicht - und trägt die Tasche. Der Aufzug hält, beide steigen ein, die Türe schließt sich und sie sind weg.

Nach einigen Runden gehe ich in mein Zimmer, aber mein Bett steht immer noch an der rechten Wand und das zerwühlte Bett der Chinesin ist auch noch da.

Frau Maier liegt mit geschlossenen Augen auf dem Rücken und Nadine ist immer noch mit ihrem Handy beschäftigt. Ich gehe zur Wand mit den großen Fenstern, die der Türe gegenüber liegt, und öffne das schmale Fenster und es strömt wunderbare milde Abendluft herein. Den Tüllvorhang ziehe ich wieder davor. Ich bin froh, dass niemand etwas dagegen hat, aber vielleicht wurde es auch nicht bemerkt.

Ich verlasse das Zimmer wieder - mittlerweile ist es bereits 20.25 Uhr - und hoffe Katja zu begegnen, um zu fragen, wann das Bett der Chinesin hinausgeschoben wird. Als ich sie treffe, meint sie nur, dass sie bis jetzt dafür noch keine Zeit hatte.

**10**

Da eine lange Nacht vor mir liegt, in der ich voraussichtlich wenig Schlaf finden werde, setze ich meine Streifzüge fort. Die Flure beginnen sich zu leeren. Ärzte sind kaum noch zu sehen, nur Pfleger, Schwestern oder eine Reinigungskraft, die meist aus östlichen Staaten wie Polen, der Ukraine oder Serbien stammt. Ab und zu geht irgendwo eine Türe auf und eine gut gestylte Dame rennt erhobenen Hauptes an mir vorüber. Hierarchisch hochgestelltes Klinikpersonal läuft durchwegs schnell, was dem unbedarften Beobachter das Gefühl von Dringlichkeit, Wichtigkeit und Zeitmangel suggeriert. Dabei zeigt das Gesicht einen Ausdruck von Angespanntheit und Zielstrebigkeit. Ganz im Gegenteil zu den Patienten, die häufig mit leeren Gesichtern träge und langsam die unendlich langen Flure entlang schleichen.

Das Rauchen ist überall, auch in der Cafeteria, verboten. Raucher sind gezwungen, bei Kälte, Regen und Sturm das Freie aufzusuchen. Da stehen sie dann oder sitzen auf den wenigen Stühlen und ziehen gierig an ihren Zigaretten. Zum großen Teil sind es Männer, Frauen stehen weiter abseits. Einige nur in Bademäntel gehüllt in Rollstühlen kauernd, andere die Infusionsflasche an den fahrbaren Ständern neben sich herziehend oder sich auf Krücken stützend, mühevoll den Glimmstengel haltend. Traurige, fahle Gesichter, die nichts mehr zu hoffen haben, das Krankenhaus ist ihr letzter Halt. Wie viel Elend mag sich verbergen in dieser hochtechnokratischen, glitzernden, bis ins kleinste Detail durchorganisierten Maschinerie.

Ich begegne nur noch wenigen Patienten; ich mutmaße, dass viele von ihnen mit dem abendlichen Fernsehprogramm beschäftigt sind. Auch in meinem Zimmer befindet sich nahe des Fensters unter der De-cke an einem großen Haken ein Fernsehgerät.

Die Säuglingsstation liegt der Station 40, in der ich untergebracht bin, schräg gegenüber. Dorthin lenke ich meine Schritte und höre aus dem Neugeborenenzimmer leise, aber dennoch kräftige Schreie. Ich freue mich über den neuen Erdenbürger und bitte Gott, dass er ihn bewahren möge. Ich sehe mir noch die vielen Fotos von Babys an, die überall an den Wänden des Flures der Wöchnerinnenstation hängen. Ich durchwandere den ganzen Gang, komme aber am Ende nicht weiter, da es weder rechts noch links eine Abbiegung gibt und gehe also wieder zurück.

Die anderen Etagen beschließe ich in den nächsten Tagen zu erkunden. Es sind acht Stockwerke; über mir befinden sich noch zwei Ebenen, also die fünfte und die sechste Etage. Unter der Ebene eins, also dem Parterre, sind noch zwei Kellergeschosse, wo sich die Küchen, Wäschereien und Personalkantinen befinden. Vom untersten Kellergeschoss aus führen unterirdische Gänge in die anderen Klinikgebäude.

In jeder Etage hängen große weiße Tafeln mit grüner Umrandung. Darauf stehen unglaublich viele Fremdwörter, die aber ohne fundierte Latein- oder Griechischkenntnisse nicht zu enträtseln sind. Für jeden kleinsten Körperteil scheint es extra ausgebildete Ärzte zu geben, die ausschließlich auf diesen Teil spezialisiert sind. Mir kommen Gedanken in den Sinn wie die ganzheitliche Betrachtung des menschlichen Organismus mit Einbeziehung von Seele und Geist. Vielleicht käme man dann manchem Leiden eher auf die Spur. Aber passt das überhaupt ins Konzept moderner Schulmedizin? Während ich darüber noch in verschiedene Richtungen nachsinne, entdecke ich eine der runden Uhren, die von der Decke hängen und deren Zeiger bereits auf 21.40 Uhr zeigen. Eigentlich nicht spät, aber für hier eben doch.

Ich suche wieder einmal, wie schon so oft an diesem ersten Abend, mein Zimmer auf. Das Bett der Chinesin ist verschwunden und stattdessen steht meines an derselben Stelle. Daneben befindet sich der obligatorische fahrbare Krankenhaustisch mit der ausziehbaren Tischplatte, einem Schubfach und einem großen Fach darunter.

Ich trage meinen Rucksack und die Tasche, die beide immer noch an der gegenüberliegenden Wand stehen, herüber und räume meine Sachen in den rechten Schrank ein, dessen Türe offen steht. Die Waschutensilien, zwei Handtücher, zwei Waschlappen und das Zahnputzzeug, lege und hänge ich auf den leeren Platz und an die leeren Haken im Waschraum. Es ist der Platz gleich neben dem Waschbecken.

Frau Maier liegt im Bett und hat ein weißes, handyähnliches Gerät in der Hand, das sie ans rechte Ohr hält. Da sie keinen Laut von sich gibt und auch keine Miene verzieht, denke ich, sie ist während eines Gespräches eingeschlafen. Nadine hält sich momentan ganz still, was aber nicht lange währt, denn schon schrillt wieder ihr Mobiltelefon, das sie mit glückseligem Lächeln ans Ohr presst. Während ich sie bisher in einwandfreiem Hochdeutsch sprechen hörte, spricht sie nun in einem perfekten bayerischen Dialekt. Später erzählt sie mir, dass sie sich immer ihrem Gesprächspartner anpassen würde. Aber es sind meist Familienangehörige, mit denen sie sich auf bayerisch unterhält.

Rechts über meinem Bett an der Wand entdecke ich auch so ein weißes Gerät, wie Frau Maier es hat und gewiss auch Nadine.

Ich nehme es herunter und bemerke, wie unleserlich und teilweise verkratzt die einzelnen Zeichen sind. Das Gerät sieht einem Handy nicht unähnlich, gehört aber wohl zum Inventar einer modernen Klinik. Ich drücke auf die oberste Taste, es dauert nicht lange und die Türe geht auf und eine Schwester stürzt herein. Sie sieht mich an, entdeckt das Teil in meiner linken Hand und beginnt mir so schnell, wie ihr das möglich ist, die einzelnen Funktionen zu erläutern. Ich habe Mühe, das alles nachzuvollziehen, aber vor allem die Funktion der oberste Taste präge ich mir ein. Ich entschuldige mich und die Schwester ist schon wieder weg. Während ich nun auf dem Pseudohandy herumdrücke, finde ich zwei verschiedene Radiosender, die mir aber nicht gefallen; es gelingt mir nicht die Sender Bayern 2 oder Bayern 5, den Informationssender, zu bekommen.

Frau Maier und Nadine unterhalten sich leise miteinander. Eine von beiden sagt etwas von einer ambulanten Operation. Ich höre Wortfetzen und stutze ein wenig, da sie über Kindsabtreibung reden. Ich beginne etwas zu ahnen, aber dann verwerfe ich den Gedanken wieder. Aber plötzlich fällt es mir wie Schuppen von den Augen und ich begreife, was geschehen ist. Mein Bett steht auf dem Platz, wo vor wenigen Stunden die Chinesin lag, die ein Baby abtreiben ließ.

Ich bin deprimiert und entsetzt und starre vor mich hin. Ach lieber Gott, warum musste das geschehen. Frau Maier meint: „Wahrscheinlich hat sie es machen lassen, weil das Kind behindert war." Aber wer weiß das schon - vielleicht war es ja gesund.

Während Nadine mit der Fernbedienung spielt und dadurch immer wieder andere zusammenhangslose Fernsehbilder auf der

**12**

Mattscheibe erscheinen, treibt mich der Gedanke noch einmal hinauszugehen. Nadine fragt vorsichtshalber, ob es mich stört, wenn sie fernsieht. Ich verneine es, bin aber froh, weit genug von dem Fernseher entfernt zu liegen. Frau Maier scheint eingeschlafen zu sein.

Meine krampfartigen Bauchschmerzen haben nachgelassen, ich bin erleichtert und gehe in den Waschraum. Während ich ins Bett steige, sehe ich auf meinem Nachtisch feinsäuberlich zusammengelegt drei weiße Teile liegen. Ein Nachthemd, das nur am Hals zwei Bändchen hat, aber sonst ganz offen ist, ein Paar elastische Thrombosestrümpfe und einen netzartigen Slip. Das werde ich alles morgen früh anziehen, bevor ich in den Operationssaal gefahren werde. Genauso wie alle andern, die hier täglich von morgens bis abends über die Flure, in die Lifte und in die Zimmer geschoben werden.

Ich hatte noch schnell Katja, bevor sie ihren Dienst mit der Nachtschwester namens Jutta eintauschte, gefragt, wann ich morgen operiert werde. Sie schaut im Stationszimmer auf einen Plan und sagt, dass ich gleich am Morgen die Zweite wäre. Das heißt, ich komme ca. um 8.30 Uhr dran. Sie fügt noch hinzu: „Vorausgesetzt, es kommt kein Notfall, wie zum Beispiel ein Kaiserschnitt, dazwischen."

Es geht bereit auf 23.00 Uhr zu und ich verspüre neben meiner aufgewühlten Gemütslage eine leichte Schläfrigkeit. Auch bei Nadine brennt mittlerweile das Licht nicht mehr. Beide Frauen schlafen ruhig. Ich nehme meine Bibel zur Hand, schlage 1. Korinther 13 auf und lese das „Hohe Lied der Liebe". Zunächst möchte ich noch ein wenig im „Jung Stilling" lesen, aber dann entscheide mich anders und lösche das Licht. Ich bete noch und denke wieder an

die Chinesin und an ihren Mann. Ich habe das Gefühl, dass er den Abbruch nicht gewollt hat. Ihr werden eines Tages die Augen aufgehen. Ich versuche für sie zu beten, aber es gelingt mir nur schwer. Ich schlafe allmählich ein, erwache aber häufig und schlafe wieder ein, bis irgendwann die Nacht zu Ende ist. Ich habe meine Glaskaraffe bis oben hin mit Wasser gefüllt und sie bis Mitternacht beinahe leer getrunken.

Morgens erhalten beide Frauen das obligatorische Frühstück. Zwei Semmeln, Butter, Honig, Marmelade, alles in winzigen Behältern verpackt, und ein wenig in durchsichtige Folie eingeschlagenen Hartkäse. Beim Hereintragen, es ist ca. 7.30 Uhr, ruft die Schwester - für mich ein neues Gesicht - mit kräftiger Stimme und östlichem Akzent: „Was wollen Sie trinken, Kaffee oder Tee?" Ich habe nicht wahrgenommen, für was sich die beiden entschieden, aber zu Frau Maier sage ich, und da pflichtet sie mir bei, dass ein solches Frühstück bei ihrer Darmsituation doch völlig ungeeignet sei. Vielleicht könne sie etwas anderes bekommen. Aber sie macht nur eine abwinkende Handbewegung, als wollte sie sagen, damit muss man sich abfinden.

An meinem Bett versuche ich den an der Seite angebrachten Hebel zu bewegen um das Rückenteil hochzustellen. Es gelingt mir sogar und ich setzte mich aufrecht ins Bett und bin nervös und kann mich auf nichts konzentrieren. Es beginnen sich allmählich Kopfschmerzen anzukündigen. Um der zu erwartenden Übelkeit vorzubeugen, spüle ich eine halbe Kopfwehtablette, die ich von daheim mitgebracht habe, mit einem Schluck Wasser hinunter. Die Schmerzen im Kopf lassen nach, aber sonst geschieht nichts. Auf den Befehl meine OP-Kleidung anzuziehen, warte ich vergebens.

Die Zeit vergeht und es ist bald 9.35 Uhr. Plötzlich geht die Türe auf, eine Schwester huscht herein und stellt mir eines jener unzähligen, kleinen Plastiktöpfchen mit einer roten Tablette darin vor die Nase mit den Worten: „Nehmen Sie das, und ziehen Sie die OP-Wäsche an!" Aber eh ich die Schwester näher betrachten kann, ist sie schon wieder weg.

Ich gehorche und nach etwa 10 Minuten kommt sie wieder, aber es scheint nicht die von vorhin zu sein. Es ist die rothaarige Person mittleren Alters, sehr üppig, mit kräftiger Stimme und demselben östlichen Akzent wie die, welche das Frühstück brachte. Sie löst wortlos die Bremsen an meinem Bett, öffnet die Türe und schiebt mich auf den Flur. Die rote Tablette beginnt bereits ihre Wirkung zu entfalten und was Nadine mir hinterher ruft, verstehe ich nicht mehr. Ich genieße es im Bett herumgeschoben zu werden und frage die Schwester, woher sie stammt. Sie sagt es mir nicht, aber das ist mir - wie allmählich alles andere auch - egal. An dem großen Lastenlift müssen wir warten, bis er kommt, und ich finde es merkwürdig und schön zugleich alles um mich herum aus einer anderen Perspektive zu betrachten. Ich bedaure meinen Fotoapparat nicht mitgenommen zu haben.

Die Liftfahrt ist kurz, da es nur eine Etage - also in die dritte Ebene - hinunter geht. Auf die Frage, wo die Operation stattfindet, antwortet die Schwester so knapp wie möglich, ansonsten spricht sie kein einziges Wort. Wir kommen an einer breiten Türe an und müssen eine Weile davor stehen bleiben, da so viele Betten in die OP-Räume hinein – und hinausgeschoben werden. Ich fühle mich ganz schwerelos und nehme das, was an Geräuschen um mich herum

geschieht, mit einer sich steigernden Gleichgültigkeit wahr.

Nun wird ein Mann von zwei Pflegern an mir vorbeigeschoben, der hinter den Kabeln, Drähten, Schnüren und Flaschen beinahe verschwindet. Aber plötzlich bemerke ich seine aufmerksamen Augen, die nach rechts und links blicken. Er liegt in einer merkwürdig gekrümmten Stellung im Bett und sieht zu meinem Erstaunen ganz heiter aus. Es liegt aber auch ein leichter Anflug von Zynismus in seinem Gesichtsausdruck. Er scheint einer von jenen Menschen zu sein, der das Schicksal, das ihm widerfahren ist, als eine Art von Ungerechtigkeit empfindet und die Rundumversorgung, wie sie ihm täglich von vielen Menschen zuteil wird, nicht als einen besonderen Akt der Gnade betrachtet, sondern als ein ihm zustehendes, wohl verdientes Recht.

Die Schwester grummelt etwas vor sich hin. Ich nehme an, das lange Warten gefällt ihr nicht.

Auf einmal öffnet sich eine zweite Türe und ich denke, nun ist meine Stunde gekommen. Ein junger Mann in grünem Arztkittel, sehr freundlich und lebhaft, stellt sich mir als Anästhesist vor. Um ihn herum springt ein ebenso liebenswürdiges, auch grün gekleidetes Mädchen. Sie bindet meinen linken Arm ab, während beide lachend und scherzend Sätze hin und her werfen. An mich gewandt erklären sie mir die Wirkung der Narkose. Es ist das Letzte, was mir in Erinnerung geblieben ist. Nun geht alles ganz schnell. Sobald die Nadel in meiner Armvene steckt und das Serum in die Vene fließt, verliere ich das Bewusstsein. Was dann in den nächsten Stunden vor sich geht, wird für mich für immer im Dunkeln bleiben.

Als ich wieder zu mir komme, ist es etwa 14.00 Uhr und ich bin bereits in meinem

Zimmer. Die Zeit im Aufwachraum habe ich wohl verschlafen.

Töne und Laute dringen wie aus großer Entfernung an mein Ohr. Ich blinzele ein wenig, falle aber gleich wieder in einen Tiefschlaf. So geht das anscheinend eine ganze Zeit lang. Jede kleine Bewegung schmerzt. Die Infusionsflasche an einem Schlauch hängt riesig über mir, auf meiner rechten Hand klebt ein Verband und da endet der Schlauch in einer schwarzen Klammer, in der eine Hohlnadel steckt. Die Worte von Frau Maier und Nadine verstehe ich nur bruchstückweise, immer wieder versinke ich in tiefen Schlaf. Plötzlich verspüre ich Durst, kann mich aber nicht äußern. Auf einmal steht der schwarzhaarige Pfleger wie ein Engel neben mir und fragt, wie es mir geht. Ich sage mühevoll: „Es geht mir gut und ich habe großen Durst." Daraufhin bringt er mir ein fest verschweißtes kleines Päckchen. Nachdem ich die Tüte nicht aufreißen kann, öffnet er sie und reicht mir eines der beiden Stäbchen, das in einer mit Zitronensaft getränkten, watteähnlichen Verdickung endet. Das soll ich lutschen, ich mache es, und es schmeckt nicht einmal schlecht und hilft ein wenig gegen den Durst.

Bis ca. 18.00 Uhr wechseln wache Momente mit Tiefschlaf ab. Nachdem ich wieder sehr durstig bin, bringt mir der Pfleger - seinen Namen habe ich nie erfahren - den gefüllten Wasserkrug. Ich bin ihm sehr dankbar.

Wenn ich mich zu drehen versuche, schmerzt die ganze Beckenregion und ich fühle eine große Schwere in den Gliedern. Ich bemerke, dass links am Bett eine Flasche hängt, ich nehme an, dass es die Kathederflasche ist.

Jetzt dämmere ich noch vor mich hin, höre Stimmen um mich herum und ich fühle mich wie im Traum. Allmählich werde ich wach, was ich aber beinahe bedauere, denn in diesem schlaftrunkenen Zustand fühlte ich mich leicht, als würde ich fliegen, und das hat durchaus etwas Reizvolles.

Mit einem Mal bin ich hellwach und das Zimmer ist in ein fahles Dämmerlicht getaucht. Ich höre leises Gewisper und drehe mich ein wenig nach links und sehe einen jungen Mann, wahrscheinlich der Freund von Nadine, der mit dem Oberkörper in ihrem Bett liegt und sich an sie schmiegt. Sie kichern und flüstern abwechselnd und ab und zu steht der junge Mann auf und geht nach draußen. Nadine hat bemerkt, dass ich aufgewacht bin, ist aber schon wieder in ein Handygespräch vertieft.

Es ist Freitagabend, der 22. Feb. 2008 und ich bin erstaunt, wie ereignisreich ein Klinikaufenthalt in der kurzen Zeit von 14 Stunden sein kann.

Ich liege ganz ruhig und fühle mich so ausgeschlafen, dass ich, als die Nachtschwester hereinkommt und mir drei Schmerztabletten in einer länglichen Schachtel auf den Tisch stellt und fragt, wer eine Schlaftablette brauche, sie um eine bitte. Die Schmerztabletten lasse ich stehen. Dann hebt sie die Bettdecke hoch, sagt schnell, welche Seite, und gibt mir die obligatorische Spritze in den Oberschenkel, um der Gefahr einer Thrombose vorzubeugen. Das wiederholt sich jeden Abend und ich habe schon einige blaue Flecken. Schwestern sprechen nur so viel, wie unbedingt nötig ist, und haben es meist eilig. Mir fällt der Automatismus auf und mit welcher Routine alle Tätigkeiten durchgeführt werden.

Ob gegen Schmerzen, Verdauungsstörungen oder Schlafstörungen, was auch immer, es ist ganz leicht an Medikamente zu

**15**

gelangen. Es wird nicht erst versucht die Ursache für das Leiden zu ergründen. Das würde der Strategie, schnelle sichtbare Ergebnisse zu erzielen, widersprechen. Dieses stille Forschen ist nicht der Weg, der hier verfolgt wird.

Von Frau Maier höre ich nichts, nur noch das leise Gemurmel von Nadine und ihrem Freund, der aber irgendwann das Zimmer verlässt und nicht mehr zurückkehrt. Sie begleitet ihn in gekrümmter Körperhaltung und mit leisem Stöhnen nach draußen. Nachdem sie wieder im Bett liegt, beginnt sie sich mit der Fernbedienung des Fernsehers zu beschäftigen. Sie sucht ein bestimmtes Programm und fragt mich, ob ich es kenne. Ich verneine es und sage, dass ich keinen Fernseher besitze. Darauf antwortet sie nichts.

Ich verspüre Hunger und freue mich auf das morgige Frühstück. Mit der Einnahme der Schlaftablette lasse ich mir noch Zeit, denn ich befürchte, dass die Wirkung nicht für die ganze Nacht anhält.

Irgendwann schlafe ich ein, werde einige Male wach, aber plötzlich ist es Samstag Morgen.

Ich bekomme mein erstes Frühstück und unterhalte mich mit Frau Maier. Sie berichtet von ihrem Enkelkind und wie groß ihre Freude an ihm sei. Auch ihre Tochter erwähnt sie und dass sie im April ein zweites Enkelchen erwarte. Dabei strahlen ihre Augen. Über meine große Kinderzahl und über die noch größere Zahl an Enkeln hat sie gestern schon gestaunt und es Nadine erzählt. Ich spreche über meinen Glauben und Frau Maier sagt, dass sie katholisch sei. Zu ihrem Pfarrer hat sie gesagt, dass sie bald nicht mehr beten würde und in die Kirche auch nicht mehr käme, wenn der Herrgott so viel Ungerechtigkeit zuließe.

Innerhalb kürzester Zeit sei ihr Mann, ihr Schwager und ihr Bruder gestorben.

Nadine beginnt plötzlich eine Unterhaltung über Krankheiten und ich staune nicht schlecht, wie viele Krankenhausaufenthalte sie schon in ihren jungen Jahren hinter sich hat. Aber auch ihre beiden Halbgeschwister scheinen von zarter Gesundheit zu sein. Sie schildert auf dramatische Weise, wie oft zu den beiden kleinen Kindern in höchster Not Ärzte gerufen werden oder wie sie mit Blaulicht in eine Klinik gebracht werden. Aber meist am nächsten Tag wieder zu Hause sind.

Sie selbst war auch schon viermal im Krankenhaus und obwohl die Narkosen mit großer Übelkeit und Erbrechen einhergehen, findet sie das nicht schlimm.

Blinddarm und Mandeln hat sie schon entfernt bekommen und sie spricht so routiniert und sorglos, dass ich den Eindruck gewinne, dass jemand, der da nicht mit Erfahrungen punkten kann, als hoffnungslos unaufgeklärt und borniert gilt oder jemand ist, der sich bewusst medizinischer Machbarkeit und Ethik widersetzt.

Ich kann nichts Aufregendes oder Spektakuläres dazu beitragen und darum schweige ich oder verleihe durch wenige Worte meinem Erstaunen Ausdruck. Es ist nicht leicht den Redefluss von Nadine zu unterbrechen, um etwas die ärztliche Kunst Betreffendes zu hinterfragen oder eventuell einige Zweifel einzustreuen.

Als Kind hatte Nadine Polypen und konnte nicht richtig durchatmen. Da entschloss man sich zu einer Nasenbeinbegradigung. Diese Operation gelte im Allgemeinen als hinausgeschmissenes Geld, erklärt Nadine, aber bei ihr sei sie geglückt und habe durchaus etwas gebracht. Frau Maier untermauert das, indem sie erklärt, dass auch sie diese Operation mit Erfolg absol-

**16**

viert habe. Mir fällt meine Bauchwandbruchoperation vor einem Jahr ein, aber mit dieser Schilderung würde ich bestenfalls mitleidiges Lächeln ernten. Ich würde das Ereignis zu kleinlaut und wenig überzeugend darstellen. Oder soll ich die nach meinem Krankenhausaufenthalt von mir organisierte Fotoausstellung, die ich in der Paracelsus-Klinik präsentieren durfte, erwähnen? Aber auch das lasse ich dann doch sein.

Während ich noch nachsinne über so viel festen Glauben an die Grenzenlosigkeit medizinischer Machbarkeit, öffnet sich die Türe und eine Ärztin, die ich das erste Mal sehe, tritt an mein Bett. Sie sieht beinahe mondän aus und hat violette, sehr breit geschminkte Lippen. Sie fragt, wie es mir gehe; noch ehe ich antworten kann, hebt sie die Bettdecke hoch und drückt auf meinen Bauch. Eine andere Dame, wohl eine Schwester oder Studentin - durchaus denkbar, da es sich um ein akademisches Krankenhaus handelt - zieht ein langes bläulichrotes Band, die Tamponade und den Blasenkatheder aus meinem Unterleib und entfernt die dazugehörige Flasche. Sie lächeln beide und verschwinden wieder. Das bedeutet für mich, dass ich aufstehen darf und es wahrscheinlich sogar soll.

Der Vater von Nadine ist erschienen und er nimmt die Beteuerungen seiner Tochter bezüglich ihrer großen Schmerzen und der schlimmen Übelkeit nicht allzu ernst. Er hat einen dunklen Anzug an und eine gelbe Krawatte. Er ist ein jovialer Typ mit süffisantem Gesichtsausdruck und im Geschäftsleben gewiss nicht zimperlich. Er macht Späße und ist davon überzeugt, dass die Ärzte korrekt gehandelt haben. Er scheint seine Tochter zu kennen und auch ihr Talent sich in Szene zu setzen. Nadine wäscht sich die Haare und macht sich zur

Heimfahrt fertig. Ihr Vater sagt, sie solle sich beeilen, da er, nachdem er sie zu Hause abgeliefert hat, zur Arbeit müsse. Nadine verabschiedet sich und verlässt mit ihrem Vater und zwei Gepäckstücken das Zimmer. Hier tritt nun Stille ein. Es ist schätzungsweise 10.00 Uhr und auch das Bett von Frau Maier ist leer.

Ich nehme meine Bibel zur Hand, was mir ein wenig Mühe bereitet. Ich schlage im alten Testament Jesaja 40 auf und setze die Lektüre dort fort, wo ich zu Hause aufgehört habe. Nach einigen Kapiteln lese ich kreuz und quer verschiedene Verse im Neuen Testament. Es ergreift mich immer wieder aufs Neue, wie das Leben, das uns Jesus vorgelebt hat, so ganz anders ist als das Leben, das sich täglich vor unseren Augen vollzieht.

Hier wird bereits um 11.30 Uhr das Mittagessen gebracht. Angesichts der Wurstmengen, die ich gesehen habe, entscheide ich mich für vegetarische Kost und bin mit meiner Wahl hinlänglich zufrieden. Die offizielle Bezeichnung lautet „fleischfreie Vollkost".

Die ersten Schritte, nachdem mich kein Schlauch oder sonst ein hinderlicher Gegenstand mehr ans Bett fesselt, habe ich bereits gewagt. Dabei steigt die Vorfreude in mir auf, die durch den zu erwartenden Nachmittagsbesuch ausgelöst wird. Nach dem Mittagessen schlummere ich für kurze Zeit ein. Wie viel Zeit mittlerweile vergangen ist, weiß ich nicht, aber plötzlich, ich blinzele ein wenig durch die Lider, sehe ich, wie sich die Türe etwas zögerlich öffnet und ein Kinderwagen hereingeschoben wird. Nun bemerke ich Miriam, die Freundin von Leander, mit einem Strauß gelber Osterglocken in der Hand. Dann erscheint Leander und neben ihm – ein wenig verschämt – Lena, seine Tochter. Leander ist mein jüngster Sohn.

Wir begrüßen uns herzlich und auch das Baby, die kleine, vierzehn Tage alte Aliza, darf ich in den Arm nehmen. Aber bald muss die Kleine gewickelt werden und das findet in meinem Bett statt. Da ist nun Lena gefragt und sie erledigt das mit großer Begeisterung, aber auch behutsam und liebevoll. Die modernen Wickelmethoden sind in ihrer Einfachheit so kindgerecht, dass sie offensichtlich keine nennenswerten Schwierigkeiten für ein Kleinkind darstellen.

Miriam überreicht mir eine Tüte mit Trauben, ich mag diese dunkle Sorte besonders gern.

Während wir über dies und das und über meine Operation reden, öffnet sich abermals die Türe und wieder erscheint ein Kinderwagen im Türrahmen. Rahel sitzt darinnen und Nathanael, Silas und Hanna springen herein. Sie stürzen auf mich zu und nachdem wir uns begrüßt haben, schenken sie mir ihre selbst gemalten Bilder und machen sich an meinem Bett zu schaffen. Ich habe es mittlerweile verlassen und nun beginnen die Kinder all die technischen Raffinessen, die an einem Krankenhausbett zweifelsohne bemerkenswert sind, zu erforschen. Sie kurbeln die Liegefläche nach oben und kippen das Kopfteil hin und her. Drei Kinder sitzen im Bett, während das vierte Kind dieses Spiel unermüdlich fortsetzt. Während mich das amüsiert, beobachtet die Mutter ihre Kinder ein wenig missbilligend, der Vater sieht dem Treiben gelassener zu.

Ich freue mich sehr über den Besuch meines ältesten Sohnes Markus und dessen Ehefrau Daniela, die mir köstliches Obst überreicht. Auch die Brüder und die Schwägerinnen freuen sich über das Wiedersehen. Frau Maier beobachtet uns mit Wohlwollen, stellt eine Frage oder macht einige freundliche Bemerkungen.

Allmählich wird es doch laut, der Platz wird knapp und die Kinder werden hungrig. Wir entschließen uns nach draußen zu gehen. Nachdem noch viele Worte hin und her geworfen worden sind, fährt ein Teil mit dem Lift ins Parterre, der andere Teil benützt die Treppen und in der Cafeteria treffen wir uns wieder. Irgendetwas trinkt oder isst jeder, außer mir, denn ich muss mir den Appetit für das Abendessen, das in Kürze serviert wird, aufheben.

Es ist irgendwie anders als sonst so zwischen meinen Familienangehörigen zu sitzen. Ist es die leichte Schwäche oder ist es die Nachwirkung des ärztlichen Eingriffs, was mich in eine gewisse Lethargie versetzt? Die Empfindung einer Läuterung bemächtigt sich meiner und wird mich in den nächsten Wochen auf Grund dessen, was mich noch erwartet, noch deutlicher ergreifen.

Die Zeit des familiären Aufbruchs rückt heran und es werden viele Jäckchen und Mützchen angezogen. Auch die Erwachsenen erheben sich und jeder versucht seine Sachen zu finden. Es wird allmählich dunkel, es werden Küsschen ausgetauscht und unter vielen freundlichen Worten des Abschieds erreichen wir die gläsernen Portale. Diese öffnen sich und wie in einem Spiegelkabinett erscheint die ganze Gesellschaft darin. Die Tore gehen lautlos wieder zu. Ich winke meinen Lieben durch die Scheiben, welche die Lichter reflektieren, so lange nach, bis sie in der abendlichen Dämmerung meinen Blicken entschwunden sind.

Ein Abschied erfüllt mich stets mit Wehmut und mit dem Bewusstsein, dass nichts wiederholbar und alles vergänglich ist, soweit es irdisches Glück oder Unglück betrifft.

Mein Weg führt mich wieder nach oben und ich benutze die Treppen. Meine Zimmertüre steht offen und als ich den Raum betreten möchte, sehe ich zwei Schwestern am Waschbecken, die ein junges Mädchen festhalten, das sich mit heftigen Würgelauten und schweren Atemstößen über das Waschbecken beugt.

Ich zögere einen Moment und gehe nicht in das Zimmer hinein. Ich drehe mich um und stehe vor einem jungen Mann und einer jungen Frau, anscheinend aus dem vorderen Orient stammend, die sich mit vielen mir unbekannten Worten an die Stöhnende am Waschbecken wenden.

Ich entferne mich für kurze Zeit und kehre dann in mein Zimmer zurück.

Mittlerweile liegt die junge Türkin im mittleren Bett, ihr Gesicht ist so weiß wie das Kissen, auf dem sie liegt, und umrahmt von schwarzen Haaren. Ihre Augen sind geschlossen.

Der junge Mann beugt sich über sie und die mit engen schwarzen Hosen und ebensolchem Oberteil mit tiefem Ausschnitt bekleidete junge Dame gibt aus ihren knallroten Lippen eine Menge unverständlicher Worte von sich. Zwischendurch läuft sie immer wieder hin und her.

Der Mann, der sich später als der Freund der Kranken entpuppt, wirkt hilflos und deswegen verlegen, aber er überspielt es durch ein tapferes Lächeln. Er ist mit einer kurzen türkisfarbenen, enggeschnittenen Jacke bekleidet und einer dunklen Hose, die den Blick auf die schwarzen, vorne breiter werdenden, auf Hochglanz polierten Schuhe freigibt. Er ist so gekleidet, als würde er bewusst einem bestimmten Zeitgeschmack huldigen. Besonders geckenhaft wirken die schwarzen Haare über

der mittelhohen Stirn, die stark glänzen und wie die Stacheln eines Igels senkrecht in die Höhe stehen.

Der Zivildienstleistende Patrick kommt herein und will mein Tablett mitnehmen. Ich entschuldige mich und sage zu ihm, dass ich es nach dem Abendessen selbst hinausbringe. Während ich alleine am Tisch sitze und esse, beginnt die junge Frau, die bereits am Tropf hängt, sich mit schwacher Stimme mit ihrem Freund und ihrer besten Freundin, wie sie mir später erzählt, zu unterhalten. Sie sprechen untereinander türkisch, beherrschen aber die deutsche Sprache einwandfrei und sind seit langer Zeit in Deutschland. Ich erfahre, dass die Kranke Esbah heißt, im dritten Monat schwanger ist, Vaginalblutungen bekommen hat und seit Wochen von heftigster Übelkeit geplagt wird.

Die Freundin von Esbah hat eine ganze Tasche mit Lebensmitteln mitgebracht und sie stellt nacheinander Säfte, süßes Gebäck, Pralinen und Obst auf den Tisch neben dem Bett ihrer Freundin. Sie hat Mühe auf der kleinen Fläche alles unterzubringen. Reichlich viel des Guten für jemanden, dem schon bei dem Gedanken an Essen übel wird.

Esbah bekommt nach kurzer Zeit schon die zweite Infusionsflasche von einer Schwester angelegt und ich bin erstaunt, wie schnell sie wieder leer ist und welche Mengen an Flüssigkeit in einen solch zarten Körper Platz haben. Krankenhäuser haben offensichtlich große Bestände dieser Flaschen in unterschiedlichen Größen. Sie sehen aus, als wären sie mit Leitungswasser gefüllt, sind aber angeblich mit lebenswichtigen Stoffen und Elektrolyten angereichert. Was der Sinn und der Zweck dieser Gaben ist, entzieht sich meiner

Kenntnis, aber es würde sich sicher lohnen, das näher zu erforschen.

Frau Maier liegt ruhig im Bett und auch ich lege mich, nachdem ich das Tablett hinausgebracht habe, ins Bett. Ich bitte Jesus, dass er das Kindchen von Esbah am Leben lassen möge und dass die Eltern gut für es sorgen. Die Gäste meiner Nachbarin bleiben noch lange und während sie Süßigkeiten naschen, bieten sie mir auch eine Praline an, die ich aber erst am nächsten Tag esse.

Wir kommen ein wenig ins Gespräch und ich sage ihnen, dass ich Christin bin und wie sich seitdem meine Gesinnung und meine Haltung in vielen Lebensbereichen verändert haben. Sie bezeichnen sich als Moslems, aber nicht von der radikalen Sorte, sondern von denen, die zwar an Allah glauben, aber die religiösen Vorschriften nicht allzu genau nehmen.

Nachdem die beiden gegangen sind, schläft Esbah ruhig ein. Von Frau Maier höre ich nichts mehr und auch ich bin bald eingeschlafen.

Am nächsten Morgen, es ist Sonntag, durchbrechen die ersten Sonnenstrahlen den Tüllvorhang und ich ahne, dass es ein warmer Tag werden würde. Esbah scheint es besser zu gehen. Sie erzählt Frau Maier und mir von ihrem Kummer, der, wie sie vermutet, der Auslöser ihres gesundheitlichen Problems sei. Ihre Eltern haben große Vorbehalte gegen ihren Freund und seine Eltern hegen gegen sie finsteren Groll. Beide Eltern lehnen eine Verbindung der jungen Leute strikt ab. Unter dieser Tatsache leidet sie sehr und es schmerzt sie besonders, dass niemand von den Verwandten sie besuchen wird. Ich sage ihr, wie sehr mir das leid tut und wie gut ich sie verstehen kann. Ich versichere ihr, dass ich für sie beten werde und fest daran glaube, dass

sich dadurch etwas ändern wird. Ich füge noch hinzu, dass sich die Eltern selbst unglücklich machen, wenn sie ihre Herzen so verhärten. Sie nickt mit dem Kopf und ich meine ihre Zustimmung auch in ihren Augen zu erkennen. Dabei huscht ein sanftes Lächeln über ihr blasses Gesicht.

Heute Vormittag ist es ruhig in der Klinik und ich entschließe mich wieder Spaziergänge über einige Etagen zu unternehmen. Die Muskelschmerzen im Beckenbereich sind noch beträchtlich und darum empfinde ich das Laufen geradezu als Herausforderung. Aber ich weiß ohnehin, dass ich es nicht lassen kann.

Auf einem kleinen Tisch in der Besucherplattform, wo unterschiedliches Lesematerial liegt, entdecke ich einen Teil der Süddeutschen Zeitung. Es sind nur einige Seiten, ich blättere hin und her und gerate auf die Seite der Todesanzeigen. Ich lese in einem schwarz umrahmten Kasten: Helmut Sturm ist am 19. Feb., zwei Tage vor seinem 76. Geburtstag, gestorben und wird am Montag im Friedhof in Pullach beerdigt.

Es trifft mich hart, obwohl ich weiß, dass Helmut sehr schwer krank war. Ich bedaure sehr, dass ich am Montag an der Beerdigung nicht teilnehmen kann. Nun ist auch das letzte Mitglied der legendären Gruppe Spur tot.

Bei der Pressekonferenz und der Eröffnung der Spurausstellung im Museum Villa Stuck im Sommer 2006 sah ich ihn das letzte Mal. Ich habe ihn mehrmals fotografiert. Er war zu der Zeit schon ein gezeichneter Mann. Es war nicht nur sein körperliches Leiden, an dem er so schwer trug, sondern auch der tödliche Motorradunfall seines zweitältesten Sohnes Meinhard, der damals erst drei Wochen zurücklag.

**20**

Während ich noch eine Weile über die Vergänglichkeit menschlichen Lebens nachdenke, kehre ich in mein Zimmer zurück. Dort kommt mir eine freundlich lächelnde Frau im Morgenmantel entgegen und stellt sich als Frau Beckerbauer vor. Ich bin überrascht und frage, wo Frau Maier sei. Ja, Frau Maier wurde entlassen und sie ist an ihrer Stelle da. Ich bin enttäuscht, weil ich mich nicht mehr verabschieden konnte. Frau Beckerbauer schaut mich so freundlich mit ihren runden braunen Augen an und sagt: „Bitte verwechseln Sie meinen Namen nicht mit Beckenbauer!" Ich versichere, dass mein Interesse an Fußball gering sei und auch an den Personen, die irgendetwas damit zu tun haben. Dieser harmlose Vorfall, dass ich Frau Maier nicht mehr gesehen habe, quält mich noch eine Zeit lang.

Die in Kliniken übliche Visite wird in diesem Zimmer entweder gar nicht durchgeführt oder ganz sporadisch von Ärzten, die – wie in meinem Fall – andere sind als diejenigen, von denen man operiert wird.

Das Amt des Chefarztes hat nach dem Ausscheiden der Chefärztin, Frau Dr. Debus, zurzeit Herr Dr. Stadler als „kommissarischer Leiter" der Frauenklinik inne. Er und Herr Dr. Grass, der Oberarzt, haben mich gemeinsam operiert. Die OP hat, wie ich mittlerweile erfahren habe, zweieinhalb Stunden gedauert. Frau Dr. Debus war Spezialistin für Inkontinenzleiden und arbeitet seit ihrem Weggang vor einigen Monaten in einer Klinik in Dachau. Bis jetzt hat sich Herr Dr. Stadler noch nicht sehen lassen und meine Hoffnung auf einen Besuch seinerseits ist gering.

Um so mehr überrascht es mich, dass plötzlich schnell und schwungvoll die Türe aufgeht und Herr Dr. Grass am Fußende meines Bettes erscheint und sich mit strahlendem Lächeln und in Sonntagslaune nach meinem Befinden erkundigt. Er sieht aus wie aus dem Ei gepellt. Sein Optimismus wirkt ansteckend und ich kann nicht anders, als mich ebenso wohlgelaunt und zufrieden zu äußern. Er erwähnt sogar Herrn Dr. Stadler und entschuldigt sein Fernbleiben, mit seinen zahllosen, zeitraubenden Operationsterminen. Mir erklärt er noch, dass ich morgen und übermorgen in den Raum neben dem Büro von Frau Vogt, der Sekretärin, kommen solle, um von Herrn Dr. Gerstung per Ultraschall den Harndruck messen zu lassen.

Mit festem Händedruck und immer noch lächelnd verabschiedet sich der Doktor. Die Türklinke in der Hand sagt er noch: „Und wenn irgendetwas ist, so melden Sie sich bitte!"

Frau Beckerbauer sitzt beim Mittagessen auf dem Platz, auf dem Frau Maier die Tage davor saß. Das Fenster hat sie im Rücken. Sie ist wohl einige Jahre jünger als Frau Maier und hat mittelblonde, gelockte kurze Haare. Esbah ist im Bett geblieben und isst Zwieback und trinkt Kamillentee und hat noch eine kleine Schüssel auf dem ausziehbaren Tisch stehen.

Frau Beckerbauer beginnt ihre Krankengeschichte zu erzählen und diese hört sich in vielen Teilen höchst wunderlich an. Das Glück, hier zu sein, preist sie über alles und hat es ihrem unnachgiebigen Bitten und ihrem Hausarzt zu verdanken. Sie hätte ohne Zögern tausend Euro bezahlt, um aufgenommen zu werden. Alleine zu Hause mit Schmerzen konnte sie das Leben nicht mehr ertragen. Wie beiläufig erwähnt sie ihren Magenkrebs; sie spricht das alles mit so viel Demut aus und lächelt dabei ergeben. Ich spüre, wie sie erhofft, dass dieser Ort hier ein Platz des Vertrauens und der Zuversicht für sie wird. Ich frage sie, ob sie an Gott glaubt, sie sagt, ja, irgendwie schon, da sie ursprünglich Katholikin sei. Aber ihre große Hoffnung sind die Ärzte und mit flehenden Worten untermauert sie die Überzeugung, dass ihr hier bestimmt geholfen werden würde. Das wird sich aber als langwieriger und komplizierter erweisen, als sie es jetzt ahnt. Aber sie hat Zeit und seit sie im Ruhestand ist und krank wurde, ist auch ein langer Krankenhausaufenthalt für sie kein Grund zur Resignation.

Wir beginnen vom Glauben an Gott zu sprechen und Frau Beckerbauer zeigt sich auch diesem Thema gegenüber aufgeschlossen. Da beginnt sich plötzlich Esbah zu regen und wir geraten alle drei unversehens in ein anregendes Gespräch hinein. Ganz spontan sage ich plötzlich, dass ich jetzt beten möchte. Es wird ganz still und ich bete, was mir Gott aufs Herz legt. Nachdem ich geendet habe, sagt Frau Beckerbauer, dass ihr so ein freies, nicht vorgefertigtes Gebet gefällt. Ich frage mit bangem Herzen, ob ich am nächsten Morgen vor dem Frühstück wieder beten darf. Die beiden Frauen sind es zufrieden. Ich danke Gott für dieses Geschenk und so kann ich das morgendliche Gebet in den wenigen Tage, die wir noch zusammen sind, fortsetzen. Das Gebet unterscheidet sich immer ein wenig vom Vortage, je nachdem was mir der Geist Gottes aufs Herz legt. Esbah und Hildegard finden das zwar ungewohnt, aber sie nehmen es mit Toleranz hin.

Später schlägt Frau Beckerbauer vor, ob wir uns nicht mit unseren Vornamen ansprechen könnten. Sie heißt Hildegard. Ich bin einverstanden und nenne meinen Vornamen.

Hildegard berichtet von ihrer Ausbildung als Kindergärtnerin und dass sie die nur machen konnte, weil sie als junges Mädchen bei den Franziskanerinnen gelebt habe und ihr dort die Ausbildung bezahlt wurde.

Sie stammt aus Niederbayern und sie waren viele Kinder. Der Vater war früh gestorben und sie waren arm. Das Leben war zu ihrer Kindheit ganz anders als heutzutage und man war viel anspruchsloser und bescheidener.

Ihr Beruf hat ihr so viel Freude bereitet, alle Kinder haben sie geliebt und verehrt und sie war auch bei den Kollegen sehr beliebt und war für alle einfach nur die Hildegard. Heute hat sie noch Kontakt mit einigen Erwachsenen, die sie im Kindergarten betreut hat. Verheiratet war sie nie und sie hat auch keine eigenen Kinder. Aber nachdem sie schon in verhältnismäßig jungen Jahren eine Totaloperation hatte, war daran auch nicht mehr zu denken. Es rührt mich, mit welcher Ergebenheit sie ohne Groll auf ihr Leben zurückblickt.

Wegen der Fülle des Erzählstoffs, zu dem auch Esbah und ich reichlich beitragen, streicht der Vormittag schnell vorüber. Nach dem Mittagessen sind wir alle drei müde und halten ein kleines Mittagsschläfchen. Bei mir mischt sich in den leichten Schlummer die Vorahnung und die Freude über den zu erwartenden Besuch.

Es dauert nicht lange und die Türe öffnet sich nicht in dieser forschen Art und Weise wie beim Hereinstürmen einer Schwester, sondern zögernd und langsam. Die drei Kinder nähern sich lächelnd und vorsichtig und Natascha, meine Tochter, schlank und mit einem hübschen blauen Rock bekleidet, kommt auf mich zu und wir umarmen uns. Ich freue mich von Herzen und Anuschka überreicht mir einen Blumenstrauß. Die beiden Buben, Alex und Levi, sind nach der Begrüßung schnell mit dem Krankenbett beschäftigt. Auch das hauseigene Mobiltelefon zieht ihre Aufmerksamkeit auf sich.

Hildegard sitzt aufrecht im Bett und strahlt. Beim Anblick von Kindern ist ihre Freude groß. Sie macht einige wohlwollende Bemerkungen.

Ich stehe aus dem Bett auf, ziehe den Bademantel an und wir verlassen das Zimmer. Während wir über dies und das plaudern, bekunde ich meine Freude darüber, dass sie mich besuchen, und vor allem darüber, dass Alex mitgekommen ist. Er ist der Älteste und zwölf Jahre alt. Wir gehen in Richtung Entbindungsstation. Die Kinder springen hin und her und dann bleiben wir vor einem kleinen, fahrbaren, weißen Gitterbettchen stehen, in dem ein schwarzhaariges Baby liegt. Die Mutter steht daneben und lacht. Natascha und ich können unserem Entzücken über den Liebreiz des kleinen Gesichtchens kaum Ausdruck verleihen. Ich frage die taiwanesische Mutter, ob ich die Kleine fotografieren darf, und sie gestattet es mir. Den Fotoapparat trage ich beinahe ständig mit mir herum, obwohl mir der Wert dieses Tuns allmählich immer zweifelhafter erscheint.

Es ist Sonntag und auf der Besucherplattform befinden sich viele Menschen. Eltern, Kinder, Großeltern und Freunde sitzen um die Tische und dazwischen stehen die Gitterbettchen mit den Neugeborenen. Es wird gelacht und in den unterschiedlichsten Sprachen sich unterhalten. Die türkische Nationalität ist am stärksten vertreten; daneben gibt es viele Asiaten, Russen und Afrikaner.

Hier ist alles besetzt und wir gehen ins Erdgeschoss und betreten die Kirche, die gegenüber dem Blumenladen liegt. Sie präsentiert sich in einem sehr modernen, einheitlichen Stil. Farbige Eisenkörper in unterschiedlichen geometrischen Formen

sind überall da angebracht, wo der Pfarrer bzw. der Pastor seines Amtes waltet. Die kleine Orgel ist auch damit bestückt. Auf den schwarzen Stühlen liegen dunkelrote Sitzkissen. Auf dem Altar steht ein kleines, unscheinbares Holzkreuz und daneben eine Vase aus Glas mit einem nicht mehr ganz frischen Blumenstrauß. Zwei Bronzefiguren eines zeitgenössischen Bildhauers stehen links in der Ecke auf einem kleinen Podest. Wen sie darstellen, erschließt sich mir nicht ohne weiteres. Sie stehen nebeneinander und es könnten Maria und der Jesusknabe sein, da sie unterschiedlich groß sind. Einen gekreuzigten Jesus entdecke ich nirgends. Ich vermute, man will den Gläubigen das Ereignis auf Golgatha nicht in seiner tiefen Tragik vorführen, um sie nicht in unnötiger Weise an ihre Sündenschuld zu erinnern. Aber auch der auferstandene Christus ist nirgendwo zu finden. In alten Kirchen und Kapellen ist das anders. Als diese erbaut wurden, war die Gottesfurcht noch groß und es war selbstverständlich, die christliche Botschaft in ihrer ganzen Dramatik darzustellen. Da ging es noch um die Wahrheit und nicht darum auf das selbstgemachte Gottesbild des Kirchgängers Rücksicht zu nehmen. Ich bin mehrmals hier gewesen, aber ich war immer alleine. Es wird zu vorgegebenen Zeiten katholischer und evangelischer Gottesdienst zelebriert.

Schräg gegenüber liegt die Cafeteria und dorthin lenken wir nun unsere Schritte. Schließlich gelingt es doch unter all den süßen Sachen das auszuwählen, von dem die Kinder und Natascha annehmen, dass sie es mögen. Ich esse nichts, wegen des bevorstehenden Abendbrotes. Als wir uns wieder auf dem spiegelnden Flur befinden und ich durch die verglasten Türen nach draußen schaue, sehe ich einen jungen

Mann mit einem Kinderwagen, wie er sich mit schnellen Schritten dem Eingang nähert.

Es ist Fabian, mein drittältester Sohn, mit seinen beiden Söhnen, Jonathan und Daniel.

Nach der herzlichen Begrüßung beginnen Anuschka und Jonathan ein neckisches Spiel: Sie läuft weg und er rennt hinter ihr her; dann dreht sie sich schnell um und er schubst sie. Jonathan lacht und strahlt über das ganze Gesicht, wobei seine vielen blonden Löckchen auf und ab wippen. Die Buben freuen sich, viel Platz zum Hin-und-her-Laufen zu haben und während die Erwachsenen ungestört miteinander plaudern, entdecken und kommentieren sie allerlei krankenhausinterne Details. Nur Daniel, der eineinhalb Jahre alt ist, drückt sich mit ernstem Gesicht fest an seinen Papa.

Mittlerweile sind wir in der vierten Etage angelangt und stehen vor dem Getränkeautomaten.

Ich lege verschiedene Teebeutel in einige Plastikbecher und fülle sie mit heißem Wasser.

Wir tragen alles in mein Zimmer, wo bereits mein Abendessen wartet. Hildegard sitzt im Bett und kaum hat sie die Kinder entdeckt, signalisiert sie uns freudige Anteilnahme. Esbah ist mit ihrem Freund und ihrer Freundin noch auf der Besucherplattform. Ich hebe den Deckel meines Essens hoch und Jonathan und Daniel bekommen glänzende Augen, stoßen unartikulierte Worte aus und strecken ihre Händchen danach aus. Jeder bekommt ein belegtes Brot mit Käse und Gurke und dazu trinken sie den Tee. Einen Joghurt habe ich noch von der letzten Mahlzeit übrig. Auch den verschlingen sie mit Heißhunger. Die drei Schneeberg-Kinder, Schneeberg ist der Fa-

milienname meiner Tochter, schauen erstaunt und amüsiert zu. Alex muss beim Anblick der beiden Buben lachen. Natascha und Fabian trinken Tee. Hildegard würzt das Ganze mit originellen Bemerkungen und kleinen Scherzworten, die sie an die Kinder richtet.

Nach kurzer Zeit mahnt Fabian zum Aufbruch. Meine Gäste verabschieden sich von Hildegard und wir verlassen geräuschvoll das Zimmer. Fabian ist mit dem Auto da; er wohnt in Kaltenberg, einem kleinen Marktflecken ca. 40 km westlich von München. Der Ort hat durch die Kaltenberger mittelalterlichen Rittertourniere eine gewisse Bekanntheit erlangt. Die Kämpfe finden jährlich im Juli an den Wochenenden statt.

Wir setzen uns noch ein wenig in die Cafeteria und Jonathan beginnt mit den beiden Frauen am Nebentisch anzubandeln. Die Damen spielen mit und finden es höchst vergnüglich, wie der Kleine mit dem blonden Lockenköpfchen immer wieder an ihren Tisch kommt und sich hin und her drehend seinen Charme verteilt.

Schließlich muss Fabian das Spiel beenden, setzt die beiden Buben in den Doppelkinderwagen und verlässt nach der herzlichen Bitte meinerseits seine Frau Clare zu grüßen die Klinik. Winkend und lachend verschwinden die drei in der abendlichen Dämmerung.

Die Kinder von Natascha möchten noch Eis haben, was sie auch bekommen. Nun steht auch ihr Abschied bevor. Der mir bekannte Wehmutsschmerz beschleicht mich, aber ich behalte es für mich. Ich sage zu den Kindern, dass sie ihren Papa grüßen sollen, und dasselbe wiederhole ich an Natascha gerichtet mit den Worten, sie möge es nicht vergessen, die Grüße an Martin auszurichten. Abschiedsumarmungen, und

**24**

dann wieder das lautlose Öffnen der Glastüren. Als die Kinder die breiten Treppen winkend hinabhüpfen, gefolgt von ihrer Mutter, winke auch ich noch so lange, bis ich sie in der Dunkelheit aus den Augen verliere.

Als ich wie schon so oft am Esstisch in meinem Zimmer sitze und die Reste meines Abendbrotes verzehre, fühle ich wieder den Schmerz in meiner Seele, aber es mischt sich auch ein Gefühl der Dankbarkeit hinein. Welch eine Gnade, so viele liebenswürdige Kinder, Schwiegerkinder und Enkelkinder zu haben.

Am nächsten Tag, es ist ein Montag und wir haben unser gemeinsames Frühstück mit der dazugehörigen Unterhaltung beinahe beendet, als wir ein vielstimmiges Gemurmel, das hinter der Türe stattfindet, vernehmen. Es dauert nicht lange und ein beachtlicher Tross von vorwiegend männlichen Ärzten aller Altersstufen in weißen wehenden Kitteln kommt herein. Gefolgt von der Krankenschwester, die ihre Herkunft nicht verraten will. Sie hat einen dicken Ordner in der Hand und stellt sich als Letzte auf. Der Name Beckerbauer fällt und Esbah und ich verschwinden in unsere Betten. Hildegard bleibt am Tisch sitzen und lächelt milde, während die weiße Schar sie umringt. Sie hat die Hände gefaltet und ihr Gesichtsausdruck verrät nichts Aufmüpfiges, sondern stille Ergebenheit. Ihre Krankengeschichte ist schwer einzuordnen und gerade für Schulmediziner mit manch Rätselhaftem belegt. Der Magenkrebs wird von einem Arzt bestätigt und zwar mit voller Sicherheit. Aber er rät zu diesem Zeitpunkt von einer Operation ab, weil noch andere Dinge geklärt werden müssen.

Die Fragen nach ihrem Befinden und den unerklärlichen Rückenschmerzen beantwortet sie in aller Einfalt, immer mit der leisen Hoffnung in der Stimme, dass man ihr doch gewiss helfen könne. Die Krankenschwester schreibt etwas in den Ordner und einige der jüngeren Leute machen Notizen in ihre mitgebrachten Blätter. Ich sehe den demütigen Blick in Hildegards Gesicht, mit dem sie zu den Ärzten aufschaut. Es entsteht eine kleine Lücke zwischen den vielen Rücken und darin erscheint ihr Gesicht. Ich nütze die Gunst der Stunde und schieße ein Foto.

Die Reaktion der Ärzte auf Hildegards Krankengeschichte ist viel profaner, als es der große Aufwand erwarten lässt. Sie haben keine inspirativen Ideen oder Vorschläge, sondern ordnen ihr für heute und die nächsten Tage die verschiedensten Untersuchungen an. Sie wird noch erfahren, zu welcher Uhrzeit sie da und dort sein soll. Von Mammographie, Computertomographie und Ähnlichem ist die Rede. Es wird also viel Medizintechnik und Geräteaufwand nötig sein, um den Leiden von Hildegard auf die Spur zu kommen. Ganz schön ernüchternd, denke ich, aber Hildegard lächelt sanft, während die Ärzte sich verabschieden und im Gleichschritt aus der Türe eilen.

Ich habe mich wieder aus dem Bett erhoben und Hildegard kommt auf mich zu. Sie staunt, wie viel Aufmerksamkeit ihr entgegengebracht wird, und das steht ihr ins Gesicht geschrieben. Sie stellt freudig fest, dass sie in der nächsten Zeit ordentlich was zu tun habe. Sie begreift allmählich, dass die Mediziner in ihr einen gewissen Problemfall sehen, mit einem schwer definierbaren Krankheitsbild. Aber auch dann, wenn es mit ihrem Leben bald vorbei sein sollte, werde sie sich in ihr Schicksal fügen, wer würde schon um sie trauern.

Hildegard geht in die Waschkabine und zieht den blauen Vorhang zu. Sie macht sich für die erste Untersuchung frisch, für die es bald Zeit sein wird.

Sie ist noch nicht lange fort, da öffnet sich die Türe ganz vorsichtig und eine freundliche Dame kommt herein. Sie ist etwa 45 Jahre alt und fragt nach Frau Beckerbauer. Sie sagt, sie sei Seelsorgerin und wolle sie besuchen. Es ist geradezu bemerkenswert, wen man alles zu Hildegard schickt. Ich sage zu ihr, dass sie nicht da ist, und zeige auf das leere Bett. Aber nachdem sie stehen bleibt und mich freundlich ansieht, beginne ich mit ihr eine Unterhaltung. Sie hat eine äußerst tolerante Auffassung dem Evangelium gegenüber und will niemanden bekehren. Ich zitiere den Bibelvers in dem Jesus sagt: „Ich bin der Weg, die Wahrheit und das Leben." Sie meint, sie könne sich die Nöte und Sorgen der Patienten anhören und ihnen menschliches Verständnis entgegenbringen, aber vom Glauben her könne sie nur wenig Einfluss ausüben.

Ich spüre deutlich, dass sie genaue Vorschriften befolgen muss, und die ist sie auch gewillt einzuhalten. Nachdem sie mir ihren Namen genannt hat, den ich aber nicht mehr weiß, verabschiedet sie sich und geht. Selbst ein Seelsorger hat hier keine geistige, geschweige geistliche Freiheit, sondern muss sich als Angestellter den Normen der Klinikordnung unterwerfen. Aber ich denke, dass sie mit ihrem Glaubensverständnis keine großen Widerstände in ihrem Gewissen zu überwinden hat. Sie bringt den Menschen Verständnis entgegen, wendet sich ihnen zu, ohne missionarischen Eifer. Sie ist ein beredtes Zeugnis für Nächstenliebe und das spüren die Menschen. Bevor sie wieder weggeht, ermuntre ich sie, später, wenn Frau Beckerbauer wieder da ist, noch einmal zu kommen.

Es vergeht nicht viel Zeit, da kehrt Hildegard zurück und sie strahlt und schildert, was man alles mit ihr angestellt hat. Die, welche die Apparate bedienen, seien außerordentlich kompetent und freundlich.

Ich will noch mehr von ihren Erlebnissen hören, aber da geht schon wieder die Türe auf und eine mit einer grünen Bluse bekleidete Dame steht im Türrahmen. Auch sie sucht Frau Beckerbauer. Die Frau stellt sich als ehrenamtlich Beschäftigte vor und sie betreut Patienten mit einer Kollegin zusammen, die ebenfalls eine grüne Bluse trägt. Daran sind sie zu erkennen und heißen schlicht „die grünen Frauen". Sie kümmern sich um den emotionalen, seelischen Bereich des Patienten. Kurz, um all das, wozu die überforderten Ärzte nicht in der Lage sind und die wenigen Schwestern mit ihrer knappen Zeit noch viel weniger. Hildegard nimmt freundlich die ihr schon bekannte Zuwendung entgegen. Die grüne Dame ist auch bald wieder weg, denn bei so viel fröhlicher Gelassenheit erschließt sich ihr nur schwer der Grund, weswegen sie gekommen ist.

Hildegard ist gerade im Begriff mit ihrem Erlebnisbericht fortzufahren, da öffnet sich die Türe wieder und es erscheint die mir schon bekannte hauseigene Seelsorgerin. Sie lacht und sagt: „Da sind Sie ja, Frau Beckerbauer!" Hildegard hat schon ein ganz rotes Gesicht von so viel gut gemeinter Anteilname und sie erzählt ganz gerührt von der grünen Dame. Die Seelsorgerin überspielt ihren kleinen Ärger geschickt und sagt Hildegard, wer sie ist. „Ach Gott!", sagt Hildegard und schaut zu mir her, als wolle sie sagen, Frau Prem hat mir auch schon einiges vom lieben Gott erzählt. Da ich von einer Schwester wegen irgendeiner Bagatelle gestört werde, höre ich nur noch, dass die Seelsorgerin sagt, ganz

**26**

gleich ob jemand Katholik, Protestant, oder Moslem sei, sie betreue alle Patienten. Was sie dann noch reden, weiß ich nicht, aber es dauert nicht lange und die Seelsorgerin verabschiedet sich. Sie schaut noch einmal zu mir herüber und verlässt geräuschlos das Zimmer. Hildegard ist erschöpft und braucht jetzt ihre Ruhe.

Esbah ist lange abwesend, kehrt dann irgendwann mit dem Handy in der Hand zurück und verkündet vor Freude strahlend, dass die beiden Kinder ihrer Schwester heute noch zusammen mit einer Freundin zu Besuch kommen würden. Sie lächelt mich an und meint leise: „Hat Gott wohl doch unser Gebet erhört." Ich freue mich mit ihr und Esbah steigt mit seligen Lächeln in ihr Bett zurück.

Da nun beide Frauen in ihren Betten liegen, empfinde ich eine gewisse Langeweile und ich gedenke, mich außerhalb des Krankenzimmers umzusehen. Meine Schritte lenke ich in Richtung Besucherinsel, die am Vormittag von wenigen Gästen genutzt wird, da sich anscheinend doch viele an die offiziellen Besuchszeiten halten.

Ich sehe ein junges Paar, wie so viele in den letzten Tagen, neben dem fahrbaren Gitterbettchen ihres Neugeborenen sitzen. Ich nähere mich dem Bettchen und betrachte das Neugeborene. Es fällt mir schwer, an einen Gitterbettchen vorüberzugehen, ohne einen Blick hinein zu werfen. Ich schaue die Mutter an und wir kommen schnell ins Gespräch. Mir fällt auf, dass sie keinen unbeschwerten Eindruck macht, sondern irgendwie so wirkt, als ob sie etwas belaste. Der Mann, ein stämmiger, dunkler Typ, der aus Brindisi, einer eher unromantischen italienischen Hafenstadt an der Adria, stammt, schaut mich ab und zu an, aber es liegt nichts Wohlwollendes in seinem Blick.

Die junge Frau betrachtet das Kind mit beinahe traurigem Blick und sagt zu mir, dass sie sich so sehr auf eine normale Geburt vorbereitet und auch gefreut hätte und alle Voraussetzungen dafür gegeben gewesen wären. Aber leider war es ihr nicht vergönnt und das Kind wurde zu guter Letzt durch Kaiserschnitt geboren. Das ganze Erlebnis der Geburt wurde ihr dadurch genommen. Ich empfinde großes Mitleid mit ihr und sage ihr das auch und wie sehr ich ihren Schmerz nachempfinden kann. Sie schaut mich mit ihren großen Augen an und ihr Mann blickt stumm vor sich hin, mit einem Ausdruck, als würde es ihm Mühe bereiten, für diesen Schmerz Verständnis aufzubringen. Ich frage sie, weshalb das nötig war; sie hebt und senkt die Schultern und weiß es selbst nicht. Es hat ihr auch niemand erklärt, weshalb man diese Entscheidung getroffen hat. Ich beteuere noch einmal mein Mitgefühl. Dem Baby wende ich mich noch einmal zu und entferne mich, nachdem ich mich verabschiedet habe.

Ich gehe über den Flur, auf dem bereits die riesigen Essenswägen hin und her geschoben werden. Ich denke an die Mutter des Kindes und versuche leise für sie zu beten. Ich mache noch einige Umwege, um nicht zu früh zum essen zu erscheinen und betrete gegen 11.45 Uhr das Zimmer.

Esbah sitzt aufrecht im Bett und neben ihr auf der Bettkante sitzen zwei kleine Mädchen. Eine junge Dame steht am Fußende. Esbah lacht und zeigt auf die etwa drei - und fünfjährigen Nichten. Hier herrscht momentan eitel Sonnenschein und Hildegard, die Kinderfreundin, wird auch wieder munter und sitzt kerzengerade im Bett und blickt mit seligem Lächeln mal zum einen und dann zum anderen Kind. Ich setze mich an den Tisch und hebe den

Deckel von dem Teller und lege ihn auf den Tisch. Esbah spricht türkisch mit ihrer Freundin und die beiden Mädchen äußern sich abwechselnd mit ihren hohen Stimmchen in derselben Sprache. Während ich zu speisen beginne, denke ich wieder an die junge Mutter und wie vielschichtig und unergründlich das Leben ist. Wie schnell ändert sich ein Zustand im Leben. Was eben noch bedeutungsvoll war, kann in kürzester Zeit trivial oder belanglos sein.

Ich bin noch nicht fertig mit der Mahlzeit, da steht Esbah auf und geht mit ihrer Freundin und den Mädchen aus dem Zimmer, um sich auf der Besucherinsel niederzulassen. Später entdecke ich sie dort, wie sie mit Limonade und anderen süßen Getränken und Gebäck an einem der runden Tische sitzen und schwatzend und lachend sich die Zeit vertreiben. Der Freund von Esbah ist nun auch da und sie verbreiten türkische Lebensart.

Ich drehe noch einige Runden auf denen mich Hildegard begleitet. Irgendwie fühle ich instinktiv, dass ich heute noch Besuch bekomme werde.

Die kleine christliche Gemeinde im Zentrum der Stadt, der ich seit vielen Jahren angehöre, habe ich informiert über meine bevorstehende OP und den Krankenhausaufenthalt. Einige versprachen mir für mich zu beten.

Als ich das Zimmer betrete, sind Esbah und ihr Freund auch da; ihre beiden Nichten und ihre Freundin sind wieder nach Hause gefahren.

Der Freund von Esbah hatte mir ein, zwei Tage zuvor einiges über den Islam erzählt und davon, was es für einen gläubigen Moslem bedeutet, wenigstens einmal im Leben an der Pilgerreise zur Kaaba nach Mekka teilnehmen zu können. Der junge Mann - mittlerweile weiß ich, dass er so äh-

lich wie Leo heißt, - fährt damit fort. Er versprach es neulich, mir das Leben von Mohammed zu schildern. Er berichtet, dass der Knabe schon in jungen Jahren eine Erleuchtung hat und von Allah die Verheißung bekommt, eines Tages ein Prophet zu werden, um den Menschen im vorderen Orient den wahren Glauben zu bringen. So entsteht der Islam. Die Menschen sollen all die Gesetze, die im Koran niedergeschrieben sind, lernen und auch beherzigen. Als Leo beginnt, Mohammed mit Jesus zu vergleichen, muss ich entschieden widersprechen. Leider gelingt es mir nicht, ihm klar zu machen, dass Jesus der vom Geist Gottes gezeugte Sohn ist und kein Prophet. Leo lächelt gutmütig, aber das kann er beim besten Willen nicht akzeptieren. Meine weitere Erläuterung von Kreuzestod und Auferstehung dringen ins Leere und nicht in sein Herz. Hier endet unser Gespräch. Ich will Leo nicht meine Liebe entziehen, aber um der Wahrheit willen breche ich jetzt ab und wende mich ernüchtert anderen Dingen zu. Das Paar verlässt bald darauf gemeinsam das Zimmer.

Später sehe ich sie noch durch die Glasscheibe der Besucherinsel, wie sie wieder mit Getränken in Pappkartons und gefüllten Plastiktüten um einen Tisch sitzen.

Ich bin nicht alleine, sondern in Begleitung von Achim und Manfred, zwei Glaubensbrüdern aus meiner christlichen Gemeinde, die gerade zu Besuch gekommen sind. Sie haben mir Trauben, Erdbeeren und kleine Biobananen mitgebracht; ich werde das Obst später und am nächsten Tag essen und freue mich schon darauf. Während wir über die langen Flure schlendern, entwickelt sich zwischen Manfred und mir ein lebendiges Glaubensgespräch und ich schildere einige meiner Erlebnisse. Er nimmt daran sehr interessiert Anteil

**28**

und ich spüre die Einigkeit im Geiste und das hat für mich etwas durchaus Beglückendes. Achim sagt, wie gewohnt, nichts und ich erlebe wie so oft, dass er nicht mitschwingt im Geiste und ihn unsere Freude im Herzen nicht erreicht. Er ist für uns beide ein unergründliches Rätsel. Wir plaudern noch über dies und das und ich berichte über den Klinikalltag, der momentan mein Leben bestimmt. Nun bewegen wir uns über die Treppen hinunter in Richtung Erdgeschoss. Was sich plötzlich beginnt bemerkbar zu machen und mich augenblicklich in eine nihilistische Stimmung versetzt, darauf werde ich später eingehen.

In der Cafeteria sitzen an kleinen Tischen Menschen in bunten, teilweise mehrfarbigen Morgenmänteln und andere in Straßenkleidung. Die Patienten erfüllen sich hier die Wünsche, die durch die hauseigene Kost nicht befriedigt werden. Meist gutgenährte Zeitgenossen haben dicke Tortenstücke auf ihren Tellern. Achim und Manfred holen sich etwas zum Trinken und ich schaue ihnen dabei zu. Wir sitzen noch einige Zeit beisammen und während sich die Männer unterhalten, beobachte ich die Raucher vor der Türe, die sich wie moderne Märtyrer fühlen müssen oder als Ausgestoßenen der Gesellschaft. Frauen scheinen sich dieses Lasters mehr zu schämen als Männer, denn wenn ich sie anschaue, gehen sie entweder weg oder drehen den Kopf in die Gegenrichtung.

Als Achim und Manfred ihre Gläser geleert haben, entschließen sie sich zum Aufbruch. Ich bin darüber froh, denn meine Freude über meine vermeintlich gelungene Operation beginnt sich mehr und mehr zu trüben. Es zeigt sich, dass sich meine schlimmste Befürchtung, nämlich eine drohende Inkontinenz, zu bewahrheiten beginnt.

War mein Glaube zu schwach, mein Gebet zu halbherzig, Gott muss mich in Zucht nehmen. Ich erinnere mich an die Worte von Frau Maier und wie ich daraufhin aus der Klinik flüchten wollte. Warum habe ich es nicht getan, es wäre ein Leichtes gewesen. Habe ich die falsche Klinik gewählt? Warum habe ich auf meine Gynäkologin, Frau Sanden, gehört? Eine andere Frauenärztin, Frau Dr. Hecken, riet mir von der Klinik ab und sprach von einer klassischen OP, die sie in der Geisenhofer-Frauen-Klinik durchführen würde. Beide Termine, den beim Urologen und den in ihrer Praxis habe ich abgesagt. Sobald ich Herrn. Dr. Grass erreiche, werde ich mit ihm sprechen.

Der Montag neigt sich dem Ende zu, die Gäste sind weg und wir drei sind wieder alleine. Esbah hat einen kleinen Fernseher auf ihrem Nachttisch stehen, in den sie silberne DVD Scheiben hineinschiebt, um Filme anzuschauen. Sprache und Musik hört sie über die glitzernden Kopfhörer.

Ich denke über meine Lage nach und erinnere mich, dass Herr Dr. Gerstung vor dem OP Termin sagte, dass in dem Fall, der anscheinend nun eingetreten ist, einige Monate später ein erneuter Eingriff möglich sei. Im Augenblick gibt mir diese Aussicht keinen Trost, aber es beruhigt ein wenig mein Gemüt.

Plötzlich erinnere ich mich daran, dass Herr Dr. Grass zwei Tage nach der Operation mich daraufhin ansprach und fragte, ob alles in Ordnung sei. Ich bejahte seine Frage und sagte ihm, wie glücklich ich darüber sei. Auch betonte er noch einmal, dass die Gebärmutter nicht entfernt wurde, als ob es etwas durchaus Ungewöhnliches sei. Meine Frage, ob das Problem, falls es eintreten würde, schon in den ersten Tagen nach der Operation eingetreten wäre, beantwortete er mit einem etwas gequälten Ja. Was mir auffiel, war sein merkwürdiger Gesichtsausdruck, der ihn so seltsam verspannt aussehen ließ.

Nun weiß ich, dass seine Äußerung neulich nicht ganz wahrhaftig gewesen ist, und mir fällt seine Reaktion auf meine Frage ein. Ich hoffe ihm bald zu begegnen und tatsächlich laufe ich ihm kurz darauf direkt in die Arme. Ich schildere ihm ganz deprimiert meinen Kummer. Zunächst reagiert er so, als würde er an meiner Glaubwürdigkeit zweifeln oder mir einen Anflug von Hypochondrie unterstellen. Er war nämlich derjenige, der das Auftreten dieses Problems herunterspielte oder die Möglichkeit als sehr gering einschätzte. Ich habe plötzlich das Empfinden, dass ihn in seiner Position als Oberarzt der Gedanke beschleicht, ob nicht doch ein Versagen seinerseits oder eine Fehleinschätzung der Sachlage die Ursache für das Dilemma sein könnte. Er sagt noch kurz, ich solle vor der Entlassung noch einmal zur Untersuchung im gynäkologischen Konzil erscheinen. Dann trennen wir uns.

Ich begebe mich ins Bett und während ich nach meiner Bibel greife, denke ich an Schuld, Sünde und Vergebung. Ich bete darum, mein Leiden möge morgen früh einfach verschwunden sein. Ich liege noch einige Zeit wach und bemerke, wie Hildegard sich schlaflos im Bett herumwälzt und leise stöhnt. Da es lauter wird, gehe ich zu ihr und frage sie, was sie quält. Sie dreht sich langsam um und klagt über furchtbare Schmerzen an den Lendenwirbeln und einem Gefühl, als würde sie dort abbrechen. So schlimm, meint sie, waren die Schmerzen noch nie. Ich beginne leise für sie zu beten, werde aber von Esbah gestört, weil sie sagt, wir sollten der Schwester läuten. Ich sage, sie solle noch ein wenig warten,

aber auf Grund des weiteren Gejammers von Hildegard ruft sie per Knopfdruck nach der Nachtschwester. Kaum ist das geschehen, nähern sich schnelle Schritte unserem Zimmer und die Dame in Weiß wirbelt nach kurzem Anklopfen herein. Sie sieht schnell, wer die Leidtragende ist und nachdem Esbah und ich die große Not geschildert haben, sagt sie zu Hildegard: „Ich bringe Ihnen Schmerztabletten." Sie ist gleich wieder zur Stelle und überreicht Hildegard einen kleinen Plastikbecher mit den versprochenen Pillen. Sie wünscht uns eine Gute Nacht, nicht ahnend, dass sie noch mehrmals wird anrücken müssen.

Hildegard tut mir leid und ich vermute, dass sie selbst nicht weiß, wie krank sie wirklich ist.

Die Schwester muss noch zweimal gerufen werden, weil Hildegards Qualen nicht zu lindern sind. Aber schließlich gelingt es durch die Zufuhr sehr starker Drogen ihre Schmerzen in den Griff zu bekommen und sie hat eine friedliche Nacht.

Am nächsten Tag, Dienstag den 26. Feb. 2008, geht es ihr besser und wir sitzen am Frühstückstisch und ich spreche das Gebet und danke Gott von Herzen für seinen Beistand. Hildegard blickt ganz vergnügt um sich und bereitet sich innerlich auf die neuen Untersuchungen vor. Sie meint mit einem spitzbübischen Lächeln, dass sie schon ganz gespannt sei, was heute alles auf sie wartet.

Bis es soweit ist, macht sie sich noch hübsch und setzt sich mit gefalteten Händen auf ihr Bett. Sie beginnt von der Zeit zu schwärmen, als sie noch eifrig mit Basteln beschäftigt war und für alle Kindergartenfeste wunderschöne kunsthandwerkliche Dinge angefertigt hat. Das hat ihr großen Spaß gemacht und sie wurde dafür immer sehr gelobt. Noch bevor sie ins Detail ge-

**30**

hen kann, klopft es vorsichtig an die Türe und ein Pfleger holte sie ab. Erhobenen Hauptes und mit sanften Lächeln verlässt sie den Raum.

Meine gestern auftretenden Probleme scheinen tatsächlich am Morgen schwächer geworden zu sein. Bis zum Nachmittag ist mein Zustand wieder wie am Tag zuvor. Ein völlig schmerzloses, aber äußerst unangenehmes Leiden. Ein typisches Frauenleiden, denke ich; je nach psychischer Befindlichkeit ändert sich die Situation.

Esbah kommt ins Zimmer gestürmt und ist ganz aufgekratzt und verkündet voller Freude, dass ihre Mutter sie heute besuchen wird. Ich bin ganz entzückt über diese Botschaft und freue mich mit ihr. Ich weiß, wie sehr sie unter der Ablehnung ihrer Eltern wegen ihres Zusammenlebens mit ihrem Freund leidet; und nun diese überraschende Wende. Sie sieht mich lächelnd an und ich ahne, dass sie wie schon einmal an unser Gebet denkt.

Ich beginne mit meinen täglichen Streifzügen und stelle fest, dass mir immer häufiger Patienten begegnen, die ich schon mehrmals gesehen habe. Ich meine, es wäre an der Zeit, sie zu grüßen und empfinde es allmählich als unhöflich es nicht zu tun. Ich bin also entschlossen einen Versuch zu starten und grüße eine Dame, die noch älter als ich zu sein scheint. Ich setze ein freundliches Gesicht auf und nicke ihr leise grüßend zu. Sie schaut mich mit gleichgültigen Augen an und als wir aneinander vorbeigegangen sind, drehen wir uns beide um. Sie schüttelt ein wenig den Kopf und hält mich wohl für jemanden, der sich aus der Psychiatrie hierher verirrt hat. Ich versuche es noch einmal, diesmal bei einem Mann, aber auch der scheint es falsch aufzufassen und so beschließe ich, diese Art von Höflichkeit wieder einzustellen.

Während meines anhaltenden Herumlaufens begegne ich immer wieder Patienten, die in ihren Betten liegend auf den Fluren stehen. Aber die, welche herumgeschoben werden, sind in der Überzahl. Tiefschlafende und hellwache, erstaunlich rotbackige und schneeweiße Gesichter. Manche sind mit allerlei technischem Gerät verkabelt, während andere unbeschwert im Bett liegen. Wieder andere haben Patientenakten auf dem Bett liegen oder es stehen Gepäckstücke darauf. Unermüdlich schiebt oder zieht männliches und weibliches Klinikpersonal die Kranken über lange Korridore, um schmale Kurven herum, zwängt sich an Essenswägen vorbei oder steht wartend vor den Lastenaufzügen. Ganz selten unterhält sich jemand vom Personal mit einem der Kranken. Sie verrichten ihre Arbeit lautlos, Tag für Tag, Woche für Woche, manche ein ganzes Arbeitsleben lang.

Ich kehre, ich weiß nicht zum wievielten Male, in mein Zimmer zurück und sehe Esbahs glückliches Gesicht, das sie einer Dame zuwendet, die etwa Mitte Vierzig ist und eine Kurzhaarfrisur trägt. Sie ist sportlich mit Hosen bekleidet und ich habe Mühe sie für eine Türkin, geschweige für eine Muslima zu halten. Noch bevor Esbah sie mir als ihre Mutter vorstellt, habe ich das schon erraten.

Während Esbah die für mich unverständlichen Worte nur so hervorsprudelt, setzt ihre Mutter immer wieder eine ernste Miene auf und sagt etwas mit besonderem Nachdruck. Nach einiger Zeit geht Esbah mit ihrer Mutter aus dem Zimmer und kehrt nach einer längeren Pause alleine zurück. Sie beginnt den Schrank auszuräumen und die vielen Gegenstände von ihrem Nachttisch zu entfernen. Sie bereitet den Weggang aus der Klinik vor. Am späten Nachmittag kommt ihr Freund und holt sie

**31**

ab. Sie stehen bereits vor dem Aufzug, als sie mir noch schnell ihre Telefonnummer gibt und wir uns mit einer Umarmung verabschieden und uns gegenseitig alles Gute wünschen. Wieder ein Abschied, wahrscheinlich für immer.

Ich lege mich, sobald ich im Zimmer bin, sofort ins Bett. Ich habe mich daran erinnert und das nicht das erste Mal, dass mir von ärztlicher Seite Schonung verordnet wurde. Allerdings dauert meine Ruhepause nicht lange.

Die Türe geht auf und ein bärtiger Mann kommt herein. Er ist erfreut, mich so schnell gefunden zu haben. Er heißt Karl und ist, abgesehen von einer Unterbrechung, ein Dauergast meiner kleinen christlichen Gemeinde, ein Pole mit deutschen Wurzeln und ein lebendiges Zeugnis für Christus. Trotz schwerster Krankheit, die ihn vor Jahren aus der Bahn geworfen hat und durch die Einnahme von verunreinigten Tabletten ausgelöst wurde, ist er bei Gott geblieben und hat sogar noch tiefer zu Jesus gefunden. Er hat seine Frau und den Arbeitsplatz als Rangierleiter bei der Bundesbahn verloren. Ab und zu besucht ihn seine mittlerweile 19-jährige Tochter.

Nach unserer herzlichen Begrüßung besorge ich ihm beim Getränkeautomaten eine Tasse Kaffee, den er mit Genuss trinkt, nachdem er noch Zucker und Milch dazugetan hat. Während wir uns angeregt unterhalten, öffnet sich wieder die Tür und meine Schwiegertochter Daniela erscheint mit ihren vier Kindern. Die Mädchen haben adrette Kleidchen an und Hildegard hat wieder ihre helle Freude. Nach der Begrüßung ist es wieder das Bett, das eine besondere Faszination ausübt und das von einem der Buben blitzschnell nach oben gekurbelt wird. Die anderen Kindern ziehen geschwind ihre Schuhe aus und klettern hinein. Daniela unterhält sich mit Karl und ich beobachte vergnügt das Treiben der Kinder oder mische mich in das Gespräch ein. Der nächste Gast ist der Ehemann von Dany, wie sie auch genannt wird, und ich bin seine Mutter.

Wir verbringen gemeinsam noch einen Teil des Abends, aber die Zeit vergeht schnell. Die beiden Buben Nathanael und Silas müssen am nächsten Tag zur Schule und wieder steht ein Abschied bevor. Karl bleibt noch sitzen. Er hat unbeschränkt Zeit, keine äußeren Verpflichtungen zwingen ihn zur Eile. Er ist mit dem Fahrrad hier und erlegt sich beinahe täglich die Herausforderung auf, weite Strecken damit zurückzulegen. Er scheut kein schlechtes Wetter, egal ob es regnet oder stürmt. Er hat noch eine weite Tour vor sich, da er in dem weit entfernten Stadtteil Moosach im Norden der Stadt wohnt.

Heute ist Mittwoch, der 27. Feb. 2008, und es ist wieder ein warmer Schönwettertag.

Hildegard und ich, wir sind nun alleine und beide denken wir, so vermute ich ohne es auszusprechen, an Esbah. Das Leben zieht vorüber und erscheint mir in solchen Augenblicken wie das Haschen nach Wind.

Hildegard hat vermutlich die meisten ihre Untersuchungen hinter sich und harrt geduldig der Dinge, die da kommen werden. Ich teile ihr meine morgige Entlassung mit und sie nimmt meine Worte ein wenig wehmütig entgegen und sagt: „Dann werde ich wohl alleine sein." Aber ehe sie diesen Gedanken weiter verfolgen kann, nimmt die Sache eine neue Wende.

Ich drehe einige Runden und als ich dann wieder ins Zimmer zurückkehre, ist Hildegard verschwunden.

Ich bleibe wie angewurzelt stehen. Statt dessen liegt eine junge Frau an ihrer Stelle,

**32**

die sich mit lautem Jammern hin und her wirft und dann wieder wie halbtot auf das Kissen zurück sinkt. Als ich mich von meiner Überraschung erholt habe, frage ich mich, wieso alle Problemfälle in meinem Zimmer landen.

Die Patientin, vermutlich eine Frau, die aus dem vorderen Orient stammt, hat eine gewaltige, wuschelige Haarmähne, mit einem Stich ins Rötliche. Ihr Gesicht, das ich nur im Profil sehe, verschwindet beinahe darin. Wenn sie sich nicht gerade aufbäumt wie ein junges Pferd liegt sie ermattet im Bett und starrt aus glasigen, riesigen hellbraunen Augen zur Zimmerdecke. Sobald sie wieder einen Anfall hat, heult sie wie eine Sirene los, bäumt sich erneut auf, nimmt mit letzter Kraft unter Wimmern den nierenförmigen Spucknapf aus Pappmaschee vom Nachttisch und versucht mit dem Kopf über den Napf gebeugt eine Portion Schleim hervorzupressen.

Ich nähere mich ihrem Bett, aber sie scheint mich nicht wahrzunehmen. Ich sage etwas zu ihr, aber sie reagiert nicht, als könnte sie weder hören noch sehen. Sie hängt bereits am Tropf. Diese Methode scheint das Allheilmittel zu sein für jedes erdenkliche Leiden.

Mir fällt ein, dass ich vor etwa einer halben Stunde einen ebenfalls orientalisch aussehenden Mann mit langem Doppelkinderwagen über die Flure rennen sah, anscheinend etwas suchend. Als ich noch etwas unentschlossen mitten im Zimmer stehe, geht mit einem lauten Ruck die Türe auf. Ein Mann, offensichtlich der, den ich soeben erwähnte, poltert herein, zieht hinter sich einen Kinderwagen her, stößt an mein Bett, sieht mich kurz an, grüßt aber nicht. Ich weiche ihm aus, damit er vorbei kommt. Ich erblicke die zwei schwarzen Augenpaare der beiden Babys, die mit fle-

henden Augen um sich blicken. Mich rührt die Szene so sehr, dass ich über das Benehmen dieses Menschen hinwegsehe. Wie ich später erfahre, sind die beiden Zwillingsmädchen etwa sechs Monate alt und ihre Mutter ist schwanger.

Der Ehemann stürzt, nachdem er einen Stuhl beiseite geschoben und den Kinderwagen an die Wand geschubst hat, auf die Frau zu und fängt auf arabisch an heftig auf sie einzureden. Sie stellt sich wie tot und hält die Augen seit dem Moment seines Erscheinens geschlossen. Ihn lässt das Benehmen seiner Frau sichtlich kalt. Nur bei ihren Brechanfällen übertönt sie durch ihr Gewimmer seinen Redeschwall. Aber er lässt sich auch dadurch nicht irritieren, sondern spricht, nachdem sie sich wieder beruhigt hat, um so heftiger auf sie ein. Sie sinkt wieder wie ohnmächtig auf das Kissen nieder und das ganze Schauspiel wiederholt sich mehrmals. Ich vermute, dass der Mann aus dem Irak stammt und bekanntlich haben die Araber eine andere Einstellung zur Ehe als die emanzipierten Mitteleuropäer. Sie machen ihren Machtanspruch geltend ohne zimperlich zu sein. Er sieht nicht unbedingt brutal aus, aber es liegt etwas Düsteres und durchaus Unbeirrbares in seinen Augen. Die Szene nimmt erst dann eine Wende, als eines der Babys zu schreien beginnt. Der Vater springt von seinem Stuhl auf und beginnt in der mitgebrachten etwas unsauberen Reisetasche, die er auf den Tisch stellt, etwas zu suchen. Schließlich zieht er eine Babytrinkflasche daraus hervor und dann, nach weiterem Herumwühlen, eine Dose mit Milchpulver. Er bemerkt mich und fragt in gebrochenem Deutsch, ob er Wasser haben kann. Ich zeige auf den blauen Vorhang und schiebe ihn ein wenig zur Seite. Er geht zu dem Waschbecken, füllt einen Becher mit Wasser und

**33**

erwärmt ihn in einem Gerät, das er auch aus seiner blauroten Tasche hervorzieht und auf den Tisch stellt. Als das Wasser nach der Beurteilung des Irakers die richtige Temperatur hat, kippt er es in die Babyflasche, schüttet einige Löffel von dem gelblichen feinen Pulver darauf und schüttelt das Ganze mit kräftigen Armbewegungen durch. Es geht alles sehr schnell. Der quengelnde Säugling verstummt, als sein Vater ihn mit Schwung aus dem Kinderwagen zieht. Die Mutter liegt unterdessen teilnahmslos im Bett, wirft ab und zu stöhnend die Arme hin und her und versinkt wieder in einen Tiefschlaf. Während der Mann das Kind auf den Schoss nimmt und zu füttern beginnt, schaue ich in den Kinderwagen und bemerke das andere Baby, das halb sitzend mit wachen Augen um sich blickt. Es scheint offensichtlich keinen Hunger zu haben und verzieht das Gesichtchen ein wenig, als ich es anblicke. Ein fremdes Gesicht, denke ich, da wird ihm wohl ein wenig bange und ich drehe mich wieder weg. Ich bin unentschlossen, was ich jetzt machen soll und ob ich dem Araber irgendwie behilflich sein kann. Ich denke, ob ich vielleicht eines der Babys wickeln soll oder Ähnliches. Aber das Augenmerk des Mannes mit den vielen schwarzen Bartstoppeln und der westlichen Kleidung mit Jeans und kariertem Hemd ist ausschließlich auf seine Frau gerichtet. Noch bevor seine kleine Tochter die Flasche geleert hat, beginnt er wieder mit dumpfen, eindringlichen Worten auf sie einzureden.

Nur bei einem Anfall, wenn sie sich wieder jammernd aufbäumt und nach dem Spucknapf greift, zügelt er seine Worte ein wenig. Man hat den Eindruck, dass er das Ganze, was sich hier abspielt, für ein gut inszeniertes Theater hält. Dass er mit dieser Annahme nicht alleine dasteht, wird

sich am nächsten Tag zeigen und zwar von hochprofessioneller ärztlicher Seite.

Der Vormittag geht zur Neige und die Mittagszeit beginnt und Patrick kommt mit dem Tablett, auf dem mein Essen steht. Da der ganze Tisch mit Babyartikeln bedeckt ist, äußere ich den Wunsch, auf der Besucherinsel zu essen. Er gibt mir das Tablett und ich gehe hinaus. Ich bin froh das Zimmer für einige Zeit verlassen zu können. Ich denke über das Erlebte nach und da fällt mir merkwürdigerweise die Warnung ein, die mir bei der Patientenaufnahme in Bezug auf aus den Krankenzimmern gestohlene Gegenstände zuteil wurde. Fast täglich meldet sich jemand per E-Mail, um sich zu beklagen, dass ihm ein Wertgegenstand abhanden gekommen sei. Ich habe tatsächlich Geld, die Armbanduhr, ein wenig Schmuck und den Fotoapparat unabgesperrt in den Fächern des Nachttisches liegen. Ich traue dem Iraker nicht ganz, aber sollte ich nicht lieber die Familie gedanklich mit Gottes Liebe und Gnade konfrontieren, anstatt die Befürchtungen um meine Sachen in den Vordergrund zu schieben? Ich bleibe noch ein wenig sitzen, bevor ich ins Zimmer zurückkehre.

Wie erstaunt bin ich, als ich im mittleren Bett eine dunkelhäutige Dame aus Afrika vorfinde. Sie lacht mich mit ihren weißen, kräftigen Zähnen freundlich an und begrüßt mich in gutem Deutsch. Der Iraker ist mit den Babys verschwunden und seine Frau liegt erschöpft und reglos im Bett. Mittlerweile weiß ich auch ihren Namen. Sie heißt Frau Mohammed, das steht auf einem Zettel, der am Fußende der Bettumrandung befestigt ist. Die Flüssigkeit der Infusionsflasche schickt ohne Unterlass Tropfen für Tropfen in die Blutbahn der zarten Frau. Eine Flasche ist noch nicht ganz leer, da kommt die Schwester schon

**34**

gelaufen, um sie gegen eine neue auszutauschen. Für Schwestern ist es immer angenehm, wenn sich Patienten in einem todesähnlichen Zustand befinden, denn dadurch verlieren sie keine Zeit mit eventuell emotional hervorgestoßenen Wünschen, zeitraubenden Fragen oder anderen Äußerungen. Das würde zusätzliche Zeit kosten, die in dem exakt berechneten Arbeitsablauf nicht eingeplant ist.

Die Afrikanerin lächelt und sie sagt, dass sie Amazon Florenze hieße und aus Togo in Afrika stamme. Sie hat drei Kinder, war auf einer anderen Station und ist wegen unerklärlicher Bauchschmerzen hier. Ihre Bettnachbarin betrachtet sie mit sichtlicher Verwunderung. Das krause, pechschwarze Haar zeigt einen leichten rötlichen Schimmer und die Krause hat sie sich vom Friseur glatt machen lassen. Mir ist es ein Rätsel, wie das gemacht wird, und ich halte diese Prozedur für eine Meisterleistung des Friseurhandwerkes. Aber auch für eine Qual für den, der bereit ist, das zu erleiden. Als ich sie auf ihren Glauben anspreche, lacht sie wieder und sagt, dass Jesus ihr kein Fremder ist. Ich freue mich. Ist sie nicht die erste Person, der ich hier begegne, die bei dem Namen Jesus strahlt und deren Augen leuchten?

Frau Amazon hängt nicht am Tropf, was selten ist und kann sich dadurch frei bewegen. Sie lacht, als die Türe aufgeht und ein kleiner, isopyknisch gestalteter Mann hereinkommt. Er ist genauso dunkel wie sie und hat einen besorgten Gesichtsausdruck. Er geht zu ihrem Bett, sagt etwas in einer fremdländischen Sprache. Sie reagiert freundlich und ihr Mann verschwindet wieder. Später sehe ich ihn auf der Besucherinsel sitzen. Er verlässt diese von Zeit zu Zeit und taucht wieder in unserem Zimmer auf.

Ich nehme mir vor, da es mein letzter Nachmittag ist, noch einmal alle Etagen gründlich zu durchforsten. Bei meiner Wanderung bleibe ich am Geländer der dritten Etage stehen und schaue hinunter in den Lichthof. Die Menschen, die in das Krankenhaus hineingehen oder es verlassen, kann man von hier aus beobachten. Diese gedrungenen Gestalten, wie sie einem wegen der Vogelperspektive erscheinen, haben durchaus etwas Groteskes. Aber etwas anderes nimmt mich gefangen und löst bei mir ein Entzücken aus. Ein junger Vater sitzt neben einem Gitterbettchen mit ausgebreiteten Armen, die er auf dem oberen Rand der Gitterstäbe liegen hat. Er blickt mit nach vorne gebeugter Körperhaltung unverwandt auf den darin liegenden Säugling. Er schaut mit Wohlwollen, aber auch mit Staunen auf das schlafende Kind. Was mag er wohl denken, was rührt sein Herz, welche Gefühle steigen in ihm hoch. Es ist ein schönes, anrührendes Bild, das irgendwie Vollkommenheit ausstrahlt.

Der Nachmittag verläuft ohne nennenswerte Ereignisse und am Abend, der letzte für mich in der Klinik, lerne ich bei meinem Rundgang im ersten Stockwerk eine Dame kennen. Sie geht wie ich spazieren und nachdem wir uns schon von weitem entdeckt haben und noch ein bisschen zögernd umeinander herumschleichen, spricht sie mich an und ich erwidere das mit einem freundlichen Lächeln. Es dauert nicht lange und sie gibt sich als gläubige Christin zu erkennen. Es folgen die üblichen Fragen; in welche Kirchengemeinde man geht und worauf die jeweilige Gemeinde ihre Schwerpunkte legt. Als das besprochen ist, versuche ich ganz unabhängig von dem soeben Erwähnten die Liebe Gottes und das Opfer Jesu zu betonen und dass es

**35**

mehr darauf ankomme, wie wir unser Leben als authentische Zeugen für Jesus führen. Merkwürdigerweise reagiert die Frau nicht mit Zustimmung, wie ich gehofft habe, sondern es scheint mir, dass sie meine Worte als befremdend empfindet. Mir wird wieder einmal, wie schon so oft, bewusst, dass die, die sich als Christen bezeichnen, unter Christen ganz unterschiedliche Dinge verstehen. Sie hat ein hochrotes Gesicht und beginnt plötzlich über den Grund ihres Klinikaufenthalts zu sprechen. Morgen soll sie operiert werden und dabei wird ihr ein Stück von etwa zehn Zentimetern ihres Dünndarmes entfernt. Sie sagt, dass sie einen aufgetriebenen Leib habe und schon mit allen möglichen Mitteln versucht habe einen Stuhlgang herbeizuführen, aber es sei ihr einfach nicht gelungen.

Sie fragt, weshalb ich hier bin, und nachdem ich ihr den Grund meiner Operation erzählt habe, schaut sie mich mit zweifelnden Augen an. Es kommt mir vor, als würde sie mir und meinen Worten mit einer Portion Skepsis begegnen. Mir fehlt einfach das Talent, Krankheiten theatralisch und mit der entscheidenden Dramatik zu schildern. Wir laufen noch eine Weile nebeneinander her und sie spricht über ihre Bedenken und Sorgen, tröstet sich aber selbst mit den Worten, dass sie froh sei, an Jesus zu glauben. Ich versichere ihr, dass ich für sie beten werde und wir trennen uns. Wir laufen in verschiedene Richtungen davon. Ich steigere mein Tempo, sehe sie noch einmal in der Ferne in ihrem mehrfarbigen Jogginganzug, dann entschwindet sie meinen Augen. Ich werde morgen nach Hause gehen und wir werden uns nicht mehr begegnen. Wie flüchtig ist doch das Leben.

Meine letzte Nacht mit Frau Mohammed und Frau Amazon verläuft ruhig und ich schlafe ausreichend gut. Selbst die Irakerin liegt die ganze Nacht beinahe reglos in ihrem Bett. Bis auf einige stöhnende Atemstöße ist nichts zu hören.

Am nächsten Morgen, als die Frühstückszeit vorüber ist, kommt wie bei meiner Ankunft Schwester Katja, und sagt, dass mein Bett an die gegenüberliegende Wand geschoben werde, da eine neue Patientin komme, die meinen Platz brauche. Sie fragt noch schnell, ob mir das recht sei. Das zu verneinen wäre wenig sinnvoll gewesen, denn es hätte nichts am Vorhaben der Schwester geändert, sondern hätte nur das Gespräch verlängert. Also willige ich ein und beginne gleich meine Sachen zusammenzupacken. Gewaschen und angezogen habe ich mich schon und auch frisiert und ein wenig die Augenwimpern getuscht. Mein graubraunes Sweatshirt und die grüne dreiviertellange Cordsamthose, womit ich hier ankam, habe ich nun wieder an. Die Reisetasche und der Rucksack stehen wieder am Kopfende meines Bettes. Ich weiß, wenn mein Sohn Leander um 12.30 Uhr kommen wird, um mich abzuholen, muss ich fertig sein. Er hat wenig Zeit, da er seine Arbeit bei der HypoVereinsbank für höchstens eineinhalb Stunden unterbrechen kann.

Merkwürdig, genau vor einer Woche, als ich hier eintraf, stand mein Bett an derselben Stelle wie jetzt. Heute gehe ich weg und damit schließt sich der Kreis. Eine Operation liegt hinter mir, aber ein neues Problem, dessen Tragweite ich jetzt nur ahne, liegt vor mir. Ich darf nicht mit meinem Schicksal hadern. Gott hat es zugelassen und das hat seinen Grund. Mir ist klar, dass es aus gynäkologischer Sicht fast voraussehbar war, dass dieses Problem auf mich zukommen würde. Als ich auf dem Bett sitzend in meine Gedanken vertieft bin, wird eine Dame von einer Schwester hereingebracht. Sie trägt Straßenkleidung, das heißt Hose und Pullover, und ist eine echte Deutsche. Sie hat nur eine Handtasche bei sich, trägt kurzes blondes Haar, ist etwa fünfzig Jahre alt, nicht dick und nicht dünn und hat einen skeptischen Gesichtsausdruck. Besonders als Frau Mohammed sich wieder aufbäumt und ihre Spuckschale ergreift, an den Mund führt und Schleim hervorwürgt, schaut sie ungerührt oder sogar angewidert zu ihr hinüber. Selbst die Frau aus Afrika, die sich ganz unauffällig benimmt, scheint sie nicht gerade mit Wohlwollen zu bedenken. Wir begrüßen uns und sie sagt gleich zu Beginn, dass sie nur eine kleine ambulante Operation habe und am Abend von ihrem Mann wieder abgeholt werde. Hiermit ist alles geklärt. Als ich wiederhole, dass sie also nicht hier bleiben wird, sagt sie: „Nein, um Gottes Willen!", als wolle sie damit betonen, dass sie sich das nicht antun würde. Bei dem Begriff ambulante Operation zucke ich ein wenig zusammen und mir fällt die Chinesin ein und in mir steigen dieselben Empfindungen hoch wie am ersten Abend.

Die Dame fragt mich unverblümt, was mit Frau Mohammed los sei und ich berichte ihr, was ich weiß. Sie schüttelt den Kopf und schaut sich im Zimmer um. Aber schon wieder ist Frau Mohammed in die Höhe gefahren, um dann unter jämmerlichem Gestöhne in die Kissen zurückzusinken. Je näher der Besuch ihres Mannes rückt, umso unruhiger und verzweifelter wirft sie sich hin und her. Plötzlich kommt, nachdem jemand geläutet hat, eine junge Schwesternschülerin hereingeeilt, stürzt auf Frau Mohammed zu und versucht sie festzuhalten, damit sie nicht aus dem Bett fällt. Sie scheint einer Ohnmacht nahe zu sein. Eine andere herbeigerufene Schwester hilft ihr und sie legen sie gemeinsam ins

Bett zurück. Die Schwesternschülerin läuft weinend aus dem Zimmer.

Im Stationszimmer ist man unterdessen damit beschäftigt nach kompetenter Hilfe zu suchen. Man findet eine Ärztin, Frau Dr. Deiser, von der man erwartet, dass sie in der Lage ist, diesen alle Schwestern überfordernden Fall zu übernehmen. Unerwartet für mich taucht die mondäne, raffiniert geschminkte, beinahe glamourös wirkende Ärztin auf, die mich nach meiner Operation kurz behandelt hat und mich auch einen Tag früher nach Hause schicken wollte.

Sie setzt sich an das Bett der leidenden Frau. Sie nimmt ihre Hand in die ihre und schaut ihr ins Gesicht. Die Kranke hat ihre großen hellbraunen Augen geöffnet und scheint durch die Frau, die an ihrem Bett sitzt, hindurch zu blicken. Als sie gerade wieder in jenen todesähnlichen Schlaf versinken will, herrscht Frau Dr. Deiser sie in englischer Sprache mit den Worten an: „Look at me!" Die Kranke kommt für wenige Sekunden zu sich, entgleitet ihr aber wieder und sinkt in ihren Schlafzustand zurück. Das versucht die Ärztin zu verhindern, indem sie mit den Worten: „Look at me!", die Kranke in das Tagesbewusstsein zurückholt. Das wiederholt sich mehrmals. Ich bin erleichtert und auch überrascht, mit welcher Hingabe Frau Dr. Deiser sich ihrer Patientin widmet. Sie spricht sie, wie mir scheint mit ihrem Vornamen an und scheint eine persönliche Beziehung zu ihr zu haben. Wie ich gleich erfahren werde, war die Patientin mit denselben Problemen schon mehrmals in der Klinik.

Die Deutsche, ihren Namen weiß ich nicht, fängt, als eine Pause entsteht, mit der Ärztin zu reden an. Sie meint, das ganze Leiden der jungen Frau sei psychisch bedingt. Die Ärztin bekräftigt das und erklärt, dass sie die Kranke schon lange kenne und die Ursache für ihr Leiden im persönlichen, privaten Bereich läge. Die Deutsche will auf die Ehe und speziell auf den Ehemann von Frau Mohammed hinaus und dass der wohl der Schuldige an allem Übel sei. Er hat sich kurz blicken lassen und das hat der Deutschen wohl gereicht, um Urteile zu fällen. Nun beginnt sie über die orientalischen Männer herzuziehen und dass sie keine Rücksicht auf ihre Frauen nähmen, sich auf sie schmeißen würden, wann immer sie Lust danach verspüren würden und so weiter und so fort. Sie untermauert ihre Behauptungen damit, dass sie von einer libanesischen Familie berichtet, die in ihrer Nachbarschaft in Berg am Laim lebt und in der die Frau jedes Jahr ein Kind zur Welt bringt. Mittlerweile hat diese Familie neun Kinder. Ich sage zu ihr, dass ich auch sieben Kinder habe. Sie sieht mich mit einem Blick an, der zwischen Herablassung und Herausforderung liegt. Sie sagt nichts mehr und rutscht nervös auf ihrem Bett hin und her und hofft, dass sie sich bald für die OP bereit machen kann.

Die Ärztin scheint dem Gerede der Deutschen nicht allzu viel Interesse entgegenzubringen. Ihr ist mehr daran gelegen, hinter die Ursache der Notlage von Frau Mohammed zu kommen, was ihr bis zu einem gewissen Grad zu gelingen scheint, da sie einen ausreichenden Einblick in die persönlichen Familienverhältnisse hat. Ich bewundere mit welcher Ausdauer sie am Bett der Kranken ausharrt und immer wieder versucht, sie zu motivieren und zu ermutigen. Sie macht das mit Strenge, aber auch liebevoll. Erst als eine andere Ärztin, eine herbeigerufene Psychologin, erscheint, steht sie auf und geht hinaus. Diese beginnt nun mit Papier und Stift Daten und Fakten zu notieren, eine rein formale Angelegenheit. Dabei wendet sie sich der Kranken kaum

zu, sondern erledigt ihre Aufgabe, während sie einer Schwester immer wieder etwas zuflüstert und diese ebenso leise antwortet. Als sie ihre Pflicht erfüllt hat, verschwindet sie schnell und unauffällig.

Vor der Türe hört man ein Gepolter, es wird ohne Anklopfen die Türe aufgerissen, der Kinderwagen erscheint und dahinter der salopp gekleidete Iraker. Da mein Bett im Wege steht, geht er an mir vorbei, schiebt wortlos den Esstisch ganz ans Fenster und holt den Kinderwagen, zwängt ihn an meinem Bett vorbei und schiebt ihn in die entstandene Lücke. Beide Babys schlafen fest. Seine Frau lag bis eben apathisch im Bett, nun beginnt sie sich wieder aufzubäumen und unter Stöhnen nach dem Spucknapf zu greifen, den sie nur mit zitternden Händen halten kann. Nachdem sie unter Würgen ein wenig Schleim hervorgepresst hat, fällt sie, nachdem es ihr gerade noch gelungen ist, den Napf zurückzustellen, in den komaähnlichen Tiefschlaf. Wie am Vortage scheint den Mann die Szene wenig zu rühren und er beginnt wieder heftig auf sie einzureden. Die Deutsche beobachtet das Schauspiel aufmerksam und gleichzeitig mit Genugtuung, da es ihr bestätigt, dass orientalische Männer böse und selbstherrlich sind.

Unterdessen wird im Arztzimmer mit Hilfe von Mobiltelefon und E-Mail-Versendung fieberhaft nach einem arabisch sprechenden Arzt gesucht. Ein solcher wird tatsächlich ausfindig gemacht und er betritt nach geraumer Zeit in Begleitung von zwei Schwestern das Krankenzimmer. Der arabisch Arzt wirkt intelligent und kultiviert und die beiden Landsleute begrüßen sich mit Handschlag und Herzlichkeit. Nun kann Herr Mohammed alles loswerden, was ihm in Bezug auf seine Frau auf der Seele brennt. In dem Arzt hat er einen ver-

**38**

ständnisvollen Zuhörer und Ratgeber gefunden. Obwohl ich kein Wort verstehe, habe ich den Eindruck, dass der Arzt durchaus klärend in die Probleme eingreifen kann. Dadurch, dass er selbst Orientale ist, hat er eine andere Sichtweise und versucht beiden Ehepartnern gerecht zu werden. Frau Mohammed liegt nach wie vor apathisch auf ihrem Kissen und die Infusionsflasche hängt über ihrem Kopf.

Der Arzt verabschiedet sich mit freundlichem Lächeln und das Ehepaar ist wieder alleine. Ich gehe hinaus, da ich mich erkundigen möchte, wo ich das Krankenhaustagegeld entrichten soll. Da es bereits 11.30 Uhr ist, rollen die Speisewägen aus den Lastenaufzügen auf die Flure. Ich erfahre, dass im Parterre die Patientenkasse ist. Nach meinem letzten Mittagessen werde ich diese letzte Formalität erledigen. Meine Sachen sind gepackt, mein Tablett trage auch heute wieder auf die Besucherinsel, da der Iraker den Tisch, die beiden Stühle, eigentlich das halbe Zimmer in Beschlag nimmt. Nach dem Essen trage ich das Tablett mit den leeren Tellern zum Essenswagen zurück. Es gibt eine italienische Lasagne mit Salat und es schmeckt gut. Herr Dr. Stadler läuft, wie immer gut gelaunt, an unserer Zimmertüre vorbei. Sicher hat er heute schon einige Operationen erfolgreich absolviert. Da die Türe offen ist, hört er das Gejammer und Gestöhne von Frau Mohammed. Ohne zu Zögern reißt er die Türe auf und rennt an ihr Bett. Er herrscht die Frau auf bayrisch an mit den Worten: „A Ruah is endlich!" Das scheint zu wirken und der verblüffte Ehemann ergreift die Hand des Gleichgesinnten und beide Männer demonstrieren Einigkeit. Herr Mohammed hat volle Hochachtung vor dem Machtwort des hochkarätigen deutschen Arztes.

Herr Dr. Stadler verlässt lachend das Zimmer und sagt, als er an mir vorbeigeht: „Sie sind sicher froh, dass Sie nach Hause dürfen." Ich bejahe es nicht und verneine es nicht, sondern verabschiede mich von ihm. Ich ahne, dass ich ihn bald wieder sehen werde. Die Zeit drängt, Leander kommt in einer viertel Stunde und es ist mittlerweile 12.15 Uhr. Ich eile ins Parterre und frage dort bei der Rezeption eine Dame, wo die Kasse ist. Sie zuckt die Schultern und meint lakonisch, diese habe um 12 Uhr geschlossen. Ich ärgere mich ein wenig über die Schwestern, weil mir das niemand gesagt hat. Die Dame sagt noch, ich könne ja einen Überweisungsschein mitnehmen und die Sache von zu Hause aus erledigen. Ich frage nach dem Betrag und sie sagt, jeder Tag koste zehn Euro; der erste und letzte Tag zählen als ganzer Tag. Also habe ich siebzig Euro zu zahlen. Ich bedanke mich und gehe.

Oben angekommen beeile ich mich um Frau Beckerbauer noch Auf Wiedersehen zu sagen. Ich treffe sie in ihrem Zimmer an und wir tauschen die Telefonnummern aus und wir wünschen uns beim Abschied alles Gute. Dann verabschiede ich mich bei den Schwestern und spreche ihnen meinen Dank aus. Ich betrete zum letzten Mal mein Zimmer. Frau Mohammed liegt wie erlöst im Bett und schläft ruhig. Ihr Mann sitzt mit einem Baby auf dem Schoß neben ihr. Frau Amazon dreht sich auf die Seite und lächelt mich freundlich an. Die Deutsche hat ihre sitzende Stellung aufgegeben und hat es sich im Liegen bequem gemacht. Sie blickt zur Zimmerdecke und wartet. Mein Rucksack und die Tasche stehen bereit und ich ebenso. Nach wenigen Minuten klopft es an die Türe, ich öffne und Leander kommt herein. Wir begrüßen uns kurz. Ohne zu zögern nimmt er beide Gepäckstü-

**39**

cke und verabschiedet sich. Ich hebe die Hand, sage allen drei Damen Lebewohl, winke ihnen zu und wir verlassen das Zimmer.

Er geht mit schnellen Schritten, bekleidet ist er mit einem blauen Hemd und einer dunkelgrauen Hose, vor mir her bis zum Lift. Im Parterre eilen wir über den glänzenden, grauen Boden zu den sich automatisch öffnenden Glastüren. Nachdem sich diese hinter uns geschlossen haben, gehen wir durch den etwa vier Meter langen Durchgang. Dort öffnen sich die äußeren Glastüren und schließen sich hinter uns wieder lautlos. Mein Sohn will nicht länger von seiner Arbeit fernbleiben als er freibekommen hat und ich muss mich anstrengen, um mit ihm über die breiten Treppen hinab zu seinem Auto Schritt halten zu können. Im Auto angekommen sitze ich neben ihm, während er den Wagen steuert. Busse, Autos, Bäume, Radfahrer und Menschen ziehen an mir vorüber. Ich sage von meinem Kummer nichts und ich gebe ihm auch keinen Anlass etwas zu vermuten. Wir plaudern über dies und das und nach etwa fünfundzwanzig Minuten erreichen wir den Stadtteil Laim. Einen Parkplatz finden wir hinter meinem vierstöckigen, gelben Wohnhaus in dem fast ständig vollgeparkten Rondell vor der Kirche „Zu den zwölf Aposteln". Leander ergreift mein Gepäck, ich steige aus und wir gehen über den schmalen kleinen Weg mit dem langen Namen, den Gottfried-Koelwel-Weg, der auf die Agnes-Bernauer-Straße führt. Gleich linker Hand nach zwanzig Schritten stehen wir vor meiner Haustüre. Den Schlüssel habe ich bereits in der Hand und ich bin froh, dass der Weg nicht länger ist. Die zwei Etagen gehe ich vorsichtig nach oben, sperre die Wohnungstüre auf und wir betreten die Wohnung. Lee stellt das Gepäck

auf den Boden und verabschiedet sich mit einem Kuss auf eine Wange. Ich danke ihm vielmals, begleite ihn noch bis zur Treppe und winke ihm hinterher.

Nun bin ich alleine, kein Arzt, keine Schwestern, keine Patienten. Ich bin deprimiert und weiß nicht, ob ich in Zukunft die Wohnung wieder werde verlassen können. Eine weitere Operation kann frühestens in acht Wochen vorgenommen werden. Was ist, wenn diese nicht den ersehnten Erfolg bringt oder ein weiteres Problem auslöst? Als ich meine Post durchzusehen beginne, die Natascha auf dem Tisch im Wohnzimmer ausgebreitet hat, höre ich, wie jemand versucht, die Türe aufzusperren.

Ich gehe auf den Flur und Natascha kommt herein. Ich freue mich sie zu sehen und sie ist erstaunt, dass ich schon wieder zurück bin. Wir wechseln einige Worte und ich deute an, was sich in den letzten Tagen als neues Leiden abzuzeichnen begonnen hat. Sie meint, dass es vielleicht von selber besser würde. Ich danke ihr fürs Gießen der Pflanzen und für das Heraufholen der Post. Sie geht bald wieder und ich sortiere die Werbepost aus. Unter den Briefen finde ich einen Brief von Veronika Sturm, der Witwe von Helmut. Ich rufe sie an und kondoliere ihr und entschuldige mich, da ich wegen des Krankenhausaufenthaltes nicht an der Beerdigung teilnehmen konnte. Sie schildert mir den langen Leidensweg von Helmut und die starken Schmerzen, die ihm zuletzt nur durch reichliche Gaben von Morphium einigermaßen erträglich wurden. Aber das Beglückende war, sagt sie, dass ihr Mann zu Hause und in ihren Armen starb. Sie erwähnt auch wie dankbar sie darüber ist, dass die Kinder von Helmut, Andreas und Katharina, ihr in all den schweren Tagen beigestanden haben. Auch die Verlobte von Meinhard, der vor

**40**

zwei Jahren an einem Motorradunfall starb, hat ihr viel geholfen. Sie spricht ganz emotionslos und schildert ausführlich und sachlich das Ende des irdischen Lebens von Helmut Sturm. Als wir uns verabschiedet haben und ich den Hörer auflege, denke ich über die soeben gehörten Worte nach. Ich frage mich, wo mag Helmut jetzt wohl sein. Ich wünschte, er wäre bei Gott.

Mir fällt ein, dass wir ein Schaltjahr haben und heute der 28. Feb. 2008 ist. Ich beginne meine Sachen aus dem Rucksack und der Tasche auszupacken und während ich alles an seinen Ort räume, frage ich mich, wie ich jetzt wohl meine Zukunft gestalten werde. Mein Terminkalender ist gut gefüllt. Sonntag ist Gottesdienst, Montag findet unser Hauskreis statt. Am Dienstag ist der vierte März und der Geburtstag meines Sohnes Markus. Er wird 45 Jahre alt. Gefeiert wird erst am Samstag, den 8. März, und ich bin dazu eingeladen. Dienstag Abend ist Bibelstunde usw. Keine Frage, da muss ich überall hin. Von Einkaufen und Geschenkebesorgen ganz abgesehen. Während beim Liegen die prekäre Situation nicht existiert und ich auch beim Sitzen kaum davon betroffen bin, geht es beim Aufstehen bereits los. Stehen und vor allem Gehen, einer meiner Lieblingsbeschäftigungen, werde ich ab jetzt aufs aller Notwendigste reduzieren müssen.

Die Erfahrung, dass nichts im Leben so bleibt, wie es ist, beruhigt mich ein wenig. So, denke ich, wird es auch bei mir sein und Gott wird mich eine Zeit lang in die Zucht nehmen müssen. Ich denke, es ist auch gut so und ich werde geläutert daraus hervor gehen.

Ab jetzt werde ich die Straßenbahn benützen, da die Haltestelle näher ist als die der U-Bahn. Nur muss ich da zeitlich anders kalkulieren, da sie mehr Zeit beansprucht, um ins Zentrum der Stadt zu gelangen. Außerdem kenne ich den Fahrplan nicht. Fahrradfahren wurde mir aus ärztlichem Munde noch untersagt.

Gesellschaftlich betrachtet ist es ein geradezu peinliches, ja äußerst unattraktives Leiden. Man schweigt tunlichst darüber, angeblich sogar vor dem Arzt. Obwohl in Arztpraxen immer wieder Aufklärungsschriften zu finden sind, in denen das Problem so ausführlich geschildert wird, dass man den Eindruck gewinnt, dass ein beträchtlicher Teil der älteren Generation davon betroffen ist. Man bekommt auch Ratschläge erteilt, wie man trotzdem am gesellschaftlichen Leben teilnehmen kann und seinen Lebensmut nicht verlieren soll.

Morgen werde ich in die Stadt fahren und ein Sanitätsgeschäft aufsuchen um mir Inkontinenz-Artikel zu besorgen. Der Gedanke stimmt mich nicht gerade euphorisch. Das Geschäft kenne ich aus der Zeit, als meine Mutter in ihren letzten Jahren ein Pflegefall war.

Ich höre noch meine Gespräche auf dem Anrufbeantworter ab. Meine Vaginalblutungen haben sich über Nacht verstärkt, aber das halte ich für normal und mache mir keine Sorgen.

Am nächsten Vormittag, einem Donnerstag, verlasse ich gut eingepackt die Wohnung und gehe mit vorsichtigen Schritten die kurze Strecke zur Trambahnhaltestelle der Linie 19. Ich vermeide es, entgegen meiner Gewohnheit, an der Haltestelle hin und her zu laufen. Die Tram kommt, ich steige ein und suche mir schnell einen Sitzplatz. Am Karlsplatz, auch Stachus genannt, steige ich aus und stehe nach wenigen Minuten vor der Glastüre des medizinischen Fachgeschäftes „Schlieben". Die Auslagen sind gefüllt mit Gegenständen, die Behinderten mit den unterschiedlichsten Leiden helfen sollen ein menschenwürdiges Leben zu führen. Ich zögere; mein Herz klopft und ich sehe niemanden im Laden. Durch die Spiegelung kann ich nicht weit genug in das Geschäft hinein schauen und ich beuge mich ein wenig vor. Nun erkenne ich zwei Männer in tadellosem Outfit, die nebeneinander im Eingangsbereich stehen. Sie werfen lachend Worte hin und her und warten anscheinend auf Kundschaft. Ich bin der Türe zu nahe gekommen und deshalb öffnet sie sich vor meinen Augen lautlos. Ich würde mich am liebsten klammheimlich aus dem Staube machen, aber die beiden Herren haben mich entdeckt und sehen mich erwartungsvoll an. Ich gehe erhobenen Hauptes und mit kurzem Gruß an den beiden vorbei und lasse ihnen keine Zeit, eine Frage an mich zu richten. Ich nehme mir vor, die Wahrheit zu sagen und nicht eine alte Tante vorzuschieben, falls mich jemand fragt, für wen ich den Artikel brauche. Am Ende des langen Ganges steht eine junge Dame, die einen unausgeschlafenen Eindruck macht. Nachdem ich alleine nicht fündig werde, wende ich mich an sie. Gähnend und gelangweilt beantwortet sie meine Frage, ohne mich dabei anzusehen. Sie deutet mit einer Hand nach oben und sagt: „Im ersten Stockwerk ganz hinten." Ich bedanke mich und wundere mich nicht, dass man für dieses so bedauernswerte Leiden das letzte Zimmer des ansonsten sehr modern und chic ausgestatteten Geschäftes ausgewählt hat. Wer dort etwas einkaufen muss, gehört nicht mehr zu denen, die an vorderster Front im gesellschaftlichen Leben mitmischen. Vorsichtig steige ich die Treppe hinauf und versuche niemandem vom oben erwartungsvoll herumstehenden Verkaufspersonal in die Augen zu sehen. Ich steuere unbeirrt meinem Ziel, dem letzten

Zimmer, entgegen. Hier hängen sie nun in Reih und Glied, in den verschiedenen Größen und in den unterschiedlichsten Materialen. Manche der Hosen sind so groß, als wären sie für Riesenbabys gedacht. Sie bestehen aus dem gummiähnlichen Material der sechziger und siebziger Jahre des vergangenen Jahrhunderts. Ich erinnere mich an die Babywindelhosen meiner Kinder und an die Zeit, als es noch keine Wegwerfwindeln aus Papier gab. In den Regalen türmen sich eine schier unübersehbare Vielfalt von Windelpaketen. Der smarte Verkäufer, der eine modische Weste trägt, umschmeichelt gerade eine andere Kundin mit vielen Worten. Nach deren Entlassung steuert er auf mich zu. Er mustert mich unauffällig, während ich nur Augen für die Windelhosen habe.

Als er neben mir steht und ich immer noch leicht errötend auf die Windelhosen starre, beginnt er mit einer Erklärung der einzelnen Modelle. Bei den großen Hosen aus Vollgummi verweilt er nur kurz und schaut mich ein wenig mitleidig von der Seite an. Diese sei zwar die sicherste, aber da geht er bereits zu nächsten über, die nicht gar so hässlich aussieht. Ich nehme an, das Personal wird in diesem heiklen Bereich zur Diskretion angehalten und stellt keine unnötigen Fragen. Mehr aus Verlegenheit als aus Interesse erkundige mich nach den Preisen und erfahre, dass unter 25 € keine zu haben ist. Er sagt, dass die Modelle, die hier ausgestellt sind, in allen Größen vorrätig seien. Bei den hübscheren kleineren Modellen verweilt er länger. Diese sehen bis auf den Gummieinsatz beinahe wie normale Slips aus. Ich entscheide mich für eine der zuletzt erwähnten Sorte. Insgeheim weiß ich jedoch, dass eine Vollgummihose die richtige gewesen wäre. Er zieht ohne zu fragen die richtige Größe aus dem

Regal und reicht sie mir mit der Bemerkung, dass ich damit zur Kasse gehen soll. Windeln kaufe ich keine, da bin ich fest entschlossen. Ich werde mich in einem Drogeriemarkt mit Menstruationsbinden versorgen.

Die Dame an der Kasse in dem chicen hellgrünen Kostüm spricht gerade lachend mit einem Herrn, der hinter dem Tresen steht. Sie bemerkt mich und nimmt mir die Schachtel aus der Hand als handele es sich um ein exklusives Geschenk, mit dem ich jemanden beglücken möchte. Sie lacht mich freundlich an, tippt den Preis in die Kasse und ich bemerke bei ihr keine Spur von Herablassung. Ist sie so feinfühlig oder hat sie auch eine Schulung für kundenfreundliches Verhalten absolviert? Auch beim Abschied ist sie immer noch vergnügt und sehr charmant.

Bevor ich wieder zu Hause ankomme, suche ich die Toilette am Stachus bei McDonald's auf; dort ist die Anzahl sehr groß und sie sind gut geputzt. Es sind Afrikanerinnen, die dafür sorgen.

Bis zum kommenden Dienstag entwickele ich unterschiedliche Strategien um einigermaßen über die Tage zu kommen.

Dienstagmorgen sind meine Blutungen so stark, von meinem eigentlichen Problem ganz zu schweigen, dass ich mich entschließe in der Klinik anzurufen.

Frau Vogt, die Sekretärin des gynäkologischen Konzils, ist gleich am Telefon und säuselt mit ihrer hellen Stimme in den Hörer: „Hallo Frau Prem, gibt's Probleme?" Ich schildere ihr das Drama, worauf sie sagt, ich solle warten, sie würde nach dem diensthabenden Gynäkologen Ausschau halten. Sie findet Herrn Dr. Gerstung, den Arzt, der mir kurze Zeit vor der Operation erklärte, was dann gemacht werden kann, wenn das eintritt, was nun in der Tat einge-

treten ist. Die ruhige, fast leise Stimme des Arztes erklingt am Telefon. Ich schildere ihm meinen ganzen Kummer und er antwortet trocken: „Kommen Sie heute um 15.30 Uhr in die Sprechstunde!" Dr. Gerstung ist nicht der typische Frauenarzt. Man könnte ihn eher für einen Tüftler oder einen Theoretiker halten. Er hat nicht dieses weltmännische Gehabe vieler Gynäkologen. Aber ich mag ihn trotzdem oder gerade deshalb.

Um ca. 14.35 Uhr verlasse ich meine Wohnung, gehe vorsichtig die Treppe hinab und lege leise vor mich hin betend den Weg zur U-Bahn zurück. Da ich langsamer als sonst gehe, brauche ich mehr Zeit als sonst, schaffe aber noch die Bahn, die um 14.45 Uhr fährt.

Ob mir wohl heute schon geholfen werden kann? Ich halte es für unwahrscheinlich. Mir wird wieder bewusst, dass ich wirklich in einer misslichen Lage bin. Das Umsteigen in den Bus verläuft wenig erfreulich und nach drei Stationen, als ich den Bus wieder verlassen muss, schaffe ich es gerade noch die vor dem Krankenhaus liegenden Treppen hinaufzusteigen und die Glastüren zu passieren, um dann so schnell wie möglich in der Toilette zu verschwinden.

Als ich mit dem Lift in dem vierten Stockwerk ankomme und in der Station 4 an die Türe von Frau Vogt klopfe und ihr helles „Herein!" erklingt, schöpfe ich wieder ein wenig Hoffnung. Sie begrüßt mich mit den Worten: „Hallo, Frau Prem, wir warten schon auf Sie, aber bitte nehmen Sie noch kurz im Wartezimmer Platz!"

Da sitze ich nun noch bestimmt 15 Minuten und blättere nervös in einem Boulevardblatt.

Schließlich werde ich von Frau Vogt mit einladenden Worten und ebensolchen Gesten ins Behandlungszimmer gebeten. Nachdem mich dort Herr Dr. Stadler strahlend und mit einem etwas ernsteren Gesicht Herr Dr. Grass empfangen haben, bitten sie mich auf dem gynäkologischen Stuhl Platz zu nehmen. Mich überrascht immer wieder mit welcher Lockerheit Ärzte an die Dinge herangehen, während der Patient sorgenvoll in sich hineinhorcht und seine Leiden beklagt. Eine herbeigerufene Schwester, die mir Gott sei Dank unbekannt ist, wird beauftragt, ein großes Gefäß mit Wasser zu füllen und es hierher zu bringen. Der Chirurg, an dem mir plötzlich seine Gewissenhaftigkeit und Genauigkeit auffällt, erklärt mir, dass sie zuerst einen Blasenkatheder in meine Harnblase einführen werden, um dann das Wasser in die Blase zu füllen. Dadurch soll festgestellt werden, ob sich eventuell ein Loch in der Blase befindet, durch welches das Wasser abgeht. Als ich, nachdem das Einfüllen kein Ende nimmt, mein Erstaunen kundtue, welch große Wassermengen in eine menschliche Harnblase hineingehen, meint der Arzt: „Ja, was glauben Sie denn, da passen drei Liter hinein." Ich bezweifele, dass ich ein Loch in der Blase habe und auch die Ärzte scheinen erleichtert zu sein, als das Ergebnis negativ ausfällt. Das Einführen des Katheders geht zu meiner Überraschung erstaunlicherweise schmerzlos vor sich; bisher hielt ich diese Prozedur für schier unerträglich, hatte sie aber nur unter Narkose erlebt. Herr Dr. Stadler sitzt vor mir und Herr Dr. Grass geht hin und her und scheint nachzudenken. Meine starken Blutungen, meint der Chefarzt, sollten mich nicht beunruhigen. Er sagt, was mich eigentlich überrascht und eher aus der Denkweise der Naturheilkunde stammt, dass es nicht schlimm sei und für den Heilprozess sogar förderlich wäre.

Als ich mich wieder angezogen habe, offenbart mir der Chirurg, dass es wohl nur eine Lösung gebe, um meinem Problem Herr zu werden, und das wäre die mir schon erläuterte weitere Operation. Der Oberarzt fährt ergänzend fort, dass diese aber frühestens Mitte April stattfinden könne, da erst alle Wunden verheilt sein müssten.

Sein Chef hat noch eine Idee und das ist die Rettung in meiner Lage für die kommenden Wochen. Er bittet seinen Kollegen, den kleinen Prospekt aus dem Nebenzimmer zu holen, und nachdem das geschehen ist, legt er diesen vor mich auf den Tisch mit den Worten: „Besorgen Sie sich das in der Apotheke!" Ich schreibe mir den Namen des Artikels ab. Was mich etwas seltsam berührt sind die witzigen Zeichnungen, die darauf zu sehen sind. Man will diesem Leiden wohl einen originellen Touch geben. Der Arzt findet diese albernen Darstellungen anscheinend auch ein wenig unpassend. Es seien so eine Art Tampons, sagt der Mediziner, die man auswaschen könne und die mir sicher helfen werden mein Problem bis zu nächsten OP in den Griff zu bekommen. Mit der Aufforderung, mich zur gegebenen Zeit wieder zu melden, werde ich mit allen guten Wünschen entlassen.

Obwohl alles wie vorher ist, bin ich guten Mutes und begebe mich nach dem Toilettenbesuch auf den Heimweg. Die Linie 5 der U-Bahn verlasse ich am Karlsplatz, um dort in der Apotheke im Untergrund die Inkontinenztampons zu kaufen. Ich ziehe ein wenig verlegen den Zettel aus meinem Rucksack und lese die Worte der Apothekerin vor. Sie schaut mich neugierig an und tippt dann den Text in den Computer ein. „Das haben wir nicht da, das müssen wir bestellen", lautet ihre Auskunft, „ich rufe gleich beim Großhändler an." Sie verschwindet im Nebenraum und kehrt nach wenigen Minuten zurück. „Ja, die haben den Artikel da, morgen können Sie ihn abholen." Mit diesen Worten drückt sie mir einen Abholschein in die Hand und wendet sich dem nächsten wartenden Kunden zu. Ich benütze gezwungenermaßen die Rolltreppen, was ich mir in den letzten Tagen angewöhnt habe. Aber auch die verordnete Schonung, die auch das Tragen von schwerem Gepäck betrifft, rufe ich mir ins Gedächtnis. Ich habe immer einen Rucksack bei mir, der, je nachdem, unterschiedlich schwer gefüllt ist. Den Fotoapparat lasse ich immer häufiger zu Hause. Zu Familienbesuchen, wie ich sie häufig nach Klosterzimmern ins Nördlinger Ries unternehme, wo mein zweitältester Sohn Boris und dessen Familie lebt, werde ich ab jetzt weniger Nüsse und Obst mitbringen, das ist alles schwer.

Am nächsten Tag fahre ich so früh wie möglich zur Apotheke, um die Tampons abzuholen. Als ich zu Hause die Schachtel öffne, bin ich nicht wenig erstaunt, die gleichen Tampons darin zu finden, wie sie mir meine Gynäkologin, Frau Sanden, verschrieb, um die Gebärmutter in der Zeit vor der Operation in die richtige Position zu schieben.

Vor der OP wurde der Blasenausgang durch die Gebärmuttersenkung zugedrückt. Nun soll der Tampon diese Aufgabe übernehmen und der Blasenverschlussschwäche entgegenwirken. Ich bin gespannt und vergnügt zugleich und bete, dass es funktioniert, und beschließe gleich einen Fußmarsch um die Häuserblöcke in meiner Umgebung zu machen. Den ersten seit über einer Woche. Ich gehe also los und danke Gott von Herzen, als es sehr gut klappt, und ich laufe viel länger, als ich ge-

plant habe. Die nächsten Wochen sind wechselvoll und manchmal denke ich, eine weitere OP erübrigt sich, dann wieder erkenne ich, dass sie unumgänglich ist.

Für Mitte März ist ein Besuch mit den drei Enkelkindern Nathanael, Silas und Hanna in Augsburg bei Familie Raphael Prem geplant. Der zweitältester Sohn Caleb hat am 16. März seinen fünften Geburtstag. Markus und Daniela unternehmen gleichzeitig mit ihrer jüngsten Tochter Rahel eine Reise in die Schweiz nach Schaffhausen, an den rheinischen Wasserfall.

Eisenbahnreisen sind für Kinder immer ein besonders aufregendes Erlebnis. Ich hole die drei Enkelkinder in Neuperlach ab. Es ist ein südöstlicher Stadtteil mit vielen Hochhäusern, unglaublich dicht besiedelt von Menschen unterschiedlichster Herkunft.

Schon U-Bahn-Fahrten sind für diese drei wie für alle anderen meiner zwanzig Enkelkinder ein aufregendes, abwechslungsreiches Abenteuer. Die vielen teilweise grotesk aussehenden Menschen, die hohe Geschwindigkeit, die dunkle Röhre, die sehr unterschiedlich gestalteten U-Bahnstationen, stellen selbst für mich immer wieder eine interessante und lohnende Abwechslung dar.

Die Fahrt mit dem Regionalzug von München nach Augsburg verläuft so wie alles verläuft, was man mit Kindern unternimmt, nämlich durchaus kurzweilig. Als ihnen ein Spiel einfällt, das ich noch ein wenig angeregt habe und das sich bei Doppelstockzügen geradezu anbietet, sind sie begeistert. Wir sitzen unten in einem Abteil mit vier Plätzen und von hier aus laufen in entgegengesetzter Richtung ein oder zwei Kinder los. An beiden Enden des Waggons führen einige Stufen auf eine Plattform und von dort aus gelangt man über eine Treppe

**45**

zu den oberen Sitzplätzen. So haben die Kinder das Vergnügen einen Rundlauf zu machen und begegnen sich an irgendeiner Stelle, je nachdem wie schnell jedes ist. Das ist dann ein aufregendes Treffen und Nathanael hüpft vor Freude von einem Bein auf das andere. Damit sie nicht zu laut werden, muss ich sie aber dann doch einige Male ermahnen.

Mit Fragen, besonders der beiden Buben, die meist mit Beobachtungen rund um die Eisenbahn zu tun haben, geht die knappe Stunde schnell zu Ende und wir erreichen pünktlich unser Ziel. Eine Busfahrt von etwa 12 Minuten bringt uns dahin, wohin wir wollen, nämlich zur Familie Raphael Prem, die in einem der westlichsten Stadtteile von Augsburg wohnt. Raphael ist mein sechster Sohn, der Zwillingsbruder von Elias, der 10 Minuten früher zur Welt kam und deshalb der Fünftgeborene ist. Wir werden mit Hallo und einem wortgewaltigen Begrüßungsritual von Kezia, Caleb, Amiel und Obed empfangen. Dora, meine Schwiegertochter, begrüßt uns nicht so laut, aber sehr herzlich. Raphael ist in seinem Dienst als Nachhilfelehrer für schwach begabte Berufsschüler.

Nun sind es sieben Kinder und nach dem Mittagessen und einem tumultreichen Nachmittag, wird am Abend im Wohnzimmer das große Bettenlager aufgeschlagen. Die drei größeren Kinder holen aus ihrem Schlafzimmer die Matratzen aus ihren Betten und schleppen sie ins sehr geräumige Wohnzimmer. Nur Obed muss noch in seinem Gitterbettchen schlafen. Als dann noch die drei Matratzen von den anderen Kindern dazugelegt werden, wird es beinahe eng. Aber der Gedanke gemeinsam die Nacht zu verbringen versetzt die Schar in Hochstimmung. Es stellt sich dann doch heraus, dass sie sich am Einschlafen hin-

dern, und es dauert lange, bis das letzte Kind eingeschlafen ist. Morgens sind sie dann noch zeitiger als für gewöhnlich wach und ziemlich unausgeschlafen.

Es ist Sonntagmorgen und ich stehe sehr früh auf, gehe ins Badezimmer und als ich auf der Toilette war und vor dem Spiegel stehe, spüre ich, wie ein warmer Strom aus meinem Unterleib läuft. Ich setze mich auf die Toilette und es fließt dunkles und helles Blut auf das weiße Porzellan. Ich halte mich ganz ruhig und schicke ein Stoßgebet nach dem anderen zum Himmel. Vorsichtig stehe ich auf, nachdem das Bluten ein wenig nachgelassen hat, aber als ich stehe, wird es wieder stärker und ich fange an zu zittern und fühle, wie sich ein Zustand der Schwäche meiner bemächtigt. Auf dem Boden sind schon einige Blutlachen. Angst ergreift mich und ich entschließe mich Dora zu rufen. Aber gleich danach entscheide ich mich dagegen, weil ich mir sicher bin, dass sie augenblicklich den Krankenwagen rufen würde. Die heute stattfindende Geburtstagsfeier fällt mir ein und dass ich allen den Tag verderben würde. Gleichzeitig bete ich ohne Unterlass. Wenn es nicht aufhören würde, müsste ich hier auf den kalten Fliesen verbluten, sogar daran denke ich den Bruchteil einer Sekunde lang. Ich habe das Gefühl, dass der Blutstrom weniger wird, und ich beginne nach Papier oder einem Tuch zu suchen, da die Toilettenrolle bereits leer ist. Endlich finde ich eine gut gefüllte Schachtel mit saugfähigen Papierblättern. Ich beginne den Boden und die Toilettenschüssel gründlich zu säubern, indem ich immer wieder am Waschbecken die Papiere mit Wasser anfeuchte. Ich schicke ein Dankesgebet nach dem anderen zum himmlischen Vater und halte mich ganz ruhig, denn ich fürchte, dass stärkere Bewegungen neue Blutungen erzeugen. Zu-

**46**

fällig erblicke ich mich im Spiegel und ich sehe, dass mein Gesicht schneeweiß ist.

Ich beginne mich vorsichtig zu waschen, danach verlasse ich das Badezimmer und begebe mich mit vorsichtigen Schritten in das kleine Gästezimmer, in dem ich übernachte.

Es ist noch ruhig, aber als ich mich angezogen habe und noch einmal ins Bad gehe, um mich zu frisieren, höre ich Lachen und Durcheinandergerede und die unterschiedlichsten Töne, die aus dem Wohnzimmer kommen. Auf dem Flur begegne ich Dora mit ihrem jüngsten Sohn Obed auf dem Arm und sie fragt, ob ich gut geschlafen habe. Ich bejahe es und zögere, ob ich ihr das Erlebte erzählen soll. Ich sage nichts und will es auf später verschieben. Sie ist auch schon wieder mit anderen Dingen beschäftigt.

Am Nachmittag kommen die Eltern von Dora zu Besuch und bringen eine Menge Geburtstagsgeschenke mit. Die Kinder staunen, was da alles aus dem Auto hereingeschleppt wird. Nachdem Caleb seine Sachen überreicht bekommen hat und auch Kezia, Amiel und Obed ein Geschenk erhalten haben, wird es dem Raphael zu viel und er bittet seinen Stiefschwiegervater Rolf, wenigstens den Computer wieder mitzunehmen und auch die Barbiepuppe für Kezia. Auf das flehentliche Bitten von Dora hin darf sie diese dann doch behalten.

Die Familie hat ein christliches Theaterstück, die Arche Noah, eingeübt und Nathanael, Silas, Hanna und ich schauen mit Entzücken zu.

Plötzlich erhebt sich Rolf und verlässt mit schnellen Schritten und grußlos den Raum. Hildegard, Doras Mutter, schreckt hoch und läuft gestikulierend und unverständliche Worte vor sich hin redend hinter ihm her.

Ich stehe auf und folge ihr und frage sie, was los ist. Sie verabschiedet sich schnell, ergreift an einem der prall gefüllten Garderobehaken ihren Mantel und verlässt die Wohnung. Ich halte unentschlossen die Klinke der Haustüre in der Hand und schließe sie leise, nachdem ich ihr noch ein Aufwiedersehen hinterher gerufen habe.

Das Familienspiel wird fortgesetzt. Die Gastkinder wissen nicht recht, was passiert ist, und nachdem das Spiel beendet wurde, erklärt Raphael, dass Rolf es nicht ertragen könne, wenn ihm Ereignisse geistlichen Inhalts vor Augen geführt werden. Er und Dora seien an diese Verhaltensweise gewöhnt.

Silas hat ein wenig Heimweh und Dora tröstet ihn liebevoll. Die Kinder schlafen wieder in ihren Betten im Kinderzimmer und ich schlafe, da Silas keine rechte Ruhe findet, ab Mitternacht bei den anderen Enkelkindern auf einer Matratze im Kinderspielzimmer.

Am nächsten Tag kehren wir mit der Eisenbahn nach München zurück.

Die Wochen vergehen, eine neue Operation wird unumgänglich sein. Ich bin sicher, dass sich alles zum Guten wenden wird. Eine Zeit der Prüfung und Züchtigung hat mir Gott wohl auferlegen müssen.

Eines Tages, nachdem die Frist seit der OP im Februar abgelaufen ist, entschließe ich mich dazu, mich erneut im Krankenhaus vorzustellen. Die Tampons sind eine große Hilfe, für die ich sehr dankbar bin, aber auf Dauer eben nur eine Notlösung.

Ich rufe in der Klinik an und es ist wieder Frau Vogt vom gynäkologischen Konzil am Telefon und nimmt mit ihrer hellen Stimme mein Telefonat entgegen. Sie spricht so routiniert und locker, als ginge es darum sich beim Schneider ein neues Kleid nähen zu lassen. Sie schlägt den 22.

April vor und sagt, nachdem ich diesen Termin passend finde, ich solle mich um 13.00 Uhr in ihrem Büro melden.

Ich erscheine rechtzeitig und muss noch im Wartezimmer Platz nehmen. Dieser Raum ist ausgesprochen spartanisch möbliert und hat rein funktionellen Charakter. Außer einem Boulevardblatt, das so aussieht, als hätte ein Patient es liegengelassen, befinden sich nur einige medizinische Aufklärungsschriften in einem weißen Eisenregal. Scheinbar ist ein längerer Aufenthalt hier nicht erwünscht, aber welcher Patient beabsichtigt solchen schon.

Nach etwa 15 Minuten werde ich von Herrn Dr. Stadler persönlich ins Behandlungszimmer gerufen. Als er sich freundlich lächelnd nach meinem Befinden erkundigt, sage ich zu ihm, dass es mir gut geht, abgesehen von dem ihm bekannten Problem. Nachdem ich wieder die leidige Untersuchung auf dem gynäkologischen Stuhl über mich habe ergehen lassen, meint der Doktor lächelnd, dass nun nichts mehr dagegen spräche, die zweite Operation in Angriff zu nehmen.

Aber vorher müsste ich genau wie vor der ersten OP alle ärztlichen Untersuchungen durchführen lassen. Ich will widersprechen und meine, ob das, nach so kurzer Zeit und überhaupt, nicht übertrieben sei. Das wäre Vorschrift und dafür könne das Krankenhaus nichts. Kein Wunder, dass unser Gesundheitssystem so richtig teuer ist. Frau Vogt mischt sich, als ich wieder auf dem Flur bin, auch ein und fügt ergänzend hinzu, dass ich mit diesen Untersuchungsbescheinigungen Montag, den 5. Mai, um 10 Uhr bei ihr sein solle, insofern mir dieser Termin passe. Ja, er passt. Bevor ich zu ihr komme, soll ich mich aber bei der Patientenaufnahme im Parterre anmelden und die Patientenakte, die ich dort

überreicht bekomme, ebenfalls in ihr Büro bringen. Auf das Röntgen des Torax, meint sie, könne man diesmal verzichten. Sie weiß nicht, dass ich durch eine glückliche Fügung auch das erste Mal davor verschont geblieben bin.

Diesmal wird alles gut gehen; ich bin beschwingt und nehme sogar den vielen Bürokratismus mit Gelassenheit hin.

Zuhause angekommen entschließe ich mich, nicht wieder nach Bogenhausen zu fahren, um den mir bekannten Internisten aufzusuchen, sondern mich an den nächstbesten Arzt zu wenden. Ganz in meiner Nähe, in der Friedenheimer Straße, entdecke ich das Namensschild einer Gemeinschaftspraxis. Ich schreibe mir die Telefonnummer ab und rufe dort an. Für den 29. April um 8.30 Uhr erhalte ich einen Termin. Aber bitte nüchtern, sagt die Arzthelferin. Scheinbar nehmen sie es hier genauer, bei meiner letzten Untersuchung war das nicht erforderlich.

Ich erscheine pünktlich, entrichte meine 10 Euro Praxisgebühr und finde gerade noch einen freien Stuhl in dem überfüllten Wartezimmer. Einige der Wartenden schauen trüb vor sich hin, andere lesen in einer Zeitung. Irgendwie gleichen sie einander. Es dauert lange, bis ich aufgerufen werde. Ich verbringe die Zeit damit mich in eine illustrierte Zeitschrift zu vertiefen. Schließlich werde ich von einer Arzthelferin gerufen, um in einem kleinen Raum, auf einem schmalen fahrbaren Bett liegend, auf dem ein weißes Papierlaken ausgebreitet ist, mit entblößtem Oberkörper das EKG von mir machen zu lassen. Die Arzthelferin arbeitet wortlos, kühl, sachlich und präzise, so jedenfalls empfinde ich es. Danach erfolgt in einem anderen Raum die Blutabnahme. Eine andere Sprechstundenangestellte, eine geschminkte, akribisch zurechtgemachte Dame wird damit beauftragt.

Einen Moment zweifle ich an ihrer Kompetenz, welche mir gerade bei der Blutentnahme als besonders wünschenswert erscheint. Ich setze mich auf den einzigen Stuhl und die Dame nähert sich mit mildem Lächeln. Drei Reagenzgläser legt sie auf den Tisch und dann sucht sie in meinen Armbeugen nach einer geeigneten Vene. Sie bindet den Oberarm ab und sticht entschlossen zu. Ich schaue weg, aber spüre, wie das Blut fließt. Sie füllt ein Reagenzglas nach dem anderen mit dem roten Lebenssaft. Als sie die Nadel herauszieht, gibt sie mir einen Mulltupfer, womit ich den Einstich zudrücken soll. „Damit kein blauer Fleck entsteht", wie sie meint. Das Blutdruckmessen hat sie bereits davor erledigt. Nun soll ich mich wieder ins Wartezimmer begeben und warten, auf was, das weiß ich nicht. Ich bedaure ein wenig, nicht wieder die Arztpraxis konsultiert zu haben, in der ich vor meiner zwei Monate zurückliegenden OP war, wo es zwangloser zugegangen ist. Die junge Arzthelferin hieß Nicole und plauderte fröhlich darauf los und sagte, dass sie irgendwann heiraten wolle und sich mehrere Kinder wünsche. Sie sagte, dass sie an Gott glaube und zum Schluss schenkte ich ihr mein Büchlein über Kindererziehung, das ich selbst verfasst habe.

Die Zeit verstreicht und ich versuche eine der sich immer in Eile befindlichen Arzthelferinnen zu erwischen, um ihr zu sagen, dass ich um 12 Uhr einen Termin in der Praxis einer Gynäkologin in Schwabing hätte. Sie meint, das würde ich noch schaffen und nach erneuter Wartezeit werde ich in ein drittes Zimmer gebeten.

Als ich eintrete erhebt sich hinter einem hellen Schreibtisch ein großer, schlanker Mann in weißem Arztkittel. Anscheinend das einzige männliche Wesen auf dieser Etage. Er kommt sanft lächelnd auf mich zu, begrüßt mich mit feinem Händedruck und bittet mich Platz zu nehmen. Er wirkt ruhig und so, als ob Zeit hätte. Eine der Damen hat ihm bereits einige meiner Befunde auf den Tisch gelegt und er schaut diese an und mustert mich wohlwollend. Er erkundigt sich nach dem Grund meiner OP und nachdem ich ihm diesen genannt habe, lächelt er wieder. Er fragt, ob ich Sport treibe und es scheint, als ob ihn meine medizinischen Werte zu dieser Frage animierten. Ja, ein wenig Gymnastik und Radfahren, aber vor allem Wandern und da bin ich ein echter Freak, denn ich wandere sogar in der Stadt. Er klopft noch meine Knie mit einem Hämmerchen ab und nachdem die Unterschenkel nach vorne springen, ist er zufrieden. Ich frage ihn noch, ob er der Sportmediziner ist. Lächelnd bejaht er die Frage und hat an meinem Gesichtsausdruck gewiss meine Überraschung bemerkt. Er lächelt wieder und verabschiedet sich so, wie er mich begrüßt hat. Er öffnet die Türe und entlässt mich. In der Rezeption erhalte ich einen Briefumschlag, den ich dem Krankenhaus vorlegen soll. Die Blutwerte würden, so wird mir mitgeteilt, nach der Auswertung in die Klinik geschickt.

Ich eile nach Hause, mir knurrt der Magen und ich schlinge schnell mein Frühstück hinunter. Ich beeile mich, um die U-Bahn zu erreichen und noch rechtzeitig bei der Gynäkologin einzutreffen. Mir ist klar, dass dieser ganze Aufwand unnötig, überflüssig und übertrieben ist; um aber in einer deutschen Klinik operiert zu werden, ist er leider unumgänglich. Noch dazu liegt dasselbe Prozedere erst zwei Monate zurück.

Zur Frauenärztin schickt man mich nur deshalb, weil ich wieder einen Einwei-

**49**

sungsschein für die Klinik brauche. Auch hier muss ich wieder warten, aber das Wartezimmer ist hübscher, die Patienten, meist werdende Mütter, sind es auch. Ein Kinderwagenoberteil steht auf dem Boden und eine Mutter beugt sich über das darin liegende Baby und spielt mit ihm und der Säugling jauchzt. Viele Fotografien, auf denen Engel abgebildet sind, hängen an den Wänden. Vorwiegend Schwarzweißbilder und in Sepiatönen, die in Friedhöfen, bei Steinmetzen und Kirchen aufgenommen wurden.

Frau Sanden, die Ärztin, läuft vorbei, bleibt stehen und begrüßt mich mit Händedruck. Es ist ihr wohl doch ein wenig unangenehm, was ich an ihrem Gesichtsausdruck ablesen kann, dass ich ein zweites mal operiert werden muss. Sie war es, die mir zu der fachlich hochqualifizierten gynäkologischen Abteilung der Klinik in Neuperlach riet. Ich gebe ihr in meinem Herzen keine Schuld und versuche auch, als sie mir den benötigten Schein aushändigt, ihr nicht das Gefühl zu geben, dass ich ihr etwas nachtrage. Sie wünscht mir ganz herzlich alles Gute. Als ich durch das schöne altmodische Treppenhaus hinabsteige, sinne ich darüber nach, wie viel doch zwischen Himmel und Erde geschieht, was wir weder verursachen noch verhindern können und wie wir so ganz aus der Gnade Gottes leben.

Da ich mich unweit des Nordfriedhofes befinde und vorsorglich ein wenig Gartengerät mitgenommen habe, entschließe ich mich trotz des leichten Nieselns unser Grab aufzusuchen, um das Notwendigste an Grabpflege zu erledigen. Die U-Bahn Linie 6 bringt mich zur Alten Heide und dann stehe ich nach kurzem Weg vor dem Grab.

Der Grabstein unterscheidet sich von all den anderen Denkmälern dadurch, dass er aus Sandstein ist, also den unterschiedlichen Wetterbedingungen, denen er ausgesetzt ist, nicht so trotzen kann wie glattes, hartes Granitgestein. Was noch bemerkenswerter ist, das ist die Form. Es ist eine schmale Stele, die nicht wie alle anderen Grabsteine dieser Größe oben von rechts nach links abgerundet ist, sondern die Abrundung verläuft von vorne nach hinten. Der Schriftzug Heimrad Prem und der Geburts - und Todestag sind handschriftlich eingraviert. Es ist das Werk eine Künstlers. Die anderen Namen wurden vom Steinmetz in der üblichen Manier angebracht.

Ich beginne das viele Unkraut, das den Lebensbaum und den Buchsbaum umwuchert, auszureißen. Dann schaffe ich den entstandenen Grünzeughaufen in einer Plastiktüte zu dem dafür vorgesehenen Platz. Obwohl ich der Grabpflege nicht allzu viel Zeit widme, nehme ich mir trotzdem vor, im Frühsommer wieder zu kommen, um die Bäumchen zu beschneiden und eine oder zwei Blumenpflanzen zu setzen.

Das Wochenende ist vorüber, meine Papiere habe ich in den Rucksack gesteckt. Hoffentlich habe ich nichts vergessen. Es ist Montag, der 5. Mai. In zwei Tagen werde ich operiert und heute um 10 Uhr muss ich in der Klinik erscheinen, um alle Formalitäten zu erledigen.

Im Parterre melde ich mich in der Patientenaufnahme an und gebe meine Scheine ab. Die Dame, die irgendwie leidend oder auch nur unausgeschlafen aussieht, steckt diese mit müder Handbewegung in einen Ordner und entlässt mich mit den Worten: „Geben Sie das in der vierten Ebene bei der Sekretärin ab!"

Frau Vogt begrüßt mich wie eine alte Bekannte und zwitschert mir fröhlich zu: „Ihre Blutwerte haben wir bereits erhalten." Ich staune wieder einmal, mit welcher

Akribie sie gekleidet und frisiert ist. Es stimmt einfach alles. Heute dauert es nicht lange und dann sitze ich am Schreibtisch neben Herrn Dr. Stadler und er erklärt mir an Hand zweier vierseitiger Din-A4-Blätter meine bevorstehende Operation. Es gibt zwei Operationsverfahren. Er hat sich für dasjenige entschlossen, das er mir nun zu erklären versucht. Es heißt abgekürzt DVT. Um die Sache zu veranschaulichen, zeigt er mir Illustrationen, die mich - ganz im Gegensatz zu ihm - irgendwie peinlich berühren und ich höre ihm schweigend zu. Allmählich wird mir warm und ich merke wie mein Gesicht sich rötet. Auf Grund dieser viel einfacheren OP, brauche ich, wie er mir erläutert, nicht einen Tag vorher zu kommen, der Einlauf in den Darm erübrigt sich und das Ganze dauert nur 20 Minuten. Ich frage, weshalb man nicht bei meiner letzten OP dieses Problem, von dem ja bekannt war, dass es auftreten könne, von vorneherein zu verhindern versucht hat. Das sei nicht möglich gewesen, da man ja nicht wusste ob es bei mir auftreten würde. Das sei nicht vorhersehbar. Da hätte es dann passieren können, dass das Wasserlassen überhaupt nicht mehr möglich ist. Das wäre dann ein echtes Drama. Die besondere Kunst bei dieser Operationstechnik sei, genau den richtigen Mittelweg zu finden. Ich frage ihn, wie viele derartige Operationen er schon durchgeführt habe. „Mindestens 900", entgegnet er mit einem süffisanten Lächeln - obwohl diese Methode noch relativ jung sei, es gäbe sie seit höchstens zehn Jahren. Aber er besuche weltweit Kongresse, denn gerade auf diesem Gebiet werde intensiv geforscht. Ein derart erfolgsverwöhnter Mensch wie dieser, neben dem ich sitze, wird selbst einen Misserfolg galant wegstecken. Wann wirklich ein Versagen eines Chirurgen vorliegt oder ihn so-

gar eine Schuld trifft, das wird in diesem selbst für Insider undurchschaubaren Bereich ein unergründliches Geheimnis bleiben.

Der Chirurg fährt fort, ich bekäme auch keine Vollnarkose, nur eine örtliche Betäubung, und der Anästhesist versetze mich in einen leichten Schlafzustand. Es klingt alles so beruhigend, was der Mediziner da in heiterem Tonfall und lächelnd von sich gibt, dass ich beinahe versucht bin, mich auf die OP zu freuen. Als er geendet hat, sagt er nur noch: „Nun bitte ich Sie hier zu unterschreiben, dass Sie mit allem einverstanden sind und das andere können Sie zu Hause durchlesen." Eine Schwester, die neben ihm sitzt und dauernd mit Schreiben beschäftigt ist, wendet sich jetzt an mich und betrachtet währenddessen den Operationsplan. Sie sagt: „Bitte seien Sie Mittwoch, den siebenten Mai, um 7.00 Uhr hier und melden Sie sich im Stationszimmer auf Station 40, aber bitte nüchtern!" Ich äußere meinen Wunsch, gleich dranzukommen, da ich so früh hier sein muss. Herr Dr. Stadler hört das und sagt: „Also sind Sie die erste." Die Schwester verzieht das Gesicht, als wolle sie sagen, nehmen Sie das nicht zu ernst.

Nun müsste alles erledigt sein, hoffe ich, aber dem ist nicht so. Blitzschnell drückt mir die Schwester ein doppelseitiges DIN-A4-Blatt in die Hand mit den Worten: „Damit gehen Sie in die dritte Ebene!" Sie beschreibt mir den Weg. „Und melden Sie sich in dem Raum, der nach dem Zimmer mit der Aufschrift Röntgen kommt."

Was bleibt mir anderes übrig als zu gehorchen. Ich finde das Zimmer, klopfe an und begebe mich nach dem „Herein!" in einen nur mit Kunstlicht erhellten Raum, in dem linker Hand einige Menschen sitzen. Einige lesen, andere starren ins Leere. Ich

**51**

gehe durchs Zimmer und dort sitzt an einem Schreibtisch eine junge Dame in modernem Outfit, die recht selbstbewusst wirkt und mich nach der Begrüßung auffordert, bei den anderen Platz zu nehmen. Also wieder warten. Ich setzte mich neben einen in einem Buch lesenden Herrn. Nachdem dieser in das angrenzende Zimmer gerufen worden ist, wo er von einer ähnlichen Dame wie der eben beschriebenen empfangen wird, werde ich nach geraumer Zeit aufgefordert, in das erste Zimmer zu kommen.

Das Papier wird mir aus der Hand genommen und der zweiseitige Fragebogen vor mir ausgebreitet. Die Dame stellt eine Frage nach der anderen und geht so den ganzen Fragebogen durch. Es wird z.B. nach dem Zustand des Gebisses gefragt, ob herausnehmbar oder festsitzend, nach vergangenen oder bestehenden Krankheiten, Diabetes, Einnahme von Medikamenten usw. usf.

Bei mir geht es schnell, da alles einfach abgehakt wird. Ich frage noch, ob sie das nicht reichlich übertrieben findet, da ich diese ganze zeitraubende Prozedur vor zwei Monaten auch durchlaufen habe. Nach kurzer Bedenkzeit meint sie, dass in meinem Fall durchaus am Wert dieser Vorschrift Zweifel aufkommen könnten. Aber bei anderen Patienten, mit wechselvollem Blutbild und unterschiedlichen und immer neuen Krankheiten, sei das nicht nur sinnvoll, sondern unerlässlich. Warum sieht man dann nicht Patienten, wie ich einer bin, aus, was ja mit Hilfe der modernen Computertechnik und der Patientenakte ein Leichtes wäre. Ja, das wäre ein neuer Aufwand, der aber, wie ich meine, im Vergleich zum bestehenden Aufwand ein sehr viel geringerer wäre. Mit einem vieldeutigen Lächeln, das Spielraum lässt für verschiedene Vermutungen, verabschiedet mich die junge Frau.

Nun bringe ich den Fragebogen wieder zurück, eine Etage höher, mit der Hoffnung im Herzen von allen Formalitäten befreit zu sein. Frau Vogt nimmt mit dem mir bekannten Lächeln das Papier entgegen. Sie strahlt Zuversicht aus und wünscht mir alles Gute für meine bevorstehende Operation.

Beschwingt eile ich aus der Klinik. Davor stille ich noch schnell meinen Hunger und Durst in der Cafeteria. In der U-Bahn hole ich den doppelseitigen Bogen aus dem Rucksack und beginne ihn zu lesen. Was da alles schwarz auf weiß geschrieben steht, liest sich nun weit weniger vertrauenerweckend, als es die Worte des Chirurgen waren. Alle möglichen Probleme und Gefahren werden aufgezählt, die infolge der OP auftreten können. Ich höre wieder auf mit Lesen und werde es auch zu Hause nicht fortsetzen. Soll ich mir unnötige Sorgen machen? Nein, ich will ganz auf Gott vertrauen.

Abends ist Hauskreis, den wir alle vierzehn Tage in der Gemeinde haben. Da Joseph Hausmaninger, der ein schon sehr alter Bruder ist, dorthin einen kurzen Weg hat, versammeln wir uns nicht mehr in meiner oder Achims Wohnung. Wir beten, sprechen über Glaubensfragen oder die am Sonntag gehörte Predigt. Wir tauschen uns darüber aus, was uns geistlich bewegt, oder es schildert jemand ein Erlebnis. Wir sind nur fünf Geschwister: Manfred, Achim, Joseph, Karl und ich. Wir haben uns bemüht, aber es gelang uns nicht, noch jemanden dazuzugewinnen.

Ein neuer Gedanke - von Manfred - ist aufgekommen und zwar, gezielt zu missionieren. Ich habe zwar ein größeres Faible für das intuitive Ergreifen einer Gelegenheit zur Mission, aber trotzdem finde ich die Idee gut. Eine Tischplatte wird besorgt, auf zwei Stühle gelegt und darauf werden alle möglichen christlichen Schriften und Traktate ausgelegt. Das Ganze wird vor dem Schaufenster unserer kleinen Gemeinde, die sich in einem ehemaligen Laden in der Nähe des Sendlinger-Tor-Platzes trifft, aufgestellt. Die Männer stehen oder sitzen vor der Türe und versuchen Passanten auf den Glauben an Jesus Christus aufmerksam zu machen. Joseph wechselte gelegentlich die Straßenseite, um dort Traktate zu verteilen und um mit Menschen ins Gespräch zu kommen. Mich rührt der Anblick, wie er da bei Wind und Kälte steht, um Gott die Ehre zu geben.

Beim Ansprechen der Menschen erlebe ich die unterschiedlichsten Reaktionen, von eiskalter Ablehnung bis freundlichem Wohlwollen. Es gibt lange und ermutigende Gespräche. Man lernt viel über Gesinnung und Einstellung der Menschen und über das, was sie vom Leben erwarten.

Heute Abend ist also Hauskreis und ich erscheine pünktlich. Vor meiner ersten Operation erzählte ich es Hugo und er hat es vor der Gemeinde verkündet. Robert konnte sich eine Bemerkung nicht verkneifen, die auf meinen vermeintlich immer vorzüglichen Gesundheitszustand anspielte. Davor hatte ich Joseph davon erzählt und ihn gebeten, für mich zu beten. Dabei schaute er mich aufmerksam mit seinen blauen Augen an.

Heute bin ich unruhig und unsicher, wie ich meine Mitteilung anbringen soll. Da ich bei einigen Geschwistern nicht weiß, was in ihren Herzen vor sich geht und wie sie mir in Wahrheit gesinnt sind, habe ich es vermieden, sie zu informieren. Bei einigen bin ich mir ihrer Liebe gewiss.

Nach dem Hauskreis, Joseph hat sich wie immer früher verabschiedet, gehen wir vier noch in die Scala, ein kleines italienisches Restaurant, wo wir früher sehr oft nach der Bibelstunde waren und jetzt nur noch gelegentlich sind. Der Wirt, ein älterer Herr, der seit Jahren den Familienbetrieb führt, freut sich, uns zu sehen und begrüßt uns mit Handschlag.

Nach dem üblichen Pizzabrot, das wir teilen, erzähle ich wie beiläufig von meiner bevorstehenden Operation. Die drei Männer sind gleichermaßen überrascht. Karl scheint sogar ein wenig gerührt zu sein und ich brauche nicht viel zu erklären. Sie wollen für mich beten und mich besuchen. Wir trennen uns nach einem liebenswürdigen Wortgeplänkel im Untergrund bei den U-Bahn Stationen. Am nächsten Tag ist Bibelstunde und wir sehen uns wieder und danach schlendern wir, wieder reichlich Gesprächsstoff austauschend, im Untergrund umher. Ich verabschiede mich bald, weil ich nicht zu spät nach Hause kommen will. Daheim angekommen packe ich das Allernotwendigste, das ich vorher bereit gelegt hatte, in den etwas größeren, sehr leichten Wanderrucksack. Ich habe das feste Vertrauen, nicht lange in der Klinik bleiben zu müssen.

Meinen Wecker stelle ich auf vier Uhr. Nach einer unruhigen Nacht, in der ich die schlaflose Zeit mit Gebet zu füllen versuche, stehe ich bei Dunkelheit auf. Nach der Morgentoilette mit Duschen und frischer Wäsche trinke ich ein wenig Kaffee und esse ein kleines Stück Brot. Die Wohnung ist ordentlich aufgeräumt und zu Natascha sagte ich neulich, dass es diesmal genügen würde, wenn sie einmal die Post heraufholen und einmal die Pflanzen auf den Fensterbrettern gießen würde.

Um 6.08 Uhr verlasse ich die Wohnung und erreiche um 6.15 Uhr die U-Bahn.

Ich steige die Treppen in die vierte Etage der Klinik hinauf und erscheine pünktlich im Stationszimmer. Wie beim ersten Mal ist es wieder Schwester Katja aus den neuen Bundesländern, die mich empfängt. Etwas verlegen begrüße ich sie, aber sie scheint mein Erscheinen nicht zu überraschen, wahrscheinlich ist es nichts Ungewöhnliches, vielleicht ist sie auch informiert. Sie schaut unverzüglich auf einen Plan und zeigt mir, in welche Richtung ich gehen soll. Sie spricht das Wenige schnell und routiniert aus und kann sich weitere Erklärungen ersparen. Ich klopfe an die Zimmertüre und öffne sie nach einem hell klingenden „Ja, bitte!" vorsichtig. Als erstes entdecke ich das Gesicht einer Asiatin, die lächelnd in ihrem Bett sitzt. Die Erinnerung an die Chinesin taucht in mir auf und es bemächtigt sich meiner ein ungutes Gefühl. Aber als ich an ihr Bett trete, verlässt mich diese Düsterkeit wieder, da ich eine Babytrinkflasche auf ihrem Nachttisch liegen sehe. Während sie meine ihr hingestreckte Hand ergreift, begrüßt sie mich freundlich in korrektem Deutsch. In dem Bett am Fenster liegt eine Frau mittleren Alters, die mir nach kurzem Gruß unmissverständlich zu verstehen gibt, dass sie schwer leidend ist und hart zu kämpfen hat.

Ich setze mich auf das schneeweiße Bett, das neben dem Waschraum steht und überlege, was jetzt zu tun sei. Inzwischen weiß ich, dass die Japanerin Frau Mesami Tanaka heiß, mit einem deutschen Mann verheiratet ist und zwei kleine Kinder hat, die Justus und Beatrice heißen. Zur Zeit wird eines in einer Kinderkrippe und das andere im Kindergarten betreut. Während Frau Tanaka munter drauflos plaudert und

mir bereits verraten hat, dass ihr ein Myom von der Gebärmutter entfernt wurde und sie es auch ganz in Ordnung findet, ein Baby in die Krippe zu geben, hört man von Frau Schuster immer wieder leises Stöhnen, was uns wohl signalisieren soll, dass wir leiser sprechen sollen. Mir fällt Hildegard Beckerbauer ein, wie sie ihr Leid in stiller Ergebenheit ertrug und dabei stets Zuversicht ausstrahlte. Frau Schuster, die aus Siebenbürgen-Sachsen stammt, ist ein ganz anderes Naturell, sie beklagt ihr Los und fragt, weshalb ihr dieses Leid widerfahren ist. Ich sage zu ihr, ich werde für sie beten und bin ganz sicher, dass Gott ihr beistehen wird. Ich befürchte mit meinen Worten auf Ablehnung zu stoßen, aber dem ist nicht so. Sie lächelt sogar ein wenig und sagt: „Ja, bitte machen Sie das!" Mit der Japanerin bin ich wieder im Gespräch und sie sagt, dass sie eine Shinto ist, aber nicht gerade streng, sondern ganz locker. Das ist in Japan neben dem Buddhismus die häufigste Glaubensgemeinschaft. Aber das Christentum interessiere sie auch. Sie wirkt intelligent, aufgeschlossen und ehrgeizig. Sie ist berufstätig und erfüllt gewiss durch ihre Anpassungsfähigkeit und Tüchtigkeit die Erwartungen ihres Chefs zu dessen vollster Zufriedenheit.

Mittlerweile ist es 8.00 Uhr geworden und ich erinnere mich, dass der Chirurg sagte, dass er mich als Erste drannehmen wollte. Aber Schwester Katja hat mich schon korrigiert und behauptet, dass auf ihrem Plan etwas anderes stehe und so könne es 10.00 Uhr oder später werden. Also wieder eine jener nicht seltenen Irreführungen. Ich beginne meinen Rucksack auszupacken und meine Habseligkeiten in den noch leeren, schmalen Schrank hineinzuräumen. Diesmal werde ich mir im Parterre eine Telefonkarte besorgen. So kann ich doch angerufen werden und selbst telefonieren. Das Handy habe ich nicht dabei, obwohl ich weiß, dass man es hier benützen darf. Ich erledige das und bin bald wieder da.

Die feinsäuberlich zusammengelegte, weiße OP-Wäsche liegt auf dem fahrbaren Nachttisch und ich betrachte sie. Neben dem Bett der Japanerin steht ein merkwürdiges, ziemlich großes schwarzes Gerät. Sie sagt, das sei eine etwas altmodische Milchpumpe, womit sie ihre Milch abpumpt, diese fülle sie in eine Trinkflasche, um damit ihr Baby zu füttern. Wir kommen noch einmal auf die Kinderkrippen zu sprechen und sie lobt diese Möglichkeit der Babybetreuung als sehr fortschrittlich und überaus sinnvoll für Frauen, wie sie eine sei. Es wäre gut, wenn Kinder früh lernen würden mit den unterschiedlichsten Menschen zu kommunizieren. Eine zu starke, rein auf die Eltern bezogene Bindung sei nicht mehr zeitgemäß. Außerdem würden sie und ihr Mann am Wochenende viel Zeit für ihre Kinder haben. Neben der Krippe bekommt auch der Kindergarten ihre volle Zustimmung und sie sagt, dass sie hochzufrieden darüber sei, dass man sich durch diese Möglichkeit völlig sorglos seiner Arbeit widmen könne. Ich finde es interessant und folge aufmerksam ihren Ausführungen. Noch nie hat mir jemand so überzeugend den Wert dieser Einrichtungen nahe gebracht.

Durch so viel anregenden Gesprächsstoff vergesse ich ganz, weshalb ich hier bin. Als dann aber plötzlich die Türe aufgeht und eine kleine, etwas mollige Schwester hereinhuscht, die sich artig mit dem Namen Jasmin vorstellt und mich durch ihre Liebenswürdigkeit beeindruckt, bin ich wieder ganz nüchtern. „Bitte ziehen Sie Ihre OP-Wäsche an, Sie kommen gleich dran", flüstert sie und dabei schaut sie mich aus rührenden Augen an. Sie verschwindet wieder und ich kleide mich um. Sie kommt zurück und ich bekomme die mir bekannte Beruhigungstablette. Sie löst die Bremsen des Bettes und schiebt mich auf den Flur. Die Japanerin winkt mit leichter Handbewegung und sogar Frau Schuster hebt ein wenig den Kopf. Welch ein liebenswürdiges Geschöpf ist diese Schwester, denke ich im Stillen; welches Glück widerfährt mir heute! Behutsam schiebt sie mich zum Lastenaufzug und die beginnende Wirkung des Medikamentes lässt sie mir geradezu engelsgleich erscheinen.

Gleich stehen wir vor der mir bekannten OP-Türe und diesmal, das weiß ich, wird alles anders werden. Heute wird mir das offenbar werden, was mir bei meiner zurückliegenden OP verborgen blieb.

Die beiden Türen öffnen sich lautlos und Jasmin schiebt mich hinein. Dort bittet mich eine andere Schwester, in das OP-Bett zu wechseln. Jasmin verlässt mich und sie nimmt das Bett mit. An den Decken hängen große runde Scheinwerfer. OP-Schwestern und männliches Personal huschen vorbei, alle in grünen Anzügen und mit grünen Hauben. Jetzt sehe und erlebe ich Dinge, die man normalerweise nur aus Arztfilmen kennt. Eine Schwester schiebt mich durch einen Flur und ich erblicke rechts und links OP-Räume. Das ist Medizintechnik pur, Perfektion bis ins kleinste Detail. Es macht mir nichts aus, dass sich noch niemand um mich kümmert; so kann ich meine Betrachtungen ungestört fortsetzen. Ich entdecke in einem OP-Raum eine im Tiefschlaf liegende, verkabelte Person. Es ist nicht zu erkennen, ob es eine Frau oder ein Mann ist. Merkwürdigerweise fällt mir plötzlich die Großmarkthalle in Sendling mit dem Schlachthaus ein. Eine Assoziation, obwohl ich diesen Platz, an dem Tiere sterben, nur einmal flüchtig durch eine geöffnete Türe gesehen habe. Wo ich mich jetzt befinde, ist alles, was mich umgibt und glänzt und blinkt von einer solchen Sterilität, dass ich selbst bei dem Versuch, ein einziges Staubkörnchen zu entdecken, scheitere. Nicht einmal in der Luft zeigt sich das Kleinste. Wie das zu schaffen ist, weiß ich nicht. Die Wirkung der Beruhigungstablette scheint geringer zu werden, da ich immer wacher werde. Selbst meine kurze, beinahe schlaflose Nacht ändert daran nichts. Hier in diesen Räumen scheint der Tod näher zu sein als anderswo. Wenn man die Maschinerie und die Skalpelle betrachtet und sich vorstellt, was damit alles gemacht werden kann. Abgesehen vom Personal scheint hier niemand wach und in Bewegung zu sein außer mir, welch eine Gnade!

Eine grüne OP-Schwester entdeckt mich und wundert sich über meinen schlaflosen Zustand. Ich erkläre ihr, dass ich warte und nur eine örtliche Betäubung bekomme: „Ach so", sagt sie und läuft weiter. Da kann es sich ja nur um eine Bagatelle handeln.

Die Farbe grün, und zwar ein eher warmer, lindgrüner Ton, ist hier vorherrschend. Wenn ich einen Moment vergesse, wo ich mich wirklich befinde, könnte ich mich auf eine Frühlingswiese versetzt fühlen. Die hellen Neonlampen mit ihrem kalten Licht verklären dann den ganzen Zauber zu einem surrealistischen Gemälde.

Eine von mir unbemerkt aufgetauchte Schwester reißt mich aus meinen Träumen und stülpt mir eine grüne Haube über den Kopf. Kaum ist das geschehen, nähert sich ein junger Mann, der sich, wie ich es erwarte, als Anästhesist zu erkennen gibt. Seinen Namen habe ich nicht behalten. Diese Ärzte scheinen zu einer besonders charmanten

Spezies zu gehören, denn dieser sprüht geradezu davon. Das ist von Berufs wegen auch nötig, denn er ist derjenige, der vor der OP den zitternden Patienten mit sanften Worten nicht nur das Serum einflößt, sondern auch mit beruhigenden, vertrauenerweckenden Worten in den Dauerschlaf versetzt.

Er beginnt nun, mir mit einem fröhlichen Gesichtsausdruck zu erläutern, dass ich nur eine örtliche Betäubung bekomme und er dafür sorgen werde, dass er mir nach und nach nur so viel Betäubungsmittel geben werde, wie zur OP nötig sei. Nun befinde ich mich gleich in einem angenehmen Dämmerzustand, aber bin keineswegs bewusstlos. Eine Schwester fährt mich in den für mich vorgesehenen OP-Raum und ich fühle mich leicht, beinahe schwebend und ein wenig umnebelt. Als ich - mit Ausnahme des Oberkörpers - entblößt auf dem schmalen Bett liege, tauchen in grüner Kleidung mit grünen Hauben und grünem Mundschutz Herr Dr. Stadler und Herr Dr. Grass auf. Sie begrüßen mich mit den Worten: „Hallo, Grüß Gott Frau Prem!", und ziehen sich die Handschuhe über.

Ich sehe zwei konzentriere Augenpaare. Die Chirurgen mit in ihrer für mich ungewohnten Aufmachung bei der Arbeit zu erleben, das ist wirklich ein Novum. Durch mein leichtes Weggetretensein ist mir nichts peinlich.

Sie arbeiten Hand in Hand und sprechen nur das nötigste. Es sind knappe Anweisungen, die der Chef dem Oberarzt erteilt. Der Anästhesist, der neben meinem Bett am Kopfende sitzt, unterhält sich mit mir und ich erzähle ihm von meiner großen Familie. Es scheinen ihn meine Worte zu amüsieren und er lacht immer wieder. Obwohl ich keinerlei Schmerzen verspüre, bekomme ich doch ziemlich genau mit, was da getan wird. Meine Zuversicht versetzt mich in eine freudige Stimmung und in ein Wohlbehagen und ich danke Gott und weiß, dass alles gut werden wird. Es dauert nicht mehr lange, dann sagt der Boss: „Fertig!" Sie werfen beide die Werkzeuge in steriles Wasser, streifen die Handschuhe und den Mundschutz ab und verlassen grüßend den Raum.

Eine Schwester beginnt die OP-Geräte aufzuräumen und eine andere kümmert sich um meine weitere Versorgung. Der Anästhesist verlässt mich, ich werde ihn nie wieder sehen, und wenn doch, würde ich ihn nicht mehr erkennen. Er verabschiedet sich. Wohin mag er eilen? Vielleicht zum nächsten Opfer.

OP-Schwestern scheinen von besonders eiserner Natur zu sein. Sie sind unerschrocken und sie sind nicht leicht zu erschüttern. Dafür erleben sie zu viel. Ein solch starkes Wesen schiebt mich nun über den Gang des OP-Traktes in das Aufwachzimmer. Ich habe schon befürchtet, dass ich hier nicht herein komme, da ich ja wach bin. Aber die Vorschriften scheinen mehr zu gelten als individuelle Besonderheiten. Nun nimmt sie mir die Haube ab und dabei sehe ich in ihr Gesicht. Es ist schmal, ein wenig streng und von jener Unerschrockenheit, wie ich es vermutet habe. Bisher habe ich nur manchmal bei Spaziergängen während meines letzten Klinikaufenthaltes, wenn die Schiebetüre ein wenig offen stand, einen kurzen Blick in diesen Raum werfen können. Nun habe ich das Glück, hier mit verhältnismäßig wachen Sinnen zu liegen und sehe überall tief schlafende Menschen. Wer nicht an mehreren Schläuchen angeschlossen ist, hängt zumindest an einer Infusionsflasche. Einer, der mir schräg gegenüber liegt, ist durch ein Meer von Kabeln an alle erdenklichen Geräte an-

geschlossen, Aus beinahe allen Körperöffnungen ragen Schläuche, die in Apparaturen enden. Ich wundere mich nicht über das lange Medizinstudium. Das dauert, sich bei diesem technokratischen Aufwand einen Durchblick zu verschaffen.

Die Schwester, die mir die Haube abnimmt, geht zu dem aufs Höchste verkabelten Menschen und spricht mit ihm, wie man für gewöhnlich mit einem kleinen Kind spricht. Ich weiß nicht, ob das Taktik ist oder ob es der besseren Verständigung dient. Sie behandelt den Kranken wie einen völlig Gesunden, was den Menschen, soweit er ihren Worten folgen kann, sicherlich aufbaut. Der Patient seinerseits stößt nur mühsam einige beinahe unverständliche Worte hervor.

Ich ahne, dass ich nicht mehr allzu lange hier bleiben werde und bete, dass all die hier Liegenden wieder erwachen. Mein Unterleib schmerzt jetzt doch ein wenig, wenn ich mich bewege. Die Schwester erinnert sich wieder meiner und scheint keinen Grund dafür zu sehen, mich noch länger hierzubehalten. Sie fragt knapp, wie es mir gehe, ob alles in Ordnung sei. Nachdem ich das bejahe, ruft sie per Handy die Stationsschwester.

Die Türe des Aufwachraumes öffnet sich und gleich danach steht Jasmin, welch schöner Name, lächelnd neben meinem Bett. Sie und die OP-Schwester helfen mir in mein Bett hinein, ich verabschiede und bedanke mich und Jasmin bringt mich in mein Zimmer.

Ich sehe gleich, dass das Bett der Japanerin leer ist, und als Jasmin mein erstauntes Gesicht bemerkt, sagt sie, dass die Patientin entlassen wurde. Ich drücke mein Bedauern darüber aus, auch darüber, dass ich das Baby nicht mehr sehen konnte, als ihr Mann sie abholte. So ist das Leben hier, nichts währt lange, alles kommt schnell und verschwindet ebenso schnell wieder. Nun bin ich also mit Frau Schuster alleine.

Ich bitte um ein wenig Wasser, das mir Jasmin anstandslos bringt. Nun weichen alle Anspannungen von mir und ich falle in einen tiefen, zufriedenen, erquickenden Schlaf.

Es ist bereits Nachmittag, als ich wieder erwache. Ich verspüre Appetit auf etwas Essbares und warte, bis eine Schwester von selbst kommt. Es ist Gott sei Dank Jasmin, die plötzlich wieder lächelnd am Fußende meines Bettes erscheint. Ich sage ihr, dass ich hungrig bin und sie bringt mir ohne zu zögern einen Teller Suppe. Sie erzählt mir, dass sie Schwesternschülerin sei und in einem Jahr ausgelernt habe. Ich bin froh, dass sie es noch wagt die strengen Normen des Krankenhausalltages leichtfüßig zu umgehen.

Mein jetziges Zimmer ist exakt spiegelgleich dem Zimmer, das ich bei meinem vorigen Krankenhausaufenthalt bewohnt habe. Dort stehen die Betten an der linken Wand, hier befinden sie sich an der rechten Wandseite. Damals hatte ich die Zimmernummer 1430. Diesmal ist es Zimmernummer 1434.

Nun sieht Frau Schuster die Gunst der Stunde gekommen, um mir detailgetreu ihre Krankengeschichte zu erzählen. Wie gesagt, sie kommt aus Siebenbürgen-Sachsen, ist aber schon lange in Deutschland, ist verheiratet und hat eine 19-jährige Tochter. Ihren langen schweren Leidensweg schildert sie mit flehenden Augen und kummervollem Gesichtsausdruck. Wieder denke ich an Hildegard und daran, wie unterschiedlich die Menschen mit ihrem Schicksal umgehen. Plötzlich fällt mir Maria Haiser ein, eine meiner Familie seit Jahrzehnten bekannte Christin, die auch

aus Siebenbürgen-Sachsen stammt und oft und ausgiebig ihre Krankheiten und ihr damit verbundenes leidvolles Los beklagte. Sie lobte aber aus voller Überzeugung die wunderbare medizinische Versorgung und betonte, dass sie diese ohne Skrupel zu verspüren ausgiebig in Anspruch nehmen würde. Auch meinte sie, wenn es das nicht gäbe, wäre sie vielleicht nicht mehr am Leben. Wir haben seit vielen Jahren keinen Kontakt mehr zu ihr.

Nun zurück zu Frau Schuster und ihrer Geschichte. Sie hatte Eierstockkrebs und wurde vor über einem Monat operiert. Sie hatte eine Totaloperation, das heißt alle Fortpflanzungsorgane wurden entfernt. Daraufhin lag sie 14 Tage auf der Intensivstation, bekam Wasser in die Lunge und schwebte zwischen Leben und Tod. Sie hing an allen erdenklichen Maschinen, hatte eine Magensonde, die durch die Nase eingeführt wurde. Durch eine Halsvene wurde ihr Blut abgeleitet. Sie lag im künstlichen Koma, wurde Tag und Nacht überwacht, bei nie erlöschendem Licht. Danach kam sie auf die Wachstation, wo ein gnädiger Gott sie wieder ins Leben zurückrief. Seit drei Wochen liegt sie in diesem Zimmer und seit wenigen Tagen unternimmt sie die ersten Gehversuche. Sie erhebt sich ächzend und geht die wenigen Schritte langsam zum Fenster. Dort bleibt sie stehen und den Wunsch, dieses zu öffnen, kann ich nicht unterdrücken und ich äußere ihn vorsichtig. „Nein, um Gottes Willen, ich bin schon krank genug", entgegnet sie. „Ich denke, die milde Maienluft wird uns beiden gut tun." „Wenn dann auch noch die Zimmertüre geöffnet wird, dann zieht es", sagt sie in unerbittlichem Tonfall.

Ich schweige und finde mich damit ab. Morgen werde ich genug Gelegenheit zum Spazierengehen haben und das vielleicht sogar im Freien bei schönem Wetter. Der Tag geht allmählich zur Neige und ich freue mich auf mein Abendessen. Wenn ich erst vom Blasenkatheter befreit bin und aus dem Bett steige und mich unbeschwert bewegen kann, wird sich der Erfolg der OP zeigen. Ich werde wieder fröhlich und frei mit leichtem Gepäck durch die Straßen und Parkanlagen Münchens ziehen. Gott auf Schritt und Tritt danken und allen Menschen, die mir begegnen, wohlgesonnen sein und sie in meinem Herzen Gott anbefehlen. Aber ich werde Gott nicht versuchen und keine Fernwanderungen in diesem Jahr unternehmen. Auch wenn Helga, meine Wanderfreundin, das bedauern wird; aber ich habe ihr das rechtzeitig mitgeteilt. Die Treppen in den Untergrund werde ich wieder hinunter und hinaufsteigen und die Rolltreppen meiden. Das mindert auch den Stromverbrauch und spart der Stadtverwaltung Geld. Welch schönes Jahr liegt vor mir, welches Bangen und Hoffen liegt hinter mir! Die Nacht geht vorüber, in den schlaflosen Momenten bete ich für alle, die mir am Herzen liegen und das sind viele. Die längliche Schachtel mit den Schmerztabletten steht unberührt auf dem Nachttisch.

Es ist Donnerstag, der 8. Mai, und nach dem Frühstück erscheint Herr Dr. Lücke, der Stationsarzt, dem ein leichtes, unergründliches Lächeln zu eigen ist. Ich kenne ihn vom Sehen von meinem Klinikaufenthalt im Februar. In seiner Begleitung befindet sich eine junge Dame, die ihre braunen Haare zu einem kessen Pferdeschwanz zusammengebunden hat. Ich halte sie für eine Studentin.

Frau Schuster schaut zu uns herüber und wartet, was geschieht. Herr Dr. Lücke fordert die junge Frau, die noch ein wenig unsicher ist, auf, den Blasenkatheder und

die Tamponade zu entfernen. Der Stationsarzt hilft ihr dabei und sie ziehen, wie nach der letzten OP, ein erstaunlich langes Band aus meinem Unterleib. Als auch der Katheder entfernt wird, fühle ich mich frei wie der Vogel in der Luft und würde am liebsten fliegen. „Bitte stehen Sie auf und gehen Sie auf die Toilette!", höre ich den Arzt sagen. Jetzt wird es spannend. Als ich wieder ins Zimmer komme und Herr Dr. Lücke am Bettende von Frau Schuster steht, kann ich ihm freudig verkünden, dass ich mir sicher bin, dass alles in Ordnung ist. Gnädiger Gott, ich danke dir auf den Knien meines Herzens. Bevor der Arzt den Raum verlässt, sagt er noch zu mir: „Kommen Sie heute Nachmittag zur Messung des Harnrestes - das ist wichtig - ins gynäkologische Konzil! Sie kennen das. Ich warte dort um 14.00 Uhr auf Sie!" Ehe er entschwindet, geht wieder die Türe auf und ein junger Mann kommt herein, der einen weißen Arztkittel trägt. Er verzieht sein Gesicht zu einem breiten Lachen, das wohl Vertrauen erwecken soll, aber eher etwas Gezwungenes hat. Er schickt sich an, mir Blut abzuzapfen. Nachdem ich wohl ein erstauntes Gesicht mache, sagt er, dass er Student sei, aber schon in höheren Semestern, auch habe er das schon öfter gemacht. Ich traue ihm nicht ganz, aber eine herbeigeeilte Schwester geht ihm so sicher zur Hand, dass sie mir meine Zweifel nimmt. Ich frage noch wozu das nötig sei. Die Antwort ist eine jener Antworten, die in diesem Umfeld alles oder nichts bedeuten können. In meinem Fall will der Student wissen, ob mein Blut nach der Operation anders ist als vorher. Welch merkwürdige Aussage. Ich vermute, dass eine statistische Erhebung dahintersteckt. Aber die große Eile des angehenden Mediziners lässt keinen Spielraum für Fragen.

Die Namen der Schwestern merke ich mir nicht mehr, es sind immer wieder neue Gesichter, und bald würden ihre Namen aus meinem Gedächtnis verschwunden sein. Ich bekomme einen Anruf von meiner Schwiegertochter Dora aus Augsburg. Sie erkundigt sich nach meinem Befinden. Sie freut sich, dass es mir gut geht und wir plaudern noch über allerlei Dinge, die ich hier erlebe und über die Operation. Nachdem dieses Gespräch mit vielen liebenswürdigen Worten beendet worden ist, versuche ich Helga, die Wanderfreundin, zu erreichen, aber außer dem Anrufbeantworter meldet sich niemand.

Die Mittagspause ist zu Ende und ich begebe mich dorthin, wo Herr Dr. Lücke feststellen will, wie viel Harn nach dem Wasserlassen in meiner Harnblase verbleibt. Während der Arzt mit einem kleinen Gerät auf meinem Bauch hin und her fährt, sehe ich auf dem Bildschirm farbige Zeichen, Kurven und Striche. Der Mediziner meint dazu, dass es soweit ganz in Ordnung sei und ich morgen noch einmal zu diesem Test kommen solle. Ich befolge das und am nächsten Tag lobt er mich wieder und ist sehr zufrieden. Also steht meiner Entlassung nichts mehr im Wege. Alles geht glatt - welch gnädiger Gott hält meine Geschicke in seinen Händen.

Vor der Türe begegne ich der Schwester, die ich vom gynäkologischen Konzil her kenne und die immer neben dem Chefarzt sitzt, sozusagen seine rechte Hand ist. Es gibt noch eine zweite Schwester, die auch diese privilegierte Stelle inne hat. Sie spricht mich an und fragt, wie es mir gehe, und nachdem sie all meine Untersuchungen und Befunde kennt, freut sie sich mit mir und lobt auch die hohe Kompetenz der Chirurgen. Ich sage zu ihr: „Gott bin ich von Herzen dankbar", und sie sagt, wäh-

rend sie lächelt: „Ja, da haben Sie recht", und wünscht mir alles Gute.

Da Frau Schuster niemanden zum Unterhalten hat, freut sie sich, als ich wieder zurück bin und sie beginnt gleich, sich nach dem Grund meines Fernbleibens zu erkundigen. Ich bin froh, dass sie jetzt viel liebenswürdiger zu mir ist und ihre anfänglichen Vorbehalte aufgegeben hat. Bei ihrer umfangreichen Krankenhauserfahrung auf verschiedenen Stationen hat sie einiges gelernt und darüber frage ich sie aus und sie gibt mir bereitwillig Auskunft.

Die kleinen Infusionsflaschen, erklärt sie, sind angereichert mit Schmerzmitteln und die großen Flaschen mit den verschiedenen Salzen wie Kalzium, Magnesium, Kalium und Ähnlichem. Diese heißen Elektrolyte. Aber auch Vitamine werden dem sterilisierten Wasser zugesetzt. Durch die Möglichkeit Medikamente gleich in die Blutbahn zu leiten, ist natürlich deren Wirkung effektiver. Aber Frau Schuster weiß noch mehr und sie sagt: „Bei der Computertomographie, dieser hochmodernen Röntgenuntersuchungstechnik zur Darstellung von Weichteilstrukturen, wird Schicht für Schicht das Gewebe des menschlichen Körpers durchleuchtet. Bei der Kernspintomographie werden auch die Weichteile, aber auch die Knochen scheibchenweise untersucht." Alles sehr interessant, aber ob es dem Menschen wirklich dient, um ihm zu einer besseren Gesundheit zu verhelfen? Diese Frage kann hier niemand beantworten und auch Frau Schuster nicht.

Plötzlich hören wir einen dumpfen Schlag, der aus der Richtung des Fensters kommt und Frau Schuster sagt lakonisch: „Das war ein Vogel, der dagegen geprallt ist." Ich frage, ob sie meine, dass er tot sei. Ganz sicher, zumindest schwer verletzt. Ich verspüre Mitleid und stelle mir vor, wie er

**60**

jetzt da unten im Staub auf dem Boden liegt. Besser er wäre tot, aber ich sage nichts.

Die Zeit vor dem Mittagessen nütze ich noch und streife über die Flure, steige treppauf und treppab und fühle mich wie neugeboren. Im letzten Stockwerk, also in der sechsten Etage, sind drei Stationen, G1, G2 und G3, ausschließlich der Onkologie vorbehalten. Darüber klärt mich Frau Schuster auf und dass es für jede Art von Krebszellen unterschiedliche Therapien gibt. Jeder Onkologe, also Krebsarzt, ist auf eine andere Krebsart spezialisiert und untersucht die Krebszellen eingehend. Als sie operiert werden sollte, waren alle Bauchärzte verplant, sagt sie. Darauf kann ich mir keinen Reim machen. Aber sie fährt schon fort und meint, dass sich im dritten Stockwerk neben dem Operationstrakt und dem Aufwachraum noch der Wachraum und die Intensivstation befinden.

Frau Schuster bekommt Besuch von einer Physiotherapeutin, die ihr den Rücken massiert und mit ihr alle möglichen Übungen macht, die sie wieder auf die Beine bringen sollen. Die daran anschließenden Atemübungen sollen der Gefahr einer eventuell ausbrechenden Lungenentzündung vorbeugen. Sie geht mit dieser Dame sehr vertraut um, beinahe wie mit einer Freundin. Aber damit ist es noch nicht genug, es erscheint eine andere Dame vom Sozialdienst, die Frau Schuster berät in Fragen eines Reha-Aufenthaltes, wegen ihrer Rente und des Krankengeldes. Eine dritte Dame ist Psychologin und kümmert sich um ihr Seelenheil und bespricht mit ihr Dinge, die im emotionalen und im Gemütsbereich liegen.

Als diese wieder weg ist, sagt Frau Schuster zu mir, es würde uns doch zustehen diese Angebote wahrzunehmen und wenn sie auch an Gott glaube, so würde sie doch diesen sichtbaren Möglichkeiten ein größeres Vertrauen entgegenbringen. Sie fragt noch, ob ich den Operationsschnitt, der sich über ihren ganzen Bauch zieht, sehen wolle. Ich zögere, aber dann ist meine Neugierde doch stärker. Sie nähert sich meinem Bett und hebt ihr Nachthemd hoch. Ich erschrecke tatsächlich beim Anblick dieser langen roten Narbe, die sich von der Brust bis zum Schambein hinabzieht. Sie lässt das Nachthemd wieder fallen und sieht mich herausfordernd an. Sie will wohl vor mir demonstrieren, wie hart sie geprüft wird und was sie erleiden musste.

Ich verlasse das Zimmer und schon nach wenigen Schritten bemerke ich eine Frau, die in einem Rollstuhl sitzt, der im Türrahmen steht. Sie spielt mit einem Band, an dem eine Schleife hängt. Sie ist an dem Rollstuhl fest angegurtet und sieht mich erst, als ich sie anspreche, da sie in ihr Spielzeug vertieft ist. Sie schaut mich aus ihren blauen Augen an und ich begegne dem Blick eines Kindes. Sie fängt an zu sprechen und das hat etwas rührend Naives. Sie heißt Katharina und fragt mich: „Wie heißt denn du?" „Oh, Monika, welch schöner Name." Sie wirkt so kindlich und nett. Wohl gerade deshalb, weil sie die Alzheimer Krankheit hat. Sie sagt: „Mein Mann war noch so jung und im Gottesdienst, das war so schön. Das Mädchen war noch klein und wir standen im Frost, es war so klein, siehst Du das Licht?" Dabei macht sie mit den Armen Bewegungen, womit sie mir das Licht, das zum Fenster hereinscheint, zeigen will. Sie möchte damit sagen, dass damals, als es so frostig war, auch so ein Licht sie umgab. Ich sage: „Ich gehe auch sonntags in den Gottesdienst." „Oh, wie schön, mein Mann war noch ganz

**61**

jung." Sie zeigt auf den Gurt, der sie an den Stuhl fesselt: „Bitte kannst du das aufmachen." Nachdem ich ihr diesen Wunsch nicht erfülle, beginnt sie selbst an dem Riemen und an dem Verschluss herumzuzerren. Ich verabschiede mich und sie sagt: „Kommst du bald wieder?" Ich verspreche ihr das, weiß aber, dass es wohl nur noch einmal möglich sein wird.

Jeden morgen fast zur selben Zeit findet das Temperaturmessen statt. Bei Hunderten von Patienten gleichzeitig. Dazu wird ein kleines weißes Gerät, auf das ein Häubchen gesetzt wird ins Ohr des Patienten geschoben und die Schwester erkennt blitzschnell das Ergebnis. Dieses Amt dürfen schon Anfängerinnen ausüben. Die am Abend verabreichte Thrombose-Spritze in den Oberschenkel wird leider auch nie vergessen und die lästigen weißen engen Strümpfe muss man sogar nachts anbehalten.

Wir bekommen unser Mittagessen und Frau Schuster scheint Speisen mit Fleisch zu bevorzugen. Nach dem Essen falle ich in einen kurzen aber erquickenden Schlaf.

Ich entschließe mich zu einem ausgedehnten Spaziergang in die beiden über mir liegenden Stockwerke. In der fünften Etage entdecke ich ein Schild mit der Aufschrift Patientenfürsprache. Was soll ich mir darunter vorstellen? Wird hier, falls einem Patienten Unrecht geschieht, ob nun wirklich oder auf Grund einer Vermutung, Rechtsbelehrung erteilt oder ihm zu seinem Recht verholfen? Oder sind es Sprachkundige, die Patienten unterstützen, denen es am Verständnis der deutschen Sprache mangelt? Was für Aussagen mögen sich wohl hinter diesem einen Wort verbergen. Ich frage mich, wie viele Menschen in einem Klinikum wie diesem beschäftigt sind und die unterschiedlichsten Ämter ausfül-

len, aber von der Heilkunst nicht einmal den Schimmer einer Ahnung haben.

Die sechste Etage, in die ich nun hinaufsteige, hat für mich immer etwas Beklemmendes. Hier jagt weniger Personal herum, auch Patienten sind seltener zu sehen. Es ist still und öde, die Patienteninsel ist klein und leer. Hier beschleicht einen das untrügliche Gefühl des Todes.

Ich bin wieder in der vierten Etage angelangt und auf dem Weg in mein Zimmer begegnet mir Herr Dr. Grass. Er schaut mich erwartungsvoll an und ich bekunde ihm mit vielen Worten meine große Dankbarkeit. Dann verabschieden wir uns herzlich. Der Nachmittag ist bereits fortgeschritten und auf einmal öffnet sich nach kräftigem Anklopfen die Türe und Achim und Manfred betreten das Zimmer. Manfred strahlt und Achim lächelt und ich freue mich. Nach dem Fragen nach meinem Befinden und dem Bekunden ihrer aufrichtigen Anteilnahme überreichen sie mir ihre Gaben. Zwei Pappbehälter Erdbeeren gibt mir Manfred und Bio-Erdbeeren und -Trauben schenkt mir Achim. Alles vom Feinsten. Welch eine Lust wird es sein, das zu verspeisen.

Wir sind alleine im Zimmer, da Frau Schuster nun schon ausgiebiger spazieren geht. Aber auch wir verlassen den Raum und nach kurzem Umherschweifen und angeregter Unterhaltung landen wir in der Cafeteria. Die Männer trinken etwas, ob sie etwas gegessen haben, weiß ich nicht. Es dauert nicht lange und es taucht das uns wohlbekannte Gesicht von Karl auf. Wir sind alle vergnügt und Karl sagt: „Warum setzen wir uns bei dem schönen Wetter nicht ins Freie!" Wir befolgen die Aufforderung und ich fotografiere sie, während sie lachend und plaudernd die Glastüren passieren. Die meisten Tische, die zur Cafete-

62

ria gehören, sind besetzt, aber wir finden doch noch einen Tisch mit vier freien Plätzen. Ich fotografiere Karl, das Licht ist gerade so schön und sein Profil erscheint halb im Gegenlicht mit rosa Abendhimmel im Hintergrund.

Manfred und Achim verabschieden sich irgendwann wieder, aber Karl bleibt noch. Auch er hat mir Obst, und zwar Trauben, mitgebracht. Mir wird es zu kühl, da ich ja nur mit dem Nachthemd und dem dünnen Morgenmantel bekleidet bin und wir gehen wieder ins Haus. Bald tauchen Leander, Miriam und Aliza auf und ich weiß nicht, wie mir heute geschieht, ein richtiger Freudentag.

Als wir mittlerweile auf der Besucherinsel im vierten Stockwerk sitzen, kommt noch Daniela mit den vier Kindern. Auch Karl nimmt mit ein wenig Zurückhaltung am Familientreffen teil. Als dann später Markus noch erscheint, sind wir bald in unsere Unterhaltungen über die verschiedensten Themen verstrickt.

Die Kinder haben ein kurzweiliges Spiel erfunden, das darin besteht, die Besucherplattform zu verlängern und den angrenzenden Flur, der einer Ellipse gleicht, mit einzubeziehen. Sie laufen immer wieder über diesen Halbkreis und der Kick dabei ist, dass es mangels Beleuchtung am Ende des Ganges, wo er eine Kurve macht, dunkler ist und gerade das ist so schön gruselig.

Karl hat schon etliche Tassen Kaffee getrunken, die ich ihm am Getränkeautomaten besorgt habe. Er mag ihn mit Milch und Zucker. Es geht schon auf 21.00 Uhr zu und Lee mit Miri verabschieden sich mit vielen guten Wünschen. Auch die anderen drängen zum Aufbruch und es geht sehr herzlich und liebenswürdig zu beim Abschied. Nur Karl bleibt noch sitzen und es ist schon 22.00 Uhr vorbei und der Haupt-

eingang ist bereits abgeschlossen. Wir finden im Kellergeschoss einen Nebeneingang, der noch offen ist und durch den er dann in die Nacht hinaus entschwindet. Um diese Zeit ist es überall menschenleer und auf dem Weg von hier unten bis nach oben begegne ich niemandem mehr, alles ist still. Das Gefühl, das mich immer nach dem Abschiednehmen beschleicht, empfinde ich heute weniger schlimm. Vielleicht ist das so, weil ich so froh im Herzen bin.

Frau Schuster schläft schon und ich versuche das Zubettgehen möglichst lautlos zu gestalten. Ich lese noch im Neuen Testament und bin sogar müde und schlafe nach dem Gebet ein. Wie viel Dankbarkeit ist in meinem Herzen!

Plötzlich, mitten in der Nacht, es ist noch sehr dunkel, wird die Türe aufgestoßen, das Licht wird angeknipst und eine mir unbekannte Krankenschwester fährt ein Bett herein, in dem eine Patientin liegt. Auch Frau Schuster schreckt hoch und blickt erschrocken und sogar ein wenig wütend um sich. Die Schwester kümmert sich um die neue Patientin und beachtet uns nicht. Die Dame macht auf mich den Eindruck, als entstamme sie einer vornehmen und wohlhabenden Gesellschaftsschicht. Sie klagt über heftige Rückenschmerzen und wisse nicht, wie sie liegen solle, es tue ihr überall alles weh. Sie trägt einen jugendlichen, mehrfarbigen Schlafanzug, ist aber bestimmt achtzig Jahre alt. Ich beginne mich mit ihr zu unterhalten und finde sie irgendwie nett. Sie sagt, sie sei bei Nacht und Nebel mit dem Krankenwagen hier abgeliefert worden und habe in der Eile nur wenig einpacken können und wisse nicht, was das alles sei.

Mich wundert, dass Frau Schuster so hart ist, und sie lässt sich sogar zu den Worten hinreißen: „Hoffentlich bleibt die

**63**

Frau nicht hier!" Warum sagt gerade sie das, wo sie doch seit vielen Wochen ein Heer von medizinischen Kräften für sich alleine in Anspruch nimmt.

Frau Rumplach, wie die Dame heißt, will keine Operation, nachdem sie gehört hat, dass sie bei der Operation wahrscheinlich sterben würde. Bevor sie diese Botschaft erhielt, wollte sie die Operation noch. Lieber will sie so sterben und sie betet jeden Abend zu ihrem Gott. Allmählich beginnt es zu dämmern und Frau Rumplach ist ruhig geworden, stöhnt aber bei jeder Bewegung. Ich nicke auch noch ein und Frau Schuster hat ihren Groll hinuntergeschluckt und ist wieder eingeschlafen.

Es ist Freitag, der 9. Mai 08, und die Schwester kommt mit der stereotypen Frage herein: „Wollen Sie Kaffee oder Tee?" „Was meinen Sie wie alt ich bin?", sagt Frau Rumplach. Ich zögere ein wenig und sage dann: „Ja, so etwa Anfang achtzig." „Knapp über 87", lautet ihre Antwort und dabei schüttelt sie ein wenig den Kopf mit der blonden Kurzhaarfrisur. Sie erinnert mich an Tante Bobbi, die Schwester meines Vaters, die Baletttänzerin war. Gewiss war Frau Rumplach einst eine mondäne Dame von Welt, die sich auf jedem Parkett bewegen konnte. Sie hoffe, dass ihr am Nachmittag eine Bekannte noch die nötigen Sachen bringe, die in der Eile liegen geblieben seien, die sie aber dringend brauche. Sie nimmt ihr Gebiss aus dem Mund mit den Worten: „Es ist so furchtbar, das wackelt schon so lange." Das Frühstück lehnt sie ab, da sie angeblich keinen Hunger hat. Selbst das quittiert Frau Schuster mit missbilligenden Blicken. Ich bin froh, dass die Tochter von Frau Schuster bald zu Besuch kommen wird; das wird ihre Mutter in eine bessere Laune versetzen.

Frau Rumplach ächzt und stöhnt und ich bitte Gott, er möchte ihr die Schmerzen erleichtern.

Sie wird nun wie üblich an den Tropf gehängt und bald schläft sie ruhig und sanft.

Das Erscheinen der Tochter von Frau Schuster hat die Stimmung im Raum tatsächlich aufgehellt. Das junge Mädchen ist sehr aufgeweckt und nett und bietet ihrer Mutter sehr bereitwillig ihre Dienste an. Das nimmt Frau Schuster ohne zu zögern gerne an und sie würde am liebsten endlich wieder einmal ein Duschbad nehmen. Frau Schuster erhält dafür die Erlaubnis. Ebenso darf sie nach Hause, mit dem Versprechen, wieder zurückzukehren. Wieso sie nicht zu Hause bleibt wundere ich mich, aber das möchte sie keineswegs. Denn ab Dienstag wird sie sich einer Chemotherapie unterziehen, um der Möglichkeit vorzubeugen, dass sich Metastasen in ihrem Körper bilden könnten. Ich bin erstaunt und sage ihr das auch. Wieso lasse sie sich auf eine Behandlung ein, um ein Leiden, das nicht existiert, zu bekämpfen. Aber ich kann sie nicht davon überzeugen, dass sie doch lieber darauf vertrauen sollte, dass diese nicht entstehen.

Eine sorgfältig geschminkte Dame kommt herein und fragt nach einer Frau namens Rumplach. Ich sage ihr, dass diese schon wieder weg sei und woandershin verlegt wurde. Die Dame stellt sich als Frau Seipold vor, ist tadellos gekleidet und sagt, dass sie eine gute Bekannte von soeben genannter Dame sei. Gewiss ist sie älter, als sie aussieht. Sie stellt eine schwere Tasche aus hellbraunem Leder auf einen Stuhl und sagt, dass da die Sachen für Frau Rumplach drinnen wären. Eine herbeigerufene Schwester hilft ihr, das Gepäck zu tragen und sie verabschiedet sich mit ausgesprochener Liebenswürdigkeit.

**64**

Frau Schuster kommt frisch geduscht und mit nassen Haaren mit ihrer Tochter zusammen aus dem Badezimmer und betont immer wieder, wie gut sie sich fühle und wie gut ihr das Bad getan hätte. Die Tochter hilft ihr noch beim Anziehen und bald steht Frau Schuster in brauner langer Hose und mit rosarotem Pullover vor mir. Sie nimmt noch das Mittagessen zu sich, verschließt sorgfältig ihren Schrank und dann verlassen beide Frauen das Zimmer. Frau Schuster sagt noch: „Abends komme ich wieder zurück." Ihre Tochter verabschiedet sich zuvorkommend mit einem Lächeln auf dem Gesicht.

Nun tritt hier eine merkwürdige Stille ein, eine Situation, die mir völlig neu ist und mir noch nie widerfahren ist und nie wieder widerfahren wird, nämlich ganz alleine in einem Krankenhauszimmer zu sein. Aber für wie lange? denke ich. Als erstes reiße ich das eine Fenster, das man öffnen kann, vollständig auf. Es ist ein milder Tag und ich denke an Katharina und dass ich sie vielleicht heute das letzte Mal sehen werde. Also mache ich mich auf den Weg. Die Türe zu ihrem Zimmer, in dem sie anscheinend alleine ist, steht, wie fast immer, offen und sie blickt verträumt vor sich hin. Sie sitzt wieder fest angegurtet auf dem fahrbaren Sessel, der anscheinend auch ein Toilettenstuhl ist. Mit beiden Füssen versucht sie den Stuhl zu bewegen. Kaum sieht sie mich, beginnt sich ihre Miene aufzuhellen und sie fängt an zu sprechen. Wieder sind es jene zusammenhanglosen Worte, die von ihrer Vergangenheit zeugen. Ich sage zu ihr: „Meine Mutter ist schon gestorben." „Oh!", sagt sie, „Omi ist beim lieben Gott." Ich sage: „Gott kennt dich und jeden Menschen auf der Welt." Sie sagt: „Gott hat so viel Arbeit, wenn er alles macht, und hat nicht immer Zeit." Ich sage:

„Die Engel helfen ihm dabei." Sie wiederholt meine Worte und freut sich über diesen Gedanken.

Ich spaziere an der Besucherplattform vorbei, es sind wenig Menschen zu sehen und da entdecke ich mit wehendem Kittel Herrn Dr. Stadler vorübereilen. Schnell bewege ich mich auf ihn zu, er sieht mich und kommt mir mit der herzlichen Begrüßung zuvor. Ich danke ihm von ganzem Herzen, aber nicht nur ihm, sondern auch Gott und das sage ich ihm auch. Am liebsten hätte ich ihn umarmt. Er lacht und wir wünschen uns beim Abschied alles Gute. Und schon ist er verschwunden. Erfolg und Anerkennung sind für ihn so selbstverständlich wie das tägliche Brot.

Morgen Vormittag wird Leander mit Lena kommen, nachdem er sie in Putzbrunn abgeholt hat. Er wird mehr Zeit haben, es ist Samstag und er hat frei.

Da ich im Zimmer alleine bin, ereignet sich nichts Nennenswertes. Keine der Schwestern lässt sich blicken. Jasmin habe ich nicht mehr gesehen, schade, sie wird frei haben oder ist auf einer anderen Station. Aber ich werde sie in guter Erinnerung behalten.

So verbringe ich die Zeit mit Umherschweifen und was mir dabei auffällt sind die unzähligen Krankenbetten, die leer und dicht aneinander geschoben auf den meisten Ebenen stehen. Wie Leichentücher spannen sich weiße Laken über die Metallliegen, nur die glänzenden Bügel vorne und hinten ragen empor. Das war im Februar anders, da war alles besetzt. Sogar auf den Fluren mussten die Patienten liegen. Wer wird sich schon im Mai bei lieblichem Wetter und den wärmer werdenden Temperaturen freiwillig in eine Klinik legen? Wie im Leben draußen so ist auch hier vieles planbar.

Das Abendessen, mein letztes, ist auch vorüber. Es schmeckte gut, einige Scheiben Brot, Salat und Käse. Es ist merkwürdig, diese Stille in einem Krankenzimmer zu erleben, wo Hektik zur Normalität gehört. Manchmal habe ich sie mir gewünscht, aber nun irritiert sie mich. Ich trage das Tablett hinaus und schiebe es in ein Fach des Essenswagens. Ich gehe bis zur Besucherinsel, mache dort eine Kurve und da kommt mir lachend Karl entgegen. Ich freue mich und er scheint meine Freude zu teilen. Wir setzen uns hin und an seinem Gesicht sehe ich, dass er Kaffee haben möchte. Er meint, ich hätte seine Gedanken erraten. Ich hole ihm das Gewünschte und wir erörtern Glaubensfragen; ich reflektiere meine Erlebnisse. Er kann sehr ausführlich und detailgetreu Ereignisse schildern, die er in der Gemeinde von Alois Böck, aber auch auf der Straße erlebt hat. Das sagt er alles mit dem ihm eigenen polnischen Akzent. Dadurch, dass er ständig mit dem Fahrrad unterwegs ist, hat er viele Gelegenheiten mit Menschen ins Gespräch zu kommen.

Der Abend schreitet voran und wir begeben uns in die Cafeteria. Plötzlich taucht hinter der Glaswand, die zwischen dem Flur und dem Café liegt, ein mir bekanntes Gesicht auf. Mit gestikulierenden Armbewegungen wird mir angedeutet, dass ich nach draußen kommen soll. Frau Schuster empfängt mich mit den Worten: „Ich habe Sie überall gesucht", und es klingt beinahe ein Vorwurf mit in ihrer Stimme. Ich bin überrascht, denn sie hat mir vor ihrem Weggang gesagt, dass sie am Abend wiederkommen würde, um hier zu übernachten. Nun habe sich etwas geändert und sie werde zu Hause schlafen. Sie weiß, dass ich morgen heimgehen würde, und da wollte sie mich vorher noch sehen. Sie sei in Eile,

ihr Mann warte im Auto auf sie: „Bitte beten Sie für mich!", sind ihre letzten Worte und wir umarmen uns. Ich sehe ihren flehenden Blick und hinter den Wimpern schimmern Tränen. Karl hat die Szene beobachtet und sagt ganz gerührt, als wir wieder nebeneinander sitzen: „Wie ihr euch umarmt habt, sah es aus, als wenn sie eine gute Freundin von dir wäre."

Die letzte Nacht werde ich alleine verbringen, wie herrlich. Das linke hohe Fenster öffne ich vollständig und ein leichter Wind bewegt den Tüllvorhang. Die kühle Abendluft strömt herein, es ist klar und die Sterne blinken am Firmament. Angesichts der unendlichen Schöpfung und Weite spüre ich eine nicht zu beschreibende Freiheit, Leichtigkeit und Freude in meinem Herzen.

Es ist Samstag, der 10. Mai 2008. Eine Schwester eilt herein, rennt zum Fenster und sagt in energischem Tonfall: „Es ist aber kalt hier", und schließt es unverzüglich.

Mein letztes Frühstück liegt hinter mir. Wie viele Semmeln habe ich wohl in den Kliniktagen verspeist? Ich fühle mich schwerelos, habe mich der engen Strümpfe entledigt und tänzele zwischen Schrank und Waschbecken hin und her.

Plötzlich springt die Türe auf und ein Mann mit einem Kinderwagen, in dem ein blondes Kleinkind sitzt, stürmt herein. Gefolgt von einer jungen Frau in knallrotem Sportanzug, die wehklagende Laute von sich gibt und auf einen Stuhl sinkt. Sie würgt während der Brechattacken Schleim hervor und windet sich. Ihre Augen sind geschlossen und ihr Gesicht ist tränenverschmiert. Sie ist jung und ihr Mann ebenfalls. Der Mann wirkt erstaunlich gelassen, nur der Knabe blickt verängstigt um sich. Nachdem der Mann mich bemerkt hat, grüßt er freundlich und als ich mich besorgt an ihn wende, meint er, dass er das kenne, bei der ersten Schwangerschaft war das bei seiner Frau genauso. Nun kommt die Schwester mit dem fahrbaren Gestell, an dem bereits die Infusionsflasche hängt. Der Mann hilft seiner Frau beim Ausziehen und sie wird in einem knappen Oberteil und unter Schluchzen ins Bett gelegt. Für die Schwester ist es nur Routine und sie legt wortlos die Frau an den Tropf. Sie kommentiert auch nicht ihr Tun, wie ich es manchmal bei Schwestern erlebt habe. Die Wunderdroge wird bald ihre einschläfernde Wirkung entfalten. Der Vater des Kindes lächelt mir zu und ich frage, wie alt der Bub ist. Er sei gerade ein Jahr alt geworden, lautet die Antwort und ich wende mich lächelnd dem Knaben zu. Er ist ein süßes Kerlchen. Sein Papa reicht ihm die Milchflasche. Er nimmt sie nur zögernd und dabei schaut er mich an. Da die Frau ruhiger wird und nur bei den Brechanfällen hochschnellt und seufzend nach dem Spucknapf greift, sieht ihr Mann keinen Grund mehr noch zu verweilen und er verlässt mit seinem Sohn den Raum. Mir fällt Frau Mohammed ein, aber bei ihr waren die Auswirkungen des Schwangerschaftserbrechens noch viel dramatischer. Es ist erstaunlich, was für problematische Formen das normale Schwangerschaftsunwohlsein heutzutage annehmen kann. Mittlerweile ist die junge Frau eingeschlafen und die Übelkeitsattacken werden seltener. Die Frau ist hübsch und ich halte sie für natürlich und unkompliziert.

Ich bin mit Ankleiden und Einpacken fertig und möchte noch ein letztes Mal zu Katharina gehen. Ihre Zimmertüre steht wie gewöhnlich offen und sie sitzt wieder angeschnallt auf dem Stuhl. Patrick, der Zivildienstleistende, füttert sie und sie beachtet mich nicht. Ich bedaure ein wenig, dass sie nicht alleine ist und so kann ich mich nur noch von ihr verabschieden. Patrick wundert sich über diese Vertrautheit und zwar deshalb, weil er meint, so empfinde ich es, dass auf Grund ihres Leidens niemand gewillt ist, in Kontakt mit ihr zu treten. Ich gebe ihr und dann Patrick die Hand und bedanke mich bei ihm. Sie ist abwesend und schaut durch mich hindurch. Die Erinnerung an Katharina wird noch einige Zeit anhalten, aber dann wird sie verblassen. Auf jedem irdischen Glück scheint der Schatten der Vergänglichkeit und des Todes zu liegen. Es ist immer unvollkommen und zeitlich begrenzt. Nur das, was für die Ewigkeit einen Wert hat, bleibt bestehen.

Heute, am letzten Tag, ist es wieder Schwester Katja, die Dienst hat und ich finde sie im Stationszimmer. Sie steht am Schreibtisch und ich erlebe sie wie immer sachlich und kühl. Ich frage sie, wo die Schwesternkasse ist. Diesmal möchte ich dort etwas einlegen, wer weiß. ob ich dazu je wieder Gelegenheit haben werde. Sie bedankt sich dafür und ich verabschiede mich und bitte sie die anderen Schwestern von mir zu grüßen.

Dann gehe ich ins Parterre, um die letzten Formalitäten zu erledigen. Von der Dame an der Rezeption erfahre ich, dass heute am Samstag die Patientenkasse geschlossen hat. Sie sagt, ich könne das Tagegeld auch überweisen und das wären in meinem Fall dreißig Euro. Der Aufnahme- und der Entlassungstag würden als ein Tag berechnet. Sie drückt mir den Überweisungsschein in die Hand, wofür ich mich bedanke. Gegenüber steht der Automat, an dem die Telefonkosten beglichen werden müssen. Hiermit komme ich nicht zurecht und die Telefonkarte in der Hand haltend drehe ich mich um und der junge Mann, der an der Information steht, kommt herüber, nimmt mir die Karte aus der Hand und zeigt mir die Schritte, die der Automat ihm vorschreibt. Dankbar nehme ich diese Hilfe an und als die Karte in dem Kasten verschwindet, erscheint der Kassenbon und bestätigt die Abbuchung.

Das letzte Mal steige ich die acht Treppen nach oben. In meinem Zimmer angekommen, finde ich die junge Mutter ganz ruhig und friedlich schlafend vor. Ihr Bett am Fenster, es ist die Stelle, wo vor zwei Tagen Frau Schuster lag, ist ganz hell. Die Sonne scheint durch die Gardinen und hüllt die ganze Szene in ein frühlingshaftes Bild.

Die Unruhe der Erwartung treibt mich wieder hinaus. Es ist 11.00 Uhr und Leander wird mit seiner Tochter bald kommen. Ich schaue einige Minuten in den Lichthof hinab und sehe die Menschen, heute sind es wenige, hin und her laufen. Meine Blicke wandern umher und schon kommen mir Lee und Lena entgegen, die den Lift benützt haben. Die Wiedersehensfreude ist wie immer groß: „Bist Du fertig?", fragt mein Sohn und ich kann das getrost mit „Ja!" beantworten. „Das Mittagessen ist aber noch eingeplant", sage ich, „es wird in einer halben Stunde hier sein."

Beide nehmen auf der Besucherinsel Platz. Als Lena in ihrem Stuhl sitzt und ich mich mit Leander zu unterhalten beginne, rekelt sie sich genüsslich in dem Sessel. Sie trägt eine weiße Strumpfhose, ein knappes rosa Röckchen und eine modische, sehr extravagante Sonnenbrille. Sie sitzt ihrem Papa gegenüber, schlägt die Beine übereinander und benimmt sich wie eine Dame, mit einer Spur von Koketterie. Ich hole schnell den Fotoapparat, um mir dieses Bild nicht entgehen zu lassen. Als ich zurückkomme, nimmt sie die Brille ab, betrachtet diese und dann ihren Papa. Sie setzt sie wieder auf, nimmt sie wieder ab und bewundert sie aufs neue.

Der Lastenaufzug öffnet sich und eine Schwester zieht den großen Wagen mit den vielen Tabletts, auf denen die Speisen stehen, heraus und schiebt ihn an uns vorüber. Ich gehe und möchte meine letzte Mahlzeit holen. Es dauert aber noch, bis ich sie bekomme, da alles nach Plan gehen muss. Als ich wieder am Tisch der beiden sitze und Lee von dem Essen anbiete, lehnt er dankend ab und Lena folgt seinem Beispiel. Ich beeile mich, mein Sohn drängt zum Aufbruch, ich liefere das Essgeschirr ab und betrete mein Zimmer.

Ich betrachte die schlafende Frau und sage ihr leise Aufwiedersehen. Es ist merkwürdig, sie hat mich nie bewusst wahrgenommen.

Ich greife nach meinem Rucksack und Leander nimmt ihn mir gleich wieder ab und wirft ihn auf seinen Rücken. Ich schließe die Türe ein letztes Mal. Der lange Gang ist leer, den wenigen Personen, denen wir begegnen, rufe ich noch ein Abschiedswort zu. Die Zimmertüre von Katharina ist geschlossen. Sie wird schlafen, denke ich.

Heute gehe ich mit einem Herzen voll Dankbarkeit das letzte Mal durch die Pforten aus Glas und Metall. Ein milder Maientag empfängt mich und ich folge Lee und Lena, die mit wippendem Röckchen die breiten Steintreppen hinunterhüpft. Ich drehe mich noch einmal um und sehe die Sonne, wie sie sich in den vielen Fenstern spiegelt. Lee wartet am Auto auf mich, Lena sitzt bereits in ihrem Kindersitz, die exklusive Sonnenbrille mit den dunklen Gläsern verdeckt beinahe ihr ganzes Gesichtchen. Ich steige vorne ins Auto ein und wir fahren nach Laim.

**68**

# Meine drei Flugreisen
## in die Vereinigten Staaten von Amerika
## (2005, 2016, 2019)

Den Entschluss, die Nacht vor meinem Abflug in die USA in Unterföhring zu verbringen, fasste ich deshalb, weil es von dort aus näher zum Flughafen ist und mein Sohn Leander, der dort wohnte, sich bereit erklärt hatte, mich mit dem Auto hinzubringen.

Am 23. August 2005 stand ich um 3.40 Uhr auf. Leander und Miriam, seine Freundin, weckte ich um 4.30 Uhr. Ihr Handywecker hatte nicht geklingelt. Wenig später befanden wir uns auf dem Weg zum Franz-Joseph-Strauß-Flughafen. Da Leander den Weg nicht kannte und Miriam nur spärlich Auskunft erteilen konnte, fuhren wir im Dunkeln durch unbekannte Gegenden. Wir mussten mehrmals umkehren, da Leander den Weg nicht fand. Die Zeit verrann. Wir sahen den hellen Schein am Horizont, den die unzähligen Lichter des Flughafens erzeugen, aber wie konnten wir hingelangen?

Schließlich fand Lee den Stadtplan im Kofferraum, nachdem er Miriam immer wieder beschworen hatte, nachzusehen, da dieser auf dem Rücksitz liegen müsse.

Als wir schließlich am Flughafen angekommen waren und Leander eine Parkmöglichkeit gefunden hatte und meine schwere, dunkelblaue Reisetasche, die ich zum ersten Mal benützte, ins Flughafengebäude gerollt war, suchten wir nach den Ticketschaltern der Fluggesellschaft Air France. An den beiden Schaltern standen viele Reisende, und ich war erstaunt über die großen Mengen an Gepäck, die einige bei sich hatten. Manche schoben Wägen vor sich her, auf denen sich die Gepäckstücke türmten. Aber sie sahen nicht aus wie Auswanderer, die ihre ganzen Habseligkei-

ten eingepackt hatten. Als ich schließlich am Schalter angekommen war, Miriam und Leander standen ein wenig abseits, und meinen Pass und die beiden Tickets dem Uniformierten aushändigte, gab mir dieser die eine gleich wieder zurück, denn es war die Rückflugkarte. Meine große Reisetasche auf Rollen wurde mir hier abgenommen, mit einem weißen bedruckten Papierstreifen am Riemen umklebt und auf ein Förderband gestellt. Hier verschwand sie mit vielen anderen Taschen, Koffern und sperrigen Gegenständen nach einigen Metern hinter einem Gummivorhang. Erleichtert, diese Last los geworden zu sein, aber auch ein wenig besorgt, schulterte ich meinen Rucksack und war froh, wenigstens die zweite Kamera nicht in die jetzt verschwundene Reisetasche gepackt zu haben. Leander machte mich darauf aufmerksam, dass das Filmfach der Kamera bei der Kontrolle geöffnet werden würde, und so begannen wir uns gegenseitig, bis der Film beinahe voll war, zu fotografieren.

Aus einem mir unbekannten Grund war Miriam plötzlich verschwunden, und ich war bekümmert, dass ich ohne von ihr Abschied genommen zu haben, eine so lange Reise antreten solle. Leander lachte nur und versicherte mir, dass das ganz normal sei und sie gewiss wieder auftauchen würde – und so war es dann auch. Die restlichen Aufnahmen verwendete ich dafür, das Geschehen am Flughafen, das nicht besonders spannend war, festzuhalten.

Ich stand in der Warteschlange, und nun war es bald soweit, dass ich mich in den Bereich des Sicherheitstraktes begeben musste. Das bedeutete, sich von Miriam und Leander zu verabschieden, denn sie durften nicht dort mit hinein. Es war ein Abschied anderer Art und nicht nur deshalb, weil es für lange Zeit war, sondern auch, weil viele Flüge und ein so großes Land vor mir lagen und alles irgendwie neu und fremd war. Wir wünschten uns gegenseitig alles Gute und ich dachte an Lena, die kleine Tochter von Leander, meinem jüngsten Sohn, und wünschte ihnen noch Gottes Segen. Nun musste ich mich beeilen, um die Sach- und Körperkontrolle über mich ergehen zu lassen. Die Jacke und meinen Rucksack legte ich auf das Förderband und beides wurde durch ein metallenes Gerät gezogen, in dem Lichter aufblitzten. Ich erschrak und dachte an mein Negativfilmmaterial, das im Rucksack steckte. Die höher empfindlichen Filme hatte ich vorsorglich in die große Reisetasche gepackt. Der Beamte beruhigte mich und sagte, es handele sich um eine Art Röntgenlicht und schade den Filmen nicht. Auf der anderen Seite des Lichtkastens bekam ich meine Sachen wieder, musste zuvor jedoch durch eine Art Schranke gehen, wo auch wieder etwas mir Unbekanntes kontrolliert wurde.

Nun stand eine Dame mittleren Alters vor mir und begann, mich von oben bis unten abzutasten. Ich nahm an, dass sie nach Waffen oder anderen kriminellen Gegenständen suchte. Sie sagte, obwohl ich vor dem Betreten der Sperrwand meine Kamera, die ich umhängen gehabt hatte, eingepackt hatte: „Sie haben zwei Kameras dabei, würden Sie diese bitte öffnen?" Ich gehorchte, und sie sah, dass in beide kein Film eingelegt war. Sie lachte, bedankte sich und entließ mich.

Ich drehte mich um und freute mich, dass Leander und seine Freundin Miriam noch hinter der Sperrwand standen, und

wir winkten uns zu. Ich stellte meinen Rucksack auf eine Bank und sah, dass mir Leander mit kräftigen Armbewegungen andeutete, dass ich in die linke Richtung verschwinden solle, um zum Abflugterminal der Fluggesellschaft Air France zu gelangen.

Ein letzter Blick zurück. Sobald ich meinen Rucksack wieder auf dem Rücken hatte, wanderte ich los.

Nun war der Moment gekommen, in dem mir klar wurde, dass ich ab jetzt auf mich alleine gestellt sein würde, aber der Gedanke beflügelte mich auch.

Als ich am Gate der Air France angekommen war, konnte ich während der Wartezeit das Treiben in diesem Bereich des Flughafengebäudes beobachten und auch durch die riesigen Fenster sehen, was außerhalb geschah. Als einige Zeit vergangen war, standen plötzlich die beiden Bediensteten, die an einem Tisch saßen, auf, öffneten die Tore und forderten per Lautsprecher die Reisenden auf, in den wartenden Airbus zu steigen. Dass es einer bestimmten Ordnung unterlag, in welcher Reihenfolge die Passagiere einsteigen sollten, begriff ich erst nach einigen weiteren Flügen. Ich hielt mein Bordticket bereits in Händen, musste aber warten, bis ich an der Reihe war. Hier sprach man noch deutsch mit französischem Akzent. Schließlich schritt ich frohen Herzens durch die Rampe, was ein schlauchartiger Gang ist, durch den man ins Innere des Flugzeuges gelangt. Gut gelaunte Stewards verlangten erneut die Tickets, und der Steward, welcher ein wenig deutsch sprach, zeigte mir meinen Platz. Der Herr, der meinetwegen aufstehen musste, da ich den Fensterplatz bekam, beachtete mich während des ganzen eineinhalbstündigen Fluges nicht. Er las

**70**

ohne Unterbrechung in der Süddeutschen Zeitung.

Mit Verspätung begann sich die Maschine endlich in Bewegung zu setzen, rollte in Schleifen und Bögen über die Rollbahn und blieb wieder stehen. Es dauerte lange, bis endlich die Motoren lauter wurden, das Flugzeug beschleunigte und sich unter ohrenbetäubendem Lärm immer schneller bewegte und schließlich, nachdem es eine rasende Geschwindigkeit erreicht hatte, von der Startbahn abhob. Ich wurde in meinen Sessel gedrückt und hatte, Gott sei gedankt, nur ein mulmiges Gefühl in der Magengegend.

Der Dauerregen, der München seit Tagen einhüllte, verursachte, dass ich ringsumher nichts sah als ein weißgraues Nichts. Aber wie staunte ich, als die Wolkendecke plötzlich unter uns lag und sich mir ein wunderbarer Anblick bot: ein strahlend blauer Himmel, an dem der blasse Mond hing, gleißendes Sonnenlicht, das die Wolken, die wie weiße Wollknäuel aussahen, in ein schimmerndes Licht tauchte! Es war mir, als hätten wir, nachdem wir die düstere, unwirtliche Welt dort unten verlassen hatten, hier oben eine schöne, ganz andere, reine und helle Welt gefunden.

Mich berührte die zurückhaltende Liebenswürdigkeit und die beinahe demütige Haltung der Flugbegleiter, mit der sie ihre Fluggäste behandelten. Sie wussten wie gewiss jeder hier, dass wir eine Art Schicksalsgemeinschaft bildeten und dass es im Ernstfall für niemanden mehr ein Entrinnen geben würde. Es war ja nicht wie bei Auto- oder Zugreisen, wo man, falls etwas passieren sollte, mit heiler Haut davon kommen konnte. Ich betete leise und gedachte der liebevollen Fürsorge Gottes und dass alles Geschehen zwischen Himmel und Erde in seiner Hand liegt.

Jemand des Flugpersonals bot uns Croissants und anderes französisches Gebäck und allerlei Getränke an. Ich nahm ein Croissant und trank Wasser dazu, eigentlich unpassend, aber ich hatte am frühen Morgen schon eine Kanne schwarzen Tees getrunken.

Durch den Lautsprecher wurde die in Bälde zu erwartende Landung in Paris angekündigt. Und das nicht nur auf Französisch und Englisch, sondern auch auf Deutsch mit dem wohlklingenden französischen Akzent. Ich holte eine kleine Plastiktüte aus meinem Rucksack, den ich vor mir auf dem Boden stehen hatte, um das Nasenspray zu benützen, das man mir gegen die zu erwartenden Ohrenschmerzen empfohlen hatte. Ich begann zu schlucken und Kaugummi zu kauen und bediente mich des Nasensprays. Trotzdem verspürte ich allmählich den Druck in den Ohren. Im rechten Ohr begannen sich die Schmerzen anzukündigen, die ich von der Landung bei meinem Romflug vom vergangenen Jahr her kannte. Meine Schwägerin Ingelore, die Frau meines Bruders Manfred, hatte mir damals den Tipp gegeben, die Nase zuzuhalten und die Luft fest durch die Ohren nach außen zu pressen. Ich versuchte, genau das zu tun. Es knackte in meinem Gehörgang und mit einem Mal hörte der schmerzhafte Druck auf und ich war wie befreit. Ich wiederholte das einig Male und schickte ein Dankgebet zum Himmel. Die Schleifen und Kurven, die der Pilot während des Landemanövers vollzog, bereiteten mir nun sogar ein gewisses Vergnügen. Während wir in die dichte Wolkenschicht, die auch über Paris hing, eintauchten, entdeckte ich winzig kleine Dinge, die zu einer Stadt gehörten, aber wegen des Regens zuerst schwach, allmählich aber deutlicher zu erkennen waren. Ehe es mir bewusst wurde, wie nahe wir der Landung waren, setzte der Pilot mit einem kaum spürbaren Hopser das Flugzeug auf die Rollbahn auf und es rollte, immer langsamer werdend, so lange dahin, bis es nach vielen Kurven zum Stehen kam.

Nachdem wir wieder festen Boden unter den Füßen hatten, griffen alle schnell nach ihrem Gepäck und strebten dem Ausgang zu. Nun war jeder wieder sein eigener Herr. Das Flugpersonal wartete artig vor der Treppe, die ins Freie führte, und verabschiedete sich mit derselben zuvorkommenden Freundlichkeit, mit der es uns empfangen hatte.

Draußen stand ein Bus bereit, in den wir wie automatisch einstiegen, niemand beachtete den anderen, jeder kümmerte sich um sich selbst. Ich wunderte mich über die perfekte Organisation. Ich hatte mir vorgenommen, nur Lohnenswertes zu fotografieren, aber das herauszufinden ist nicht ganz leicht. Mich überraschte, wie lange der Bus unterwegs war. Wir fuhren an sehr vielen Air-France-Flugzeugen unterschiedlichster Ausmaße vorbei, aber auch an einigen Maschinen anderer Fluggesellschaften. Wie würde es mir gelingen, das Terminal zu finden, wo die Maschine nach Detroit auf mich wartete? Beinahe hatte ich das Gefühl, im falschen Bus zu sitzen, nachdem die Fahrt kein Ende nehmen wollte. Ich hätte mich gerne ein wenig gesetzt, aber es gab nirgendwo einen freien Platz. Ich wusste nicht, wen ich fragen könnte, wohin der Bus fährt, und in welcher Sprache, Französisch konnte ich zu schlecht. Während ich mich weiter mit allerlei wenig sinnvollen Gedanken herumplagte, hielt der Bus plötzlich an. Die Flugreisenden stiegen wieder in großer Eile aus, einige rempelten mich sogar ein wenig an, da ich mich ihrem Tempo nicht anpasste. Da sich der Bus völlig leerte, stieg auch ich aus und folgte dem Menschenstrom. Ich staunte, mit welcher Routine viele Passagiere Flugreisen absolvieren als gehörte das einfach zu ihrem Leben.

Ich ging durch dieselbe Türe in das Flughafen-Gebäude hinein wie alle anderen. Mir fielen die Worte meines Schwiegersohnes Martin ein, wonach Paris ein schwieriger und unübersichtlicher Flughafen sei mit schwer zu findenden Terminals.

Mir war die Zerrissenheit des Charles-de-Gaulles-Airports schon während der Busfahrt aufgefallen. Als wir den fensterlosen Trakt betraten, führte der vor uns liegende Gang geradewegs auf eine Rolltreppe zu. Niemand außer mir schien daran zu zweifeln, dass der Weg über die Rolltreppe die einzige Möglichkeit sei, an das Ziel zu gelangen. Ich schweifte mit den Augen umher, um jemanden zu entdecken, der irgendwie so aussah, dass man ihn als zum Flugpersonal gehörig erkennen konnte. Ich entdeckte in einem kleinen Raum neben dem Gang eine farbige, sehr üppige Dame. Ich sagte ihr auf Englisch so gut es eben ging, dass ich das Terminal suche, von wo das Flugzeug nach USA, Detroit abfliegt. Sie schaute mich mit ihren großen braunen Augen belustigt an und verstand kein Wort. Ich sprach den Namen Detroit zuerst französisch dann englisch aus, aber auch das half nichts. Ich begann mich dadurch zu beruhigen, dass ich mir sagte, dass bis zum Abflug meiner nächsten Maschine noch viel Zeit sei; wie viel, das wusste ich allerdings nicht. Plötzlich tauchte neben der Farbigen eine ebenso dunkle Dame auf, die ihr verblüffend ähnlich sah, weshalb ich die beiden zunächst für Schwestern hielt. Aber es war das gekonnte Lächeln und die gleiche Perfektion ihrer Erscheinung, was mir diesen Gedanken vortäuschte. Auch diese benahm sich mir gegenüber so, als sei es völlig überflüssig, irgendwelche Fragen zu stellen, und mit einer kräftigen Handbewegung zeigte sie nach oben. Das sollte wohl bedeuten, dass es nur einen Weg gäbe, der an jedes erdenkliche Ziel führte, und der sei der über die Rolltreppe.

Mittlerweile kamen wieder Scharen von Passagieren zur Türe herein und strebten der Rolltreppe entgegen, es war wohl eine neue Maschine gelandet. Schnell bedankte ich mich bei den beiden Damen und beeilte mich, während ich mich zwischen die Leute zwängte, nach oben zu gelangen. Dort angekommen, lag all das vor mir, was ich vom Flughafen in München her kannte. Mir erschien alles noch ausladender und größer, und auch geschäftiger lief das uniformierte Flugpersonal hin und her. Ich entdeckte auch wieder dunkelhäutiges Bodenpersonal, und zwar Damen und Herren. Sie trugen orangefarbene Uniformen, die zusammen mit ihrer braunen Haut ein harmonisches Bild ergaben. Da einige unter ihnen sehr kräftig gebaut waren, wirkten sie geradezu wie in die Uniformen hineingepresst und standen ziemlich unbeweglich da und schauten gelangweilt vor sich hin. Anscheinend hat die Flughafenleitung in Paris ein besonderes Faible für farbiges Personal. Ich vermied es, irgendeine Frage an eine dieser Personen zu stellen. Stattdessen begann ich, mich in Richtung des Ganges zu bewegen, der unendlich lang zu sein schien.

Plötzlich hielt ein Wagen neben mir, anscheinend ein Gefährt, das nicht nur Gepäck, sondern auch Fluggäste innerhalb des Flughafengebäudes hin und her befördert. Außer dem Fahrer saß noch ein Herr darin, und im hinteren Teil des Wagens lagen einige Gepäckstücke. Der Fahrer forderte mich auf einzusteigen, er würde mich

zu dem gewünschten Terminal bringen. Ich bedankte mich und sagte, dass ich lieber zu Fuß gehe. Er lachte und schien dafür sogar Verständnis zu haben. Ich fragte ihn noch, wo die Maschine nach Detroit stehe. Er entgegnete mir, dass es das Terminal C sei, Gate Nr. 73. Nachdem ich den Gang passiert haben würde, solle ich nach rechts und dann noch einmal nach rechts abbiegen. Ich wollte mich gerade wieder in Bewegung setzen, da rief er mir noch zu, dass das Mitfahren nichts kosten würde und ich mindestens zehn Minuten zu laufen hätte. Ich winkte ihm noch zu und ging. Als ich mich nun gut gelaunt auf den Weg machte und auch kein Bedürfnis verspürte, mich auf die fahrbaren im Boden verankerten Laufbänder zu stellen, gedachte ich des langen Fluges, der noch vor mir läge. Allmählich erahnte ich die Ausmaße dieses Flughafens und dass es anscheinend unmöglich sei, mühelos zu Fuß überall hinzugelangen. Aber vielleicht bediente dieser Fahrservice auch nur die Bequemlichkeit der Fluggäste.

Nachdem ich den gesamten Gang durchwandert hatte und an dessen Ende rechts abgebogen war, gelangte ich an die mir schon bekannte Sicherheitsabsperrung. Ein Herr in blaugrauer Uniform forderte mich auf, ihm meinen Pass und das Ticket zu zeigen. Dazu musste ich meinen Rucksack abnehmen, um aus dem einzigen Außenfach beides hervorzuholen. Hinter mir bildete sich eine kleine Gruppe von Wartenden, und nachdem der Beamte erst den Pass, dann das Ticket und dann mich angesehen hatte – vielleicht verglich er das Gesicht auf dem Passbild mit meiner tatsächlichen Erscheinung – bat er mich weiterzugehen. Der nächste Uniformierte deutete mir an, dass ich den Rucksack auf das Förderband legen solle, um ihn nun zum zweiten Mal der Lichtkontrolle zu unterziehen. Meine Sorge galt wieder meinem Negativmaterial, das nun zum zweiten Mal dieser Prozedur unterzogen wurde. Ich wusste, dass es nicht das letzte Mal sein würde.

Meine Kameras brauchte ich nicht zu öffnen. Als ich gerade meine Jacke ausziehen wollte, winkte der Uniformierte sanft lächelnd ab; er war wohl wenig misstrauisch mir gegenüber. Dem Herrn vor mir hatte er das anscheinend nicht ersparen können. Vielleicht war man in Paris auch deshalb nachsichtiger, weil ich hier nur eine Zwischenlandung eingelegt hatte.

Mir fiel mein großes Gepäckstück wieder ein, von dessen Verbleib ich nichts wusste. Ich fragte einen Bediensteten, der gerade da stand, ob mein Gepäck wirklich von Flugzeug zu Flugzeug umgeladen würde und ich es unversehrt in Detroit in Empfang nehmen könne.

Auch dieser schien irgendwie belustigt ob solcher Fragen und er redete mit besänftigenden Worten auf mich ein. Da er englisch mit französischem Akzent sprach, verstand ich nicht alles, aber in seinem Tonfall lag etwas Beruhigendes. Es schien hier nicht der Platz zu sein, Fragen zu stellen, die sich aus der Sicht des Befragten eigentlich erübrigten. Das Personal war scheinbar darin geschult, immer die Ruhe zu bewahren und jeden Anflug von Ärger schon im Keim zu ersticken. Ich entfernte mich, bog wieder nach rechts und fand das Terminal A und B und hatte gleich danach Terminal C entdeckt. Auf einer schwarzen Tafel stand unter vielen anderen Ortsnamen und An- und Abflugzeiten auch der Name Detroit.

Hier saßen die unterschiedlichsten Fluggäste. Einige schliefen ausgestreckt auf den Bänken, umgeben von Rucksäcken und Taschen. Manche Männer saßen steif in ihren Anzügen da und hatten ihre Aktenkoffer vor sich hingestellt. Sie musterten missbilligend das schlafende Volk oder lasen Zeitung und schauten nervös auf die Uhr.

Eine Gruppe von Jugendlichen bewegte sich im Stehen unentwegt hin und her und schwatzte und lachte miteinander. Jeder, der ein Handy in den Händen hielt, ging damit so um als gelte es einen kostbaren Schatz zu hüten. Dann tippte der eine oder andere erwartungsvoll darauf herum oder hielt es ans Ohr, ohne etwas zu sagen.

Ich ließ mich auf einer der gepolsterten Bänke nieder und war mir einigermaßen sicher, dass ich am richtigen Platz war. Plötzlich befiel mich aber doch eine Unruhe, ob dem auch wirklich so sei, und ich stand auf und ging zu dem Tisch, wo zwei Flugbedienstete saßen und in gedämpftem Tone miteinander sprachen. Der eine deutete mir an, dass ich mich dem Tisch nicht nähern solle, und ich blieb unentschlossen stehen. Ich sah ein, dass ich hier keine Auskunft bekäme. Bei Gate Nr. 75, wo einige Angestellte des Flugpersonals herumstanden, erkundigte ich mich nach dem Flug nach Detroit. Der Bedienstete bestätigte mir lächelnd, dass ich mich genau am richtigen Terminal befände. Ich entgegnete, dass doch ursprünglich Gate Nr. 73 für den Flug nach Detroit vorgesehen gewesen sei. Er sagte mit der mir schon bekannten Liebenswürdigkeit, dass es ihm leid täte, es sich aber vor wenigen Minuten geändert habe. Ich holte schnell meinen Rucksack und meine Jacke, die ich unter der Obhut eines jungen Mädchens auf der Bank hatte liegen lassen, und lief zu meinem Terminal, wo bereits die ersten Fluggäste sich erhoben, um sich an der Rampe anzustellen.

Ich reihte mich unter die Wartenden und als die Ticket- und Passkontrolle vorüber war und mir ein zweiseitiges grünes

Formular ausgehändigt wurde, lief ich frohgemut durch die schlauchartige Gangway und gelangte in das Flugzeug. Dieses hatte im Vergleich zu der ersten Maschine gewaltige Ausmaße. Der Flugbegleiter sagte auf Französisch, dass sich mein Sitzplatz ganz am Ende des Airbusses befände.

Erst jetzt sah ich, was für einen langen und breiten Rumpf die Maschine hatte und, als sie sich immer mehr füllte, wie viele Menschen sie fassen konnte.

An der linken und rechten Fensterreihe befanden sich je zwei und in der Mitte, getrennt durch die beiden Gänge, vier Sitzplätze, die bis zum Start der Maschine alle besetzt waren. Der Einstieg befand sich vorne, und nachdem ich einige Schritte auf dem langen schmalen Flur gemacht hatte, bemerkte ich einen weißen Vorhang nahe des Cockpits, der die Passagiere von dem dahinter liegenden Bereich trennte. Beim Vorbeigehen tat ich den Vorhang ein wenig auseinander und sah, dass nur wenige Menschen in den eleganten Polstern saßen. Einige standen schweigend herum. Jemand sagte halblaut, dass es die erste Klasse sei. Erschrocken ließ ich den Vorhang los, nachdem ich außer einem Ölscheich mit einer oder mehreren Frauen und einigen Kindern nicht genau erkennen konnte, wer sich noch hinter dem Vorhang verbarg. Ich bewegte mich durch den schmalen Gang zwischen den bereits sitzenden oder noch stehenden Fluggästen hindurch, die damit beschäftigt waren, ihr Handgepäck in die über den Sitzreihen angebrachten verschließbaren Behälter zu packen.

Ich fand meinen Sitzplatz; es war der in der allerletzten linken Doppelreihe und der Sitzplatz neben dem Gang. Der junge Mann, der am Fenster saß, rückte sich auf seinem Platz zurecht, und ich zwängte mich auf meinen Sitz. Meinen Rucksack stellte ich vor mir auf den Boden. Irgendwie roch es nach Essen, und ich vermutete, dass der Geruch aus der am Ende der Maschine liegenden Küche kam.

Mein Sitznachbar war ein junger Marokkaner, der in den USA studierte und aus seinem Urlaub, den er bei seiner Familie in Marokko verlebt hatte, in die Staaten zurückkehrte. Der Marokkaner glitt mit seiner Hand über den kleinen, an der Rückseite der Rückenlehne seines Vordersessels befindlichen Bildschirm so behände drüber, als würde er ihn gar nicht berühren. Ich sah, dass auch vor mir so ein glänzendes Rechteck war, und einige andere Flugreisende hatten bereits begonnen, sich dieses Spielzeuges zu bemächtigen. Ich begriff, dass bei einer Dauer von acht Stunden Flugzeit alles Erdenkliche getan werden musste, um den Menschen mit einem ausreichenden Angebot an Zerstreuung die Zeit zu vertreiben.

Ich war mit meinem Nachbarn und meinem Platz so weit zufrieden, hatte aber, als die Flugbegleiterin begann, die Klappen der Gepäckbehälter nacheinander zu schließen, wieder die Empfindung des Ausgeliefertseins in eine Lage, aus der es kein Entrinnen gab.

Da ich mich vorwiegend zu Fuß oder per Rad fortbewege, war es nun wieder die Enge des Raumes, die mich bedrückte. Plötzlich stellte ich erleichtert fest, dass von irgendwoher ein leichter Wind auf mich herabblies. Ich dankte dem Himmel für dieses Geschenk. Ich blickte nach links an die Decke, um herauszufinden, woher der Luftstrom kam. Ich bemerkte, dass er nicht der kleinen regulierbaren Düse, die sich über dem Kopf jedes Einzelnen befand, entströmte, sondern er entwich vielleicht sogar unreguliert, aber gerade in die Richtung, in der ich saß. Ich hoffte, dass andere Mitreisende diese kühle Brise nicht stören würde, falls sie überhaupt von jemandem bemerkt werden sollte.

Mir fielen die beiden grünen Formulare ein, die ich ausfüllen sollte. Bei dem Gedanken war mir trotz der kühlen Brise ganz heiß geworden, aber da stellte ich mit Erleichterung fest, dass der Marokkaner dieselbe Zettel hatte. Die Fragen, die ich nicht verstand, ließ ich mir von ihm erklären und ich staunte nicht schlecht, was die Amerikaner alles von mir wissen wollten: Welche Waren ich in die USA einzuführen gedenke; ob ich mich in letzter Zeit auf einer Farm aufgehalten habe; welche Krankheiten ich hatte, welche ich zurzeit habe und welche auf Grund meiner Lebensführung zu erwarten wären; wie es um meinen Leumund stehe, ob ich kriminelle Energie besäße, wie oft ich mit dem Gesetz in Konflikt geraten sei und welchem sozialen Status ich angehöre. Ich dachte daran, wie oft ich die Straße zu Fuß oder per Rad bei Rotlicht überquert hatte und an meine Strafen wegen überhöhter Geschwindigkeit, mit denen ich belegt worden war, als ich noch selbst Auto fuhr. Die Fragen waren so gestellt, dass man sie alle nur mit „yes" oder „no" zu beantworten brauchte, und ich kreuzte von oben bis unten immer das „no" an. Dasselbe tat mein Nachbar auch und sah mich dabei fröhlich an. Auch die persönlichen Daten, die verlangt wurden, waren sehr umfangreich, und diese musste man natürlich in ganzen Sätzen schreiben, und ich bemühte mich um eine einigermaßen leserliche Schrift. Mein Nachbar hatte eine Schrift mit vielen Schnörkeln, ganz im Gegensatz zu meiner Schrift, in der alles fehlt, was nicht unbedingt nötig ist.

Es war sogar verboten, frisches Obst in die Vereinigten Staaten einzuführen, und ich gedachte meiner drei Äpfel, die ich von

zu Hause mitgenommen hatte. Einen hatte ich bereits im Pariser Flughafen verspeist und den zweiten Apfel wollte ich bald essen. Da fiel mir ein, dass ich dafür acht Stunden Zeit haben würde und dieser Gedanke erfüllte mich mit einem Missbehagen; aber diesem Gefühl wollte ich mich nicht zu lange hingeben. Ich beschloss, den dritten Apfel kurz vor der amerikanischen Zollkontrolle zu essen.

Das Flugzeug rollte, nachdem alle Passagiere eingestiegen waren und die Türen geschlossen worden waren, auf den Seitenarmen der Startbahn umher. Per Lautsprecher wurden wir aufgefordert, den Gurt um unsere Hüften zu legen. Das sind die Momente, in denen selbst das Flugpersonal es schwer hat, alle Bedenken überzeugend zu überspielen. Die Maschine blieb wieder stehen, und ich vernahm ein lautes tobendes Geräusch, das lange Zeit anhielt und aus dem unteren Teil der Maschine zu mir heraufdrang. Ich vermutete, dass der Treibstofftank gefüllt wurde, und ich konnte die Menge nur erahnen, die gebraucht wurde, um damit sicher den Atlantik zu überqueren.

Wie war es überhaupt möglich, dass solch ein tonnenschwerer Riesenvogel sich vom Erdboden abheben konnte, um dann in unglaublicher Höhe mit atemberaubender Geschwindigkeit durch die Luft zu jagen? Welche klugen Köpfe mussten da sehr viel Wissen, Intelligenz und Ideenreichtum investiert haben, um so etwas zu bauen? Welch ein Forscherwille vermochte die Erfinder anzutreiben zu solch einem Höhenflug? Während ich weiterhin in meine eigenen Gedanken versunken war, heulten plötzlich sämtliche Motoren auf und die Maschine begann, immer schneller werdend, auf der Rollbahn dahinzurasen, und nachdem sie ein unglaubliches Tempo er-

**76**

reicht hatte, erhob sie sich mühelos vom Erdboden und stieg in die Luft. Dieser Moment hat etwas Überwältigendes, und obwohl ich ihn nun bereits zum zweiten Mal erlebte, liegt in ihm etwas für mich durchaus Einzigartiges.

Ich wurde wieder mit Vehemenz in meinen Sitz gedrückt und wir stiegen höher und höher. In fröhlichem Tonfall begrüßte uns der Flugkapitän per Lautsprecher und teilte uns einige technische Daten mit. Dann wurden wir über die überall herabhängenden Monitore über die Sicherheitsvorkehrungen unterrichtet. Eine Gasmaske baumelte über unseren Köpfen und eine Schwimmweste befand sich für jedermann in greifbarer Nähe.

Mein Nachbar hatte sich die Ohrenstöpsel in die Ohren gestopft, und so konnte ich nicht mit ihm sprechen und ihm meine Gedanken mitteilen. Aber hätte er meinen Gedankengängen überhaupt folgen können, noch dazu in meinem holperigen Englisch? Und wenn, hätte er sie nicht als verstiegen und unzeitgemäß empfunden?

Ich saß eine Weile unschlüssig da, dann begann ich die links vor mir sitzenden Personen zu beobachten. Ich sah nur wenig von ihnen, denn die hohen Sitzlehnen ließen nur einen schmalen Einblick zu, außerdem kauerten viele tief in ihren Sesseln.

War es denn so selbstverständlich, dass alles vorschriftsmäßig verlaufen würde? Freilich ließ die immerwährende Gelassenheit des Flugpersonals daran keinen Zweifel zu. Aber was schon hatte jeder Einzelne von uns hier oben noch im Griff oder wir alle als zusammengeschweißte Gemeinschaft und das für acht Stunden? Was ging in den Köpfen der anderen vor sich? Was dachten und empfanden sie, während sie es sich in ihren Sitzen bequem machten? Waren wir nicht ausschließlich von der Gnade

und dem Wohlgefallen des Schöpfers des Himmels und der Erde abhängig? Ich betete für die Menschen um mich herum, dass wir alle gesund und heil wieder auf die Erde zurückkehren mögen. Ich holte mein kleines, grünes Neues Testament, das ich meist bei mir habe, aus dem blauen Rucksack und begann darin zu blättern und las die Verse, die ich gerade aufschlug. Wegen der vielen neuen Eindrücke war meine Konzentration nicht sehr gut, aber schließlich gelang es mir doch, einige Verse zu lesen, was mich im Herzen froh stimmte. Mir viel ein, dass ich nur vier Bücher für eine solch lange Reise eingepackt hatte. Das waren außer dieser kleinen Bibel eine vollständige Lutherbibel, ein englisches Unterrichtsbuch für die fünfte Klasse Hauptschule und ein englisch-deutsches Sprachlexikon.

Indes dieser kleine verführerische Bildschirm vor meinen und vor jedermanns Augen verfehlte auch auf mich nicht seine Anziehungskraft. Mein Nachbar schien darauf zu warten, dass ich endlich irgendetwas damit tue. Denn er fragte mich ganz unvermittelt, ob ich klassische Musik mag, scheinbar sah ich danach aus. Ich antwortete ganz automatisch mit „yes". Ehe ich mich versah, holte er neben meinem Sitz einen Kopfhörer hervor, stülpte ihn mir über den Kopf und hielt mir die orangefarbenen Ohrenstöpsel vors Gesicht, damit ich sie mir in die Ohren schieben würde. Obwohl ich sie ein wenig ekelig fand, gehorchte ich und versuchte, sie mir in die Ohren zu stecken. Nachdem mir das einigermaßen gelungen war, vernahm ich klassische Musik, und dabei blieb es bis zum Ende meines Fluges; es gelang mir nicht, das zu ändern. Allerdings hielt nur der linke Stöpsel, der rechte fiel immer wieder heraus.

Scheinbar sind die zeitgenössischen Errungenschaften nicht für jeden gemacht.

Wenn ich auch nichts anderes hören konnte, so gelang es mir doch, sehr Unterschiedliches zu sehen. Man konnte mühelos zwischen movies, Micky Mouse, sport und life-style wählen. Es änderte sich bei der leisesten Berührung des Bildschirmes das gesamte Angebot. Ich fand, dass die Leute vor und links von mir immer etwas Spannenderes hatten als ich. Es war geradezu ein fieberhaftes Herumgezappe unter den Fluggästen ausgebrochen; mir gelang es nicht, ihrer Strategie zu folgen. Was ich auch auf dem Bildschirm hervorzauberte, es war meist ein Zufallsprodukt. Meinen Nachbarn konnte ich auch nicht fragen, da er wegen der Ohrenstöpsel, die wie angegossen in seine Ohren passten, nichts hörte; außerdem war er mit solch einer Hingabe mit seinem Spielzeug beschäftigt, dass ich ihn nicht stören mochte.

An der Decke des Airbusses waren in Abständen von etwa drei Metern mittelgroße Monitoren befestigt, die für jeden Fluggast einigermaßen einsehbar waren. Im Augenblick wurden darauf geographische und meteorologische Daten sowie die jeweilige Fluggeschwindigkeit gezeigt. Dieselben Angaben konnte jeder Fluggast auf seinem eigenen kleinen Monitor auch verfolgen. Auf diese Weise wurden wir immer wieder darüber informiert, wo und in welcher Höhe wir uns befanden, wie schnell wir flogen und wie kalt die Außentemperatur gerade war. Auch das trug zur Ablenkung von den eigenen Gedanken bei. Die Außentemperatur beschäftigte mich am meisten, denn sie betrug immerhin minus sechzig Grad. Ich stellte mir vor, dass plötzlich eines der kleinen bullaugenartigen Fenster aufspringen könnte und diese eisige Luft würde hereinströmen. Ich hatte

keine Ahnung, wie sich das anfühlen würde. Ich weiß nur, dass man bei einem stark eisigen Wintertag von etwa minus 25 Grad sich in wärmster Kleidung tüchtig bewegen muss, um nicht zu frieren. Aber hier waren wir ja zu acht Stunden Stillsitzen verurteilt und das in Sommerkleidung.

Paris lag unter der gleichen grauen, nassen Wolkendecke wie München, und es bot sich mir, nachdem das Flugzeug diese trübe Zone durchbrochen hatte, ein fast noch berauschenderer Anblick, als ich ihn von meinem davor liegenden Flug her kannte. Unter uns erstrahlten unzählige von kleinen Wolkenknäueln, die wie Wattebäusche auf einem See schwammen im gleißenden Sonnenlicht. Die Bläue des Firmamentes zeigte sich in allen erdenklichen Schattierungen: vom hellsten Blau bis zum dunkelsten Ultramarin.

Über den Lautsprecher wurde in beinahe regelmäßigen Abständen etwas durchgesagt – auf Englisch und Französisch, aber nicht auf Deutsch. Anscheinend wird von Deutschen erwartet, dass sie eine der beiden Sprachen zumindest halbwegs beherrschen.

Der Essensgeruch, der mir von hinten entgegenströmte, wurde intensiver. Es dauerte nicht mehr lange und das Flugpersonal begann, geschäftig durch die schmalen Gänge zu laufen, um jedem von uns ein gefaltetes Blatt auf den kleinen Klapptisch, den jeder vor sich hatte, zu legen. Darauf war das Menü gedruckt, dass wir bald erhalten sollten. Die Stewardess klappte nun auch meinen größeren Tisch, den Esstisch herunter, da das noch niemand getan hatte, und fragte mich mit viel Anmut, was ich zum Trinken habe wolle. Mir fiel außer dem Wort „Wasser" nichts anderes ein. Es war nicht nur ihr Erscheinungsbild, das so anziehend auf mich wirkte, sondern auch diese ihrem Wesen zu Grunde liegende Fürsorglichkeit, die ohne Neugierde und Aufdringlichkeit war. Was für eine noble Seele, dachte ich. Aber auch die anderen Flugbegleiter behandelten uns mit solcher Ehrerbietung und Zuvorkommenheit, was mir schon im Flug zwischen München und Paris aufgefallen war. Aber hier gab es viel mehr Personal, und wegen der zeitlichen Länge des Fluges hatte ich ausreichend Zeit, es zu beobachten. Ich überlegte, ob man die von mir bewunderten Fähigkeiten erlernen konnte. Oder verlangte die angemessene Erfüllung der Aufgaben einer Stewardess einen bestimmten bereits angeborenen Charakter? Oder vielleicht war dadurch, dass man so viel Zeit zwischen Himmel und Erde verbrachte und sich währenddessen ständig in einer Ausnahmesituation befand, eine gewisse seelische Veränderung mit jedem Einzelnen von ihnen vor sich gegangen. Diese Menschen lebten immer in dem Bewusstsein, dass alles Irdische vergänglich ist und es sinnlos ist, sich daran zu klammern. Blickten sie aus den Fenstern so hatten sie stets die strah-lende, schöne, verklärte Welt vor Augen und die lebte nach der Landung in ihren Herzen weiter. Sie mussten im Laufe ihres Lebens selbstlos werden und dann fiel es ihnen leicht, liebenswürdig zu sein. Diese Demut, die sie so schwerelos lebten, hatte etwas durchaus Anrührendes.

Jeder und jede schob einen dieser schmalen Wägen durch die engen Gänge, beladen mit vielen Tabletts, auf denen die verpackten Speisen lagen. Nachdem auch ich und mein Nachbar das französische Menü erhalten hatten, stellte sich heraus, dass es gebackenen Salmon mit Reis gab. Der Marokkaner verzog sein Gesicht, denn er mochte keinen Fisch, was mich wunderte, da ich Fisch liebe. Der Steward, der ge-

rade vorbeikam, wurde von ihm angehalten und er erklärte ihm mit völliger Selbstverständlichkeit, dass er das Essen nicht mochte und er ihm etwas anderes bringen möge. Mit der größten Liebenswürdigkeit erkundigte sich der Steward, ob er ihm ein anderes Menü bringen dürfe, das er ihm sogleich nannte. Als der Marokkaner dies bejahte, nahm der Steward das Tablett, balancierte es geschickt an meinem Kopf vorbei und verschwand damit. Überraschend schnell kehrte er mit dem anderen Gericht zurück. Das Personal ist also auch auf Sonderwünsche und unbequeme Fluggäste eingestellt und nicht so leicht aus der Fassung zu bringen.

Nach der Essenszeit, Getränke wurden auch weiterhin immer wieder angeboten, wurde alles wieder mit größter Emsigkeit eingesammelt, und das waren neben den Speiseresten große Mengen an Müll, bestehend aus Kunststoff, Papier und Alufolie.

Wie war es möglich, auf kleinstem Raum nicht nur die Lebensmittel und Getränkevorräte zu lagern, sondern auch den vielen unterschiedlichen Abfall zu entsorgen? Einige der Passagiere hatten ihre Rückenlehne schon nach hinten geklappt und sich das lachsfarbene Kissen und die gleichfarbige Reisedecke angeeignet. Nachdem ich die Nacht zuvor nur einige Stunden Schlaf gefunden hatte, begann auch ich, eine Müdigkeit zu verspüren, die ich schon einige Male verdrängt hatte, da ich wie aufgepeitscht war. Nun wollte ich aber nicht mehr gegen die Müdigkeit ankämpfen. Außerdem hatte ich bis jetzt jedes Angebot an Kaffee abgelehnt. Ich suchte nach dem Knopf, den ich schließlich auch in einer meiner beiden Armlehnen fand. Nachdem ich darauf gedrückt hatte, kippte die Rückenlehne vorsichtig nach hinten. Den Steward, der gerade vorbeilief – es war der, welcher einige deutsche Wörter sprach – hielt ich an und fragte ihn, wie lange unser Flug noch dauern würde. Er antwortete in beschwichtigendem Tone, dass es noch vier Stunden wären, aber die gingen, meinte er lächelnd, schnell vorüber.

Da wir Richtung Westen flogen, schien die Zeit stillzustehen. Die planmäßige Landung in Detroit sollte um 13.30 Uhr p.m. nach amerikanischer Zeitrechnung erfolgen. Da wir aber mit Verspätung in Paris gestartet waren, würde sich die Landung wohl auch verzögern.

Ich versuchte, mich irgendwie in dieser halbsitzenden, halbliegenden Position zurechtzurücken. Das Kissen und die Reisedecke, beides hatte mir eine Flugbegleiterin zu Beginn des Fluges auf den Schoss gelegt, hielt ich nun in Händen und wusste nicht recht, was ich damit machen sollte. Trotzdem freute ich mich über diesen Service. Ich nahm das kleine Kissen aus der Plastikumhüllung und schob es zwischen mich und die linke Armlehne, die Decke legte ich mir über die Beine.

Die kleinen Monitoren vieler Reisender standen bereits still, und ich sah nur das schwarze Rechteck. Daraus schloss ich, dass die meisten eine Pause einlegten oder eingeschlafen waren. Andere, die Unermüdlichen, gönnten sich keine Ruhe und zappten unverdrossen weiter.

Als ich erwachte, meinem Gefühl nach war nicht sehr viel Zeit verstrichen, und ich nach rechts blickte, sah ich dass der junge Marokkaner neben mir ein wenig verdreht auf seinem Sitz saß und offensichtlich fest schlief. Der Kopfhörer spannte sich um seinen Kopf und die Stöpsel steckten in seinen Ohren. Erst jetzt sah ich, dass seine ausgewaschene Jeans über dem Knie ein wenig aufgeschlitzt war. Er hatte eine Körperbeschaffenheit, wie sie mir in den USA noch

häufig begegnen würde. Er war gut gepolstert, und das gleichmäßig am ganzen Körper. Sein braunes, glänzendes Gesicht lag etwas schräg auf der Rücklehne seines Sessels, den Mund hatte er leicht geöffnet und die linke Unterlippe hing ein wenig herab.

Ich spürte, wie mein Rücken allmählich zu schmerzen begann, und ich rutschte auf meinem Stuhl hin und her, um eine günstige Sitzstellung einzunehmen und dadurch die Schmerzen zu lindern. Ich schob das kleine Kissen zwischen meinen Rücken und die Rücklehne, um dadurch etwas zu verändern, aber auch das half nicht viel. Solange ich denken konnte, hatte ich mich noch nie für acht Stunden in einer vergleichbaren fast ausweglosen Situation befunden.

Ich entschloss mich, aufzustehen und ein wenig herumzulaufen. Aber wie oft konnte ich hin und her laufen, ohne unangenehm aufzufallen? Auch in den schmalen Gängen standen an verschiedenen Plätzen Passagiere neben ihren Sitzen. Wie sollte es mir gelingen, mich an ihnen vorbeizuwinden, nachdem einige den schmalen Gang fast ganz ausfüllten und auch immer jemand vom Flugpersonal geschäftig hin und her lief. Ich setzte mich in Bewegung und ging den einzig möglichen Weg, nämlich den in Richtung Cockpit. Ich schwankte ein wenig, aber das verlor sich allmählich, und ich gelangte ohne viel Mühe bis zu dem Vorhang, hinter dem sich das Abteil der Fluggäste der ersten Klasse befand. Ich schob den weißen Vorhang ein wenig beiseite und mir bot sich ein ähnlicher Anblick, wie der nach dem Betreten des Airbusses. Nun schien es niemandem mehr aufzufallen, dass ich mit meinen Blicken in diese Tabuzone eindrang. Der arabische Scheich mit dem weißen Turban, der kerzengerade und mit dem Rücken zu mir saß, machte auf mich, vielleicht auch wegen des langen, weißen Gewandes, das er trug, einen erhabenen Eindruck. Plötzlich stand er auf und drehte sich um, als ob er gespürt hätte, dass ihn jemand betrachtete. Er schien mich erblickt zu haben, ich konnte aber wegen seiner dunklen Hautfarbe und dem Gegenlicht, in dem er stand, seinen Gesichtsausdruck nicht erkennen. Ich schloss den Vorhang wieder und ging an diesem entlang zu dem gegenüberliegenden Gang.

Da niemand von mir Notiz nahm, denn jeder war mit sich selbst beschäftigt, konnte ich mir mühelos ein bleibendes Bild vom zeitgenössischen Flugtourismus machen. Mit meiner Vorstellung vom smarten und gepflegten Luftreisenden war es vorbei. Meine Vorstellung, dass sich nur eine betuchte und kultivierte Schicht diesen Luxus leisten konnte schmolz dahin. Viele der mit Jogginghosen und weiten T-Shirts bekleideten Zeitgenossen flegelten geradezu in ihren Sitzen oder lagen halb ausgestreckt auf dem gerade freien Nachbarsitz und schliefen mit offenem Mund, während ihre Kopfhörer verrutscht und schief um ihre Köpfe lagen. Um sie herum befanden sich halbleere Flaschen, Dosen und allerlei Verpackungsmaterial. Andere schauten gelangweilt oder fasziniert auf den kleinen Monitor vor sich oder blickten starr vor sich hin. Einige hatten sogar einen leicht verzweifelten Gesichtsausdruck, was angesichts der Lage, in der sie sich befanden, auch verständlich war. Irgendwie wirkten viele beinahe heruntergekommen, ganz im Gegensatz zum Luftpersonal. Anscheinend wirken sich das freudige Dienen und die ständige Bereitschaft, liebenswürdig zu sein, positiv auf das Wesen eines Menschen aus, während das Nichtstun und Herumzappen eher das Gegenteil bewirken. Ich

ging den Gang langsam zurück und mir bot sich überall das gleiche Bild und mir fiel auf, wie ähnlich sich die Menschen sehen und wahrscheinlich auch sind. Und das nicht nur in der Kleidung, sondern anscheinend auch in ihren Bedürfnissen und Gewohnheiten.

Wo sind sie geblieben, die Individualisten, die Unangepassten? Irgendwo wird es sie noch geben, aber wohl nicht unter denen, die große Flugreisen unternehmen. Waren wir im Zeitalter der völligen Unterschiedslosigkeit angekommen, in welchem es keinen persönlichen Lebensstil mehr gibt und jeder nur mehr das tut und denkt, was ihm der Nachbar oder die Medien vorgaukeln? Aber warum lassen sich die Menschen das gefallen? Merken sie überhaupt, was mit ihnen geschieht?

Notgedrungen kehrte ich, nachdem ich noch einmal hin und her gelaufen war, an meinen Platz zurück. Dabei kam mir die Wanderung in den Sinn, die ich mit zwei Freundinnen im Mai dieses Jahres an der Isar entlang von München bis Wörth unternommen hatte. Als ich wieder auf meinem Platz saß und meinen Kopf nach links zur gegenüberliegenden Fensterreihe drehte, sah ich, wie ein dunkelhäutiger Mann seine etwa dreijährige Tochter im Arm hielt und sich große Mühe gab, das Kind, das schon mehrmals ungeduldig aufgeschrien hatte, mit allerlei Spielen von seinem Kummer abzulenken. Er hob das Mädchen hoch und schwenkte es über seinem Kopf hin und her. Für einige Augenblicke schien er damit auch Erfolg zu haben, aber bald darauf fing die Kleine wieder an zu quengeln. Mir tat die Kleine leid und auch ihr Vater war in einer misslichen Lage. Man konnte nicht einfach anhalten und ein wenig draußen herumlaufen. Was waren die Gründe, aus welchen die Eltern mit so kleinen Kindern eine so belastende Flugreise unternehmen mussten? Die Mutter, die eine Reihe davor saß, hatte ein noch kleineres Kind zu versorgen, das auch weinte, dann aber wieder einschlief.

Mein Nachbar war mittlerweile aufgewacht und wieder mit seinem Bildschirm beschäftigt. Da ihm die Ohrenstöpsel in den Ohren steckten und er darum nicht hören konnte, musste mein Wunsch, mich ein wenig mit ihm zu unterhalten, scheitern. Dann bemerkte er aber doch, dass ich etwas sagen wollte, nahm die Kopfhörer ab und fragte mich, worum es ging. Ich entschuldigte mich auf Englisch, er winkte freundlich ab und sagte, dass ihm das nichts ausmache. Ich wusste nicht recht, was ich sagen sollte und zeigte auf die anderen kleinen Bildschirme mit den unterschiedlichsten Programmen. Ich fragte ihn, was ich machen sollte, um zu einem movie zu gelangen. Mit denselben geschmeidigen Bewegungen, wie ich sie schon mehrmals an ihm beobachtet hatte, glitt er über meinen Bildschirm, und es erschien ein Text, der besagte, dass in sechs Minuten ein Spielfilm beginnen würde. Da ich solange nicht warten wollte, zappte ich selber wahllos auf dem Monitor herum. Plötzlich tauchten Cartoons auf, lauter gezeichnete groteske Figuren, die so aussahen als wären sie Kopien von lebenden Personen, und sie imitierten diese verblüffend echt. Mir gefiel das und ich musste laut lachen. Da ging gerade die hübsche Stewardess vorbei und sah mich lachen und lachte auch. Auf einmal war der Spuk weg, und die witzigen Figuren verschwanden, wie sie gekommen waren, und ich konnte sie nicht mehr hervorzaubern. Ich schaute mir die Karte mit den ganzen Flugdaten an, denn das war das einzige, was ich immer herholen konnte bis zum Ende des Fluges.

Plötzlich standen viele Leute auf und schauten angestrengt durch die bullaugenähnlichen Fenster. Auch der Marokkaner stand von seinem Fensterplatz auf und trat ein wenig zur Seite und bedeutete mir hinauszuschauen. Der Anblick, der sich mir jetzt bot, war überwältigend schön. Unter uns lag Grönland in gleißendem Sonnenschein. Schneebedeckte Berggipfel zwischen dunklen grauen Schluchten, smaragdblaue bis dunkelgraue Flüsse und Bäche bewegten sich langsam durch die öde Landschaft, in der kein grünes Hälmchen wuchs. Jahrtausende alte Gesteinsmassen und gewaltige Geröllberge türmten sich übereinander, wohin ich auch blickte. Das Flugzeug schien stillzustehen, so langsam veränderte sich die Landschaft, und die Luft war so rein und klar, dass die wenigen kleinen Wolkenfetzen, die langsam wie Federn durch den blauen Weltraum se-gelten, dem ganzen Schauspiel einen fast überirdischen Zauber verliehen. Wie schön und wie reich hat Gott die Welt geschaffen!

Nun fiel mir eine Szene ein, die bereits etliche Stunden zurücklag. Während wir auf der Rollbahn im Charles-de-Gaulle-Airport bei Paris umherrollten, bat eine der Flugbegleiterinnen per Mikrofon darum, alle elektronischen Geräte wie Mobiltelefone und Notebooks auszuschalten und das so lange beizubehalten, bis wir die vorgeschriebene Flughöhe erreicht haben würden. Als wir beinahe die genannte Flughöhe erreicht hatten, sagte der Marokkaner, da hatte er den Kopfhörer noch nicht aufgesetzt, dass er Moslem sei. Mir fiel der elfte September 2001 ein, der Tag, an dem islamische Terroristen in die Zwillingstürme des World Trade Center in New York gerast waren. Warum, dachte ich, erzählt mir der Marokkaner das gerade jetzt, nachdem um uns herum alles hermetisch verschlossen

**82**

worden ist und wir uns bald in 8000 m Entfernung von der Erde befanden. Ich entgegnete ihm, dass ich Christin sei und dass Jesus Gottes Sohn sei und dass jeder, der an ihn glaube, Errettung erlangen könne. Er schmunzelte und meinte, dass es für ihn gleichgültig sei, an welchen Gott man glaube. Er fingerte an seinen Kopfhörern herum und legte sie sich um den runden schwarzhaarigen Kopf. Anscheinend wollte er nicht über Glaubensfragen mit mir sprechen. Aber ich war froh, dass ich ihm gesagt hatte, dass Jesus die Welt überwunden hat.

Ich blickte auf meine Armbanduhr, und die Zeiger zeigten bereits auf 17.30 Uhr nach deutscher Zeit. (Mit dem Umstellen der Zeiger wollte ich mir noch Zeit lassen.) Das bedeutete, dass wir selbst bei etwas Verspätung nur mehr eine bis zwei Stunden Flugzeit haben würden. Kaum hatte ich das erleichtert festgestellt, da kündigte ein Steward das Abendessen an. Insgeheim hatte ich gehofft, dass wir kein Essen mehr bekämen, da mir das Mittagessen, teilweise durch die stundenlange Bewegungslosigkeit, noch im Magen lag. Aber das Luftpersonal begann bereits, seine hochbeladenen Wägen durch die engen Gänge zu rollen. Unerwartet schnell stand auch auf dem Klapptischchen vor mir ein Tablett gefüllt mit vielen kleinen Päckchen. Was alles mochte wohl darinnen sein? Ich hätte es als Kränkung dem Flugpersonal gegenüber empfunden, wenn ich nicht zumindest etwas davon gegessen hätte, und so begann ich nacheinander die Verpackungen zu entfernen, um zu schauen, was es alles gab. Ich aß all die appetitlichen kleinen Köstlichkeiten auf und ließ eine Menge Verpackungsmaterial auf meinem Tablett zurück. Eh ich mich versah, war das Tablett wieder verschwunden. Wie aufmerksam und mit

welch einer Umsicht wurde hier gewaltet und geschaltet!

Überall um mich herum begann sich eine nervöse Spannung bemerkbar zu machen, und auch mein Nachbar rutschte auf seinem Platz hin und her. Es war wohl die in naher Zukunft zu erwartende Landung, die diese Gefühlslage auslöste. Auch ich war von innerer Unruhe erfüllt und begann, die kleine Decke zusammenzulegen, das Kissen in die Plastikhülle zurückzustecken und die leeren Flaschen und Becher in die hinter mir liegende Küche zu tragen. Ein Steward lächelte freundlich und bedankte sich für meinen anscheinend nicht selbstverständlichen Dienst. Als ich auf meinen Platz zurückkehrte und am Boden liegende Müllfetzen aufhob, bedeutete mir der Marokkaner, dass ich das ruhig alles liegen lassen solle. Ich begriff allmählich die innere Einstellung von Flugreisenden. Für teures Geld konnte man einen gut funktionierenden Service erwarten, der einen von jeder Eigenverantwortung entband.

Zweisprachig, aber nicht auf Deutsch wurde die baldige Landung angekündigt, und ich baute auf meine gute Erfahrung, wie ich sie bei der ersten Landung gemacht hatte, und holte mein Ohrenmedikament gar nicht erst hervor. Mittlerweile begann der Pilot mit dem Landemanöver und die seitlichen Flügel hoben und senkten sich, während wir in Bögen unter dem Himmel kreisten und uns der Flughafen von Detroit immer näherkam. Zum ersten Mal in deinem Leben sollst du amerikanischen Boden betreten, dachte ich bei mir. Der Pilot setzte den Riesenvogel mit soviel Eleganz auf das Rollfeld, dass es kaum vernehmbar war. In Zukunft sollte ich die Unterschiede beim Aufsetzen noch mehrmals zu spüren bekommen. Wir rollten an Terminals, an vielen kleinen und großen Flugzeugen, an Bussen, Gepäckwägen und an Beschäftigten vorbei. Meist farbige Männer, die fahnenschwenkend hin und her liefen, um den gelandeten Airbus in den richtigen Stellplatz einzuweisen. Mich überraschte, dass bei so ausgeklügelter elektronischer Technik, von der das gesamte Geschehen hier und auf jedem anderen Flughafen der Welt gesteuert wird, zwei Männer in gelben Jacken so schutzlos auf den riesigen Rollfeldern bei Hitze, Schnee, Sturm und Regen umherlaufen müssen, um diese offenbar nur von Menschenhand ausführbare Tätigkeit zu erledigen. Bald wurde mir klar, dass es ausschließlich Dunkelhäutige waren, die dieser wohl nicht sehr begehrten Beschäftigung nachgingen. Abrupt hielt das Flugzeug. Jeder öffnete zur gleichen Zeit seinen Gurt, holte sein Gepäck aus den verschließbaren Behältern und bewegte sich in Richtung Ausgang. Ich dachte, ab jetzt würde alles sehr schnell gehen und ich würde, sobald ich meine große Reisetasche abgeholt hätte, meinen Freunden, die mich erwarteten, sogleich entgegeneilen. Aber da hatte ich mich getäuscht, denn so schnell ging es ganz und gar nicht.

Beim Hinausgehen aus dem Flugzeug, und ich war eine der letzten, schaute ich nach rechts und links und sah, was da auf den Sitzen, am Boden, in den Gängen umherlag. Halbleer gegessene Plastiktüten, Flaschen und Becher lagen überall herum, der Boden war übersät mit Krümeln und zertretenen Speiseresten, sogar eine der kleinen Reisedecken lag durchnässt vor der Toilette. Auf mich machte der Anblick den Eindruck, als befände ich mich in einer Kaschemme morgens um fünf Uhr, nachdem viel gezecht wurde und der letzte Gast das Lokal verlassen hat.

War das der Dank, den die Fluggäste dem Flugpersonal entgegenbrachten? Den Piloten, welchen sie für die glückliche Landung zu Dank verpflichtet waren? Die Flugbegleiter und die Piloten standen neben dem Ausgang und reichten mit einem Lächeln jedem einzelnen Fluggast zum Abschied die Hand. Mich beschlich ein immer unangenehmeres Gefühl, je mehr ich mich ihnen näherte. Ich blickte sie an und mein Blick verriet wohl ein wenig mein Mitgefühl, aber sie zerstreuten meine Gedanken durch den herzlichen Abschied. Der Steward, der ein wenig Deutsch sprach, wiederholte sein „Auf Wiedersehen" mit dem charmanten französischen Akzent.

Die Fluggäste hatten über eine herbeigeschobene Treppe das Flugzeug verlassen und ich folgte ihnen, während ich mich nach allen Seiten umsah und ringsherum nur mehr englischsprachige Wörter hörte. Alle, die vor mir gingen, verschwanden in einer grauen Türe, und nachdem ich das auch getan hatte, befand ich mich in einem düsteren Gang, der lang, schmal, fensterlos und ziemlich kühl war. Als wir den durchlaufen hatten, gelangten wir in einen größeren Raum, der auch keine Fenster hatte und dem Sicherheitstrakt eines Untersuchungsgefängnisses glich. Alles war hermetisch abgeschlossen. Ich war überrascht, welche unglaublichen Menschenmengen hier waren und darüber, dass wir schon wieder anstehen mussten. Die Temperatur in dem Raum war anscheinend viel höher als in dem langen Flur. Mehrere Schalter reihten sich aneinander und ein bewaffneter Security-Beamter saß in einem verglasten Häuschen. Ein anderer stand finster dreinblickend und bewaffnet bis unter die Zähne davor. Zwei Frauen, ebenfalls uniformiert, deren Körperfülle beträchtlich war, aber da sollte ich noch Schlimmeres erleben, sorgten mit starken Worten und ebensolchen Bewegungen dafür, dass Visitors und Greencardbesitzer voneinander getrennt wurden. Diejenigen, welche eine green card hatten, waren sehr viel weniger und wurden von den Damen nach hinten kommandiert. Die Besucher, zu denen ich gehörte, waren sehr viel mehr und mussten nun vor den wenigen Schalterhäuschen anstehen. Da ich dringend auf die Toilette musste und an der rechten Wand das Wort Restroom las, gerastet hatte ich allerdings lange genug, ging ich darauf zu und fand was ich suchte. Aber wie überrascht war ich, als ich mich nach dem Knopf für die Spülung umsah und diese mit lautem Zischen von ganz allein losging. Nun war ich mir ganz sicher, in den USA gelandet zu sein.

Ich stellte mich wieder in die Schlange der Wartenden und derer schien es nicht weniger zu werden. Ganz im Gegenteil, es wurden immer mehr. Durch den Lautsprecher herrschte uns eine Männerstimme an, ich verstand zwar nicht die Worte, aber es war wohl etwas unerhört Wichtiges. Der Zoll- und Sicherheitstrakt, er war von den Wartenden hermetisch abgetrennt, ließ an jedem Glashaus nur jeweils eine Person vor, und jeder Reisende wurde ca. 15 Minuten festgehalten. Es war bereits 14.45 Uhr nach amerikanischer Zeit. Ich rechnete nach und dachte, dass es in München jetzt 20.45 Uhr ist. Ich holte meinen dritten Apfel aus dem Rucksack und begann davon abzubeißen, da ich mich wieder daran erinnerte, dass man kein Frischobst in die USA einführen dürfe. Auch fiel mir ein, dass ich mich heute viele Stunden wach halten müsse, um mich schnell genug an den neuen Zeitrhythmus zu gewöhnen.

Langsam wurde die Schlange kürzer, und ich wurde immer gespannter, was die bewaffneten Beamten von mir wollten. Immer wieder wurde etwas in diesem Befehlston durchgesagt, was ich aber nur bruchstückartig verstand. Plötzlich hörte ich, dass fotografieren verboten sei. Irgendwo war tatsächlich der Schein eines Blitzlichtes aufgeleuchtet und jemand wollte ein Erinnerungsfoto für die Zuhausegebliebenen machen. Ich war überrascht, wie schnell die Bewaffneten darauf reagiert hatten. Amerika hatte ich mir ein wenig anders vorgestellt, aber was ich hier erlebte, war die Reaktion auf die Terroranschläge der Vergangenheit und hatte mit dem Rest der Vereinigten Staaten nichts zu tun. Manche Reisende vor mir mussten den gesamten Inhalt ihres Handgepäcks vor den Beamten ausbreiten, und da viele von ihnen teilweise mehrere Gepäckstücke hatten, war das eine ganze Menge. Der Marokkaner war mittlerweile an einem anderen Schalter angelangt, nachdem ich zuvor noch ein paar Worte mit ihm gewechselt hatte. Plötzlich sah ich, wie der Uniformierte aufstand und ihm bedeutete mitzukommen. Beide verschwanden nach rechts und gingen an den anderen Schaltern vorbei. Den Marokkaner habe ich nie wieder gesehen.

Vor mir wurden es immer weniger Menschen, aber auch hinter mir waren es nur mehr einige, die anstanden. In dem einen Glaskasten saß ein kurzgeschorener untersetzter Mensch, der so aussah, wie ich mir einen Hiesigen vorstellte. In dem anderen saß ein eher japanisch aussehender, schwarzhaariger Mann, der vielleicht einen amerikanischen Elternteil hatte. Ich stand zwischen zwei Schaltern, sodass ich, wenn ich Glück hatte, zu dem von den beiden, der zuerst frei würde, würde vordringen können. Innerlich entschied ich mich für den Japaner, er sah freundlicher aus. Meinen Apfel hatte ich ganz aufgegessen, aber für das Kernhaus fand ich keinen Platz zum Entsorgen und so wickelte ich ihn in ein Stückchen Papierserviette und steckte ihn in die Jackentasche.

Der Herr, der von dem Japaner gerade entlassen wurde, eilte schnell davon. Der hat es hinter sich, dachte ich. Ich hatte mehrere Meter Abstand zu dem Glashäuschen, das war nötig, um die Diskretionsgrenze zu wahren. Nun war ich dran und ich ging zu dem Glashäuschen und der Beamte schaute freundlich und erwartungsvoll durch das kleine Fenster. Er sagte etwas und klopfte mit der rechten Hand auf die linke Hand. Ich gab ihm meinen Pass, in dem auch die Tickets steckten. Die gab er mir zurück und begann, in meinem Pass hin und her zu blättern. Was suchte er bloß? Schließlich fand er, was er suchte, und das waren die grünen Formulare, die ich glücklicherweise in den Pass gesteckt hatte. Er begann, sie zu lesen, und ich dachte an meine schwer leserliche Schrift. Er strich etwas aus, ergänzte woanders etwas, aber schien ansonsten zufrieden zu sein. Er fragte mich, was ich einführe in die USA. Ich sagte ihm, dass ich drei Äpfel hatte und den letzten vorhin verspeist hätte und sonst habe ich nichts. Er verzog sein Gesicht zu einem Lächeln und musterte mich. Dann fragte er mich, was ich in Michigan vorhabe zu tun. Ich entgegnete ihm, dass ich in Battle Creek Freunde habe und diese besuchen würde und danach zu meinem Bruder nach Pennsylvania reisen würde. Den beabsichtigten Besuch in Neu-Mexiko und in Kanada erwähnte ich nicht; mir schien auch, dass es ihm genügte. Nun bat er mich, zuerst den einen Zeigefinger, dann den anderen in ein kleines, beleuchtetes Gehäuse zu stecken, von dem anscheinend Laserstrahlen ausgingen. Als das erledigt war, riss er den unteren Teil eines der grü-

nen Formulare ab und gab ihn mir und sagte, den bräuchte ich für die Ausreise und ich solle ihn gut aufbewahren. Er fragte mich noch, ob ich Monika heiße, wünschte mir einen schönen Aufenthalt und entließ mich ohne meinen Rucksack zu beachten. Ich lief dahin, wo „baggage" stand, und fand den Platz leer. Nur mehr wenige Gepäckstücke kreisten auf dem Förderband und machten erneut die Runde. Es standen einige Reisetaschen neben dem Band auf dem Boden und darunter war auch meine. Ich war sehr froh darüber und auch über all das gute Gelingen und über Gottes Beistand.

Ich zog den Griff an dem Gestänge aus dem Boden der Tasche und rollte sie zum Ausgang, wo ich, kaum hatte ich diesen durchschritten, von einer freundlichen jungen Dame mit den Worten „Bist du Monika?" empfangen wurde. Es war Albina, eine Russin aus Kasachstan, die Ehefrau von Ray Rowles, der in München-Bogenhausen für ein halbes Jahr bei mir zur Untermiete gelebt hatte.

Ray und Albina haben zwei kleine Söhne, den fünfjährigen Ilgis und den einundhalbjährigen Dylan. Diesmal war ich der Einladung nach Michigan gefolgt und während ich auf dem Rücksitz der großen Limousine saß und durch die Scheiben die vorbeiziehende Landschaft betrachtete und dachte, das also ist Amerika, versuchte ich herauszufinden, was hier anders ist als bei uns in Deutschland. Mein vor mir liegender Aufenthalt sollte mir die großzügige Lebensweise, die Unkompliziertheit des amerikanischen Wesens, aber auch die Vielschichtigkeit der amerikanischen Bevölkerung und der Landschaft vor Augen führen. Es lagen sechs Wochen vor mir, die ich in drei US-Bundesstaaten und, die letzten eineinhalb Wochen, in Kanada verbringen würde.

Von Detroit nach Battle Creek, eine Kleinstadt, fuhren wir in gut einer Stunde. Das Haus mit dem großen Garten, in dem die Familie lebt, ist nicht umzäunt, was einen freien Zugang zum Nachbarn ermöglicht. Dieser Tatbestand versetzte mich, wie zuvor die selbstständige Toilettenspülung, in Erstaunen. Aber es sollte nicht das letzte Mal sein, dass mich in diesem riesigen, schönen Land etwas überrascht oder in Staunen versetzt. Im ersten Stockwerk des Hauses bekam ich ein hübsches Zimmer. Nun freute ich mich auf die vor mir liegenden Tage. Albina hatte den dreijährigen Sohn Ilgis mit in die Ehe gebracht. Der jüngere Sohn Dylan war der gemeinsame Sohn des Ehepaares. Solche blauen Augen wie Dylan sie hatte, glaubte ich noch nie gesehen zu haben. Eine so intensive Bläue schien mir eine ausgesprochene Seltenheit zu sein. Dabei war es nicht nur das Blau, sondern auch die vielen hellen und dunklen Schattierungen in der Iris, die den Augen eine besondere Leuchtkraft gaben. Ray war sehr viel älter als Albina, etwa um 25 Jahre, und hatte bereits eine Ehe hinter sich, aus der drei Kinder hervorgegangen sind. Ray und Albina haben sich im Goethe-Institut in München beim Erlernen der deutschen Sprache kennen gelernt.

Den amerikanischen Lebensstil, den ich hier nun vorgelebt bekam, hat Albina, die ja aus der anderen Hälfte des Globus stammt, auch erst erlernen müssen. Sie, ihre Eltern und ihre beiden Geschwister haben ein ganz einfaches und bodenständiges Leben in Kasachstan geführt. Freilich hatte sich Albina an den ganz alltäglichen Luxus, der für Amerikaner normal ist, allmählich gewöhnt. Den Wunsch, ihre Familie im fernen Osten wieder zu sehen, konn-

te sie sich erst nach mehreren Jahren erfüllen.

Das Nachbarhaus, das etwa 150 m entfernt war, bewohnte ein afrikanisches Ehepaar. Einmal fand dort ein Fest statt, zudem ich auch eingeladen war. Gleich beim Eintreten in den Wohnraum des Nachbarhauses war ich umgeben von unglaublich vielen Dingen. Das Herz eines Kindes oder das eines Sammlers würde höher schlagen beim Anblick dieser ungewöhnlichen Vielfalt. Im Parterre saßen auf Sofas, Stühlen und Sesseln Unmengen von Puppen, angetan mit Seidenkleidern in leuchtenden Farben. Haare und Frisuren von blond, über rothaarig bis schwarz, von gelockt bis glatt. Kopfputz aus Glasperlen und matt schimmernden Ketten. Sie schauten einen von allen Seiten mit ihren großen blauen, grünen oder schwarzen Augen an. Aber auch Stofftiere, Eisenbahnen und viele andere Sammlerstücke, verteilt auf mehrere Etagen, konnte man bewundern. Die Afrikanerin lachte, als ich mir das alles ansah, sagte etwas, das ich nicht verstand, aber das war auch nicht nötig. Albina und Ray kamen später, als es etwas zu essen und zu trinken gab. Es wurde afrikanische Musik gespielt und erst spät am Abend waren wir wieder daheim.

Mehrere Autos hat jeder Amerikaner vor der Türe stehen. Damit immer eines griffbereit ist, falls ein anderes Familienmitglied mit einem Auto weg ist.

Einmal war ich mit der Familie für einen Tag an dem Michigansee. Vor der Abfahrt wurde der Anhänger des Autos voll beladen: Mit einer Yacht, einem kleineren Boot, dazugehörigen Rudern und noch vielen anderen Dingen, die zu einem richtigen Badetag gehören. Der See ist eineinhalb Autostunden von Battle Creek entfernt und riesengroß: Das gegenüberliegende Ufer ist nicht zu sehen. Beinahe wie ein Meer, mit warmem, hellem Sandstrand und einem schönen Weg dorthin, der von Schilf und hellgrünen Gräsern gesäumt wird.

Ein junges Mädchen, dessen Namen ich nicht mehr weiß, eine Freundin der Familie, kam zu Besuch, eine Deutsche, die ich in den letzten Tagen meines Aufenthaltes noch kennengelernt habe. Sie sollte Englisch lernen, auf die Buben aufpassen und sich im Haushalt nützlich machen. Dabei lernte sie die amerikanische Lebensweise, die Sprache und den familiären Lebensstil kennen. Mehr weiß ich nicht, habe es auch nicht erfragt, da meine Abreise bevor stand.

Ich verabschiedete mich herzlich von den beiden Buben und von Albina. Dreizehn Tage waren vergangen, und am dritten September 2005 brachten mich Ray und das junge Mädel zum Flughafen, der einige Meilen außerhalb von Battle Creek liegt. Die Flughalle ist klein, mit wenigen Ticketschaltern und wenig Personal. Es war am frühen Nachmittag bei schönem Wetter und es waren nur einige Fluggäste zu sehen. Es ging alles ganz schnell, kein Checkin, keine Rampe – ähnlich wie bei einer Zugreise. Ich kaufte das Ticket, verabschiedete mich vielmals mit vielen Dankesworten von meinem Gastgeber, wurde dann kurz kontrolliert, ging auf das Rollfeld und stieg in ein kleines Flugzeug. Für Inlandsflüge stehen in den USA vorwiegend kleine Maschinen zur Verfügung.

Bald schon hob der Pilot ab, ohne lange auf der Rollbahn herumzukurven. Die einzige Flugbegleiterin, eine fest gebaute junge Dame, angetan mit einer blaugrauen Uniform und einem hellen Halstuch, saß schweigend hinter dem Cockpit auf einem Sessel. Mein Flug führte mich zunächst nach Cincinnati, wo ich, um mein Ziel, Al-

buquerque, die Hauptstadt des weit im Süden gelegenen Bundesstaates Neu-Mexiko, zu erreichen, umsteigen musste. Es war als würde ich in einem Reisebus sitzen, nur sah ich um mich herum den blauen Himmel und unter mir die immer kleiner werdenden Häuser. Die Wiesen und Felder hatten die Struktur eines in beigen, grünen, rostroten und braunen Farben gewebten Fleckerlteppichs. Das Flugzeug wackelte bei jedem Windstoß oder fiel abrupt in ein Luftloch. Es klapperte und es war sogar das Pfeifen des Windes zu spüren. Die Ausstattung war schlicht, nichts Überflüssiges war da. Nach etwa einer viertel Stunde Flugzeit erhob sich die Stewardess und reichte jedem der wenigen Fluggästen eine kleine Packung zum Knabbern und eine kleine Flasche Mineralwasser.

Der Flug war kurz, ohne nennenswerte Zwischenfälle, und wir landeten nach ca. 1¼ Stunden auf dem riesigen Flughafen von Cincinnati. Dieser Flughafen ist ein Verkehrsknotenpunkt und dient vornehmlich dazu, den Flughafen von Philadelphia zu entlasten. Ich war mittlerweile routinierter, was Flugreisen betrifft, und erfuhr, dass mir bis zum Abflug meiner nächsten Maschine zwei Stunden Zeit blieben. Den Ohrendruck bei der Landung hatte ich nun auch im Griff und er machte mir nichts mehr aus dank meiner Erfahrungen, die ich auf den letzten Flügen gemacht hatte. Aber mein Dank gilt dem Vater im Himmel.

Dieser Flughafen hatte nun wieder alles, was zu einem großen Airport gehört. Mit Bussen werden die Fluggäste zu ihren Flugzeugen gebracht. Ich setzte mich zunächst in ein Self-Service-Restaurant und holte mir etwas zu essen. Kaffee stand in vier verschiedenen hohen Kannen bereit und daneben unterschiedliche Milchsorten und

**88**

zweierlei Art von Zucker. Es kostet immer das gleiche, egal wie viel man trinkt.

An einem Schalter erkundigte ich mich nach dem Terminal, von dem ich abfliegen würde. Ich hatte ein elektronisches Flugticket, das bei Inlandflügen obligatorisch ist. Meine große Reisetasche hatte ich nach der Landung abgeholt und musste sie nun mit mir herumziehen. Es blieb mir noch genug Zeit, das Geschehen um mich herum zu beobachten. Überall klingelten Handys und jeder war froh, einen Gesprächspartner zu haben. Mit seinem neben ihm sitzenden oder stehenden Nachbar sprach dagegen kaum jemand. Lieber hat man einen Vertrauten, den man nicht sieht, als den Nächstbesten, der sich vielleicht als unbequemer oder langweiliger Zeitgenosse entpuppt. Viele haben auch Kopfhörer übergestülpt und sind dadurch überhaupt nicht ansprechbar.

Ich erfuhr, dass Passagierflugzeuge auf Englisch airliner heißen. Meine Armbanduhr stellte ich um zwei Stunden zurück, von 18.30 Uhr auf 16.30 Uhr, da Neu-Mexiko in einer anderen Zeitzone liegt als Detroit. Das Flughafengebäude erschien mir wie ein Jahrmarkt, es werden nicht nur Souvenirs in den Läden angeboten, von Garderobe über Schmuck bis hin zu Spielzeug gibt es fast alles. Der Fußboden glänzte wie ein Spiegel oder so, als ob er nass und rutschig gewesen wäre, aber der Schein trog, er war völlig rutschfest und trocken. Menschen hasteten hin und her und auch ich begann mich allmählich zum Terminal der Fluggesellschaft, der East-West-Delta, zu begeben. Mein großes Gepäckstück wurde mit einem Zettel beklebt und verschwand auf einem Rollband. Nach der Pass- und Ticketkontrolle ging es zum Zoll. Schuhe, Jacke und Rucksack kamen in einen Plastikbehälter. Nach der Durch-

leuchtung bekam man alles wieder und ich ging zu dem Gate B10. Wieder Ticketkontrolle und dann folgte eine kurze Busfahrt zum Flugzeug. Dieser Airbus war viel größer als der, dem ich am Nachmittag entstiegen war, und es waren natürlich auch mehr Menschen an Bord.

Ich hatte einen Platz in der Mitte und keinen Nachbarn. Ich wusste nicht, ob ich darüber froh sein sollte oder es bedauern. Die Flugbegleiterin schloss die Gepäckklappen und auch die Fenster in der Decke des Flugrumpfes. Aus dem Monitor drangen die Sicherheitsanweisungen an mein Ohr. Es war alles auf Englisch, was ich nicht verstand, konnte ich mir zusammenreimen.

Nach dem Start, als der Airbus abhob und wir die immer kleiner werdenden Häuser, in denen schon die Lampen brannten, immer weiter unter uns ließen, bot sich uns ein zauberhaftes Bild. Es dämmerte bereits und der dunkel werdende Himmel mit der untergehenden Sonne rundete das Gemälde ab. Leider war mein Blickfeld ein wenig eingeschränkt, da ich einen der beiden Flügel neben mir hatte. Da Cincinnati offenbar eine große Stadt ist, waren immer mehr und mehr Lichter zu sehen und es bildeten sich leuchtende Kreise und Spiralen auf dem Boden.

Zum Essen gab es während des zweistündigen Fluges nichts. Das ist in den USA bei Inlandflügen so üblich. Man musste entweder vorher essen oder es später nach der Landung in einem der Restaurants nachholen. Zu trinken wurde etwas angeboten, außerdem in kleine Tüten verpackte Snacks. Ich nahm eine Flasche Sprite und ein Päckchen Kartoffelchips. Wegen der sehr hohen Kosten des Flugbenzins wird am Essen gespart. Die Stewardess wirkte kühl und hatte lange braune Haare. Sie besaß nicht den Charme der französischen Flugbegleiter, sondern benahm sich wie eine Geschäftsfrau.

Die Zeit verging schnell. Ich schlummerte ein wenig ein und als ich wieder erwachte, war es dunkel. Ich sah nur die schwarze Nacht durch mein Bullauge. Wenn man einen Kopfhörer haben wollte, um beim Fernsehen das Gesprochene hören zu können, so musste man dafür bezahlen. Die meisten Passagiere waren damit beschäftigt, das für sie passende Fernsehprogramm zu suchen und, wenn sie fündig geworden waren, es sich anzuschauen. Viele zappten lange Zeit herum, bis sie das fanden, was sie zufriedenstellte.

In Albuquerque erwarteten mich Wolfgang Krämer und dessen Frau Jerry, und ich war gespannt auf das Land und auf meine Gastgeber. Wolfgang kannte ich aus meiner frühen Kindheit, aus der Zeit, als wir, das heißt meine Familie, während des Zweiten Weltkrieges in einem kleinen Dorf in Tirol namens Pfaffenschwendt lebten. Nach dem Ende des Krieges verbrachten mein Bruder und ich viele Sommerferien in dem Dorf. Allmählich kamen auch immer öfter neue Gäste aus den Städten, um ihren Urlaub in den Bergen zu verbringen. Zu diesen gehörte Wolfgang Krämer und dessen älterer Bruder Robert, die ich also nach Ende des Zweiten Weltkriegs in Pfaffenschwendt kennengelernt hatte. Zwei Stunden dauerte der Flug und nach der Landung auf dem Flughafen bei Albuquerque, der Hauptstadt von Neu-Mexiko, verlief alles wie gewohnt. Zu welchem Zweck sich beim Landen die an den Flugzeugflügeln angebrachten Klappen öffneten, hat sich mir nicht erschlossen. Nachdem ich mein großes Gepäckstück von dem sich drehenden Förderband genommen hatte, setzte ich mich auf eine Bank und wartete. Als

erstes fiel mir auf, dass Informationen, etwa auf Hinweisschildern, nicht nur in englischer, sondern auch in spanischer Sprache abgefasst waren. Wie ich später erfuhr, leben hier nicht nur sehr viele Indianer, meist in Reservaten, sondern auch viele Latinos.

Plötzlich entdeckte ich ein Ehepaar, das suchend um sich blickte. In dem Mann erkannte ich den natürlich gealterten Wolfgang. Er blickte mich prüfend an und dann zögerte er nicht mehr und begrüßte mich freudestrahlend. Auch ich freute mich über das Wiedersehen, das letzte lag 45 Jahre zurück. Er stellte mir seine sehr freundliche Frau Jerry vor, dann nahm er meine große Tasche, meinen Rucksack trug ich selbst, und wir gingen zu seinem schicken, klimatisierten Auto. Wolfgang war als gelernter Koch im Alter von 20 Jahren in die Staaten ausgewandert. Von seiner ersten Frau, mit der zusammen er zwei inzwischen erwachsene Töchter habe, sei er geschieden worden. Jetzt war er 62 Jahre alt und arbeitete als Küchenchef in einer großen Kantine. Seine Frau war gewiss zehn Jahre jünger. Sie arbeitete als Bäckerin in einer Bäckerei und hatte dort eine leitende Funktion. Auch sie war geschieden. Ihre drei erwachsenen Kinder lebten in anderen Bundesstaaten.

Wir kamen ins Gespräch, leider konnte Jerry kein Deutsch, so dass ich mich nur mit Wolfgang unterhielt. Es gab natürlich Gesprächsstoff in Mengen, und Wolfgang übersetzte immer wieder einzelne Passagen für seine Frau.

Wir fuhren ca. ¾ Std. mit dem Auto. Ich sah wenig, nur das Licht der Straßenbeleuchtung und die vielen Scheinwerfer der großen Limousinen erhellten die Straßen.

Ich stellte fest, dass die Häuser Flachdächer besaßen und alle in einem ockerfarbenen Ton gestrichen waren. Nun waren wir im Süden der USA und es war alles anders als in Michigan. Keine grünen Wiesen, sondern eine braun-graue Steppenlandschaft. Als wir das Ziel, einen Vorort von Albuquerque, erreicht hatten und bei einer noblen Villa ausstiegen, empfingen uns vier schwarze, gut genährte Katzen.

Ich bekam ein elegantes Zimmer mit eigenem kleinen Badezimmer. Im Haus war ich meist alleine, da Wolfgang und Jerry tagsüber zur Arbeit gingen. Die Katzen strichen umher, und da die Fenster teilweise vergittert waren, gelangten sie nur an wenigen Stellen ins Haus. Manchmal war es mir unheimlich, wenn die vier glänzenden Augenpaare der Tiere mich anstarrten.

Neu-Mexiko hat eine vielseitige Prärie, die Rocky Mountains sind mit dem Auto in etwa eineinhalb Stunden zu erreichen. Eine Wanderung in diesem zerklüfteten Bergmassiv lockte mich sehr, und Jerry war bereit, eine Tour mit mir zu unternehmen. Wir waren den ganzen Tag unterwegs, bergauf und bergab. Am Ende musste ich zugeben, dass wir ein wirklich unglaublich schönes Naturerlebnis gehabt hatten. Felsen, kleine schilffarbene Sträucher und schmale Pfade. Einigen Mountainbikern, die über steinige Böden sprangen, waren wir auch begegnet. Meine Tage verbrachte ich mit Wandern durch die sandige Umgebung, einer sehr wüstenähnlichen Landschaft mit knorrigen, niedrigen Bäumen und schmalen Flecken mit Grasbüscheln und Blumen, die Disteln nicht unähnlich sind.

Einmal fuhr Wolfgang mit seiner Frau und mir zu ihrer Cottage, die in den Bergen liegt und eine sehr komfortabel ausgebaute Hütte ist, in der wir einige Tage verbrachten. Auf der Fahrt überholten wir einen typisch amerikanischen Van, der ein ganzes

Haus auf Rädern hinter sich herzog. Ich war so überrascht und Wolfgang sagte: „Amerikaner ziehen mit ihren Häusern um und stellen sie an einem anderen Ort wieder auf." Was mir auch auffiel, waren die unglaublich langen Lastautos. Sie heißen Long Vehicles und fahren tagelang über die endlosen Highways durch das unermesslich große Land. Diese Autos sind mindesten doppelt so lang wie ein Laster bei uns.

Viele Indianer leben in Albuquerque. Im Zentrum der Stadt verkaufen sie täglich ihre selbst genähten, gestickten und gewebten Handarbeiten. Sehr schöne farbenreiche Textilien sind das. Auch Künstler, wie Bildhauer und Maler, haben sich mit ihren Ateliers in der City niedergelassen. Sie freuen sich, wenn Reisende auf ihre Handarbeiten und Kunstwerke aufmerksam werden und das eine oder andere Stück kaufen.

Einmal fuhr Wolfgang mit mir als zu einer besonderen Überraschung zur „Stadt auf dem Berg". Eine kurvenreiche Straße in steilen Serpentinen, von der aus man auf der einen Seite in tiefe Schluchten blickt, auf der anderen Seite geht es senkrecht nach oben. Zum Glück schaffte das Auto die steile Auffahrt und wir erreichten dieses sagenumwobene Fleckchen Erde. Hier leben Menschen in Höhlen oder in zum Teil auch aus Lehm und Steinen bestehenden kleinen Erdhütten. Ganz selten kommen Gäste in diese Einsiedelei, aber so ganz unbekannt sind Besucher den hier Siedelnden nicht. Sie knüpfen Teppiche oder weben Tücher oder machen Stoffbänder mit eingearbeiteten bunten Perlen. Lehm wird zu Bechern verarbeitet und an der Sonne getrocknet. Dann warten die Anachoreten auf Besucher, denen sie ihre Manufakte verkaufen können. Der in endlosem Wohlstand lebende Amerikaner ist gerne bereit, den für ihn weltfremden Zeitgenossen ihre Arbeit großzügig zu entlohnen. Wolfgang machte mich vorher darauf aufmerksam, dass fotografieren strengstens verboten sei. Er sagte, man würde mir ansonsten die Kamera zertrümmern. Ich wollte abwarten, denn hier, wo jedes Fotografenherz höher schlägt, nicht zu fotografieren, wäre doch wirklich eine Schande. Und wirklich: Für einen kleinen Obolus sollten auch diese der Welt entfremdeten Menschen bereit sein, ihren Grundsätzen ein wenig untreu zu werden.

Hier in dieser felsigen Höhe hatte man eine eigene Sprache, eigene Sitten, eigene Gesetzte, abgesondert vom Rest der Welt. Ob es ein Glück ist, dass die Zivilisation sie entdeckt hat? Ist es vielleicht nur eine Frage der Zeit, bis sie selbst zum Opfer von Reichtum und Wohlstand werden? Heute nach vielen Jahren während ich dies schreibe, weiß ich nicht, ob es die Stadt auf dem Berg und die dort Lebenden noch gibt. Ich kann niemanden fragen. Wolfgang Krämer ist bei einem Verkehrsunfall im Januar 2006, ein Jahre nach meiner Amerikareise, ums Leben gekommen. Was aus seiner Frau Jerry geworden ist, bleibt ein Geheimnis.

Mein Neu-Mexiko-Aufenthalt neigte sich nach etwa zwölf Tagen dem Ende entgegen und Wolfgang brachte mich zurück zum Flughafen, wo ich in eine Maschine stieg, die zurück nach Cincinnati flog. „Besten Dank und herzliche Grüße an Jerry!", das waren meine Abschiedsworte. Eine mütterlich wirkende Stewardess betreute das kleine Flugzeug, das ich in Cincinnati wieder verlassen musste, um in eine anderen Maschine umzusteigen, die nach Philadelphia flog. Dort würden mich mein Bruder Manfred und dessen Frau Ingelore abholen, die seit vielen Jahren in den USA lebten. Sie empfingen mich mit freudiger Spannung und die Begegnung wurde zu einem freudigen, herzlichen Wiedersehen. Nun ging es mit dem Auto nach Beaver Run, im Staate Philadelphia.

Auf die Camphill-Bewegung bin ich in meinem Buch „Lebenszeugnisse" schon ausführlich eingegangen. Zugrunde liegt ihr die anthroposophische Lebens- und Geisteshaltung, die vor Jahrzehnten von Rudolf Steiner begründet wurde. Dieser Bewegung haben sich mein Bruder und seine Ehefrau angeschlossen, arbeiten und leben in Beaver Run mit geistig, seelisch und körperlich behinderten, also pflegebedürftigen Kindern. Im „Kinderdorf" bewohnen die beiden ein kleines Haus, in dem ich das Gästezimmer bekam. Das ganze Dorf ist in dem von Steiner angeregten Baustil erbaut und sehr gediegen und großzügig auf einem großen Terrain errichtet. Der Festsaal, in dem Veranstaltungen stattfinden, ist sehr groß, alles an ihm hat seine Bedeutung, jeder Farbton ist durchdacht und auf das Gesamtkonzept abgestimmt. Ein großes, geschwungenes Dach schließt das Bauwerk nach oben ab. Auch die Häuser der Bewohner und Mitarbeiter sind mit Überlegung und Stil konzipiert. Die grüne Landschaft mit Gärten, Wiesen und Freiflächen fügt sich dynamisch in die Umgebung ein. In den Gärten und Gewächshäusern wird vornehmlich biologisch-dynamisches Gemüse angebaut.

Die seelenpflegebedürftigen Menschen, wie man sie hier nennt, lernen, mit Pferden umzugehen und auf ihnen zu reiten. Es gibt ein Schwimmbad, in dem sie Schwimmunterricht erhalten. Auch im Hinblick auf Freizeitangebote kommen die heilpädagogischen Grundsätze zur Anwendung – während es im therapeutischen Bereich die medizinischen Erkenntnissen Rudolf Steiners

**92**

sind. Das gesamte Spektrum der anthroposophischen Heilslehre wird hier gelehrt und angewendet.

In jeder Wohngemeinschaft leben je nach Größe mehr oder weniger Behinderte mit der Familie des sie betreuenden Heilpädagogenehepaars zusammen. Auch Azubis aus Deutschland und solche, die ein soziales Jahr ableisten möchten, kommen dazu hier die Möglichkeit.

Manfred und seine Frau, die kinderlos sind, nehmen ihre Mahlzeiten in ihrem Haus ein oder im Kreise anderer Familien. Ich bekam Einladungen in mehrere Wohngemeinschaften und wurde überall als die Schwester von Manfred vorgestellt. Man behandelte mich immer sehr freundlich und zuvorkommend. Nur an der Haltung meines Bruders spürte ich, dass er meine Einstellung zur Anthroposophie zwar billigen musste, sie aber insgeheim verwarf. Warum hatte ich das Erbe unserer Mutter nicht wie er fortgesetzt? Freilich, in den religiösen Sitzungen wurde aus der Bibel in der Übersetzung von Emil Bock, auch ein Verehrer Steiners, gelesen. Dass Jesus Christus Gottes Sohn ist und nur er die Menschen erretten kann, blieb in diesen Veranstaltungen auf der Strecke, war gar kein Thema. Ingelore, die erst durch die Heirat mit Steiners Schriften in Berührung kam, von nun an jedoch hoch interessiert an dem Gedankengut der neuen Lehre war, nahm meine christliche Glaubensüberzeugung mit mehr Wohlwollen auf.

Einmal durfte ich mit einer Gruppe von Jugendlichen mit dem Zug nach Philadelphia fahren, in die Hauptstadt des Bundesstaates Pennsylvania. Hier konnte ich für einen Tag Wolkenkratzer von atemberaubender Höhe betrachten. Der amerikanische „way of life" trat hier in seinem ganzen Ausmaß vor meine Augen. Menschen aus Afrika, Asien, aus der ganzen Welt begegneten mir, wo immer ich ging oder stand.

Als ich wieder zurück in Beaver Run war, hatte Manfred eines Tages die Idee, mit mir und Ingelore nach New York zu reisen und anschließend in Kanada unsere Verwandten zu besuchen. Manfred wollte mit dem Auto fahren, Ingelore war damit einverstanden und ich natürlich auch.

Sehr früh ging es los, da viele Meilen vor uns lagen und wir bis Mittag New York City erreichen wollten. Nun, so meinte Manfred, würde ich eine Stadt erleben, wie sie weltweit einmalig sei. Das steigerte die Spannung und in der Tat, als wir in New York City auf dem Time Square und in Manhattan waren, konnte man, wohin man auch sah, nur noch staunen. Das ist er also, „the Big Apple", wie die Amerikaner ihre Stadt nennen. Diese Skyline, die hohen Häuser, die in den Himmel ragen, mit tausenden von Fenstern! Der Straßenverkehr, buntfarbene Busse, dazwischen Menschen mit Handkarren und Fahrrädern! Alles noch viel üppiger, höher, exotischer und bunter als in Philadelphia.

Ingelore zielte auf ein Kunstmuseum zu, in meiner Erinnerung das Guggenheim Museum, um dort die Kunstwerke zeitgenössischer Künstler zu betrachten. Ich wäre lieber in der Stadt herumspaziert, was Manfred nicht zuließ, da ich verloren gehen könne oder zu spät zurückkäme. Ich war in seinen Augen noch immer die naive jüngere Schwester.

Nach dem Museum besuchten wir ein Restaurant, wo ich meine Englischkenntnisse anwenden und amerikanisches Essen genießen konnte. Ingelore meinte, hier speise man international, was bedeute, dass es einfach alles gäbe.

Ab jetzt sah ich New York nur mehr vom Auto aus. Wir konnten uns nicht viel Zeit

**93**

lassen, denn nach Kanada war es noch weit und nur eine Übernachtung war vorgesehen. Wir fuhren so lange, bis Manfred müde war. Dann suchten die beiden ein Motel und wir verbrachten in einem gemeinsamen Zimmer die Nacht. Der Zimmerboy stellte mit wenigen Handgriffen ein zusätzliche Bett für mich in den Raum.

Am nächsten Morgen nach dem Frühstück fuhren wir weiter bis zur kanadischen Grenze. Als wir schon weite Strecken in dem im Norden an die USA grenzenden Land zurückgelegt hatten, fuhren wir durch große Obstplantagen, auf denen eine unglaubliche Vielfalt an prächtigen Bäumen und Sträuchern mit herrlichen Früchten und Beeren wuchsen. Ich bat Manfred um einen Apfel oder auch anderes Obst. Schließlich kaufte er bei einem Obsthändler, deren es hier viele gab, mir und Ingelore verschiedene Früchte. Wie gut diese schmeckten! Wir fuhren durch ein wahres Früchteparadies.

Kurz vor Verlassen der USA hatten wir das Schauspiel der Niagarafälle bewundert. Der Regenbogen, der durch die Sonne und die herabstürzenden Wassermassen entsteht, ist mir in bleibender Erinnerung geblieben.

Schnell ging es weiter, denn am selben Tag mussten wir noch nach Toronto kommen, wo Hajo, mein und Manfreds Cousin (der ältere Sohn von Tante Lotte, der jüngeren Schwester meiner Mutter) mit seiner Familie, und Michael, der Bruder von Hajo mit seiner Familie, etwa 40 km entfernt von Toronto auf uns warteten. (In meinen Lebenserinnerungen – Lebenseinsichten gehe ich detailliert auf Tante Lotte und Onkel Alfred und deren Auswanderung nach Kanada in den fünfziger Jahren des zwanzigsten Jahrhunderts ein.)

Die Konversation mit unseren Verwandten verlief zweisprachig, was viel Heiterkeit auslöste. Die Übernachtung war geregelt, Platz gab es genug und am nächsten Morgen verabschiedeten wir uns voller Dankbarkeit bei unseren Gastgebern und es ging zurück nach Beaver Run.

Die Schwester von Hajo und Michael namens Dörte lebt mit ihrer Familie auf der östlichen Seite von Toronto. Aus Zeitmangel konnte Manfred dorthin nicht mehr fahren.

Nun verblieben noch wenige Tage mit Manfred und Ingelore und ich brach zu meiner letzten Reise auf. Diese führte mich noch einmal nach Kanada, und zwar zu einem Freund von Manfred namens Konrad Weggl. Ich kannte ihn, da er gelegentlich zu uns nach München in die Barerstraße gekommen war, wo er und Manfred gemeinsam auf ihren Gitarren Musik gemacht hatten. Die beiden kannten sich aus der Chemieschule Dr. Erwin Elhardt, wo sie zu Chemotechnikern ausgebildet wurden.

Als mein Bruder schon längere Zeit in den Staaten lebte und dabei in Briefkontakt mit seinem Freund Conny blieb, fasste dieser eines Tages den Entschluss, Manfred zu besuchen. Aus dem Besuch wurde mehr: Conny beschloss sich nördlich von Toronto in dem kleinen kanadischen Ort Richmond Hill niederzulassen. Er kaufte sich ein schönes Stück Land mit einem Haus darauf, heiratete eine Chinesin namens Jane und wurde Vater dreier Töchter. Da mein Bruder sich weiterhin und sehr intensiv mit anthroposophischem Gedankengut beschäftigte, begann seine Freundschaft mit Conny allmählich zu bröckeln. Schon bald war klar geworden, dass Conny die Lehren Rudolph Steiners nicht zu seinen eigenen machen konnte.

**94**

Als Chemotechniker hatte Conny in dem Labor eines Krankenhauses einen guten Job bekommen. Er pflanzte Bäume auf dem Stück Land, begann Beete anzulegen, auf denen Salat und anderes Gemüse wachsen würde, und als ich mich im Jahr 2005 dem Anwesen näherte, schritt er gerade die Reihen neben den Physalisbeeten entlang. Ich kannte Physalis, aber diese Sorte hier war unvergleichlich besser als die schwach gelben Pflanzen, die man in München im Laden kauft. Hier waren sie rot, herb und süß zugleich, einfach köstlich. Eine Mischung aus Pfirsich, Mandarine und Erdbeere, und das in Vollendung. Conny meinte, ich könne so viele pflücken wie ich wolle. Er war mittlerweile zu einem etwas kauzigen Typ geworden. Ein hagerer Mensch mit grauem, struppigem Bart und ebensolchen Haaren, die mit schwarzen Strähnen durchzogen waren. Er rauchte selbstgedrehte Zigaretten, und das mehr als ihm lieb war. Ich vermutete, dass das Kraut, dass er in seine Zigaretten stopfte, aus dem Eigenanbau stammte. Während er sprach, lachte er mich an mit seinen bräunlichen, großen Zähnen. Er nahm wieder eine Zigarette, hustete mehrmals und sagte, als ich ihn besorgt ansah, dass der Husten eine Erkältung sei und nichts zu bedeuten habe. Seit seiner Pensionierung vor acht Jahren, widme er sich ganz seinem wunderschönen Garten, und das mit ganzer Hingabe.

Wir schritten die Wege zwischen den Beeten entlang. Hier wuchsen Paprikaschoten und duftende Tomatenstauden. Er erlaubte mir so viele reife Tomaten zu pflücken wie ich wolle. Damit begann ich sogleich und biss in die erste hinein. Während mir der Tomatensaft übers Kinn lief, bestätigte ich ihm, dass ich noch nie in meinem Leben so gute Tomaten gegessen hätte. Conny lachte nur. Während er mich

an Obstbäumen vorbeiführte, erklärte er mir die für Wachstum und Gedeihen der Pflanzen erforderlichen Voraussetzungen. Er zeigte mir Beete, wo Kräuter aller Art wuchsen, und ich erklärte ihm, dass ich für diese ein besonderes Faible habe. Ich aß immer weiter an meinen gepflückten Physalen, wobei mein Appetit nur noch zunahm. Irgendwann merkte ich, dass es nun reichte, und mit Bedauern musste ich aufhören. Wann würde ich jemals wieder solche Physalen bekommen? Diese kleinen, hellroten Beeren sind umhüllt von einem ockerfarbenen, raschelnden Seidenkleid. Darin schlummern sie, geschützt vor den Unbilden der Witterung.

Conny ging mit mir ins Haus, wo seine Frau schweigsam auf dem Sofa saß. Sie redete nichts, auch nicht mit Conny. Ich nahm an, dass er kein Chinesisch und sie kein Englisch sprach. Auch in den nächsten Tagen erlebte ich sie ruhig auf dem Sofa sitzend. War es ihr fernöstliches Wesen, das ihre Seele mit Schweigen umhüllte? Conny verließ immer wieder das Wohnzimmer, um eine zu rauchen. Es war nicht zu verkennen, dass er ein notorischer Kettenraucher war. Nur seine Hustenanfälle unterbrachen das Rauchen. Er tat mir wirklich leid.

Zwei Tage und Nächte verbrachte ich bei Familie Weggl. Die Tochter Alexandra habe ich einmal begrüßt. Aber am Morgen hatte sie es eilig, zur Arbeit zu kommen. Die beiden anderen Mädchen waren nicht da. Der Abschied war gekommen und Conny würde mich zum Airport nach Toronto bringen. Mein sicheres Gefühl sagte mir, dass ich, wenn ich heute Nordamerika verlassen haben werde, nie wieder an diesen Ort zurückkehren würde. Ich packte zum letzten Mal meine große, fahrbare Reisetasche und legte das gesamte belichtete Negativmaterial hinein. Es waren 78 Kleinbildfilme. Die beiden CDs, den Memorex, die Fotoapparate und die 17 DIN-A4-Seiten ausgedruckter Text, den ich schon geschrieben hatte, packte ich in den Rucksack. Die 17 Seiten sind in den hier vorliegenden Reiseaufzeichnungen in Auszügen enthalten.

Ich stand früh auf und frühstückte mit dem Gastgeberehepaar. Kurz vor 11 Uhr brachte mich Conny mit seinem schon älteren Auto, das ohne Klimaanlage fuhr, zum Flughafen. Er sagte, dass er den amerikanischen und ebenso den kanadischen Luxus ablehne. Er sei Deutscher und bleibe es. Der kleine Herd und die bescheidene Einrichtung in seinem Haus waren mir bereits aufgefallen. Ein Auto ohne Air-Condition ist in Nordamerika undenkbar. Conny hat sich dem amerikanischen Standard nur bedingt angepasst. Das konnte mir übrigens auch in Manfreds und Ingelores Haus nicht verborgen bleiben: Die Einrichtung, speziell der Herd, aber auch das übrige Kücheninventar entsprach eher dem Empfinden für deutsche Gemütlichkeit. In den Küchen amerikanischer Privathäuser stehen Herde, die man in Deutschland eher in mittelgroßen Wirtshäusern antrifft. Von diesen unterscheiden sie sich allerdings durch ihre viel reichlichere Ausstattung mit Elektronik. Des weiteren gehört ein riesiger Kühlschrank und ein ebenso großer Gefrierschrank zum Standard. In dem Kühlschrank befinden sich zwei Wasserhähne, denen man auf Knopfdruck eisiges bzw. temperiertes Wasser entnehmen kann. Ja, hier liebt man den Komfort. Aber dafür muss man auch hart arbeiten.

In den Großstädten leben Menschen auch in erbärmlicher Armut. Der Mensch drüben weiß von klein auf, dass er mit großem Fleiß und Durchhaltevermögen sich ein gutes Auskommen schaffen kann. Es gibt keinen Sozialstaat wie in Deutschland, wo man viele Möglichkeiten hat, sich der Arbeit teilweise oder ganz zu entziehen. Für den bürokratischen Aufwand, den das verursacht, hat der Amerikaner nichts übrig. Er bringt die Menschen lieber in Brot und Arbeit, um sie auf diese Weise in die Lage zu setzen, sich ihre Existenzmöglichkeit selbst zu schaffen.

Wir waren am Airport von Toronto angekommen. Conny fragte mich schon im Auto, ob er mich, da sich die Parkmöglichkeiten voraussichtlich schwierig gestalten würden, vor dem Terminal der Toronto Airline absetzen könne. Meinen weiteren Weg würde ich dann schon selbst finden. Ich dachte, dass es keinen Grund gäbe, es nicht so zu machen. Ich bedankte mich herzlich und wir verabschiedeten uns, nachdem wir uns noch gegenseitig fotografiert hatten. Er hob meine große Reisetasche aus dem Kofferraum, gab mir den Griff des Gestänges in die Hand, stieg wieder ins Auto, winkte und war weg.

Während ich mit dem Rucksack auf dem Rücken und dem rollenden Gepäckstück an der Hand durch eine Glastüre ging, dachte ich darüber nach, warum das Leben im Wechsel eines sich ständig wiederholenden Begrüßens und Abschiednehmens unaufhaltsam dahinschwindet. Der Versuch, das Leben festzuhalten, kam mir ebenso töricht vor wie der Versuch, Wasser mit der Hand festzuhalten: Kurze Zeit benetzt es deine Haut, dann läuft es unwiederbringlich davon.

Der vorliegende Bericht basiert auf meinem Kenntnisstand im Jahr 2005. Jetzt, im Jahr 2024, möchte ich die Information nachreichen, dass Deutschland in Bezug auf technischen Fortschritt seitdem enorm aufgeholt hat. Bei in der Bundesrepublik gefertigten Neuwägen gehört die Klimaanlage inzwischen zum Standard, was auch mit der Klimaerwärmung zusammenhängen mag.

Nachdem der Gang geendet hatte, kam ich in eine Flughalle, die menschenleer war. Auch an den etwa sechs Schaltern stand niemand. Ich blickte die lange Halle hinunter und sah in der Ferne eine Dame mit ebenfalls einem rollenden Koffer und lief hinter ihr her. Ich bemerkte nun, dass in der Ferne Betrieb war und sah auch einige geöffnete Schalter und Menschen, die dort anstanden. Also begab ich mich zu den Wartenden und holte mein elektronisches Ticket aus dem Rucksack. Da näherte sich mir eine Dame, erblickte das Blatt Papier in meiner Hand und verwies mich zu einem der Monitore, an denen links von mir mehrere Reisende in einer Reihe anstanden. Nun sah ich auf einem Blatt Papier „check in" stehen und ging zu dem nächsten freien Monitor, vor dem ein Herr stand, der damit befasst war, etwas in das Gerät einzugeben. Der Mann verstand mich nicht oder ich sprach zu leise. Da kam gerade eine Frau vom Personal vorbei, ich zeigte ihr das DIN-A4-Blatt in meiner Hand und bat sie, das zu tun, was man anscheinend von mir erwartete. Sie schaute das Papier an, winkte ab und sagte, dass ich mich an einem der Schalter anstellen solle. Mir fiel auf, dass die hier agierenden Kanadierinnen, die in strammen Uniformen steckten, teilweise ein dominantes und resolutes Wesen hatten. Nun stellte ich mich an den Schaltern an, wo „Toronto jazz" stand, denn diese Fluglinie stand auch auf meinem Papier. Da nur wenige Fluggäste anstanden, kam ich schnell dran. Die Dame am Schalter nahm mein DIN-A4-Blatt, schrieb etwas in den Computer und fragte, wie viele Gepäckstücke ich aufgeben wolle. An Stelle einer Antwort hob ich meine gro-

ße Tasche auf das schwarze Band neben ihrem Tisch. Sie klebte den Papierstreifen darum und gab mir die Bordkarte und den Pass wieder zurück. Mein Flieger befand sich im Terminal E, Gate 254. Ich fragte noch, ob mein Gepäck in Detroit automatisch in die Air-France-Maschine, die nach Paris fliegt, umgeladen werden würde. Das verneinte sie. Es sei nicht möglich, weil es sich um zwei verschiedene Airlines handele. Ich müsste also das schwere Teil in Detroit wieder in Empfang nehmen, um es dann wer weiß wohin zu schleppen. Über Detroit musste ich deshalb fliegen, weil es der erste Flughafen in Amerika war, auf dem ich zu Beginn meiner Reise gelandet war. Bevor die Dame mich entließ, gab sie mir noch ein blaues Formular, dass ich ausfüllen solle, um es danach einer anderen Dame – diese stand vor einer Wand, in die ein Tor eingelassen war – zu geben. Ich trat an sie heran, gab ihr den Pass und sah sie erwartungsvoll an. Sie hatte ein mütterliches, verständnisvolles Wesen und begriff, dass es einem schwer fallen könne, Formulare auszufüllen. Sie sagte, wenn ich nichts aus Kanada in die USA einzuführen beabsichtige, könne ich von den Fragen, die auf dem Formular stehen, alle mit „no" beantworten, das Datum einsetzen, unterschreiben und fertig. Dann erlaubte sie mir, mich auf den neben ihr stehenden Stuhl zu setzten, lachte mich aufmunternd an, nahm mir den Stift, noch ehe ich fertig war, aus der Hand und ergänzte das noch Fehlende. Unbekümmert legte sie das Formular irgendwo ab. Ich hatte den Eindruck, dass auch ihr die vor einigen Jahren eingeführten, mit einem erheblichen Mehraufwand für Passagiere und Personal verbundenen schärferen Sicherheitsbestimmungen reichlich albern vorkamen. Auslöser hierfür waren, wie bereits berichtet, die beiden Flugzeuge, die Terroristen in die beiden Türme des World Trade Center in New York stürzen ließen, was sehr viele Menschen das Leben kostete. Diese Katastrophe im Jahre 2001 hatte ganz Amerika erschüttert und letztendlich die ganze Welt.

Inzwischen standen neue Fluggäste bei der Dame mit dem mütterlichen Wesen an. Diese fertigte sie so nebenbei ab, dann wandte sie sich wieder mit freundlichen Worten mir zu. Ich bedankte mich vielmals und ging. Ich lief in die Richtung, die sie mir gewiesen hatte und kam an die Sicherheitsabsperrung. Davor waren drei Schalter, vor denen schon viele Passagiere warteten. Wieder Pass- und Ticketkontrolle, Jacke ausziehen, Rucksack aufs Förderband legen, zweimalige Durchleuchtung des Rucksacks: die Schrecksekunde für mich.

Nach dem Flug nach Detroit verließ ich die Maschine und konnte nach einiger Wartezeit das Flugzeug, das nach Paris flog, besteigen. Von Paris aus flog ich mit der Air France nach München, wo ich nach vielen Stunden wohlbehalten ankam. Empfangen wurde ich von einigen meiner Kinder und Enkelkinder. Hiermit endet meine erste große Nordamerikareise.

Ich stehe mit meiner Familie vor dem sich langsam drehenden Gepäckkreisel, von dem ein Gepäckstück nach dem anderen abgeholt wird. Einige Teile stehen auf dem Boden, aber wo ist meine große blaue Tasche? Nur ich warte noch, als der Kreisel plötzlich still steht. Meine Kinder sind schon am Hin- und Herüberlegen, was schief gelaufen sein könnte und fangen an, miteinander zu diskutieren. Also, auf zum Büro der Airline und den Verlust melden. Ich bin verärgert. Was habe ich doch an Fotomaterial in dem Gepäckstück! Ist also alles weg?! Einige Tage später läutet es bei mir an der Haustüre. Ein Herr in Uniform überreicht mir mit der größten Liebenswürdigkeit und entschuldigenden, radebrechenden Worten mein verloren geglaubtes Gepäckstück. Ich bedankte mich hoffentlich ebenso liebenswürdig und herzlich.

Bis ich ein zweites Mal nach Nordamerika reisen würde, sollten zehn Jahre vergehen: Man schrieb das Jahr 2016.

Zuvor flog mein Bruder einige Male nach Deutschland. Er kam alleine, aber auch zusammen mit seiner Frau. Manfred interessierte sich für die Goethe'sche Farbenlehre, mit der sich auch Rudolph Steiner beschäftigt hatte. Er besuchte verschiedene Orte in Deutschland und auch das Goetheanum in Dornach in der Schweiz, den Hauptsitz der anthroposophischen Bewegung, um Vorträge zur Farbenlehre zu halten.

Nun wollte er noch einmal in die Welt unserer Kindheit eintauchen und mit mir und seiner Frau nach Tirol fahren. Das Auto wurde in einem Büro für Mietwagen gebucht und wir fuhren los. Es war Oktober und von allen Seiten zeigte sich der goldene Herbst in gelben und hellbraunen Farben. Zunächst ging es nach Tirol, zu Anni Kronthaler, die meine Freundin in Pfaffenschwendt gewesen war und jetzt zusammen mit ihrem Mann in Pinzgau am Pillersee wohnt. Ihre beiden Kinder waren erwachsen und hatten eigene Familien. Es war ein wirklich überraschendes Wiedersehen. Die junge Anni kochte echte Tiroler Speckknödel, die wir erst mit Suppe und dann mit Sauerkraut aßen, womit sie alte Kindheitserinnerungen in mir wach rief. Manfred, ich und auch Ingelore fanden diese Mahlzeit einfach köstlich. Zwischen dem Eindruck, den Anni auf mich als vierjähriges Mädchen gemacht hatte sowie den Erinnerungen, die ich mit ihr verband, und dem jetzigen Wiedersehen gab es allerdings keine Berührungspunkte. Wir waren uns fremd geworden, das konnte nicht anders sein. Über ihre Mutter, die auch Anna geheißen hatte, berichte ich in meinem Band „Erste Kinderjahre“. Welch rührige, lustige und herzliche Frau war doch die alte Frau Kronthaler gewesen! Und dennoch: Sollte man sich nicht besser mit dem zufrieden geben, was einem die Kindheit in ihrer unwiederholbaren Einmaligkeit schenkt anstatt den Versuch zu machen, alte Bekanntschaften aufzuwärmen?

Als nächstes besuchten wir Greti und ihren Mann, die in Hochfilzen in der Nähe von Pfaffenschwendt lebten und einen einzigen Sohn hatten. Gretis Bruder Hans hatte das Bauernhaus übernommen, in dem wir als Kinder mit Feriengästen und der uns unheimlich vorkommenden Magd Mascht Blinde Kuh gespielt hatten. Zu Lisei, der Schwiegertochter von Foidls, gingen wir auch. Sie lebte alleine in dem Bauernhaus, in dem wir während des Krieges gelebt hatten. Ihr Mann Sepp war schon tot. Sie schenkte Manfred ein Stück Geräuchertes, „Gselchtes“, wie man in Tirol sagt. Bevor wir zurückfuhren, besuchten wir noch Gerda in Fieberbrunn. Als Kind war ich bei jedem Wetter mit Gerda jauchzend über die Felder gerannt. Nun war sie eine alte Frau geworden, die gerade ein Kleidungsstück bügelte. Sie war damals meine liebste Kameradin gewesen und musste mich auch sehr gerne gehabt haben. Die meisten, eigentlich fast alle Menschen, die meine Kindheit bestimmt hatten, waren mittlerweile gestorben. Sie werden mir so in Erinnerung bleiben, wie ich sie als Kind erlebt habe.

Ein heftiges Schneegestöber überraschte uns während der Heimfahrt. Ganz schnell waren die Hügel, Berge, Felder und Stra-

ßen unter einer dichten, weißen Schneedecke verschwunden. Ingelore beschwor Manfred vorsichtig zu fahren. Ganz unerwartet, während noch dicke Flocken fielen, tauchte die Sonne zwischen hellen und grauen Wolken auf und schickte ihre Strahlen über das weiße Land. Das war ein Lichtblick, der unbeschreiblich schön war, während ich über die Endlichkeit des Lebens nachdachte. Ja der Zauber des kindlichen Erlebens ist begrenzt und dauert nur kurze Zeit. Schon im Jugendalter beginnt seine Auflösung und schließlich verschwindet er für immer.

Manfred war seit früher Jugend ein begeisterter Bergsteiger. So entschloss er sich eines Tages nach Indien zu reisen, wo er sich im Himalaja, begleitet von Sherpas, auf die gewaltigen eisbedeckten Gletscher der nepalesischen Bergwelt hinaufarbeitete. Als Manfred mit seiner Frau in den USA Fuß zu fassen begann, unternahmen die beiden, oft für Wochen, sehr abenteuerliche Reisen. Sie ließen sich mit dem Hubschrauber nach Kanada in die Bergwelt von Britisch-Kolumbien einfliegen. Bepackt mit allen lebensnotwendigen Dingen wurden sie nach ihrem vierzehntägigen Wanderabenteuer wieder von einem Helikopter abgeholt. Um ihren Proviant vor Bären zu schützen, hängten sie diesen auf Bäume, wo ihn die Tiere nicht erreichen konnten. Von den Reisen übrig geblieben waren eine Unmenge von farbigen Diapositiven, die Ingelore später entsorgte. Ohne dass Ingelore davon gewusst hätte, eröffnete sich für Manfred, der zu dem Zeitpunkt in Europa war, eines Tages die Chance, auf den Montblanc zu steigen. Schnell besorgte er sich die erforderliche Ausrüstung und schloss sich einer Bergsteigergruppe an. Er war tagelang unterwegs und seine Frau war tief besorgt, telefonierte mit mir, aber von

Manfred hörte man nichts. Das Handy gab es hierzulande damals noch nicht. Nach etwa einer Woche konnte Ingelore ihren abenteuerlustigen Mann wieder in die Arme schließen. Aber die Leviten hat sie ihm tüchtig gelesen.

Nach meiner ersten Nordamerikareise im Jahr 2005 brach ich in 2016 also zu meiner zweiten auf. Auch diese führte mich sowohl in die USA als auch nach Kanada.

Mein erstes Ziel war die anthroposophische Einrichtung Camphill Ghent for Elders in Community.

Gleich Beaver Run, wo Manfred und Ingelore zuvor gewohnt hatten, befindet sich diese in Pennsylvania, nur ein wenig näher am Staate New York. Die beiden hatten nicht länger im Camphill in Beaver Run leben können, da Manfred dem Unterrichten der Fächer Mathematik und Physik nicht mehr gewachsen war. Seine Denkleistung hatte so sehr nachgelassen, dass er, obwohl der von ihm zu unterrichtende Lehrstoff ein wenig vereinfacht worden war, seine Lehrtätigkeit einstellen musste. In der Camphill Special School in Beaver Run, wo sie bis jetzt gelebt hatten, mussten sie Platz für Menschen machen, die ihre Arbeitskraft ganz für die Gemeinschaft einsetzen konnten. Dazu war Manfred nun nicht mehr in der Lage. Ein sehr harter Schlag für Ingelore und Manfred. Viele Fragen begann das Ehepaar sich zu stellen, Sorgen fingen an sie zu plagen, Ratschläge wurden ihnen von allen Seiten gegeben. Mein Bruder unterzog sich allen möglichen medizinischen Untersuchungen. Aber das half nichts. Es gab keine Aussicht auf Besserung, sein Zustand verschlechterte sich zusehends. Die Konsequenz war für die beiden sehr schlimm. Ihr Häuschen, die Gemeinschaft, ihre Freunde, die Mitarbeiter, mit denen sie viele Jahre gelebt und gear-

beitet hatten, all das mussten Manfred und Ingelore mit großer Betrübnis verlassen. Diese schmerzliche Trennung bereitete Ingelore großen Kummer und es war schwierig, das alles Manfred zu erklären. Aber es half nichts, hier war ihre Zeit zu Ende.

Das Glück war, dass sie nach Camphill Ghent ziehen konnten. Das ist eine Einrichtung für ältere Menschen, die auf einem von Beaver Run etwa 50 Mailen entfernten Hügel liegt. Hier lebten Alte, Kranke und Behinderte. In einem großen, schönen Gebäude inmitten eines weitläufigen grünen Geländes bekam das Ehepaar im Parterre eine kleine Wohnung, zwei Zimmer mit Toilette und Badezimmer. Zimmernummer 102 und 103. Selbst zu kochen brauchten sie nun nicht mehr. Die Versorgung war von Seiten der Heimleitung vollständig geregelt. Viele Menschen aller Nationalitäten kümmerten sich um die Bewohner. Hier spürte man den Geist der Nächstenliebe im wahrsten Sinne des Wortes. Jeder Mensch wurde freundlich und zuvorkommend behandelt.

Nun erlebte ich Manfred ganz anders, als ich ihn von früher kannte. Er saß sehr viel bei Ingelore im Zimmer, fragte sie oft dieselben Dinge, war sehr anhänglich und suchte, außer wenn er schlief, ihre Nähe. Ein großes Glück war, dass seine Frau beinahe ständig für ihn da sein konnte. Manfred hing an Ingelore wie ein Kind an seiner Mutter. Nur: Bei einem Kind löst sich diese Anhänglichkeit allmählich, während sie bei meinem Bruder zunahm. Ich gedachte meiner Mutter, die am Ende ihres Lebens nur mehr ein Wort sprach und das lautete „Monika". Mit großer Geduld ertrug meine Schwägerin ihr nun so verändertes Leben, klagte aber auch manchmal darüber, dass sie selbst gesundheitliche Probleme habe. Mit allerlei Arzneimitteln, mal

**100**

homöopathischer, mal allopathischer Herkunft, versuchte sie, eine Verbesserung ihres Gesundheitszustandes zu erlangen. Verschiedene Arzneimittel sollte auch Manfred schlucken, aber der Erfolg blieb aus, da er den Medikamenten instinktiv nicht traute. Auch eine eigene Apotheke beherbergte die Einrichtung. Hier wurde unermüdlich für ausreichend medikamentösen Nachschub gesorgt. Eine geschulte Mitarbeiterin verabreichte bei ihrem täglichen Rundgang die verordneten Medikamente. Auch einige Ärzte standen in Bereitschaft, um im Notfall die erforderlichen Maßnahmen zu ergreifen. Der Glaube an Ärzte und deren Allmacht ist in den USA ungebrochen. Zweifler am System haben in diesem Lande wenig Chancen. Was wäre ohne Ingelore mit Manfred geschehen? Damals dachte ich, dann hätte ich ihn nach Deutschland holen müssen, das heißt ich hätte ihn bei mir zu Hause in München aufnehmen und mich um ihn kümmern müssen.

Ich bekam ein Zimmer in der obersten Etage des Hauses. Ein sehr großes schönes Zimmer mit zwei Fenstern. Über dem Bett befand sich ein ausladender Ventilator. Vielleicht gab es hier oben keine Klimaanlage, aber das habe ich nie hinterfragt. Wenn der Ventilator lief, entstand ein so angenehmer Wind, dass es für mich keinen Grund gab, es anders zu wollen. Ein kleiner fensterloser Raum diente als Kleiderschrank. Die Fenster im Zimmer wurden nach Außen geöffnet. Bei Wind und Regen sollte man nicht zu lange abwesend sein.

Am Tage strampelte Manfred abwechselnd mit Ingelore auf einem Hometrainer, der die körperliche Mobilität unterstützen sollte. Auch draußen auf den gepflegten Wegen liefen beide, jeder mit zwei Stöcken in den Händen, die Wege hinab und hin-

auf. Ich genoss unterdessen meine Freiheit. An kein Gerät und an niemanden gebunden durchwanderte ich das mich umgebende Freiland, das von niedrigen, struppigen Bäumen umsäumt war. Meine Verpflichtung bestand allein darin, rechtzeitig zu den Mahlzeiten zu erscheinen. Es gab drei Mahlzeiten, die mit viel Fürsorge und Liebe von fleißigen Händen zubereitet wurden. Das Leben hier war Dank der guten Organisation für alle Mitarbeiter, Zivildienstleistende, die ich hier ab und zu antraf, Betreute, Betreuer und Gäste ein sehr gut funktionierender Gesamtorganismus.

Manfred liebte das Essen und obwohl er mir sehr fremd geworden war und ich ihm darum nicht die gewohnte Aufmerksamkeit schenkte, merkte ich doch, wie er beim Essen jede Zurückhaltung verloren hatte. Er genoss die Mahlzeiten in vollen Zügen. Ich vermutete, dass er mich aufgrund seines geistigen Zustandes vergessen hatte und in mir eine fremde Person sah. Eine, die er manchmal nett und freundlich behandelte und die ihm dann wieder gleichgültig war. Ihren Speiseplan veränderte Ingelore dahingehend, dass sie wegen ihres Übergewichtes verschiedene Speisen mied und anderen nun den Vorzug gab. Mir gegenüber zeigte sie sich sehr wohlwollend und interessiert. Ihr Zimmer war mit Bildern, Büchern und dem ganzen Flair anthroposophischer Inspiration ausgestattet.

Einmal hatte ich ein Erlebnis, als ich auf meinem Spaziergang hinter dem Gelände dahinschritt. Ich vernahm ein immer lauter werdendes Rauschen über mir. Ganz plötzlich schoss ein riesiger Vogel mit ausgebreiteten Schwingen etwa zehn Meter vor mir aus der Luft auf den Boden. Ich erschrak gewaltig, dann blieb das Tier einige Sekunden ganz ruhig sitzen. Auch ich rührte mich nicht vom Fleck. Was für ein riesiger, dunkelgefiederter Vogel staunte ich so lange, bis er sich wieder erhob und mit weit ausgebreiteten Flügeln davonflog, um in der Dunkelheit des Waldes zu verschwinden. Wieder im Hause erzählte ich Ingelore von meinem Erlebnis. Sie bestätigte mir, dass es in der Gegend riesige Greifvögel gibt.

Der große und sehr lebendig gestaltete Gemüsegarten wurde von einem deutschen Mann namens Kari bearbeitet und gestaltet. Ein fleißiger Gärtner, der sich auch um die unterhalb des großen Geländes gelegene Bienenzucht kümmerte. Ingelore erzählte mir später per Telefon, das Kari mit seiner Frau wieder nach Deutschland zurückgekehrt sei. Genauer gesagt in die Schweiz. Sie bedauerte es sehr, da sie in ihm einen verständigen Gesprächspartner gefunden hatte.

Menschen aller Nationen, Hautfarben, Sprachen und Glaubensrichtungen bekommen hier ein sinnerfülltes Leben, was in der Dankbarkeit der zu Betreuenden einen Ausdruck findet. Auch eine hundertjährige, elegante, sehr gepflegte Dame fand hier ein Zuhause. Ihre Tochter war oft bei ihr zu Besuch.

Im Sommer wird immer ein großes Fest veranstaltet, zu dem viele geladene, aber auch ungeladene Gäste erscheinen. Zu diesem Zweck werden Theaterstücke eingeübt, es wird gesungen, musiziert und Kreistänze werden vorgeführt.

Eines Tages hob jemand Manfreds Rollstuhl in den Kleinbus, Manfred wurde hineingesetzt, Ingelore nahm auf der Bank daneben Platz und der Chauffeur, ein Deutscher, der mit seiner Frau seit Jahrzehnten in der Gemeinschaft lebte, fuhr mit uns nach Chatham. In diesem nächstgrößeren Ort gibt es Cafés, kleine, auch sehr feine Geschäfte und all das, was eine amerikani-

sche Kleinstadt zu bieten hat. Nicht zu übersehen sind die Dinge, die aus der Vergangenheit übrig geblieben sind. Eine alte Benzin-Zapfsäule, eine verschnörkelte, weiße französische Bank, ein rostiges großes Schild, auf dem geschichtliche Daten und andere Details zu lesen sind, die für Chatham Bedeutung haben. Mitten durch den Ort rattert über Geleise ein langer, breiter, farbiger Güterzug. Amerikanische Flaggen hängen an Häusern, vor Boutiquen und wer weiß wo sonst noch. Wir besuchten ein Café. Manfred sah gut gelaunt aus und ließ sich das Getränk und das Gebäck schmecken.

Schon einige Male hatte ich gedacht, wie viel besser es gewesen wäre, wenn mein Bruder sich nicht beinahe ein Leben lang mit dem Gedankengut Rudolph Steiners herumgeschlagen, sondern zur Wahrheit und zu dem Glauben an Jesus Christus gefunden hätte. Nun aber, fürchte ich, wird für ihn die Wahrheit, da er nicht mehr Herr seiner Gedanken ist, für immer im Dunkeln bleiben. Aber es ist vielleicht sogar eine Gnade Gottes, dass das, was sein Leben bestimmte, inzwischen aus seinem Bewusstsein verschwunden ist und sein Leben daher eines Tages ohne die anthroposophische Prägung zu Ende gehen wird.

Bei meinen Streifzügen durch die Gegend gelangte ich zu dem Kaufhaus „Price Chopper", ein Einkaufszentrum von gigantischen Ausmaßen. Nicht nur dass die Einkaufswägen viel größer sind, als ich sie kenne, es gibt auch Wägen, auf denen man selbst sitzen kann. Der gesamte Einkauf wird in einem Gitterkasten, der vorne am Fahrzeug befestigt ist, verstaut. Meist korpulente Menschen benützen dieses Teil, mit dem sie ins Geschäft hineinfahren und einkaufen können. An der Kasse oder am Kassenautomat bleiben sie darin sitzen und

**102**

bekommen nach dem Bezahlen beim Einpacken ihrer Waren auch noch menschliche Hilfe angeboten. Dann fahren sie mit dem Gefährt direkt zu ihrem Auto. Sie brauchen keinen Meter zu gehen, der Einkauf erledigt sich wie von selbst.

Eines Tages fuhr Kari, der Gärtner, mit Ingelore, Manfred und mir mit seinem Auto nach Olan zu einem Museum. Meiner Ansicht nach liegt in Amerika Kunst und Kitsch so nahe beieinander, dass man Mühe hat beides voneinander zu unterscheiden. Der Deutsche reagiert oft sehr allergisch auf Kitsch, das kennt der Ami nicht. Er hat nicht einmal einen Begriff dafür. Soweit ich mich erinnere, gab es in dem Museum viele schöne Teile zu sehen, die aber nicht so alt sein konnten, wie sie, stilvoll aufbereitet, wirkten. Es ist doch klar, Amerika ist eben ein junges Land. Selbst die Amerikaner haben immer etwas Junggebliebenes in ihrem Wesen.

Manfred saß wieder in seinem Rollstuhl, als wir vom Museumsvorplatz aus die Gebirgskette betrachteten, die sich hinter dem Fluss Hudson entlangzieht. Ingelore hatte schon davor von diesem Anblick geschwärmt, der wirklich sehr beeindruckend und schön war. Sie unterhielt sich angeregt mit Kari. Manfred saß ganz still im Rollstuhl und hielt sich eine Hand vor die Augen. Ein Mitleid mit meinem Bruder bemächtigte sich meiner. Es rührte mich, wie er die Hand auf sein Gesicht und über seine Augen legte. Was für ein Unglück war damals im Krieg unserer Mutter wegen ihres Sohnes widerfahren, als er sein Auge verlor! Nun musste er im Rollstuhl sitzen, da er nicht lange stehen konnte und orientierungslos geworden war.

Die letzten Tage meines Aufenthalts durchwanderte ich noch einmal die hügelige Landschaft, kam an einem Farmerhause, einem alten Brunnen, einem ausgedienten Traktor und einem nicht funktionierenden Brunnen vorbei. Alles Teile, die der Betrachtung dienten, aber nicht mehr in Betrieb waren.

Neben Camphill Ghent gibt es in Pennsylvania noch weitere vergleichbare Dörfer, die im Steiner'schen Sinne geführt werden. Eines von ihnen besuchten wir. Ingelore zeigte auf ein viereckiges kleines Steinhaus auf einem sanften Hügel inmitten einer Wiese. „Dort", sagte sie, „möchte ich dass nach meinem Tod meine Urne beigesetzt wird." Im Stillen bemitleidete ich sie.

Vor meiner Abreise nach Toronto wurden wir noch zu einem Ehepaar zum Abendessen eingeladen. Wir betraten ein sehr gediegenes, hübsches Holzhaus und wurden nach dem köstlichen Abendessen von der Gastgeberin mit einem Klavierkonzert beschenkt. Das war mein letzter Abend mit meinem Bruder und Ingelore. Würde ich die beiden je wieder sehen? Am nächsten Tag würde ich mit der Eisenbahn, der „Amtrak", nach Kanada fahren, um meine Cousine Dörte zu besuchen.

Es liegen zwei Fotobücher von mir vor. Eines von meiner USA-Reise. Das andere von meiner Kanada-Reise.

Ich war reisefertig, dankte dem Personal von Camphill Ghent für die freundliche Bewirtung und stieg in das Auto von Kari. Manfred saß vorne, Ingelore neben mir hinten. Am Bahnhof in Chatham verabschiedeten wir uns. Das Ticket hatte ich lange Zeit vorher gekauft. Manfred stand auf die beiden Stöcke gestützt da. Kari wünschte mir alles Gute, Ingelore hatte meinen Anorak noch in der Hand, als der Zug schon pfeifend und schnaubend in dem kleinen Bahnhof eintraf. Vielleicht war ich die Einzige, die hier einstieg. Ingelore und ich warfen uns noch freundliche Worte zu, während sich der Zug schon langsam in Bewegung setzte. „Der Anorak!" Ingelore riss ihn sich vom Arm und streckte ihn mir entgegen. Ich ergriff ihn, die Zugtüre schloss sich, der Zug rollte schon, winkende Hände, Verschwinden von Manfred und Ingelore vor meinen Augen. Ich sitze in einer amerikanischen Eisenbahn mit anscheinend wenigen Menschen und in großer Kälte. Ich ziehe all das an, was ich an warmen Kleidungsstücken dabeihabe. Was für ein Glück, den Anorak noch in letzter Minute ergriffen zu haben! Noch nie habe ich in einer Eisenbahn so gefroren. Wie ist das möglich, sollte ich den Zugbegleiter fragen? Amerikaner sind daran gewöhnt, dachte ich. Einige saßen kurzärmelig herum. Allmählich fand ich mich damit ab oder gewöhnte mich daran. Ich holte mir einen Kaffee und kaufte mir ein Gebäck dazu, welches der Verkäufer mir in eine Serviette eingewickelt gab. Mir fiel der mangelnde Komfort auf im Vergleich mit deutschen Zügen, was in mir durchaus Wohlgefallen auslöste. Der Schaffner stellte an jeder Station einen gelben, zweistufigen Plastikschemel vor einige Einstiegstüren, über die Fahrgäste nun ein- und aussteigen konnten. Das Bistro des Zuges bestand aus einem Tisch, auf dem der Kaffeeautomat stand sowie weißes Gebäck in einer Schachtel. Unter dem Tisch auf dem Boden befanden sich einige gefüllte Plastikflaschen.

Nach etwa eineinhalb Stunden Fahrt erreichten wir die kanadische Grenze und alle Reisenden mussten aussteigen. Wir wurden in einen angenehm warmen Raum gebracht, wo sich der Zoll befand und wo wir unsere Papiere bereithalten sollten. Nun wurde mir klar, dass doch mehr Menschen als gedacht mit dem Zug gefahren waren. Wohin ich mich auch drehte, über-

all standen nicht nur englische Wörter und Sätze, sondern auch französische. Ich liebte die französische Sprache und nun hatte ich Gelegenheit in dieser Geschriebenes zu lesen und mir dessen Sinn zusammenzureimen, sofern ich ihn nicht auf Anhieb verstand. Wir mussten einen Raum betreten, in dem jeder sein Gepäck vor sich auf den Boden stellen sollte. Ein großer Hund wurde hereingeführt, um an dem Gepäck herumzuschnüffeln. Was sollte das bedeuten? Ich erfuhr, dass der Hund auf Drogen abgerichtet war und nach solchen suchte. Die Suche blieb erfolglos. Anderenfalls hätte es spannend werden können. Nun sollten die Reisenden ihren Pass und das Ticket bereit halten, bis die Kontrolle käme. Einige mussten auch ein Visum vorzeigen.

Wieder im Zug sitzend, brauchte ich den Anorak nicht mehr, sondern freute mich über die willkommene Wärme, die kanadische Züge bieten. Wir näherten uns den Niagarafällen, von denen man wenig sah, aber immerhin durften wir uns ihrer bewusst sein. Es war Nachmittag und ich dachte an die Wasserfälle, mehr aber freute ich mich darüber, meine Cousine Dörte bald wieder zu sehen. Toronto, wie weit würde es noch entfernt sein? Dörtes Mann Bruce kannte ich noch nicht.

Im Bahnhof von Toronto angekommen, bewegte ich mich, meine große Tasche hinter mir herziehend, auf die große Bahnhofshalle zu. Dörte würde ich sicher erkennen, vor einigen Jahren, hatte sie mich in München besucht. Ich schaute nach links und nach rechts. Da! Ganz am Ende saßen auf einer Bank zwei Leute. Ich beschleunigte meine Schritte, siehe da, Dörte und Bruce. Meine Cousine erhob sich, wir fielen uns in die Arme. Dann stellte sie mich ihrem Mann vor und er gab mir die Hand. Ihr Haus lag in Pickering, etwa 40 km au-

**104**

ßerhalb von Toronto. Dorthin fuhren wir mit der S-Bahn, der Subway. Ihr Sohn Jim, ein Student der Philosophie und Literatur, war zu Hause, Tochter Lisa, eine Balletttänzerin war hingegen nicht da. Sie hatte einen Sohn mit Namen Quintin, war aber leider von ihrem Mann geschieden. Ich bezog mein Zimmer und nun gab es viel zu erzählen. Bruce, der von Beruf Arzt gewesen war, nun aber seine Pension bezog, setzte sich vor den Fernseher. Er verstand kein Deutsch, aber unsere Unterhaltung hätte ihn sowieso nicht interessiert.

Die folgenden Tage vergingen mit Spaziergängen durch Pickering, wo Dörte mir alles zeigte, was diese Kleinstadt zu bieten hat. Mit seinen vielen roten Backsteinhäusern, seinen gepflegten Vorgärten und seinen sauberen Wegen erinnerte Pickering in mancher Hinsicht an ein Städtchen Norddeutschlands.

Die Kanadier fühlen sich den Deutschen verwandter als den Amerikanern. Das habe ich öfters gehört. Zu den Amis haben viele ein gespaltenes Verhältnis. Viele mögen sie einfach nicht. Hier wird die Fahrgeschwindigkeit im Auto in Kilometern gemessen. Das Messen in Meilen lehnt man hier als zu amerikanisch ab.

Bruce hatte mit dem Zufußgehen Probleme und blieb darum zu Hause. Ich erlebte ihn meistens schweigsam, viel am Fernseher sitzend und eher teilnahmslos. Ich war eben nur der Besuch seiner Frau.

Was mich am meisten beglückte war, dass Dörte mich zu ihrem Gottesdienst mitnahm. Mit dem Auto fuhr uns Bruce in die dreißig Minuten entfernte Freikirche, wo wir mit vielen Besuchern den Gottesdienst feierten. Die Predigt verstand ich nur bruchstückhaft. Jahre zuvor war Dörte Anhängerin eines indischen Glaubens gewesen, hatte sich von diesem aber wieder

gelöst und sich eines Tages zu Jesus Christus bekehrt.

Einige Male fuhren Dörte und ich nach Toronto, wo wir ein weitläufiges Museum besuchten. Hier gab es weltberühmte Sehenswürdigkeiten aus vielen Lebensbereichen. Besonders die Glaskunst mit den in allen Farben schillernden großen und kleinen Glaskugeln, bunten Fantasiegebilden und farblich sehr schönen Gläsern und Vasen ist mir in Erinnerung geblieben. Alles hoch filigrane Werke der Glaskunst. Was mich berührte war eine schlafende Frau, die ungestört auf einem Sofa schlief. Niemand vom Museumspersonal störte sich daran, was ich mir in einem deutschen Museum nicht vorstellen kann.

Dörte wollte mir die Stadt Toronto in all ihren Facetten zeigen. Graffiti zogen sich über viele Straßenzüge hinweg. Meterhohe, ausladende Bilder, gemalt in verschiedenen Stilrichtungen, erstreckten sich über lange Straßenzeilen.

Lisa, die Tänzerin, lud uns zu einer Tanzshow ein. Was da geboten wurde, war entzückend und sehr schön. Sechs Tänzer etwa haben ein sehr modernes, aber geistreiches Debüt gekonnt auf die Bühne gebracht.

Wir besuchten die Chinastadt, einen rein chinesischen Stadtteil von Toronto. Die meisten Menschen sind hier Chinesen oder zumindest aus dem fernen Osten. Jede Beschriftung, für was auch immer, ist in chinesischen Schriftzeichen geschrieben. Auch die Supermärkte sind übervoll von exotischen, mir gänzlich unbekannten Lebensmitteln. Manche dieser schlitzäugigen Menschen wirkten weltabgewandt und in sich gekehrt. Toronto ist durch und durch eine Weltstadt, mit unglaublich vielen Menschen aus den entlegensten Ecken der

Welt. Jede Hautfarbe gibt es und jede Sprache wird gesprochen.

Mit Dörte war ich auch am Meer, am Ontario Lake mit seinem breiten Sandstrand und Palmen. Dieser ist natürlich kein See, sondern ein Meer ohne gegenüberliegendes Ufer. Bruce war dabei, aber er musste sich bald auf eine Bank setzen, auf der er blieb, bis ich mit Dörte zurückkam.

Hajo, mein Cousin, der wie ich 1939 geboren wurde, nur drei Tage später, kam mit seiner Frau Carol und Tochter Nicole zu Besuch nach Pickering. Schnell wurde über einen Food-Service ein Mittagessen bestellt, das wir im Garten des Hauses verspeisten. Das ist typisch amerikanisch, aber offenbar auch kanadisch: Man macht sich keine Gedanken über die Bewirtung der Gäste, sondern ganz schnell mit einem Handyclick kommt meist chinesisches Personal und der Tisch wird gedeckt.

Meinen Cousin Hajo zu treffen freute mich sehr. Ich staunte, wie gut er nach so langer Zeit in Kanada noch Deutsch sprach. In Pfaffenschwendt waren wir zusammen im Kinderwagen gelegen. Er sagte, dass er viel deutsche Literatur lesen würde, unter anderem das Hamburger Magazin „Der Spiegel".

Dörte veranstaltete einmal in der Woche einen Bibelabend, zu dem einige christliche, meist weibliche Glaubensgeschwister kamen. Sprachlich kam ich ganz gut zurecht, als wir aus der Bibel lasen und die Verse besprachen. Inhaltlich war mir der Text ja ausreichend vertraut. Einmal wöchentlich gab Dörte eine Malstunde im Souterrain des Hauses, an der jeder, der Lust hatte, teilnehmen konnte. Ich war auch dabei und malte mit Wasserfarben ein Bild. Zum besseren Verständnis: Dörte hatte in ihrer Jugend eine Kunstschule be-

sucht. Später lebte sie eine Zeit lang in Indien, da sie sich für indische Kultur und die Religionen des Subkontinents interessierte. Nach ihrer Rückkehr heiratete sie und war bei den Geburten der beiden Kinder beinahe vierzig Jahre alt. Das Haus mit etwa 300 qm Wohnfläche, bestehend aus vier Ebenen, ist besonders im obersten und untersten Stockwerk bis unter die Decke angefüllt mit unglaublich vielen Dingen. Dörte sagte, sie habe den Durchblick verloren und würde ihn auch nicht mehr suchen.

Nun besuchte uns noch Dörtes jüngster Bruder Michael, der kurz nach Kriegsende geboren wurde und kein Deutsch spricht, da die Familie Eilers nach Kanada auswanderte, als Michael noch sehr klein war. Michael kam mit seiner Frau Jenni, einer sehr netten, charmanten Frau, die vier Kinder in die Ehe mitgebracht hatte. Natürlich sprach auch sie kein Deutsch. Hajo und Michael haben zusammen eine Fabrik, in der künstlicher Marmor hergestellt wird. Dieser Kunststein, aus dem Badewannen, Toilettenschüsseln und ganze Küchenzeilen gefertigt werden, ist eine clevere Erfindung. Die Nachfrage nach den Produkten von Hajo und Michael ist groß, das Geschäft läuft gut. Wir denken gleich wieder, oh welch ein Kitsch! So sind wir Deutschen, anders der Nordamerikaner bzw. der Kanadier. Echter Marmor ist schwer zu beschaffen und kaum bezahlbar. Ganz anders das Imitat, welches in einem nicht allzu komplizierten chemischen Verfahren hergestellt wird.

Meine zweite Nordamerikareise neigte sich dem Ende entgegen. Dörte bestellte ein Taxi und das brachte uns beide zum Flughafen nach Toronto. Von hier war ich auch nach dem Besuch bei Conny Weggl abgeflogen. Also war mir schon vieles vertraut. Dörte lud mich noch zum Pizzaessen

**106**

ein und wir verbrachten unsere letzten Stunden mit dem beiderseitigen Wunsch, sie möge mich bald in München besuchen. Uns blieb noch Zeit für eine vertrauliche Unterhaltung und wir tauschten Erinnerungen aus längst verflossenen Jahren aus. Dörte wurde 1943 in Kitzbühel in Tirol geboren. Ich erinnere mich noch an das süße Baby mit den hellblonden Locken, das ich gerne einmal hätte halten wollen. Ob meine Tante Lotte das auch erlaubte, weiß ich nicht mehr. Der Abschied war gekommen. Während unserer Umarmung dankte ich Dörte noch einmal für alles. Ich musste nun durch die Absperrung gehen, wohin sie nicht mit durfte. Wieder ein Abschied, wieder ohne zu wissen, ob man sich je wieder sehen wird.

Wir flogen durch die Nacht. Den Sonnenaufgang vom Flugzeug aus zu beobachten ist wahrhaftig ein wunderschönes Erlebnis. Rot, orange und gelb erstrahlt das Firmament, umrahmt von Blautönen unterschiedlichster Helligkeit. Es war ein Direktflug und meine Familie empfing mich unter beiderseitiger Freude am Münchner Flughafen.

Die Idee zu meiner dritten USA-Reise hatte ein Enkel von mir, Nathanael, der älteste Sohn meines ältesten Sohnes Markus. Nach einigen Überlegungen stimmte ich zu. Nathanael organisierte die Flüge und alles, was dazugehörte. Da wir nach New York City und nach Kalifornien fliegen wollten, aber auch zu Manfred und Ingelore, die in der Nähe von Albany im Staate New York lebten, und danach nach Kanada zu Dörte und ihrer Familie, war eine sehr umfangreiche Planung nötig. Diese führte Nathanael systematisch und bis ins Detail durch.

Der erste Flug am 21. September 2019 mit der Lufthansa brachte uns wie geplant nach New Jersey, genauer gesagt zum Newark Liberty International Airport – nicht weit von New York. Den unserem Quartier, das Nathanael via Internet gefunden hatte, nächstgelegenen Haltepunkt erreichten wir nach halbstündiger Fahrt mit dem Airport Express, einer Bahn vergleichbar unserer S-Bahn bzw. U-Bahn. Nach einem nicht zu langen Fußweg, auf dem wir unser Gepäck tragen bzw. hinter uns herziehen mussten, erreichten wir unseren Schlafplatz in New York City. „Jetzt sind wir da!", sagte Nathanael und wir standen vor einem mittelhohen, älteren Haus. Daneben stand ein Baum, der auf einem kleinen, eingezäunten Erdfleck stand. Nathanael begann unten am Stamm nach etwas zu suchen und fand den Masterlock, ein Vorhängeschloss mit integriertem Fach, das nach Einstellen des Zahlencodes den Hausschlüssel freigab. Nun gelang es, die Haustüre zu öffnen. Frohgemut und sehr erleichtert stiegen wir über sehr hohe Treppenstufen in das fünfte Stockwerk empor. Einen Lift gab es nicht. Mein schweres Gepäckstück half mir mein Enkel nach oben zu schleppen. Nachdem Nathanael mehrere Namensschilder gelesen hatte, fand er die richtige Wohnungstüre, die sich auch aufschließen ließ.

Nun waren wir in unserer Wohnung und betraten das einzige nicht belegte, sehr kleine Zimmer. Es gab kein nennenswertes Mobiliar, nur ein großes Bett stand darin. Es war spät am Abend und wir hörten und sahen niemanden. Das Fenster war geschlossen, die Luft drückend. Hier würde ich die Nacht nicht zubringen können. Mein Enkel entdeckte die Klimaanlage, die am Fenster befestigt war. Er hatte schnell begriffen, wie man diese zum Laufen bringt. Die Nacht war Gott sei Dank gerettet. Die kleine Küche und das Bad, alles sehr amerikanisch und praktisch, hatten wir angeschaut, uns noch die Zähne geputzt. Dann gingen wir sehr müde ins Bett. Spät in der Nacht vernahm ich ein Hin-und-her-Gerenne von ein oder zwei Personen, bis nach geraumer Zeit die Wohnungstüre leise ins Schloss fiel. Was der Spuk zu bedeuten hatte, enträtselten wir am nächsten Morgen. In der Wohnung war nun außer uns niemand mehr und das viel größere Zimmer, vermutete Nathanael, war wohl für uns bestimmt gewesen. Per Handy erreichte er die Wohnungsinhaberin und erzählte ihr unser nächtliches Erlebnis. Sie reagierte sehr verständnisvoll, entschuldigte sich für das Missgeschick, das uns wegen unehrlicher Zeitgenossen widerfahren sei, und meinte, dass jemand kommen werde, der das große, tatsächlich für uns bestimmte Zimmer in Ordnung bringen und das Bett neu überziehen würde. Ich dachte wieder mal mit Erstaunen, das ist sie also, die neue Zeit. Alles ist digital machbar und völlig selbstverständlich. Das analoge Leben findet auch noch statt, aber wie und wo? Nathanael kaufte Brot, Butter, Käse und Wurst für das Frühstück ein. Ein Tisch und einige Stühle standen auf dem Flur oder der Diele, wo wir unser Frühstück, das vorzüglich schmeckte, mit großem Appetit einnahmen.

Nathanael sprach noch immer von dem nächtlichen Ereignis und machte sich Gedanken über die Gründe, aus welchen die Gäste klammheimlich verschwunden sein könnten. Er erinnerte sich daran, dass wir am Abend noch kurz mit ihnen gesprochen hatten und sie über die Maßen freundlich zu uns gewesen waren. Das brachte uns auf den Gedanken, dass der Grund für die nächtliche Flucht ihr schlechtes Gewissen gewesen sein musste.

Nun wollten wir aber schnell nach draußen und den Big Apple, wie die Amerikaner ihre Stadt nennen, ausgiebig kennenlernen. Dazu hatten wir nun einige Tage Zeit – mehr als ich vor etwa dreizehn Jahren, als ich mit Manfred und Ingelore hier gewesen war.

Nathanael und ich bewegten uns zu Fuß durch downtown, ein englischer Begriff nicht nur für die New Yorker Innenstadt, marschierten also durch Manhattan und die breiten Avenues im Zentrum der City. Wir konnten nur staunen über die Vielfalt der Menschen. Keine Rasse fehlte, von weiß bis schwarz. Ein unglaublicher Menschenstrom drängte sich auf den Trottoirs neben den bis zu den Wolken reichenden Hochhäusern. Plakatwände in grellen bunten Farben, teilweise beinahe so hoch wie die Wolkenkratzer selbst. Ich fühlte mich in dieser Stadt so, als würde ich in einen riesigen Strudel hineingezogen von Farben, Lichtern, Lärm, umgeben von exotischen und schrillen Leuten.

Die Menschen hier sind aber auch sehr liebenswürdig und entgegenkommend. Als ein Rollstuhlfahrer nicht vermochte die Straße zu überqueren, sprang gleich eine Frau herbei und schob ihn hinüber. Dann verschwand sie sogleich wieder ohne Dank zu erwarten.

Nathanael bestimmte unsere Wege, worüber ich froh war, denn auf diese Weise sahen wir all das, was er für sehenswert hielt. Man begegnet hier Menschen aus allen Regionen der Welt, die ausschließlich auf der Straße leben. Die Straße ist ihr Zuhause, und das im Sommer wie im Winter. Geld verdienen sie mit Pflasterkunst, als Artisten, die ihre Kunststücke vorführen, oder sie machen Musik.

Es war September und noch sehr warm, sodass das Leben hier in der Stadt für viele einfach Freiheit bedeutete. Dann und wann kommt die Heilsarmee vorbei und überreicht jedem, der das möchte, etwas zu essen. Alles was sich in deutschen Städten in verhältnismäßig engem Rahmen abspielt, nimmt hier ein unüberschaubares Ausmaß an. So bunt, so lebendig, so exotisch, so grenzenlos wie New York City sich präsentiert, gibt es wohl sonst keine Stadt auf der Welt.

Einmal kamen wir an einer Kirche vorbei, schauten kurz hinein, da es Sonntag war und gerade ein Gottesdienst zelebriert wurde. Die Frau, die hinter dem Eingang stand, wollte uns gleich in die gut gefüllte Kirche hinein zu den anderen Gläubigen führen. Wir lehnten ab, was sie lachend verstand, als wir ihr sagten, dass wir ganz neu hier seien und vor allem die Stadt kennenlernen wollten. In der U-Bahn begegneten wir Menschen, von denen ein Bild sich zu machen die fantasiereichsten Vorstellungen nicht hinreichen. Weiße, gelbe, braune, schwarze Gesichter. Aufgetürmte Haartracht, auch in allen Farben, abgeschorene Köpfe von Männern und Frauen. Dick und verwegen geschminkte Gesichter neben ganz normalen, blassen, berufstätigen Menschen in Anzügen oder im Kostüm.

Die Subway, die schon erwähnte Untergrundbahn – nicht zu verwechseln mit dem Airport Express, der eher einer S-Bahn oder dem deutschen Regionalzug gleicht – fährt auch unter

dem Hudson River durch. Sie ist alt, scheppert und wackelt, was so lange dauert, bis es wieder hell wird und wir aussteigen. Der unter dem Hudson River gelegene Tunnel für die Subway ist viele Meter lang und von gewaltigen Wassermengen umgeben. Welches Meisterwerk wurde hier tief unter dem Wasser geschaffen!

Die Brooklyn Bridge, die den East River überquert, ist zwei Kilometer lang. Nathanael und ich haben sie in beide Richtungen überquert. Der Bau dieser Brücke war im neunzehnten Jahrhundert eine übermenschliche Meisterleistung. Er hat drei Generationen gedauert und viele Menschenleben gefordert. Das Bauwerk wurde mit dicken Drahtseilen an gemauerten Brückentürmen aufgehängt und außerdem mit Hilfe gewaltiger Betonpflöcken tief unter dem Wasser verankert.

Wir durchwanderten New York City, soweit uns das möglich war, um zumindest das Wichtigste kennenzulernen. Dazu gehören die $5^{th}$Avenue und der Broadway, die Vergnügungsmeile, in der sich Showgeschäfte, Theater und andere Vergnügungsstätten aneinanderreihen. Der Times Square ist ein sehr bekannter und bedeutender Platz in Manhattan. Der Financial District liegt unweit davon entfernt in Lower Manhattan, wo neben der Börse viele Bankhäuser ihren Sitz haben. In diesem Umfeld bewegen sich die Reichen, die Schönen und die Spekulanten.

Im Hafen von New York steht auf dem Liberty Island die riesige Freiheitsstatue. Sie streckt ihren rechten Arm weit in die Höhe und hält eine Fackel in der Hand. Ihr Haupt wird umrahmt von einer Zackenkrone. Sie ist das Wahrzeichen für politische Freiheit und Demokratie. Wir haben sie nur von weitem, also in der Küstenlinie des Atlantischen Ozeans gesehen. Sie befindet sich in der Upper Bay, wo der Hudson und der East River zusammenfließen.

Wir besuchten auch das World Trade Center, in dessen beide Türme 2001 Flugzeuge rasten. Nun hat man dort den sogenannten Ground Zero, eine große Gedenkstätte, errichtet, wo alle Namen der 3000 Menschen, die bei dem Unglück ums Leben kamen, in Stein eingraviert wurden und so für die Ewigkeit in Erinnerung bleiben. Das Empire State Building, mit 102 Stockwerken einst das höchste Gebäude von New York, wird nun seit einigen Jahren vom One World Trade Center mit 105 Stockwerken übertroffen. Aber beide dieser immensen Bauwerke überragen sie alle, die vielen, vielen Wolkenkratzer von New York.

Nathanael ist seit einiger Zeit Mitglied in einer großen, weltumfassenden christlichen Gemeinde mit Namen Hillsong. Auch hier hat er sie gefunden und sie besucht. Einmal war ich auch dabei. Viele Menschen, laute Musik, viele Gläubige und Gäste. Ein großer Teil der Amerikaner hat einen überzeugten christlichen Glauben, den sie auch offen bekennen. Anders als bei uns, wo man in Glaubensfragen viel zurückhaltender ist, besser gesagt weniger offen damit umgeht.

Nach fünf Tagen war unser Aufenthalt in New York zu Ende und wir fuhren mit der Eisenbahn, der Amtrak, nach Hudson zu Manfred und Ingelore. Zu diesem Zeitpunkt lebten sie nicht mehr in Pennsylvania, sondern im Staat New York in der Nähe von Albany. Eine sehr schöne Einrichtung, genannt „Camphill Ghent, elders in community".

Als ich 2016 schon einmal hier gewesen war, war Manfred noch im Haus mit Ingelore über die Gänge und durch die Räume gelaufen. Oder sie waren außerhalb des Gebäudes auf dem Gelände mit Wanderstöcken unterwegs gewesen. Nun war Manfred nicht mehr da. Es war traurig und schlimm, aber für Ingelore hatte es keine andere Option gegeben als ihn in ein 40 km entferntes Altersheim zu geben. Ingelores Gesundheitszustand und Manfreds immer belastender werdende Pflege hätten ihr, wie sie meinte, keine andere Wahl gelassen. Im Camphill Ghent sei kein Platz gewesen für einen so schweren Pflegefall.

Nathanael bekam das Zimmer im obersten Stockwerk, in welchem bei meinem Besuch vor einigen Jahren ich geschlafen hatte. Ich selbst bekam mein Quartier, ein schönes Zimmer, allerdings ohne eigenes Bad, diesmal in einem anderen Haus, unterhalb des Hügels, bei einem mit Ingelore und Manfred befreundeten deutschen Ehepaar. Sie hießen Nick und Gisela und hatten einen Adoptivsohn. Beide waren vor vielen Jahren in den USA sesshaft geworden. Gisela war resolut und tüchtig und wurde mit vielerlei Aufgaben betraut. Sie half Ingelore in Dingen wie der Administration oder in praktischen Dingen, die ihr alleine zu viel Mühe bereitet hätten oder die sie nicht konnte. Nick, oft zum Scherzen bereit, war in und um die Einrichtung Camphill Ghent ein sehr wichtiger Mann. Er war eine Art Hausmeister, der alle Dinge erledigte, die ihm vertraut waren. Andernfalls holte er sich die benötigten Helfer. Er fuhr auch den Kleinbus, in den man Rollstühle verladen konnte und der genügend Platz für mehrere Personen hatte. Zum Frühstück und zu allen anderen Mahlzeiten ging ich ins Haus nach oben, um mit Nathanael, Ingelore und den anderen Hausbewohnern zusammen zu speisen.

Zu Manfred fuhr uns entweder Nick oder jemand von den Mitarbeitern oder es wurde ein Taxi, wie einmal für uns, gerufen. Ingelore wollte es schaffen, Manfred wenigstens zweimal wöchentlich zu besuchen, aber auch das falle ihr, wie sie sagte, immer schwerer. Was geschah, wenn Manfred tagelang in dem fremden Haus bei fremden Menschen war? Das konnte man nur erahnen, aber erfahren würde man das nie. Was für ein unzertrennliches Ehepaar waren die beiden immer gewesen! Nun

**110**

fristete Manfred ein Leben in der Fremde, er, der niemals geglaubt hatte, dass ihm das eines Tages zum Geschick werden würde. Nun war es alleine Gott, der sein Leben noch kannte.

Heute würden wir ihn besuchen, was mir beinahe ein wenig Furcht einflößte. Jemand fuhr mit dem Auto Ingelore, Nathanael und mich zu dem Heim, wo mein Bruder lebte.

Alte Menschen, manche schlafend, andere mit leeren Blicken, mit ihren Händen spielend oder einen Gegenstand umklammernd saßen in ihren Rollstühlen auf den langen Fluren. Manche waren fest auf ihren Sitz fixiert. Endlich sagte Ingelore: „Dort, das ist Manfred". Ich hatte doch etwas Mühe, ihn zu erkennen. Das war also mein Bruder, ein Mensch unter vielen. Beim Anblick seines Gesichtes mit dem fehlenden Auge musste ich an die rote Höhle denken, die ich in meiner Kindheit jedes Mal gesehen hatte, wenn Mutti den Glaskörper reinigte. Ja, er sah fremd aus und auch ich blieb für ihn fremd. Ingelore sagte, während sie sich ganz nah zu ihm hinunter beugte: „Das ist Monika!" Was sagte ihm das? Niemand wusste es. Vielleicht nichts.

Nathanael setzte den Rollstuhl, nachdem er die Bremse gelöst hatte, in Bewegung und wir fuhren Manfred in den Hof und setzten uns auf eine Bank an einem Tisch. Ingelore hatte Brotzeit für Manfred eingepackt, eine, die er gerne mochte, wie sie sagte, und damit begann sie ihn zu füttern oder er nahm davon auch selbst. Sie wusste, was er gerne aß, denn hier gab es manches, das er weder kannte noch mochte. Ingelore redete viel mit ihrem Mann, sprach von Ereignissen, die das Haus, den wöchentlichen Gottesdienst oder anthroposophische Lehren betraf. Während er an

seiner Brotzeit knabberte, wiederholte ich einige Male, dass ich seine Schwester sei, Monika heiße und wir zusammen mit unserer Mutter im Krieg in Tirol gelebt hätten. Ob in seinem Inneren irgend etwas berührt wurde, das wird uns wahrscheinlich für immer verborgen bleiben. Offensichtlich war nur, dass er noch mehr essen wollte. Aber Ingelore meinte, dass er bald zu Mittag zu essen bekäme. Ich machte einige Fotos, infolgedessen Ingelore seines fehlenden Glasauges gedachte und sagte, dass er es verloren hätte und es seitdem unauffindbar sei. Nun drängte sie zum Aufbruch, da wir den Zeitpunkt, an dem wir wieder am Ausgang zu sein hätten, nicht verpassen dürften. Kurze Zeit blieben wir noch bei Manfred sitzen, dann schob Nathanael den Rollstuhl ins Haus zurück und wir gingen nebenher. Nur Ingelore redete noch mit herzlichen Worten auf Manfred ein, ich sagte nichts mehr. Nachdem Manfred seinen Platz am Mittagstisch eingenommen hatte, mussten wir uns verabschieden. Schweigend gingen Nathanael, Ingelore und ich auf den langen Fluren wieder an Menschen in Rollstühlen oder auch an vorüberhuschenden Gestalten vorbei. Wir hatten jeder unsere eigenen Gedanken angesichts dessen, was wir erlebt hatten. Draußen wartete schon die Person, die uns wieder zurück ins Camphill Ghent bringen würde.

Unser nächster Flug, der nach San Francisco, stand nun bevor. Ein herzlicher, sehr liebevoller Abschied von Ingelore fand statt. Ich wusste, dass ich weder sie noch Manfred noch das Camphill Ghent je wieder sehen würde. Also ein Abschied für immer. Vom Flughafen von New Jersey flogen Nathanael und ich in etwa fünfeinhalb Stunden nach Kalifornien zum San Francisco International Airport.

Nathanael informierte sich über sein Handy, wo unsere Unterkunft lag, die wir dann auch nach längerer Suche fanden. Wir liefen durch eine hübsche Straße mit eher kleinen Häusern mit Blumenschmuck vor den Eingängen oder auf den Balkonen. Das Appartement lag im ersten Stockwerk. Nachdem wir es betreten hatten, empfing uns ein fernöstlich aussehender Mensch. Hier gab es wieder eine Unstimmigkeit in Bezug auf das Zimmer: Das Bett musste erst gemacht werden, da die Vorgänger, ähnlich wie in New York, in unlauterer Art und Weise verschwunden waren. Der Asiat begriff schnell, was passiert war, und Nathanael sprach und verstand genug Englisch. Die Angelegenheit wurde also geregelt und das Zimmer in Ordnung gebracht. Es war ein hübscher, möblierter Raum mit einem großen Fenster. An dem langen Flur hatte die Wohnung noch weitere Gästezimmer, eine Küche mit einem Fenster sowie ein kleines Badezimmer.

Nun erlebten wir San Francisco, diese wirklich sehr südliche Stadt mit hohen Temperaturen, und das im September. Mittlerweile hatte ich mir einen Sonnenhut gekauft. Sonnenschutzcreme hatte mir Gisela geschenkt. Unwissend, hatte ich im September mit solchen Temperaturen nicht gerechnet. In New York hatte Nathanael mir seine Kappe geliehen. Eine Vegetation, die man von südeuropäischen Inseln, wie Kreta, Korsika oder aus Südfrankreich kennt. Sehr stachelige, knorrige, niedrige Gewächse, manchmal mit wunderschönen roten oder gelben Blüten, die sich zwischen den Stacheln verstecken. Nicht direkt in der Stadt San Francisco, aber in der Gegend befinden sich die sogenannten Muir Woods. Hier wachsen teilweise bis zu 100 Meter hohe Stämme. Sie gedeihen in dem Klima der pazifischen Meeresküste.

Die Traumstadt San Francisco liegt vor einem breiten, gelben Sandstrand und dahinter der dunkelblaue, unendlich große Pazifische Ozean. Das Flair der Stadt unterscheidet sich von dem von New York City. Nicht nur weil sie auf vielen, teilweise sehr hohen Hügeln erbaut wurde, sondern auch wegen der lässigen, südländischen Mentalität der Menschen. Der New Yorker ist ein Businessman. Einer der viel arbeitet, gutes Geld verdienen will, um in einer sehr teuren Stadt ein gutsituiertes Leben führen zu können.

Da die Stadt, wie gesagt, auf vielen Hügeln erbaut wurde, muss man ständig nach oben oder nach unten gehen. Das ist sportlich und herausfordernd. Aber für Radfahrer leider schwierig. Einige Straßen haben breite, lange Treppen. Nathanael und ich erlebten es, wie am Abend beim Sonnenuntergang der Wind übers Meer fegte und weiter über die Stadt hinwegzog. Es war einfach reine Freude in dieser Abendstimmung, die Treppen mit den hohen Stufen hinabzulaufen.

Etwas Besonderes ist die bekannte Kabelbahn, die Cable Car, die Straßenbahn von San Francisco. Sie ist eine kleine Bahn, ein wenig aus der Zeit gefallen, die Personen ganz in den obersten Bezirk der Stadt bringt. Hinaufgezogen wird die Bahn an einem dicken Stahlkabel, welches unter der Straße verläuft. Auch wir sind einmal damit gefahren. Es war schon Abend, der Wind wehte und es wurde kühl. Die Bahn fährt nur mit geöffneten Türen.

San Francisco wird von sehr unterschiedlich aussehenden Menschen mit sehr unterschiedlichen Mentalitäten besiedelt. Dank des immer milden Klimas führen viele ein innerlich und äußerlich freies Leben. Sie hausen in den Randbezirken der Stadt in schlichten Häusern und kleinen Hütten oder sie leben unter dem freien Himmel. Es ist eine bunte Stadt, die vor der Küste des grünblauen Meeres liegt. Am Strand waren wenig Menschen, aber der Wind blies heftig vom Pazifik herüber. Nathanael füllte ein Gläschen mit Sand zur Erinnerung an dieses unvergleichlich schöne Stückchen Erde.

Von unserer Airbnb-Ferienwohnung mit Selbstversorgung, die Nathanael schon in München gebucht hatte, hatten wir einen weiten Weg in die City. Zuerst gingen wir, falls wir noch nicht gefrühstückt hatten, zu McDonald's zum Frühstücken, wo man sich hoch modern das Essen aus einer elektronischen Karte aussucht. Dann fuhren wir sehr lange mit der Straßenbahn ins Zentrum. Von hier aus hatten wir noch ein Stück Weg zur Golden Gate Bridge, dem rotorange leuchtenden Wahrzeichen von Kalifornien: eine über zwei Kilometer lange Hängebrücke, die über die Bucht von San Francisco führt. Die Aussicht von hier aus über die Stadt ist wirklich unbeschreiblich schön. Wir gingen auf der zwei Kilometer langen Brücke hin und her. Das im Jahre 1933, also im letzten Jahrhundert, errichtete Bauwerk stellt eine Meisterleistung architektonischer Baukunst dar. Aber die ungeheuren Anforderungen haben viele Menschen das Leben gekostet.

Nach vier Tagen flogen wir von der Westküste über das Festland weiter nach Toronto in Kanada, das am Lake Ontario im Landesinneren liegt. Hier lebte Familie Farrington, also Dörte, meine Cousine, Bruce ihr Mann, Jim und Lisa, die beiden erwachsenen Kindern. Sie wohnten, genauer gesagt, in Pickering, einem kleinen Ort etwa 40 km östlich von Toronto. Ich hatte die Farringtons, wie aus meinem ausführlichen Bericht über den damaligen Aufent-

halt bekannt sein dürfte, auch drei Jahre zuvor bereits besucht.

Wir trafen Dörte aufgeregt und traurig an. Der Grund dafür war, dass Bruce vor einigen Tagen ins Altenheim gekommen war. Diesmal sollte es anders sein. Dörte hatte nun einen kranken Mann, den wir sehr schnell besuchen sollten und auch wollten. Jim fuhr uns mit seinem Auto zum Altenheim, wo wir Bruce im Rollstuhl sitzend antrafen. Er wirkte auf mich weitaus frischer und gesünder als Manfred. Er sprach mit Dörte, während sich Nathanael auch diesmal um das Fahren des Rollstuhles bemühte. Wieder erlebte er einen kranken Mann, den er als Gesunden nicht kannte. Auch hier saßen überall auf den Fluren alte und gebrechliche Menschen in ihren Rollstühlen. Personal, weiß gekleidet, lief hin und her, beinahe ziellos. Bald wurde das Mittagessen angesagt und Nathanael fuhr Bruce in seinem Rollstuhl an den Tisch, wo er sein Essen bekam. Wir verabschiedeten uns von ihm und verließen das Heim. Dörte, die noch etwas länger bei ihrem Mann geblieben war, kam nach und meiner Erinnerung nach fuhr uns Jim wieder zurück zur Eagleview Drive in Pickering zu dem Haus der Familie Farrington.

Nathanael bekam ein Bett im großen Wohnzimmer, das sich im Parterre befand. Ich schlief oben im Zimmer bei Dörte. Ein riesiger Fernsehapparat stand einige Meter von dem Bett entfernt.

Nathanael erzählte mir, dass er Manfred gekannt habe, als er noch gesund gewesen sei. Das war vor vielen Jahren, als Manfred und Ingelore mich in München besuchten und wir bei einem guten Mittagessen und schönen Gesprächen zusammen mit vielen Gästen den Nachmittag in meiner Wohnung verbrachten. Am Tag darauf hatten Manfred und Ingelore Markus' Familie und

**113**

somit auch Nathanael besucht. Da war er noch ein kleiner Junge gewesen, konnte sich aber jetzt noch sehr genau an die Begegnung erinnern.

Zum sonntäglichen Gottesdienst, den Dörte besuchte, durften wir beide auch mitgehen und erlebten eine lebendige Worship. Nathanael verstand vieles von dem, was der Prediger sagte, welcher in kurzer Hose und T-Shirt auf der Bühne stand. Eine Glaubensschwester von Dörte hatte uns mit dem Auto mitgenommen. Leider wollten Jim und Lisa beim Gottesdienst nicht dabei sein. Die Worship fand ähnlich wie in New York in einer fröhlich-heiteren Stimmung statt. Allerdings war weniger Jugend da, es gab nicht so laute Musik, weniger bunte Lichter als in der Hillsong Church in New York.

Mein Cousin Hajo, der von Pickering nur etwa 70 km entfernt wohnt, hat uns einmal bei Dörte besucht. Leider kam er ohne seine Frau, die nicht mitkam, da es ihrer Tochter Nicole gesundheitlich nicht gut gehe. Es wurde ein unterhaltsamer Nachmittag. Wie schon vor drei Jahren wurde das Essen von einem chinesischen Food Service gebracht. Nathanael hat einige Fotos gemacht, die an die Begegnung erinnern.

Unser Heimflug stand bevor, wieder ein Abschied, diesmal belastet von Bruce' Krankheit. Mich erfüllte Mitleid mit Dörte bei dem wieder sehr herzlichen Abschied von ihr. Zum Airport bringt uns Jim mit seinem Auto und wir fliegen vom Airport Toronto in einem Direktflug nach München. Freudiger Empfang von Markus' Familie.

Vierzehn Tage nach unserer Rückkehr erfahre ich, dass Bruce im Pflegeheim gestorben ist.

Am ersten Januar 2021 stirbt Ingelore und Mitte Februar desselben Jahres Manfred. Nach dem Tod Ingelores hatte Manfred niemanden mehr, mit dem er so inniglich verbunden gewesen wäre wie mit seiner Frau. Etwas musste in seinem Herzen zerbrochen gewesen sein, sodass er, auf welche Art und Weise auch immer, den Tod suchte und bald auch fand. Er bekam eine Erdbestattung mit Sarg. Auch ein Rätsel, warum das so war. Ingelore nämlich hatte sich für die Einäscherung entschieden. Die Urne mit ihrer Asche wurde an dem von ihr bestimmten Platz beigesetzt. Den Platz hatte sie mir gezeigt, wie im Bericht über meine zweite Amerikareise erwähnt.

Ich bin sehr froh, im Jahr 2019 zusammen mit Nathanael Manfred und Ingelore noch ein letztes Mal erlebt zu haben.

Ein schlimmes Unglück hat Hajo und Carole getroffen: Ihr einziges Kind, Nicole, ist nach schwerer Krankheit gestorben. Sie wurde etwa vierzig Jahre alt.

Hiermit enden meine Berichte über meine drei Reisen in die USA und nach Kanada. Wie der Tod das Ende des sichtbaren Lebens ist, so sind meine großen Reisen ein Zeugnis der Vergangenheit und der Vergänglichkeit alles irdischen Daseins.


November 2022, Monika Prem

**114**

# Eine deutsche Familie emigriert nach Sibirien

**Meine Reise nach Sibirien und der vierwöchige Aufenthalt in Malinovka – eine biographische Erzählung (Frühjahr 2013)**

## Vorwort

Bevor jemand beginnt, das Buch zu lesen, fragt er sich wohl, was ein gut ausgebildetes deutsches Lehrerehepaar mit sechs Kindern dazu treiben könnte, einer perfekt funktionierenden Zivilisation den Rücken zu kehren und nach Sibirien auszuwandern, um sich dort freiwillig dem täglichen Lebenskampf und äußerst harten und entbehrungsreichen Bedingungen zu stellen.

Ich werde die Hintergründe und unterschiedlichen Motive für diesen lebensentscheidenden Schritt der Familie Boris und Christine Prem herausarbeiten und soweit zu erläutern versuchen, dass sie auch für denjenigen verständlich sind, der zwar ein solches Leben schwer nachvollziehen kann, aber sich dennoch offen und interessiert zeigt an dieser unkonventionellen und ungewöhnlichen Lebensweise. Sie stellt schließlich eine Herausforderung dar, die nicht als Abenteuerreise geplant ist oder als Überlebenstraining für einige Wochen oder Monate, sondern als ein Wagnis von enormer Tragweite, das der ganzen Familie viel Durchhaltevermögen, Mut und Gottvertrauen abverlangt.

Das Loslassen lieb gewordener Gewohnheiten und Annehmlichkeiten hatten sie bereits einige Male praktiziert, sei es durch häufige Umzüge oder berufliche Veränderung.

Die Kinder sollen früh lernen, dass Besitz vergänglich ist und dass das Leben nur dann interessant bleibt, wenn man nach vorwärts schaut und sich jeden Tag den neuen Aufgaben stellt. Das Bewältigen des Alltags ist eine beträchtliche Herausforderung; es geht um Überleben im elementaren Sinn. Dazu gehört etwa das Herbeischaffen des Trinkwassers aus dem Fluss oder des Brennholzes aus dem Schuppen. Dass da ein Ehepaar und sechs Kinder ohne Wenn und Aber zusammenarbeiten müssen, steht außer Frage. Ein Kampf, der stark macht und weitergeht.

Wohlstand macht den Menschen bequem und gleichgültig und man verlernt zu kämpfen. Wenn Kinder erfahren, dass Verzicht und Entbehrung durchaus nützliche Tugenden sind, wird ihnen das im späteren Leben manche Enttäuschung ersparen.

Die Kinder sollen lernen, eine selbstbestimmte Existenz zu führen, ohne Manipulation von außen, ohne Verführung durch Werbung, der Kinder schon früh ausgesetzt sind, und ohne sich den zivilisatorischen und bürokratischen Zwängen unterordnen zu müssen.

Man darf nicht vergessen, dass vor ein- bis zweihundert Jahren in Mitteleuropa und auch heute noch an vielen Orten der Welt Menschen ähnlich oder genau so lebten oder leben. Also ist der Mensch dazu in der Lage, sofern er willens ist, dieses Leben auf sich zu nehmen.

Für die Eltern Boris und Christine, die sich entschieden hatten, ihre Kinder in diesem Sinne zu erziehen, war eine solche Entscheidung zugleich mit der Notwendigkeit einer Auswanderung verbunden. In Deutschland ist der Heimunterricht, bzw. das so genannte „Home-Schooling" gesetzlich verboten. Widersetzt man sich dieser Vorschrift, so wird dieses Vergehen mit hohen Geldstrafen, Freiheitsentzug und Entzug des Sorgerechts geahndet.

Die Eltern schickten im Jahr 2008 ein schriftliches Gesuch an das Landratsamt Ansbach – die Familie lebte zu dieser Zeit in diesem Landkreis – mit der Bitte, den häuslichen Unterricht ihrer Kinder zu gestatten. Sie würden sich verpflichten die schulische Unterweisung der Kinder mit aller Gewissenhaftigkeit durchzuführen, was von staatlicher Seite kontrolliert werden könnte. Auch ihre Bitte, bis zu ihrer Auswanderung aus der BRD, die noch nicht genehmigt war, ihre Kinder selbst unterrichten zu dürfen, scheiterte an dem unwiderruflich abschlägigen Bescheid des Landratsamtes. So reist die Mutter, zunächst ohne ihren Mann, mit vier Kindern mit der Eisenbahn ins ferne, unbekannte Sibirien. Der Vater fährt mit seinem ältesten Sohn später, nachdem er noch vier Monate gearbeitet hat, zu seiner Familie.

Im europäischen Ausland ist „Home-Schooling" zwar nicht verboten, aber mit so belastenden Auflagen belegt, dass unter solchen Bedingungen tatsächlich keine Wahl bleibt.

Den Kindern soll das einseitig kopflastige, nur den Intellekt fördernde Lernsystem erspart bleiben. Es geht den Eltern aus tiefster Überzeugung um echte Bildung. Das heißt um ganzheitliche Förderung, die alle in den Kindern schlummernden Gaben zur Entfaltung bringt. Dabei wird, anders als hier zu Lande, nicht so sehr der Wert auf den kindlichen Ehrgeiz gelegt werden, sondern auf die Fähigkeit, unterstützend und einfühlsam sich in die Gemeinschaft einzubringen.

Die Eltern, selbst Gymnasiallehrer, er Altphilologe für Latein, Altgriechisch und Deutsch, sie Gymnasiallehrerin für Alte Sprachen und Geschichte, haben natürlich genug Einblicke in das viel diskutierte, aber am Ende gleichbleibende deutsche Schulsystem. Das dreigliedrige Schulsystem, speziell in Bayern, wo zehnjährige Kinder in drei verschiedene Schubladen gesteckt werden, halten sie für unsozial und nicht ausreichend kindgerecht. Von vielen Eltern wird den Kindern beruflicher Erfolg als einzig erstrebenswertes Ziel dargestellt, anstatt sozial empfindsame Menschen und keine Egoisten aus ihnen zu machen. Sport, der zwar hoch im Kurs steht, ist das einzige Fach, indem die Schüler körperlich gefordert werden.

Darüber hinaus wird das Fach Werken, der Umgang mit verschiedenen Materialien und das Arbeiten mit den Händen, für alle Kinder ein großer Segen, heute vernachlässigt. Welche Lehrkraft ist heute noch bereit den Kindern etwa Häkeln oder Stricken ernsthaft beizubringen? Wen wundert es, wenn es keine Lehrlinge für Handwerksberufe mehr gibt? Nie haben die Schüler gelernt, sinnvoll und schöpferisch mit den Händen etwas zu schaffen. Auch Hauptschüler haben wenig Interesse daran; das wäre anders, wenn auch Realschulabgänger und Abiturenten auf die handwerklichen Lehrberufe zugriffen.

Der Akademisierungswahn hat alle Schichten ergriffen. Es ist vorwiegend die akademische Bildung, die anerkannt wird. Diese Entwicklung wird sich noch verheerend auf die zukünftigen Generationen auswirken. Es gibt keinerlei Belege dafür, dass ein erfolgreicher Gymnasiast nicht auch ein tüchtiger Handwerker werden kann. Ein Mensch, der im Kopf geschickt ist, wird es gewiss auch mit den Händen sein.

Diese Beispiele zeigen die Vielfalt der Beweggründe, warum das Elternpaar lieber ein bescheidenes, aber selbstbestimmtes Leben auf sich nimmt und damit ihren Kindern eine freie Entfaltung ihrer Persönlichkeit zugesteht. Eine Freiheit, die natürlich nichts mit einem unregulierten, sich selbst überlassenen Leben zu tun hat, sondern eine Freiheit, die von Innen heraus erarbeitet oder erkämpft werden muss.

Die Kinder wachsen vorwiegend frei von der digitalen Welt auf und lernen im Haushalt und im Garten zu arbeiten, mit Tieren umzugehen, und sich im Alltag mutig zu bewähren. Sie lernen von klein auf, dass man für jede Mahlzeit und für jeden Schluck Wasser arbeiten muss. Das nackte Leben zu bewältigen ist ein Abenteuer, das nur mit Effizienz, wo jeder mitdenken muss und wo es keinen egoistischen Rückzug gibt, zu schaffen ist. Der freiwillige Verzicht auf die alltäglichen Bequemlichkeiten hat natürlich seinen Preis. Man sollte aber nicht vergessen, was unsere degenerierte, saturierte Lebensweise an Depressionen, Einsamkeit und Krankheiten hervorbringt. Auch ist zu hinterfragen, ob nicht gerade unser hochtechnisiertes Leben, das vorwiegend auf wirtschaftliches Wachstum und Gewinn programmiert ist, nicht irgendwann an einen Abgrund gelangt.

Freilich wachsen die Prem-Kinder nicht als Analphabeten auf. Täglich ist Unterricht, vormittags von 8.00 bis 12.00 Uhr. Der Vater übernimmt die beiden Großen, Isai und Mara. Er unterrichtet Deutsch, Mathematik, Englisch, Erdkunde und Latein. Je nach Alter der Kinder kommen Physik und Chemie dazu. Die Zweitälteste lernt mittlerweile fünf Fremdsprachen: Englisch, Russisch, Latein, Griechisch und Vedisch.

Die Mutter unterrichtet die Jüngeren, Ruben, Jael und Abischag in Deutsch und Rechnen, gegebenenfalls in Englisch und,

soweit nötig, in Russisch. Nini sitzt dabei und malt oder betrachtet ihre geliebten deutschen Märchenbücher und versucht sich im Lesen.

Die Eltern benutzen deutsche Schulbücher, die sie reichlich mitgebracht oder geschickt bekommen haben. Christine unterrichtet Musik, Handarbeit und singt mit den Kindern deutsche Volkslieder. Isai und Mara bekommen Gitarrenunterricht. Der Vater unterrichtet die Kinder im oberen Stockwerk, die Mutter unten im Wohnraum an dem einen Tisch.

Hausaufgaben werden nicht gegeben, aber unterrichtet wird sieben Tage in der Woche. Der Vater findet die Schulunterbrechung am Wochenende eher schädlich, da die Kinder völlig aus ihrem gewohnten Rhythmus geraten. Ferien gibt es nicht. Sie würden die exakte Zeitplanung durcheinander bringen, wären ökonomisch nicht machbar und aus pädagogischen Gründen nicht sinnvoll.

Eine Ausnahme macht der Frühling und teilweise auch der Sommer, wenn die Arbeit auf dem Acker so immens groß ist, dass für die Eltern und die Kinder wenig, gelegentlich auch kein Unterricht stattfindet. Das schuldet man dem Leben als Selbstversorger.

Im Übrigen war von Anfang an die elterliche Autorität selbstverständlich. Davon haben nicht nur die Eltern, sondern auch die Kinder reichlichen Gewinn.

Die Kinder haben Spielzeiten, ca. zwei Stunden nach dem Mittagessen und je nach Jahreszeit auch noch am Abend. Diese Stunden genießen die Kinder mit vollen Zügen und aus vollem Herzen.

Nach dem Abendessen wird vorgelesen – Bücher der Weltliteratur, Geschichten und Märchen aus unterschiedlichen Kulturen.

Die Fragen, die jetzt noch unbeantwortet bleiben, werden sicherlich beim Lesen des Buches Antwort finden.

.

Montag den 15. April 2013 um 10.45 Uhr fliege ich mit der Fluglinie Air Berlin von München nach Moskau. Karl K. und Achim Sch. begleiten mich zum Franz-Joseph-Strauß-Flughafen im Erdinger Moos. Ich treffe dort überraschenderweise Pia Dornacher, eine Kunsthistorikerin, mit ihrer fünfzehnjährigen Tochter Lea, die wieder zurück nach England fliegen wird, wo sie ein College besucht.

Bisher geht alles glatt an diesem schönen, warmen Tag bei einer Temperatur von 24° Celsius. Der Flug versetzt mich nicht mehr in jene innere Spannung wie 2005 mein Flug in die USA. Damals war für mich alles neu und aufregend. Doch während die Stewardessen die Gepäckklappen schließen, habe ich wieder jenes Gefühl des Ausgeliefertseins und der Endlichkeit menschlichen Lebens.

Was mich aber mehr beschäftigt, ist der Gedanke, ob ich meinen Sohn Boris am vereinbarten Ort im Flughafen Domodedovo treffen werde. Übrigens gibt es zwei Airports bei Moskau.

Boris hat übers Wochenende einen anderen Sohn von mir, seinen Bruder Raphael, besucht und dessen Frau Dora und die fünf Kinder. Die Familie hatte im Oktober 2012 ein großes, altes Bauernhaus in Sachsen-Anhalt gekauft und lebt seitdem dort. Boris fliegt also von Berlin aus nach Moskau und ich von München aus.

Ich soll früher in Moskau ankommen als er; die genaue zeitliche Differenz entzieht sich aber meiner Kenntnis. Das Abheben des Airbusses, nachdem die Maschine die notwendige Geschwindigkeit auf dem Rollfeld erreicht hat, hat dann doch für mich

wieder jene Faszination wie vor acht Jahren. Während ich mit Vehemenz in den Sitz gedrückt werde und dieses schwer erklärbare Magengefühl sich meiner bemächtigt, steigen wir höher und höher. Auch mit dem Ohrendruck kann ich jetzt verhältnismäßig gut umgehen. Ich halte mir die Nase zu und drücke die Luft in die Ohren.

Das Licht wird heller und heller und dann taucht der weite, blaue Himmel auf mit den vielen kleinen Schäfchenwolken, und das gibt mir das Gefühl unendlicher Freiheit.

Nachdem uns eine Flugbegleiterin den Umgang mit Sauerstoffgerät und Schwimmweste vorgeführt hat, diesmal live, wird die Flughöhe und -geschwindigkeit durchgegeben.

Der Pilot begrüßt uns mit freundlichen Worten und bespricht die Flugroute: Es geht über den Bayerischen Wald, Polen, Minsk nach Moskau. Die Durchsagen erfolgen auf Deutsch und Englisch. Die Passagiere sind mehrheitlich Russen.

Leider kann ich nicht viel sehen, da ich keinen Fensterplatz habe, sondern den Platz am Gang, Platz 23 D. Es ist eine Dreiersitzreihe und neben mir der Platz bleibt leer. Auf dem Fensterplatz sitzt ein Österreicher, ein kleiner, untersetzter Mensch, etwa fünfzig Jahre alt, aus der Steiermark. Er schaut sich auch, wenn er nicht gerade schläft oder in einer Zeitschrift blättert, das Geschehen außerhalb des Fliegers an. Er sagt in seinem unverwechselbaren österreichischen Dialekt, dass er oft in Moskau sei und sogar „ein wenig die russische Sprache beherrsche", aber mehr weiß ich von ihm nicht.

Die hinteren Reihen des Airbusses sind teilweise leer. Dort liegt eine Frau auf einer Sitzreihe und scheint zu schlafen, eine andere, die ein Kind im Arm hält, hat sich ihrer Schuhe entledigt und die Beine auf den Sitz neben dem ihren gelegt. Ich vermute, dass beide Frauen aus einem Oststaat stammen.

Der Flug dauert etwa drei Stunden und die Landung wird für 13.20 Uhr angekündigt.

Wir bekommen zu trinken und zu essen und können zwischen einem Käse-, was ich nehme, und einem Wurstsandwich wählen. Wenn man ein Menü haben möchte, so kostet das extra. Wasser zu trinken bekommt man genug, worüber ich froh bin, nachdem ich das Wasser meiner beiden gefüllten Flaschen vor dem Abflug ausschütten musste. Auch einige Schlucke, die ich aus einer der beiden Flaschen trank, hatte die Bediensteten nicht von meiner Harmlosigkeit überzeugen können. Gott sei Dank hat Pia D. in letzter Minute das Entleeren der Flaschen für mich erledigt. Seit einigen Jahren ist die Mitnahme von Flüssigkeiten an Bord bekanntlich verboten.

Die beiden Stewardessen tragen schwarze Blusen und schwarze Hosen mit roten Gürteln und weiß-roten Halstüchern. Die jüngere von beiden hat ihr dunkles Haar zu einem Zopf im Nacken geflochten. Die Ältere ist aufblondiert mit Hochfrisur. Das Make-Up der beiden erscheint mir geradezu identisch, aber wegen ihres Altersunterschiedes eben doch nicht.

Plötzlich beginnt sich das Flugzeug spürbar hin und her und auf und ab zu bewegen. Ich erschrecke ordentlich, während anscheinend andere Flugreisende das gelassener hinnehmen. Auch mein Nachbar erwacht, aber es scheint ihn kaum zu berühren. Er schaut mich an und schläft wieder ein. Aber da beginnt schon der Pilot sich zu melden und verkündet, dass es sich um Turbulenzen handele, die vom starken Winde herrührten, also nichts Ungewöhnliches, und man möge den Gurt umlegen.

Die Zeit vergeht schnell und bald wird die Landung für Moskau angekündigt. Diesmal noch in englischer und deutscher Sprache, aber mit dem Deutsch wird es bald vorbei sein.

Vorher werden noch zollfreie und entsprechend billige Zigaretten angeboten. Auch alkoholische Getränke sind günstig zu haben. Während sich die Stimmung unerwartet schnell aufheizt, beginnen sich zwischen den Sitzreihen die Fahrgäste und das Personal in Bewegung zu setzen. Es fängt ein regelrechter Handel an, auf den schon viele, aber sicherlich vor allem die Russen, gewartet haben.

Während das Flugzeug sich in kreisenden Bewegungen Moskau nähert, erkenne ich durch einen Blick aus dem Bullauge, dass wir eine große Stadt anfliegen mit riesigen Plattenbauten in den Randgebieten und schmutzigen, grauen Schneestreifen zwischen den Häusern und auf den Straßen.

Wir landen auf dem Rollfeld um 13.17 Uhr mit sanftem Hopser; die Passagiere klatschen und ich danke Gott für seine gnädige Bewahrung. Nach der Landung, dem Aussteigen und der darauf folgenden Passkontrolle versuche ich auf Englisch nach dem Treffpunkt zu fragen, den mir das russische Reisebüro in München empfohlen hat. Ich bekomme auch einen Papierausdruck, der den Treffpunkt deutlich kennzeichnet. Den zeige ich der Diensthabenden, die meinen Pass und das Visum betrachtet. Leider ist ihr Englisch sehr dürftig. Sie schaut mich fragend an und schickt mich zu einer Kollegin; hier ist es dasselbe.

**119**

Eine der Damen meint sogar, da es ein riesiger Airport sei, könnte der Treffpunkt in größerer Entfernung liegen.

Es ist doch nicht möglich, dass der Schalter „Academy Service" hier völlig unbekannt ist! Ich habe bereits meine große Tasche geholt und bin ganz ratlos. Was wird sein, wenn ich Boris nicht treffe? Mir bliebe nur der Rückflug! Ich flehe zu Gott. Mir wird klar, in diesem Land ist man ohne Sprachkenntnisse auf verlorenem Posten. Überall stehen Wörter und ganze Textzeilen in kyrillischer Schrift und rundherum wird nur russisch gesprochen. Ich kann nichts lesen und verstehe nichts. Hier bin ich also zum Schweigen verurteilt und nicht nur das, sondern regelrecht mundtot. Was soll ich tun? Keine aus dem gesamten weiblichen Personal, das hier in der einheitlichen grünblauen Uniform herumsteht oder herumläuft, kann mir Auskunft geben!

Plötzlich kommt eine Durchsage in englischer Sprache, dass der Airbus aus Berlin in Kürze landen würde und man sich sein Gepäck auf dem Gepäckband Nr. B abholen soll. Oh, welch ein Lichtblick! Das wird die Maschine sein, in der Boris sitzt. Mein Herz hüpft und ich gehe zu dem genannten Gepäckband. Es sind nur mehr wenige, sehr unterschiedliche Gepäckstücke darauf, und ich suche mit den Augen. Da! – der blaue, viel benutzte Rucksack, fast ganz alleine! Ich gehe hinterher, er wandert um die Kurve und ist schon auf der anderen Seite. Ich kann wegen der schweren Tasche nicht schnell genug folgen. Plötzlich nimmt ein Mann den fahrenden Rucksack von dem Band. Ich erschrecke zutiefst, also ihm gehört der Rucksack. Aber ich eile zu dem Mann und frage, ob das sein Rucksack sei. Er ist Deutscher und sagt einfach „nein". Mir fällt ein Stein vom Herzen und ich fra-

ge ihn: „Darf ich hineinschauen? Er gehört meinem Sohn." „Ja natürlich!", entgegnet er. Ich öffne ihn und entdecke die Eisenschaufel, die Boris aus der Hinterlassenschaft seines verstorbenen Dichterfreundes Wilhelm Deinert „geerbt" hat und dann erblicke ich noch Boris' braune, verschlissene Kulturtasche. Ich bin wie erlöst und brauche nur noch auf Boris zu warten. Ich werde also doch nach Malinowka zu meinen Enkelkindern fahren. Ich danke Gott von ganzem Herzen und setze mich auf die Bank, die hinter mir steht. Plötzlich entdecke ich gegenüber dem Gepäckkreisel Boris, der nach seinem Rucksack Ausschau hält. Ich rufe seinen Namen, er sieht mich und kommt lässig herüber. Er ahnt nichts von meinen ausgestandenen Sorgen. Auch als ich sie ihm erzähle, nimmt er die Sache locker. Die Passkontrolle hatte ihn ungewöhnlich lange aufgehalten. Das hat mit seinen beiden Pässen, dem deutschen und dem russischen Pass, zu tun.

Frohgemut gehen wir durch riesige Hallen und treppauf und treppab. Boris zieht oder trägt meine Reisetasche; meinen Rucksack und die lederne Handtasche trage ich selbst. Ich möchte fünfzig Euro in Rubel gewechselt haben. Boris findet keine Wechselstube mit einem günstigen Wechselkurs, aber ich möchte gerne einen Salat essen und so nehme ich den schlechten Wechselkurs in Kauf. Diese westlichen Allüren werde ich mir spätestens in Sibirien abgewöhnen müssen. Wir sind zufrieden mit dem, was wir bekommen. Das Personal bemüht sich in Habitus und Angebot um westliches Flair. Das Ambiente und der Preis sind entsprechend und ebenso das Essen. Wir nehmen Sandwichs mit Grünzeug, eingerahmt von einer Soße aus Joghurt mit Kräutern. Ganz international! Aber mit der Weltsprache Englisch wird man in diesem Land wohl noch einige Zeit im Rückstand bleiben.

Mein Sohn besitzt ausreichend russische Sprachkenntnisse, alles, was mit Konversation zu tun hat, mühelos erledigen zu können. Darum beneide ich ihn beinahe. Ich stehe oder sitze schweigend neben ihm und höre mir die konsonantenreiche russische Sprache an. Ich höre diese markanten Silben gerne, besonders das rollende „R" imponiert mir, da ich es selber nicht beherrsche. Nun ergeht es mir wie den Ausländern in Deutschland, die auch ohne Sprachkenntnisse ins Land kommen. Wie oft habe ich schon deren Notlage erlebt!

Wir verlassen das Speiselokal und begeben uns in den Bereich im Parterre, wo der Weg nach draußen führt. Hier werden wir ständig von Männern angesprochen, die uns ihre Dienste als Taxifahrer anbieten möchten. Auf Pappschildern, die sie uns entgegenstrecken oder um den Hals hängen haben, steht das Wort „Taxi" in gut lesbaren Lettern.

Wir lehnen dankend ab und das nicht nur, weil eine Fahrt mit der Vorortsbahn billiger kommt, sondern weil ich gehört habe, dass die Moskauer U-Bahn, die wir dort benützen werden, eine Attraktion sei, die ich mir keinesfalls entgehen lassen möchte.

Boris besorgt die Fahrkarten an einem von mehreren Schaltern für die Vorortsbahn – oder nennen wir sie einfach S-Bahn, der sie vermutlich am ehesten entspricht.

Plötzlich steigt in mir wieder einmal der Gedanke hoch, dass ich bald für vier Tage und vier Nächte in einem stark geheizten Zug sitzen werde, in dem die Fenster nicht zu öffnen sind. Das beträchtliche Unbehagen versuche ich ein wenig zu dämpfen, indem ich mir nicht nur das Ziel vorstelle,

sondern auch, was ich während der 4000 km, die der Zug zurücklegt, alles sehen und erleben werde. Boris belustigen solche Gedanken, darum schweige ich lieber; er hat schon Härteres erlebt.

Wie dem auch sei, der Entschluss, mit dem Zug zu fahren, war gefasst, die Tickets für die Eisenbahn hat Boris bereits in München gekauft. Nun muss ich mich dieser Herausforderung stellen.

Wir gehen zu den nummerierten Ticketsperren. Es sind mehrere Durchgänge, wo man die Fahrkarten in ein elektronisches Gerät steckt und sie entwertet. Boris kann meine Reisetasche gerade noch durch den engen Spalt zwängen. Eine Bahnangestellte in Uniform sitzt in einem Glashäuschen und beobachtet den Vorgang. Zahlen werden nicht in kyrillischer Schrift geschrieben, sondern in Latein, wie bei uns. So kann ich wenigstens diese lesen.

Mir fällt auf, dass Frauen hier immer und überall im Einsatz sind. Sie arbeiten auch bei der Straßenreinigung, und das Zugpersonal, außer dem Lockführer und den Transportarbeitern, ist ausschließlich weiblich. Durch die Uniform mit dem Käppi auf dem Kopf wirken sie respekteinflößend und dementsprechend energisch und selbstbewusst agieren sie.

Mittlerweile sitzen wir in der ziemlich leeren Vorortsbahn und fahren Richtung Moskau. Der Zug ist geräumig, weil die Schienen weiter auseinander liegen als in Deutschland. Das ist sehr angenehm und man hat Platz.

In Moskau angekommen, kauft Boris die U-Bahn-Tickets wieder an einem Schalter bei weiblichem Personal. Nun geht es wieder durch eine der nummerierten Sperren, wie vorher bei der S-Bahn, und erneut wird der Vorgang von einer kräftig gebauten Russin überwacht. Sie sitzt in ihrer Glaskabine und es entgeht ihr nichts. Ich spüre, dass hier noch der Wind aus der Sowjetzeit weht, was mir aber nicht unsympathisch ist.

Wie groß ist mein Erstaunen angesichts des Ambientes im Untergrund! Ich habe den Eindruck, die Vorhalle einer Kathedrale zu betreten. An den Wänden und Decken Barock in allen Variationen mit viel Stuck und Rosetten in schwachem Rosé oder in Weiß. Sakrale Kunst verbrämt mit sozialistischem Realismus.

Mächtige Kronleuchter, reliefartig verzierte Säulen, lange Flure mit Mosaiken an den Wänden. Russische Kunst aus den Anfängen des vergangenen Jahrhunderts. Rolltreppen von gigantischer Länge mit vielen Lampen rechts und links auf dem Geländer von oben bis unten. Auch dort, wo die Menschen an den Bahnsteigen der Metro warten, hängen von den hohen gewölbten Decken, denen man das Alter ansieht, geschwungene Metallleuchten. Natürlich hat sich viel Staub im Laufe der Jahre an den Wänden, Decken und Kunstgegenständen abgelagert. Es ist nicht zu übersehen, wie der Zahn der Zeit an dem prachtvollen Bauwerk nagt. An manchen Stellen bröckelt der Putz von den Wänden und hinterlässt dunkle Flecken. Der Erhalt dieser Pracht kostet den russischen Staat eine Unsumme. Es gibt genügend Menschen in Moskau, die sehr für eine Modernisierung dieser unterirdischen Gewölbe wären.

Wir gehen durch einen düsteren Gang, der abrupt einen Knick nach links macht und genau in diesem Winkel steht ein sehr junges Mädchen, deren dicker Leib sich unter einem kurzen, hellroten Kleidchen wölbt. Sie lächelt verschämt und hält eine ihrer beiden kleinen Hände so auf, als ob sie frieren würde. Mir scheint die Schwan-

gerschaft auf Grund der unnatürlichen Wölbung ihres Bauches vorgetäuscht zu sein. Trotzdem geben wir ihr einige hundert Rubel, die sie schnell und fest umklammert. Dabei ändert sich ihr immer noch lächelnder Mund und bekommt einen leicht spöttischen Ausdruck. Sie spricht kein Wort, was Boris für Schüchternheit hält, und er bemerkt lakonisch, dass Russinnen oft sehr schüchtern seien.

Das einzig Zeitgemäße hier ist das Tempo. Nicht nur die Rolltreppen oder die alte knatternde Metro, nein vor allem die Menschen bilden einen krassen Kontrast zu dem Ambiente und rennen in unübersehbaren Scharen durch die verwinkelten Gänge.

Hier trifft man ihn noch, den typischen Russen: Sehr hellhäutig, mit hellen, meist wasserblauen Augen und mit kurzgeschnittenen Haaren. Manchmal auch untersetzt, mit kurzem Hals und eher pyknisch als grazil. Ansonsten kleiden sich die Menschen durchweg wie in jeder anderen modernen europäischen Großstadt.

Aber halt, die Russinnen, besonders die Moskauerinnen, sind doch einen Tick eitler und kleiden sich, besonders bei entsprechendem Anlass, betont weiblich und sparen nicht an Rouge und Lippenstift. Auch bei den Frisuren, manchmal hoch auftoupiert, scheuen sie weder Geld noch Mühe. Aber davon später mehr.

Ausländer wie sie zuhauf in Deutschland leben, Türken oder Dunkelhäutige, gibt es hier kaum. Turkmenen und mongolisch aussehende Menschen begegnen einem aber immer wieder. Schließlich befindet sich die Mongolei verhältnismäßig nahe der asiatischen Seite der Russischen Föderation. Natürlich gibt es in den Großstädten wie überall auf der Welt mehr Men-

**122**

schen, die aus dem Ausland stammen als in dörflichen Gegenden.

Wie gesagt das oben kurz beschriebene Outfit ist für die Russin keine Nebensächlichkeit. Sie stöckelt über Pfützen, Kopfsteinpflaster und Schlaglöcher mit bemerkenswertem Geschick. Gerade dann, wenn sie nicht mehr ganz jung ist und nicht mehr so schlank wie früher, versucht sie mit Spitzenblusen, langen Röcken, Schmuck, farbigen Tüchern und dazu passenden Kopfbedeckungen ihrem Aussehen einen Hauch von Luxus zu verleihen. Der soziale Stand spielt dabei keine Rolle und das häusliche Leben kann noch so bescheiden sein. Wenn eine Russin das Haus verlässt, selbst wenn sie nur den Müll hinausträgt, will sie so attraktiv wie möglich erscheinen. Ein echter Pelz, im Westen mittlerweile ein verpöntes Kleidungsstück, ist immer noch der Traum der meisten Moskauerinnen. Aber leisten können es sich nur wenige und ein wohlhabender Ehemann ist nicht unbedingt leicht zu angeln.

Die russischen Männer kleiden sich praktisch und zweckmäßig, tragen aber besonders als Großstädter gerne einen Gehrock – aus feinem Tuch und mit hochstehendem Kragen. Im Winter darf die Pelzmütze nicht fehlen.

Aber leider macht sich der westliche Lebensstil nicht nur im Bereich der Kleiderfrage immer mehr bemerkbar und so genügen gerade den jungen Russinnen oft Jeans und T-Shirt.

Hingegen in der Provinz oder im fernen Sibirien, wo noch Tradition und Werte zählen, haben Mütter ein genaues Auge auf die Bekleidung ihrer Töchter. Sie halten alles schön sauber und bei besonderen Anlässen werden die Kleinen geradezu herausgeputzt mit feinen Kleidchen und Lackschühchen. Bei Söhnen ist man da weniger ge-

nau, außer bei Festen oder besonderen Ereignissen, wie etwa dem ersten Schultag. Da werden die kleinen Mädchen in Spitzenkleider gesteckt und die Knaben tragen dunkle Hosen und weiße Hemden.

Nachdem wir den U-Bahn-Bereich über viele Treppen, Ecken und schmale Gänge überwunden und dieses bemerkenswerte Labyrinth durch die mir schon genannten Absperrungen verlassen haben, sind wir wieder an der Oberfläche angelangt und sehen uns zu meiner Freude mit dem abendlichen Moskau konfrontiert. Innerhalb der Absperrungen kann man so lange man will mit der U-Bahn kreuz und quer durch den Untergrund fahren. Beim Verlassen der Sperren verfällt das Ticket. Schwarzfahren ist also grundsätzlich nicht möglich. Sehr gut und sehr russisch.

Nun beginnt sich Boris nach dem Bahnhof umzusehen, von wo aus unser Zug nach Abakan abfahren soll. Ich laufe hinter ihm her mit der analogen Fotokamera in der Hand, die schwer ist und aufwändiger zu bedienen als meine kleine Digitalkamera. Aber ich mag sie, habe einen Schwarz-Weiß-Film eingelegt und fotografiere Moskau bei Nacht. Boris läuft schnellen Schrittes vor mir her. Gott sei Dank trägt er meine große Tasche oder zieht sie, dank des ausziehbaren Gestänges, hinter sich her. Er hat nur noch seinen blauen Rucksack und eine Umhängetasche zu tragen, da er während der letzten Tage in München viele große Pakete, meist Umzugskartons, an seine Familie in Sibirien geschickt und bei dieser Gelegenheit auch seine eigenen, unterwegs nicht benötigten Sachen mit eingepackt hat.

Immer wieder tauchen Männer auf, die sich uns gegenüber als Gepäckträger anbieten, aber Boris wimmelt sie kurzerhand ab. Zweifelsohne erkennt man uns sofort als

**123**

Ausländer. Mir scheint, wir hätten noch Zeit, aber offenbar eilt es trotzdem, und ich kann nur im Vorübergehen die beleuchteten Prachtbauten und Plätze aus der Zaren- bzw. Sowjetära bewundern und einige Fotos machen.

Der erste Bahnhof, den wir betreten, ist mit hohen, eisernen Gittertoren umfriedet, entpuppt sich aber als der falsche, was Boris von den beiden weiblichen, mit strammen, blauen Uniformen bekleideten Zugbediensteten erfährt. Sie schicken uns zu einem nicht allzu fern gelegenen anderen Bahnhof. Angeblich sind es vier Bahnhöfe, die sich um den großen runden, schönen Platz verteilen. Also wieder weiter über Kopfsteinpflaster zum nächsten. Wir müssen nämlich zum Komsomolsker Bahnhof. Der Grund für die Suche nach diesem Bahnhof ist der, dass Moskau nicht einen Hauptbahnhof hat und eventuell noch ein oder zwei untergeordnete Bahnhöfe, sondern viele gar nicht mal so kleine Bahnhöfe, die teils nahe beieinander liegen, teils sich über die ganze Stadt verteilen. Eine Metropole von elf Millionen Einwohnern braucht wohl aus strategischen oder praktischen Gründen viele Bahnhöfe.

Ich spüre ganz deutlich: Hier herrscht noch der Geist der Vergangenheit, zwar liegt die Perestroika viele Jahre zurück, aber die Haltung der Menschen, ihre Gesinnung, ihr Lebensstil wird ihnen gewiss noch lange erhalten bleiben. Auch wenn sich politisch so manches ändert, der Mensch bleibt sich doch treu.

Unser Zug soll um 22.55 Uhr nach Moskauer Zeit abfahren, und als wir nun den richtigen Bahnhof gefunden haben und ihn betreten, ist es ca. 22.25 Uhr. Wir haben also noch Zeit und unser Zug muss noch einfahren.

Unterdessen betrachte ich die Menschen, die auf langen Holzbänken sitzen, vor sich große karierte Taschen, Kunststofftaschen, die in China hergestellt werden. Neben prall gefüllten Beuteln und anderem Reisegepäck. Frauen mit Kopftüchern und Männer mit Strick- oder Stoffmützen, denn es ist kalt. Die ganze Atmosphäre, aber nicht nur die, sondern der Habitus der Menschen, ihr Benehmen, unterscheidet sich von den konsumverwöhnten Deutschen. Die Leute wirken anspruchsloser und ihr Leben scheint nicht so auf ein Ziel gerichtet zu sein, wie es dem erlebnishungrigen Mitteleuropäer zu eigen ist. Derjenige, der alles hat, will mehr. Vielleicht ist es auch eine gewisse Selbstzufriedenheit, da sie noch nicht die Unzufriedenheit der durch Glitzer und Pomp Verwöhnten kennen gelernt haben.

Die Szene wirkt auf mich so, dass mir dabei das Ende des zweiten Weltkrieges in den Sinn kommt. Damals, in meiner frühen Kindheit, sind wir von einem österreichischen Bauerndorf, wo wir den Krieg überlebt haben, in die Stadt München gezogen und dort mit den Auswirkungen der Zerstörung konfrontiert worden. Das klingt negativ, ist es aber nicht. Diese Genügsamkeit zu der Zeit, als ich bei meiner Oma um einen Apfel betteln musste, hatte durchaus etwas Schönes. Solche Gedanken kommen mir beim Anblick des Bahnhofes, des Personals und eben der Menschen auf der Bank in den Sinn.

Plötzlich spricht mich und Boris eine sehr freundliche Dame an und ich stehe wie immer seit meiner Ankunft in Moskau wortlos daneben. Auch mein Versuch auf Englisch mich zu artikulieren scheitert wie gewohnt, da ich nicht verstanden werde. Die liebenswürdige Russin redet wie eine alte Bekannte mit Boris. Sie führen eine lebhafte Unterhaltung und dann sagt mir Boris, dass sie gläubige Christin sei. Dann fotografiere ich sie mit Boris und sie fotografiert mich mit ihm. Wir verabschieden uns herzlich, denn die Abfahrt unseres Zuges rückt näher. Die Dame hat ein anderes Ziel und wartet weiter auf ihren Zug.

Unser Zug steht mittlerweile auf seinem Gleis und wir gehen den Bahnsteig entlang, während Boris die Fahrkarten bereithält und die Nummern auf den Waggons abliest. Es ist der Waggon Nr. 6, in den wir einsteigen. Die rothaarige, uniformierte Eisenbahnbedienstete schaut sich die Tickets an und mustert mich – aha, also eine Deutsche. Wir klettern die steilen, hohen Stufen der eisernen Einstiegstreppe hinauf und kaum betrete ich den Waggon, habe ich wieder dieselbe Empfindung, wie ich sie beim Betreten des Bahnhofes hatte, als wir, meine Mutter, mein Bruder, die Schwester meiner Mutter mit ihren beiden Kindern 1945 nach Ende des zweiten Weltkrieges mit dem Güterzug über die österreichisch-deutsche Grenze nach Bayern fuhren. Auch Flüchtlingsdeportationen, die ich zwar selbst nicht erlebt habe, kommen mir in den Sinn.

Wir gehen den Gang in unserem Waggon entlang, wo sich schon viele Menschen aufhalten, entweder essend oder schlafend oder einfach dasitzend und vor sich hin blickend. Manche unterhalten sich. Mich erkennen sie schnell als „Tourist". Boris wird dank seiner Sprachkenntnisse leichter anerkannt. Aber eine sprachlose Deutsche mit einem Rucksack auf dem Rücken ist einfach schwer einzuordnen. Die Zugbegleiterin überreicht uns zwei zusammengerollte Matratzen, die in grau-weiß-gestreiften Bezügen stecken. Dazu ein weißes großes Tuch und ein weiß bezogenes Kopfkissen. Das Laken ist zum Zudecken; falls das zu

wenig ist, gibt es noch orangefarbene Wolldecken. Wegen der Nummerierung finden wir rasch unser Abteil. Unsere beiden übereinander liegenden Betten haben die Nummern dreizehn und vierzehn. Im selben Abteil uns gegenüber hat es sich bereits eine Mutter mit ihrer halbwüchsigen Tochter auf den beiden ebenfalls übereinander liegenden Betten bequem gemacht. Das blonde Mädchen mit den hochgesteckten Haaren und dem runden Gesicht räkelt sich auf dem oberen Bett. Sie wirkt wie ein westlicher Teenager, hat ein Buch in der Hand und scheint zu lesen. Auch die Mutter hat sich reichlich mit Lektüre versorgt und liegt mehr als sie sitzt, bekleidet mit einem Jogginganzug, auf der unteren Schlafbank. Ich würge ein „Dobryj djen!" hervor, aber damit ernte ich nur ein mitleidiges Lächeln. Die anderen beiden Wörter, „danke" und „bitte", die ich schlecht aussprechend auf Russisch beherrsche, spare ich mir für eine andere Gelegenheit auf. „Auf Wiedersehen!" – „Do svidanija!" – werde ich beim Abschied sagen.

Ein ordentlicher, nicht zu kleiner Tisch befindet sich zwischen den Bettenpaaren. Gegenüber an der anderen Seite des Korridors sind der Länge nach hintereinander jeweils zwei Betten übereinander angebracht. Durch das Hochklappen des oberen Bettes kann man am Tage auf dem unteren Bett sitzen. Aber bei solch langen Reisen wird auch am Tag viel Zeit liegend verbracht. Beim Blick nach oben bemerke ich, dass sogar noch ein drittes ausklappbares Bett zur Verfügung stehen würde – bei großem Menschenandrang sicherlich von Vorteil.

Der Waggon scheint gut gefüllt zu sein, und überall sind die Reisenden damit beschäftigt, ihre Betten zu beziehen, ihre Taschen und Koffer zu öffnen und wieder zu schließen, Schlafutensilien zu entnehmen und sich irgendwie einzurichten. Es riecht nach Essen, weil sich wohl schon viele über ihren umfangreichen Reiseproviant hergemacht haben.

Boris und ich, wir reisen wie Russen mit der normalen Eisenbahn. Mit der Transsibirischen Eisenbahn sind vorwiegend Touristen unterwegs, teilweise wohlhabende, verwöhnte Westler, die bereit sind, dafür einiges auszugeben – in Erwartung, auf einer abenteuerlichen Reise etwas Besonderes zu erleben.

In diesem Land mit seinen unglaublichen Ausmaßen sind Reisen von mehreren Tagen keine Seltenheit und für Russen gehören sie zu ihren ganz normalen Lebensabläufen, ob sie nun Freunde oder Verwandte besuchen oder einen in großer Entfernung gelegenen Arbeitsplatz haben. Unsere Nachbarin am Gang gegenüber, mit der Boris später ins Gespräch kommt, fährt alle sechs Wochen zwischen Moskau und Abakan hin und her. Ihren Arbeitsplatz hat sie in Moskau, wo sie beim U-Bahn-Bau tätig ist. Ihre Familie lebt in Sajanogorsk, einem kleinen Ort in der Nähe von Abakan. So verbringt sie fast jeden Monat acht Tage und eben so viele Nächte in der Eisenbahn. Sie trägt an jedem Finger einen anderen Ring, aber silbrig glänzen sie alle. Sie hat eine praktische Kurzhaarfrisur, erscheint mir arbeitsam und emanzipiert.

Ich sitze unentschlossen auf der Bank und überlege, wie es wohl weitergehen wird. Wie soll ich so viele Tage hier ausharren, nachdem ich eher ein Bewegungsnaturell bin; aber der Gedanke, mich mit meinen Nachbarn nicht unterhalten zu können, beschäftigt mich noch mehr. Aber ich habe ja ein Schreibbuch dabei, in dem ich meine Gedanken unterbringen kann. Plötzlich empfinde ich ein Bedauern darüber,

dass ich in meiner Kindheit die russische Sprache nicht erlernt habe. Das habe ich verpasst, denn es ergab sich weder eine Gelegenheit, noch hat irgendein Mensch mich dazu motiviert. Alleine könnte ich diese Reise nicht machen, zumindest nicht mit dem Zug. Boris hat diese Zugreise von Moskau nach Abakan und umgekehrt schon einige Male unternommen.

Auch wir haben uns ausreichend mit Käse, Brot und Obst eingedeckt – der Griechische Salat mit Oliven und Schafskäse, den Boris zubereitet hat, ist das Beste, das Glas mit Essiggurken die Krönung. Es gibt zwar einen Speisewagen, sehr nobel mit roten gepolsterten Samtbänken und einem durchaus westlichen Ambiente, aber dort zu essen ist ein absoluter Luxus. Einmal haben wir dort einen Salat bestellt, was, wie Boris sagt, ganz unüblich ist. Aber nachdem wir lange genug gewartet hatten, bekamen wir ihn doch und zwar jeder ein kleines Glasschüsselchen mit anscheinend abgezählten Gurken und Tomatenscheiben und noch ein wenig Grünem Salat. Er wird ohne Essig, aber mit Öl serviert. Dank der drei kleinen Scheiben Weißbrot, die jeder von uns noch erhalten hat, werden wir beinahe satt.

Wir sitzen alleine im Bordrestaurant. Die Bedienung ist hübsch und aufblondiert, und plötzlich erscheint noch ein Herr, der sich an einen der Tische setzt und eine kleine Schüssel Suppe bekommt.

Im Bordrestaurant, das sich beinahe am Ende des Zuges befindet, ist außer dem Personal meist niemand anzutreffen, dabei bin ich bei meinen Streifzügen mehrmals dort gewesen.

In unserem Waggon gibt es vorne und hinten eine Toilette mit eiserner Toilettenschüssel und eisernem Waschbecken mit einem blauen Wasserhahn für kaltes Was-

**126**

ser und einem roten für warmes Wasser. Man muss sich immer beeilen, denn viel Zeit steht einem für die Toilette nicht zur Verfügung. Um die Wasserhähne zu bedienen ist großes Geschick und Kraft nötig. Ich beherrsche die Bedienung der Wasserhähne erst, nachdem Boris sie mir einige Male erklärt hat. Der Trick heißt in etwa: Den Hahn drehen und gleichzeitig nach unten drücken. Mir scheint, dass man mit dem Toilettenpapier sparsam umgehen soll; eine Serviettenrolle ist schon zur Halbzeit verbraucht und wird nicht durch eine neue ersetzt. Hier beschwert sich darüber niemand, man nimmt es einfach als gegeben hin. Es herrscht nicht der Ton, dass ich ein Recht oder einen Anspruch auf irgendetwas habe.

Im Waggon befinden sich mitunter 60 Personen.

Freilich fahren nicht alle Menschen bis Abakan, der Endstation des Zuges. An den wenigen Stationen, wie Omsk, Jekatarinburg oder Nowosibirsk steigen immer Menschen aus, aber ebenso viele wieder ein. Jekaterinburg wird auch „das Fenster nach Asien" genannt, weil es die erste Stadt nach dem Ural ist. Aber es gibt auch kleinere Städte und Ortschaften, an denen der Zug hält. Einige davon sind Golyschmarivo oder Ischim. Eine kleinere Stadt namens Krutjoar hat einen Bahnhof, der so aussieht, als wäre er gestern erst gebaut worden. Er ist zweifarbig gestrichen und wirkt so frisch und sauber. Die Schneemassen, die in dem Ort gelegen haben mögen, kann man auf Grund der riesigen Wassertümpel zwischen den Häusern und der von großen Seen bedeckten Wiesen außerhalb der Ortschaften leicht erahnen.

Die Toiletten werden, bevor der Zug an einer Station hält, von der Zugbegleiterin abgeschlossen. Das hat den einfachen Grund, dass in diesen Zügen die Fäkalien nicht in einem geschlossenen Behälter landen, sondern sich ins Freie, also zwischen die Gleise ergießen, was dann auch in den Stationen der Fall wäre.

Im Gang am Waggonanfang an einer Seitenwand befindet sich ein Gerät mit einem Hahn zum Drehen, aus dem man sich kaltes oder heißes Wasser herauslassen kann. Dort kann man sich jederzeit ein warmes Getränk, vornehmlich Tee oder löslichen Kaffee zubereiten. Auf Wunsch bringt einem die Zugbegleiterin heißen Tee auch an den Platz. Sie serviert ihn in einem schönen Teeglas, das in einem metallischglänzenden Behälter mit Henkel steckt.

Gegenüber dem Heißwassergerät liegt ein kleines Zimmer, das der Provodniza, wie die Zugbegleiterin auf Russisch heißt, gehört. Dort schläft sie, nimmt ihre Mahlzeiten ein, hat einen kleinen Tisch und einen Stuhl. Sie verrichtet stehend oder sitzend die unterschiedlichsten Arbeiten, wozu auch Aufgaben administrativer Art gehören. Auch einige technische Geräte sind in ihrem Zimmerchen und natürlich ein Rechner oder ein Notebook.

Einmal bitte ich während meiner Spaziergänge eine in einem anderen Waggon tätige Zugbegleiterin darum, sie in ihrem Zimmerchen fotografieren zu dürfen. Fragen kann ich nicht, halte aber die Kamera in die Höhe. Sie macht eine abwehrende Bewegung mit der Hand, ich sage „Spasibo!" und gehe weiter. Bei der nächsten Dame bin ich ein wenig vorsichtiger, aber sie sieht freundlich aus, wie sie so gemütlich in ihrem Kämmerchen sitzt. Ich zücke wieder den Fotoapparat und siehe da, sie lacht, greift an ihr Käppi, um es zurecht zu rücken, und ich habe sie mitsamt ihrem Interieur im Kasten. Diesmal sage ich herzlichen Dank, sie spricht einige Worte und lacht wieder. Ich krame in meinem Kopf nach Worten und mir fällt außer „Spasibo!" nur noch „Do svidanija!" ein. Sie versteht es trotz meines Akzentes und ich gehe weiter.

Man darf sich das nicht wie in deutschen Zügen vorstellen, wo das Zugbegleitpersonal bzw. der Schaffner vor allem mit der Kontrolle der Fahrkarten der Reisenden beschäftigt ist, einige Durchsagen zu machen hat und sich gelegentlich mit empörten Zugreisenden auseinandersetzen muss wegen einer Zugverspätung oder ähnlicher unvorhersehbarer Ereignisse. Auch ist das deutsche Personal höchstens zehn Stunden im Dienst.

Die russische Zugbegleiterin ist wie eine strenge, aber doch besorgte Mutter, die darauf Acht hat, dass alles in ihrem Waggon in geordneten Bahnen abläuft. Sie hat ihre Augen überall, nur selten entgeht ihr etwas. Auch prekäre Situationen meistert sie souverän. Verletzt sich ein Fahrgast, so hat sie Verbandsmaterial und Brandsalbe parat und spart auch nicht mit tröstenden Worten. Ich denke an die französische Concierge, die eine ähnliche Stellung hat und in dem Haus, wo sie als Pförtnerin tätig ist, bestens über die Gepflogenheiten der Bewohner Bescheid weiß. Leider ist in Paris die Concierge nur mehr vereinzelt zu finden, aber als literarische Figur gewiss vielen Lesern in guter Erinnerung. Die Prowodniza wird es auch in Zukunft noch geben, was auf dem Hintergrund der russischen Reisekultur, wo tage- oder wochenlange Zugreisen zum Alltag gehören, leicht nachvollzogen werden kann.

Ein Junge mit einer Verletzung am Bein, um das ein Verband gewickelt ist, humpelt mit alten Holzkrücken durch den Gang und hält sich, während er auf dem gesunden Bein springt, immer wieder irgendwo fest.

Das wird ihm aber plötzlich zum Verhängnis, denn er stößt die unserem Abteil gegenüber sitzende Frau an. Sie trinkt gerade ein Glas heißen Tee und schüttet sich davon etwas über ihre Kleidung. Obwohl der Junge sehr erschrocken ist und sich in seiner Not auch entschuldigt, lässt die Frau einen Schwall ungezügelter russischer Worte auf ihn nieder. Der Bub tut mir leid und Boris übersetzt mir später den Inhalt der Worte. Sie besagen etwa Folgendes: Der Junge soll gefälligst auf seinem Platz sitzen bleiben, anstatt unnötigerweise in der Gegend herumzuhumpeln. Die Dame rennt zur Zugbegleiterin, schimpft wieder über den Buben, aber diese beschwichtigt sie und bietet ihr an, ihre nassen Kleider zu trocknen. Sie erbarmt sich auch des Knaben und bringt alles wieder ins Lot. Als die Frau später ihre getrocknete Hose und die Bluse wieder zurückbekommt, hat sie sich wieder beruhigt.

Boris und ich haben Sorge wegen unseres Griechischen Salates und unseres Brotes, denn im Zug ist es ohne Übertreibung recht warm. Wir überlegen und sogleich fällt mir die, wie heißt sie noch mal, Prowodniza ein. Boris fragt sie, ob es möglich wäre die Esswaren an einem kühlen Ort zu deponieren. Einen Kühlschrank gibt es nicht, aber die umsichtige Frau überlegt kurz und zeigt uns dann auf der Plattform, oberhalb der Koppelung zwischen unserem und dem nächsten Waggon, nahe der Ausstiegstüre eine Verriegelung in der Wand. Diese öffnet sie und es strömt uns eisige Luft aus dem Hohlraum entgegen. Wir bedanken uns herzlich. Sie schaut uns mit einem Blick an, der besagt, ob wir wohl mit diesem Angebot zufrieden sein würden. Boris bejaht es und sie lacht. Wir verpacken unsere verderblichen Lebensmittel in Papier- und Stofftaschen und pressen das Paket in das enge Loch. Immer dann, wenn wir etwas essen möchten, wenden wir uns an die Zugbegleiterin und sie sperrt uns die kleine Türe auf und auch wieder zu. Wir dürfen das nicht selber machen, den Schlüssel hat nur sie. Für dieses Entgegenkommen sind wir wirklich dankbar, wenn wir auch, als wir am Ende der Zugfahrt den Rest des Proviants abholen, fette Rußflecken auf der Verpackung entdecken. Aber für diesen Service nehmen wir das gerne in Kauf.

Auch für Raucher ist es nur auf diesen lauten, kleinen Plattformen zwischen den Waggons erlaubt, dem Rauchgenuss zu frönen. Manchmal öffnet ein Raucher das Fenster der Einstiegstüre, eiskalte Luft strömt herein, aber der penetrante Rauchgeruch ist nicht zu vertreiben. Raucher versuchen eine Plattform zu finden, wo sie alleine sind, aber es bleibt ihnen oft nichts anderes übrig, als den Raum mit anderen zu teilen. Als Nichtraucher beeilt man sich, so schnell wie möglich von einem Waggon in den nächsten zu wechseln.

Damit haben Russen wenig Probleme, weil sie ohne zwingenden Grund ihren Waggon normalerweise nicht verlassen.

Boris kommt irgendwann mit zwei netten Zugbegleiterinnen aus anderen Waggons ins Gespräch. Ich höre mir ihre Unterhaltung wieder einmal schweigend an. Boris sagt, wer ich bin, und am Ende ihrer Unterhaltung verraten sie ihm ihre Namen. Die eine heißt Sarajeava Irina Vladimirovka und die andere Silzina Larisa Viktorovna. Wortreiche, wohlklingende Namen, ein besonderes Geheimnis der russischen Namensgebung.

Es gibt Russen, die Ausländern, also auch uns beinahe unfreundlich, zumindest aber gleichgültig oder reserviert begegnen. Manche erscheinen mir sogar ein wenig argwöhnisch. Ich denke, das ist eben ihr Naturell, solche Menschen gibt es überall. Boris meint, das käme vom Sozialismus und das haben die Menschen hier noch im Blut.

Ich stehe wie schon oft neben der Türe unserer Zugbegleiterin; vielleicht möchte ich Wasser holen oder habe gar keinen nennenswerten Grund. Sie sieht mich, kommt heraus und hält mir ein in einem kleinen, rechteckigen Kunststoffbehälter eingefasstes Bild einer Skulpturengalerie entgegen. Darauf steht in kyrillischen Buchstaben das Wort „Abakan". Auf der Rückseite ist ein Magnet, der dazu dient, Zettel an einer Metallwand festzuhalten. Obwohl ich weiß, dass es diese Dinge gibt, besitze ich keines. Sie sagt etwas und setzt dabei ein für mich undefinierbares Lächeln auf. Sie denkt vielleicht, die Westfrau mag so etwas und der kann ich das verkaufen. Ich fühle mich unbehaglich und überlege, ob ich Boris holen soll. Sie hält mich mit einem Arm fest und mit der anderen Hand drückt sie mir das Teil in die Hand. Also möchte sie es mir schenken. Sie lacht, ich bedanke mich und gehe. Das magnetische Geschenk klebt seit meiner Rückkehr aus Sibirien an dem Kühlschrank und bewährt sich immer wieder als Merkzettelhalter.

Die Sorge, dass ich des Nachts keinen rechten Schlaf finden würde, ist unbegründet, denn ein rhythmisches Rattern, ein Geräusch, das der fahrende Zug über die Geleise von unten nach oben schickt, wirkt auf mich und anscheinend auch auf die meisten anderen durchaus einschläfernd. An den Stationen werde ich dann regelmäßig wach. Auch am Tage schläft man immer wieder kurzzeitig ein, das Nichtstun macht träge und müde.

Russen haben neben ihrer Vorliebe für Süßes und Fleischspeisen wie Hühner und

**129**

Schweinefleisch eine große Schwäche für Sonnenblumenkerne. Sie schütten kleine Häufchen vor sich auf den Tisch und essen sie, indem sie blitzschnell die grauen Hülsen mit den Fingern abschnippen und die geschälten Kerne dann in den Mund stecken. Jungs tragen sie auch in den Joppenoder Hosentaschen mit sich herum und können so jederzeit davon naschen.

Ich hatte mir auch eine Tüte gekauft und sie mit Schale gegessen, aber die Schale konnte ich kaum beißen, geschweige denn schlucken. Der Verkäuferin, es ist dieselbe, die im Bordrestaurant bedient, bin ich bei meinen Wanderungen begegnet und habe ihr, nachdem sie etwas sagte und mir eine Tüte entgegenhielt, diese abgekauft. Durch Zeichensprache macht sie mir deutlich, dass ich sie mit Schale essen könne. Ich deutete ihre Handbewegungen, die sie sprachlich noch untermauerte, wohl falsch. Als ich dann auf meinem Platz sitze und auf dem Zeug, das ein wenig salzig schmeckt, weiterhin herumkaue, wundert sich Boris und ich erzähle ihm die Sache. Er meint die Schalen seien sogar ungesund und schwer zu verdauen. Ich bin froh und danke Gott, schadlos davongekommen zu sein.

Mir scheint, dass ich wegen meines Umhergehens im Zug irgendwie unangenehm auffalle. Was sucht die Touristin in andern Waggons, spioniert sie hier herum oder was hat sie im Sinn? Außerdem fotografiere ich noch so nebenbei. Gott sei Dank ist mein Erscheinungsbild und mein Habitus wenig verdächtig, so dass schlussendlich kein echtes Problem daraus entsteht. Russinnen laufen nicht ohne triftige Gründe in Zügen umher.

Immer wieder tauchen im Abteil Frauen auf, die ihre vorwiegend selbst gestickten, genähten, gestrickten oder gehäkelten Handarbeiten verkaufen wollen. Es sind mitunter schöne Arbeiten und ich hätte gerne etwas gekauft. Ich spüre den großen Wunsch der Damen, etwas loszuwerden und das rührt mich; aber aus ganz pragmatischen Gründen kann ich nichts kaufen. Wir haben kaum Rubel, da Boris die Euro erst in Abakan wechseln wird und Platz, um die Sachen einzupacken, haben wir auch nicht. Die Marketenderinnen sind auch in schöne Capes und Schals gehüllt und haben ihre handgearbeiteten farbigen Mützen oder Hüte auf. Sie werben also mit ihrer eigenen Garderobe für ihre Ware.

Wie schon erwähnt nimmt man in Russland aus beruflichen oder privaten Gründen Reisen von tausend und mehr Kilometern bereitwillig in Kauf. Man richtet sich gemütlich in seiner Koje ein, hat ein Bett und ausreichend Lebensmittel im Gepäck, unterhält sich mit Mitreisenden, hat Lektüre und mittlerweile auch ein Handy und ein Notebook. Während man sich fast unmerklich durch die unermessliche Weite der sibirischen Landschaft fortbewegt, kann man einige ganz vergnügliche Tage verbringen.

Nur an den Stationen wird einem bewusst, dass man wieder viele hundert Kilometer hinter sich gebracht hat. Viele Reisende steigen aus, um sich auf dem Bahnsteig ein wenig Bewegung zu verschaffen und um frische Luft zu schnappen. Auch ich nütze die Zeit, um ausgiebig hin und her zu laufen. Bei kurzen Haltezeiten, wie sie bei kleinen Ortschaften üblich sind, geht das nicht. In den großen Bahnhöfen stehen Gepäckwagen auf dem Bahnsteig und männliches Zugpersonal ist damit beschäftigt, große und kleine Gepäckstücke aus dem Frachtgutwaggons ein- und auszuladen. Auch prall gefüllte große Säcke werden auf Wägen geladen oder aus den Waggons entladen und weitertransportiert.

In fahrbaren Verkaufswägen, die größtenteils aus durchsichtigen Kunststoffwänden bestehen, steht recht Unterschiedliches zur Auswahl. Es gibt reichlich Süßigkeiten in vielen Farben und Verpackungen. Auch Wurstwaren und einige Weißbrotsorten neben geflochtenen Korbwaren werden angeboten. Boris lehnt es ab, sich die Sachen überhaupt anzusehen, geschweige etwas zu kaufen.

Die Zugbegleiterinnen aus den einzelnen Waggons stehen beieinander und unterhalten sich, haben dabei aber das Treiben auf dem Bahnsteig fest im Auge. Einmal wollte ich in einen andern Waggon einsteigen, das hat die uniformierte Dame aber nicht zugelassen und mir gezeigt, in welchen Waggon ich gehöre.

Wenn der Zug sich einer Stadt nähert oder sie verlässt, also langsamer wird, fährt er an den schwärzesten Schneehaufen vorbei, die ich je gesehen habe. Es geht weiter durch triste Vorstädte mit riesigen Plattenbauten und teils verwahrlosten Fassaden und maroden Balkonen. Vor den Mietshäusern stehen in einigem Abstand unzählige selbstgebaute, teils rostige Blechhütten, eine neben der anderen. Aus mehreren ragen Ofenrohre an der Seite oder aus dem Dach hervor. Dunkler Rauch steigt aus einigen Kaminen und die Farben der Blechhütten sind vergilbt oder abgeblättert. Dort erkennt man Rostflecke oder Schmutz.

Wir begegnen aber auch hübschen Dörfern mit kleinen Kirchen und dem typischen Zwiebelturm. Die Holzhäuser haben bemalte Fensterrahmen, in Grün, Gelb und Violett, und buntbemalte Zäune. Es sind immer wieder Datschen darunter, die typischen Wochenendhäuser, die wohlhabenden russischen Großstädtern gehören.

An einem Friedhof fahren wir langsam entlang. Die Gräber haben schlichte braune Holzkreuze, von denen einige farblich verziert sind. Wegen der vielen bunten Kunstblumen, die überall auf den Gräbern und zwischen den beschneiten Erdflecken in mannigfaltigen Farben herausleuchten und den roten Grablichtern, von denen viele flackern, wirkt der Friedhof nicht unbedingt wie ein Ort der Stille und Andacht. Aber, da wir aus Deutschland stammen, sind wir an rechtwinkelige Grabreihen und aufgeräumte Gräber gewöhnt. Der Sozialismus hatte eben auch seine Freiräume.

Der Zug schiebt sich gemächlich an einem Bauernhof entlang. Hühner und Enten laufen kreuz und quer herum und picken hier ein wenig und finden dort ein Körnchen. Der Boden ist aufgeweicht, Grünzeug gibt es kaum, denn der Winter hat die Natur immer noch im Griff. Aber das Vieh ist daran gewöhnt, auch bei Schnee und Kälte, sich draußen zu bewegen und nach Essbarem zu scharren; irgendwo zwischen dem Schneematsch wächst gewiss ein grünes Hälmchen. Kaum hat der meterhohe Schnee begonnen zu schmelzen und es lugt hier und da das erste Grün hervor, so werden die Rinder ins Freie getrieben und genießen das wenige frische Gras und die frische Luft.

Um in ländlicher Umgebung die Menschen mit elektrischem Strom zu versorgen, hat man eine einfache, wenn auch nicht immer ganz verlässliche Lösung gefunden. An grauen Holzmasten, die nicht zu weit auseinander stehen und nicht besonders hoch sind, sind mehrere Elektrodrähte befestigt. Viele weiße Sicherungen sind übereinander dort angeschraubt, wo die Drähte am Mast enden. Bei starken Stürmen oder Gewitter mit Regen ist eine Unterbrechung oder längerer Stromausfall keine Seltenheit. Aber damit leben die Menschen und sind froh, wenn jemand, der sich auskennt, dafür sorgt, dass die Lichter wieder angehen. Um die Masten vor dem Umstürzen bei den oben erwähnten Stürmen zu bewahren, wird vorsorglich um den unteren Teil eine Hülle aus Beton gemauert.

Wir verlassen die bewohnte Gegend und es geht weiter und weiter durch die weiße Landschaft. Endlose Strecken, gesäumt von Birkenwäldern und Nadelbäumen beiderseits der Geleise, ziehen vorbei. Dazwischen liegen immer wieder kleine Dörfer mit den niedrigen Häusern, die so wirken, als würden sie sich nach unten ducken, um sich vor Wind und Kälte zu schützen.

Es sind auch immer wieder Brand- und Feuerplätze zu sehen und es ziehen sich lange, dunkle Schneisen nahe an den Geleisen entlang. Es scheint, als ob ganze Birken- oder Nadelwälder gezielt abgebrannt würden.

Der Himmel ist meist grau; nur einmal färbt er sich am Abend rosa und wir erleben einen schönen Sonnenuntergang. Die letzten Strahlen glitzern auf der silbrigen Schneedecke. Wir überqueren den Ural, den großen Gebirgszug, der das europäische Russland vom asiatischen Russland trennt. Die Schneemengen werden mehr und die Außentemperatur sinkt.

Es ist 4.00 Uhr morgens, ich glaube es ist Mittwoch, alle schlafen, als mich plötzlich ein Lärm weckt. Es ist mir, als würde jemand mit einem Vorschlaghammer von unten gegen den Zug schlagen. Das dauert kurze Zeit, dann bleibt der Zug stehen. Ich bemerke, dass auch andere Menschen wach geworden sind und einige eilen zur Türe. Nun erscheinen plötzlich uniformierte Männer mit topfähnlichen Kappen auf ihren Köpfen und gehen leise durch die Gänge an den noch Schlafenden vorbei. Ich bin hellwach, stehe auf, werfe mir die Jacke

über und gehe zur Türe am Ende des Flures. Eine Frau in Uniform sagt etwas, das ich natürlich nicht verstehe, aber aus ihrer Handbewegung schließe ich, dass ich nicht weitergehen soll. Ich gehe zu meinem Abteil zurück und lege mich wieder hin. Ich schaue aus dem Fenster und es regnet in Strömen und Wasserbäche laufen über die Scheiben. Auf dem Gleis daneben erkenne ich einen Zug, sehe ihn aber teilweise nur verschwommen, der so neu und unbenutzt aussieht, als wäre noch nie ein Mensch darin gesessen. Als ich Boris mein nächtliches Erlebnis schildere, misst er dem Ereignis keine große Bedeutung bei.

Als ich wieder einmal vor einer Toilette warten muss, komme ich überraschenderweise mit einem jungen Mann ins Gespräch, der ausreichend gut Englisch spricht. Er merkt wie ich mich freue und er bestätigt mir, dass englische Sprachkenntnisse hier eher eine Rarität sind. Er sitzt mit einigen Freunden auf dem Fensterbrett und erzählt ihnen, dass ich Deutsche bin. Nun gesellt sich ein junges Mädchen dazu und gleich danach kommt auch deren Mutter und sagt auf Russisch, dass ihre Tochter englisch spricht. Die Tochter übersetzt es für mich ins Englische und beginnt mich einiges über Deutschland zu fragen. Sie möchte etwas über das deutsche Schulwesen und über das studentische Leben wissen. Ich gebe ihr, soweit mir das möglich ist, Auskunft. Nun will aber der junge Mann wieder zu Wort kommen und ich schlage ihm vor, uns in unserem Abteil zu besuchen, damit er auch Boris kennen lernen kann. Er erscheint am nächsten Tag und wir erfahren, dass er in Abakan lebt und dort auch studiert. Seinen Namen habe ich mir nicht gemerkt. Nebenbei schreibt er Gedichte und während er auf dem Bett der Nachbarin sitzt, schreibt er mir eines in mein Notizheft. Aber leider kann ich es weder lesen noch verstehen. Lyrik zu interpretieren kann sich auch in der eigenen Sprache als schwierig erweisen. Er staunt darüber, dass Boris so gut russisch spricht, aber noch mehr in Erstaunen versetzt ihn die Tatsache, dass er mit seiner Familie freiwillig nach Sibirien ausgewandert ist. Boris erklärt ihm kurz seine Beweggründe. Der junge Mann verrät uns ein Teegeschäft in Abakan und gibt mir seine E-Mail-Adresse. Für Fotografie interessiert er sich ganz besonders und holt seine Digital-Spiegelreflexkamera, um sie mir zu zeigen. Ich fotografiere ihn mit meiner kleinen Samsung-Kamera und noch einmal mit Boris zusammen. Ich sende ihm eine E-Mail aus München mit dem Foto einige Wochen nach meiner Rückkehr. Ich habe nie wieder etwas von ihm gehört.

Um das Handy oder die Kamera aufzuladen, muss man immer schnell sein, denn nur vorne und hinten an jedem Waggon gibt es eine dafür vorgesehene Steckdose. Diese sind meist von Handybesitzern beschlagnahmt und Boris gelingt es dann doch mit viel Geduld – er hat sich neben eine Steckdose gesetzt – meine Kamerabatterie aufzuladen.

Novosibirsk, die Hauptstadt von Sibirien, erreichen wir mitten in der Nacht. Ich werde wach, Regentropfen laufen über die Fensterscheiben, und ich sehe einen mit farbigen Scheinwerfern beleuchteten Bahnhof. Weiße Marmorskulpturen, die Personen naturgetreu darstellen, stehen in hellen Nischen und werden teilweise farbig indirekt beleuchtet. Oben auf dem Dach des Gebäudes steht in kyrillischen Buchstaben НОВОСИБИРСК in ebenso leuchtenden farbigen Lettern. Ich ziehe mir schnell den Mantel an und steige aus. Die Luft ist frisch und kalt und es nieselt ein wenig. Ich gehe

zwischen den Menschen auf dem Bahnsteig, die mir wie dunkle Schatten erscheinen, hin und her. Die Farben des beleuchteten Prachtbahnhofes werden von den Gegenständen reflektiert und selbst die Menschen sind von einem farbigen Schimmer umgeben. Ich erinnere mich an das Bahnhofsgebäude in Omsk, der zweitgrößten Stadt in Sibirien. Es hat einen kräftigen türkisfarbenen Anstrich und eine leuchtend weiße Umrandung. So schön wie selbst gefertigtes Kinderspielzeug.

Ein Grüppchen junger Leute steht beisammen, sie lachen und sie unterhalten sich. Ich fotografiere sie, obwohl ich weiß, dass es zu dunkel ist. Sie sprechen einige Brocken Englisch und ich erfahre, dass sie zu einem Konzert in eine andere Stadt fahren. Sie haben Musikinstrumente bei sich und sind also die ausführenden Musiker. Das Interesse an kulturellen Angeboten ist auch in kleinen Städten in Russland sehr groß.

Mittlerweile sind neue Reisende in unseren Zug eingestiegen. Als ich durch den Gang gehe, fällt mir ein Mann in einem Abteil auf, der ein ganz anderes Aussehen hat als die mir hier begegneten Russen. Ob es nun die sehr dunkle Hautfarbe, die pechschwarzen, gelockten Haare und schwarzen Augen oder der schlanke, athletische Körper ist. Aber trotz dieser Vorzüge hat er etwas Verlorenes an sich. Er schaut sich immer wieder hilfesuchend um, als ob er nach jemandem Ausschau halten würde, mit dem er sprechen könnte. Ihm gegenüber sitzt ein Mongole, der aber als Gesprächspartner auch nicht taugt. Ja, Sprachbarrieren können wirklich fatal sein. In einem anderen Abteil sitzen ebenfalls einige bronzefarbene, zartgliedrige Menschen, die durch ihre geschmeidigen Bewegungen und ihre Freundlichkeit auffallen. Es ist anzunehmen, dass sie aus Indien stammen.

Am vorletzten Abend, es ist Donnerstag, der 28. April, eilt die Zugbegleiterin um 21.30 Uhr durch den Korridor und teilt den Zuggästen mit, dass es in einer halben Stunde für zwei Stunden kein Wasser mehr gäbe und man möge vorher noch auf die Toilette gehen. Heute trägt die Provodniza eine rote Schürze und diese harmoniert mit ihren roten Haaren. Die Botschaft nehmen alle zur Kenntnis, niemand schimpft oder ereifert sich. Boris kennt so etwas und auch ich bin mittlerweile nicht mehr erstaunt über solche Ankündigungen. Außerdem habe ich für solche Situationen sogar ein gewisses Faible.

Es ist der letzte Abend und unsere Zureise neigt sich dem Ende zu. Ich empfinde ein wenig Wehmut, obwohl ich weiß, dass das große Abenteuer erst beginnt. Wir hatten drei Äpfel im Gepäck, haben zwei verspeist und den letzten essen wir jetzt. Oh, wie lecker und gut!

In Abakan werden alle aussteigen und einen Tag später fährt der Zug wieder nach Moskau zurück. Die Tatsache, dass sich im größten Land der Erde mit sehr niedriger Bevölkerungsdichte auf der Schiene eine Reisekultur entwickelt hat, die bemerkenswert gut ist und menschlich und technisch von hohem Standard, überrascht.

Durch Deutschland fährt man von Garmisch, dem südlichsten Fleck, bis Ostende, dem nördlichsten Eck, mit dem ICE in höchstens acht Stunden.

Es ist Freitag, der 19. April, etwa 5.30 Uhr früh und während ich noch ruhe, spüre ich ein unruhiges Geraschel, ein nervöses Hin-und-her-Gerenne der Mitreisenden. Jeder versucht die Toilette vor dem anderen zu erreichen, um das Nötigste dort zu erledigen. Die Damen kleiden sich in ihre Ausgehgarderobe, frisieren sich mit Hingabe und versuchen, nach viertägiger Zugfahrt ihrem Aussehen mit Lippenstift und Wimperntusche wieder ein ihnen gebührendes Maß an Attraktivität zu verleihen. Die Reiseklamotten verschwinden im Gepäck und jeder hat sein Augenmerk auf die Ankunft gerichtet. Boris und ich, wir entledigen uns der leichten Reisebekleidung und ziehen unsere dicken und warmen Sachen an. Die Betten müssen wieder abgezogen werden und allmählich entsteht ein Wäscheberg vor der Kabine der Zugbegleiterin. Sie sammelt das ganze Zeug ein und steckt es in große Säcke. Auch die Bettunterlage muss sauber zusammengerollt abgeliefert werden.

Es ist 6.00 Uhr früh nach Moskauer Zeit, als der Zug im Bahnhof von Abakan einfährt. Die Menschen drängen in Windeseile zu den Ausstiegtüren und in wenigen Minuten ist der Zug leer. Der Mutter mit ihrer Tochter, unseren Nachbarinnen, konnte ich gerade noch ein „Do svidanija!" hinterher rufen, was aber nur noch die Mutter, die sich ein wenig umdreht, gehört hat. Die Lichter werden gelöscht, die Beamten verriegeln die Türen, und die Menschen strömen in allen Richtungen davon. Der Zug ist leer und steht im Halbdunkel auf den matt glänzenden Gleisen. Morgen wird er wieder voll sein und die gleiche Reise antreten und das noch viele, viele Male.

Es ist kalt, Boris und ich gehen ins Bahnhofsgebäude.

Im Vorraum stehen Männer in Uniform und mustern Boris und mich. Boris soll seinen Pass vorlegen, aber ansonsten lassen sie uns in Ruhe. Wir entdecken das Bahnhofslokal und da ist es warm und es gibt viele leere Tische. Die Einrichtung erinnert mich an die fünfziger und sechziger Jahren des 20. Jahrhunderts, also ein durchaus vertrautes Ambiente. An der Wand rechts vom Eingang befindet sich ein ganz normales, nicht modernes Waschbecken mit einem gewöhnlichen Wasserhahn. Sehr gut und sehr praktisch; man kann sich also hier die Hände waschen, wenn man das möchte. Die junge Dame am Tresen, modern gestylt, schüttet aus einer kleinen Tüte den löslichen Kaffee in einen weißen Plastikbecher und gießt aus einem Wassergerät heißes Wasser dazu. Boris hat den Kaffee für mich bestellt. Der Plastikbecher ist so heiß, dass ich ihn gerade noch bis zu unserem Tisch schaffe. Milch gibt es extra und ich hole mir ein kleines Döschen an der Theke, aber sie kostet auch extra. Wir essen Piroggen, („Piroschki"), eine russische Spezialität. Es sind Teigtaschen, die entweder mit Kartoffelbrei oder mit Weißkraut gefüllt werden. Sie schmecken mir und auch Boris sehr gut. In Puncto Ernährung ist Boris ausgesprochen kritisch und stellt an das, was er isst, einen hohen Qualitätsanspruch.

Als ich nun auf die Toilette muss, stellt Boris fest, dass sich diese außerhalb des Gebäudes befindet. Er zeigt mir den Weg, aber ich komme schnell wieder zurück. Wieder eine Dame, die dort Wache hält, etwas für mich Unverständliches gesagt hat und die Hand aufhält. Aha, sie will Geld. Ich gehe wieder ins Lokal und hole meine Geldbörse. Ich glaube, dass meine Kopeken nicht ausreichen und Boris gibt mir noch einige Münzen dazu. Der Klofrau strecke ich meine Hand mit dem Geld entgegen, sie nimmt sich schweigend einige Münzen, gibt mir Klopapier, aber eher knapp, und zeigt mir eine der drei nummerierten Toiletten, die ich benützen darf. Ich erinnere mich an meine Frankreich- und Italienreisen aus längst vergangener Zeit. Ein Loch im Boden, rundherum ein gefliestes Qua-

drat, zwei Griffe rechts und links in der Wand und das ist alles.

Einige Gäste betreten das Lokal und setzen sich an die leeren Tische. Boris will jetzt seine Euro in einer Bank umwechseln, die er während des halbjährigen Aufenthaltes bei mir in München mit unterschiedlichen Arbeiten verdient hat. Auf mehrere kleine Beutel hat er das Geld verteilt, viele tausend Euro, und hat es während der Reise gut versteckt an seinem Körper aufbewahrt. Er besitzt in Deutschland ein Bankkonto, aber in Russland keines.

Ich möchte nicht im Lokal bleiben, und Boris geht mit mir in den Wartesaal, stellt das Gepäck neben mich und verlässt das Gebäude. Ich setze mich auf die eiserne Bank, schaue mich um und muss nun warten, bis Boris zurückkommt. Ich fühle mich übernächtigt und irgendwie ist mir kalt. Boris sagt, bevor er geht, im Spaß: „Hoffentlich werde ich nicht überfallen!"

Ein Taxifahrer, ein großer, hagerer Mann, hat uns gleich nach unserer Ankunft ins Visier genommen und nun sehe ich, wie er den Warteraum betritt, mich anblickt und durch die nächste Türe wieder hinausgeht. Er hofft wohl auf ein Geschäft und wartet auf Boris, der anscheinend mit ihm draußen gesprochen hat. Immer wieder tauchen Männer in Uniform auf, marschieren durch den Warteraum und verschwinden wieder.

Es sitzen wenige Menschen auf den hintereinander stehenden metallenen Sitzreihen, schauen teilnahmslos vor sich hin oder blicken hin und wieder auf die Uhr, um festzustellen, ob die Zeit fortgeschritten ist. Allerlei Gepäckstücke, wie Taschen und Beutel, stehen auf dem Boden.

Eine Russin, die schräg gegenüber auf der übernächsten Bank sitzt, trägt eine braune Lederjacke und darüber ein grauschwarz-schimmerndes Pelzcape und ihr Gesicht ist stark, aber doch sorgfältig geschminkt. Die Jacke, nehme ich an, und das Cape sind aus synthetischem Material; aber egal, die Russin liebt nun einmal Pelz. Sie öffnet mehrmals ihre Handtasche, schaut hinein, steht dann abrupt auf und geht.

Danach beobachte ich ein Ehepaar, ein wohl typisch russisches, wie es sich auf einer der mittleren Bankreihen niederlässt. Sie haben zwei Kinder, ein Mädchen von etwa einem Jahr und einen Jungen, den ich auf drei Jahre schätze. Die Mutter trägt eine farbige, gestrickte Mütze, wirkt aber keineswegs hausbacken, und einen hellen Mantel. Der Mann ist ein stämmiger Typ und auch die Frau ist kräftig gebaut. Ich halte die Frau für mütterlich. Dieser Begriff ist schwer definierbar, aber ich werde es versuchen. Eine Frau ist dann mütterlich, wenn ihre Liebe zum Kind selbstlos ist und in erster Linie darauf bedacht ist, dem Kind eine Erziehung angedeihen zu lassen, in der das Maß an Strenge und Milde gerecht abgewogen wird. Das gibt dem Kind Sicherheit und Geborgenheit. Sie weiß, das Kind ist nicht ihr Besitz, was jede Willkür ausschließt. Als gläubige Frau wird sie das Kind immer als ein Geschenk Gottes betrachten.

Das kleine Mädchen beginnt Arme und Beine zu bewegen, schläft aber immer noch liegend auf dem Schoss der Mutter. Plötzlich fängt die Kleine zu quengeln an, die Frau übergibt das Kind ihrem Mann und durchsucht eine der Taschen nach der Nuckelflasche. Das Mädchen schreit auf, der Mann verzieht das Gesicht, und als die Mutter das Fläschchen bringt und den Sauger dem Kind in den Mund steckt, stößt es nach wenigen Sekunden mit einer Handbewegung die Flasche von sich. Die Eltern

versuchen abwechselnd mit beruhigenden Worten auf das Kind einzuwirken.

Nun beginnt das, was den beobachtenden Außenstehenden wie mich in eine beinahe peinliche Lage versetzt. Soll man seine Hilfe anbieten, so würden die Eltern das eventuell als Einmischung oder als Zweifel an ihrer Erziehungskompetenz auslegen. Schaut man der Geschichte, die ja noch weitergeht, seelenruhig zu, so überkommt einen beinahe das schlechte Gewissen wegen der geringen Anteilnahme am Los anderer. Allerdings ist das eine Situation, wie sie in mannigfaltigster Form viele Male täglich überall auf der Welt geschieht. Während die Eltern mit allerlei Manövern das Mädchen zu beruhigen versuchen, reichen sie ihm ein längliches Gebäckstück, an dem es aber auch nur unwillig und kurzzeitig herumkaut. Nun bemerkt die Mutter, dass ihr Sohn mit einem Spielzeug beschäftigt auf dem Boden herumrutscht. Sie rennt zu ihm, packt ihn am Arm, reißt ihn in die Höhe und blickt entsetzt auf seine Hose, wo sich schon an den Knien Schmutzflecken zeigen. Nun versucht der Vater die Erziehung seines Sohnes zu übernehmen. Der Junge läuft schreiend zu seiner Mutter, sieht das süße Gebäck und will es haben. Da der verbale Teil natürlich auf russisch abläuft, kann ich den Inhalt desselben nur erahnen. Nun wiederholen sich die Ereignisse. Das Mädchen schreit, der Junge spielt wieder auf dem Fußboden, der Vater kämpft gegen seine Wut an, die Mutter läuft zwischen den Familienmitgliedern hin und her. Bis sich plötzlich auf Grund einer Lautsprecher-Durchsage die Situation ändert. Die Mutter stopft die Nuckelflasche, das Gebäck und die anderen umherliegenden Sachen in eine der Taschen, ergreift ihre Tochter, ihr Mann packt den Jungen und auch dessen Spielsachen und eine Ta-

**136**

sche. Nun sind sie weg, die Bahnhofstüre schließt sich und auch andere Reisende stehen auf und ich habe das Gefühl, dass viel Zeit vergangen ist, seit Boris den Bahnhof verlassen hat, und doch ist er noch immer nicht zurück. Was hat er vor seinem Weggang gesagt? „Hoffentlich werde ich nicht überfallen!" Mir wird bange, wo mag er so lange stecken. Ich stehe auf und schaue aus dem Fenster.

Boris taucht endlich auf und sagt, dass die erste Bank, die er vorfand, erst um 9.00 Uhr öffnet und eine andere aber schon um 8.00 Uhr. Die Bankangestellte hat so lange gebraucht, um die Euro genau unter die Lupe zu nehmen und dann in Rubel umzuwechseln. Bei dem geringen Wert der russischen Währung setzt das eine ausgiebige Zählarbeit voraus. Auch hat die Bankangestellte die vielen, vielen Geldscheine ein zweites Mal nachgezählt.

Boris denkt laut und ein wenig besorgt darüber nach, ob wir es noch trockenen Fußes schaffen werden, über den Fluss zu kommen, der einzige Zugang zu dem Dorf Malinovka, in dem die Familie lebt. Malinovka liegt geographisch zwischen Novosibirsk und dem Baikalsee, an den Ausläufern des westlichen und östlichen Sajangebirges.

Es ist der 19. April und auch sibirische Winter gehen einmal zu Ende. Boris hat bereits mit Isai, seinem ältesten Sohn, telefoniert und dieser meint, dass heute der Fluss eventuell noch begehbar wäre. Die Auftauphase des in den Wintermonaten metertief zugefrorenen Flusses namens Kasyr ist bereits im Gange. Boris stellt sogar die Überlegung an, ein Nachtquartier in Abakan zu suchen oder in Tajaty, der Ortschaft vor dem Fluss. Aber jetzt zählt nur noch, so schnell wie möglich dorthin zu gelangen.

Einen Bus könnten wir bis Karatus nehmen, aber der fährt erst am Mittag ab und von dort aus müssten wir mit einem anderen Bus bis Tajaty fahren und würden dann erst am Abend ankommen. Aber das kostet viel Zeit, die wir vielleicht nicht mehr haben.

Boris verhandelt mit dem Taxifahrer, der ja schon auf ihn gewartet hat auf dem Bahnhofsvorplatz, einem grauen Platz mit Löchern im Asphalt. Es stehen noch andere Taxifahrer neben ihren Taxen und warten. Mir scheint, dass wir hier die einzigen Ausländer sind. Die Taxen sind vorwiegend älteren Baujahres und stammen aus einer Zeit, wo der Mensch im Westen auch noch nicht solchen Wert auf sein Prestige legte.

Als Boris sich mit dem Chauffeur über den Fahrpreis geeinigt hatte, der zunächst höher ist als der, den Boris bereit ist auszugeben, entsteht eine neue Situation. Unser vermeintlicher Fahrer spricht plötzlich mit einem seiner Kollegen und sie kommen überein, dass dieser uns chauffieren soll, da für ihn die Richtung, die wir nehmen müssen, von Vorteil ist, da er selbst nicht allzu weit von Tajaty entfernt wohnt. Auch den mit Boris ausgehandelten günstigeren Fahrpreis akzeptiert er.

Der Taxifahrer ist mit dem Deal zufrieden und bekommt von seinem Kollegen einen Geldschein zugesteckt. Schnell packt Boris unsere Sachen hinten in den Gepäckraum des Autos und wir fahren los. Nun sehe ich noch etwas von Abakan und wieder kommen mir Erinnerungen aus der Vergangenheit in den Sinn. Es gibt noch nicht den unausgesprochenen Zwang zur Perfektion. Vieles im Stadtbild wirkt provisorisch und improvisiert. Die Menschen sind daran gewöhnt und kennen es nicht anders.

Unter unserem westlichen Glanz verbirgt sich oft eine marode, kaputte Welt und ebensolche Menschen. Hier bröckelt da und dort der Putz und man lässt auch Schiefes und Krummes gelten, aber es ist sichtbar und muss nicht versteckt werden.

Als die Stadt, sie ist etwa mittelgroß, schon einige Zeit hinter uns liegt, fahren wir an einer sehr schönen Kirche vorbei. Sie hat die typischen kräftig farbigen Zwiebeltürme und die Menschen, die sie besuchen, haben den russisch orthodoxen Glauben. Neben den orthodoxen Gläubigen gibt es Altgläubige und, seit der Wende, auch freikirchliche Christen.

Ich sitze im Auto hinten auf einer harten Bank, wo man das Autofahren gut verträgt. Es ist keine weiche, geschmeidige Polsterung, die leicht Übelkeit hervorruft und dadurch eine Autofahrt zur Tortur werden lässt.

Der Chauffeur fährt in flottem Tempo, Unebenheiten auf der Straße stören ihn nicht, selbst Schlaglöcher überfährt er sorglos und so kommen wir schnell voran.

Abakan liegt hinter uns, Boris sitzt vorne und unterhält sich mit dem Fahrer. Plötzlich, nachdem wir bereits einige Zeit durch die teilweise schneebedeckte Landschaft fahren, entdecke ich eine Frau am rechten Straßenrand, die vorne auf der Motorhaube ihres Autos eine Menge Essbares stehen hat. Ich bitte Boris, den Fahrer zu veranlassen anzuhalten. Ich steige aus und bin entzückt. Die freundliche Russin hat ein rundes Gesicht und rote Backen. Ich bewundere ihre Waren. Es sind große Gläser mit eingemachten Gurken, Paprika, Sauerkraut und anderen Gemüsesorten. Dann fällt mein Blick auf die Eimer mit den Äpfeln. Sie lässt mich einige Scheiben verschiedener Apfelsorten probieren und nun kann ich nicht mehr widerstehen. Das Obst wird nicht gewogen, sondern gemessen. Wir kaufen den Inhalt eines Eimers. Vielleicht ist es das letzte Obst für die nächsten vier Wochen.

Der Taxler ist Raucher und nützt die Gelegenheit, um auszusteigen und sich eine Zigarette anzuzünden. Er steht nur mit Pulli und dünner Hose bekleidet in der Kälte und zieht gierig an dem glimmenden Stängel. Um keine Zeit zu verlieren, wirft er die halbe Kippe auf den matschigen Boden und wir fahren weiter. Boris hat ihn wohl auf die Situation wegen des Flusses aufmerksam gemacht.

Zunächst ist die Landstraße noch geteert, wird dann aber schlechter und mündet in eine Schotterstraße, die häufig von Schlaglöchern durchsetzt ist. Viel Sumpf und Matsch zu beiden Seiten. Dann wieder geschlossene Schneefelder und später geschmolzene Schneehaufen, die große Tümpel entstehen lassen.

Die Straße wird kurvenreich mit Steigungen und Gefällen. Die Ausläufer des Altai-Gebirges kommen uns in einiger Ferne entgegen und nach weiterer Fahrt erblicken wir die weißen Berge des Sajan-Gebirges.

Irgendwie kommen mir Zweifel, ob ich dem Leben, mit dem ich bald konfrontiert sein werde, überhaupt gewachsen bin. Eine gewisse freudige Erwartung wechselt mit einem schwer definierbaren Unbehagen ab. Der Blick aus den Fenstern verheißt Kälte und Einsamkeit. Aber trotzdem empfinde ich bei aller Kargheit die Landschaft als reizvoll. Wir fahren an schlanken, zarten Birkenbäumen, aber auch an Zedern und Tannen vorbei. Diese winterstille Taiga hat schon ihren eigenen Zauber.

Allmählich nähern wir uns menschlichen Behausungen. Kleine Dörfer mit niedrigen Holzhäusern und den geschnitzten

Fensterrahmen, umgeben von bemalten Zäunen, tauchen zu beiden Seiten auf.

Plötzlich sind wir in Tajaty. Das Ende der Welt haben wir erreicht. Hier geht es nicht mehr weiter. Ein schmaler verschneiter Weg liegt vor uns. Der Taxifahrer wendet das Auto, hält an, springt hinaus, wir steigen aus, er gibt uns das Gepäck, Boris bezahlt und das Taxi fährt davon. Ich stehe da und friere. Meine Stiefel widerstehen nur kurze Zeit dem nassen Schnee. Boris trifft eine Bekannte, namens Ljuba, die gerade aus ihrem Haus, das letzte des Dorfes, mit einer anderen Frau kommt und er fragt sie, ob wir zur Not bei ihr übernachten könnten. Sie ist ernst, aber freundlich, bejaht es, hat es aber eilig weiterzukommen.

Boris und ich machen uns auf den Weg in die Richtung des Flusses. Da sagt Boris plötzlich zu mir: „Drehe dich einmal um!" Ich folge seiner Aufforderung und wie überrascht bin ich, zwei braungebrannte Jungens mit dunklen Locken und blitzend weißen Zähnen lachend und fröhlichen Schrittes von rückwärts auf uns zukommen zu sehen. Es sind Isai und Ruben, die beiden Söhne von Boris und wir begrüßen uns herzlich. Sie sind fünfzehn und zwölf Jahre alt. Sie haben ihren selbstgebauten Schlitten, der auf zwei Kufen fährt, mitgebracht und stellen meine Reisetasche darauf. Der Boden ist harschig und stellenweise gefroren. Die Entfernung bis zum Ufer des Kasyr ist etwa 900 m. Die Buben sagen, dass sie noch einen begehbaren Pfad über den Fluss gefunden haben. Oh, wie froh wäre ich, heute noch hinüberzukommen.

Der Fluss ist ca. 100 m breit. Als wir die Bucht erreichen, läuft mir Mara leichtfüßig, bekleidet mit Röckchen und Jacke, lachend auf dem Eis entgegen. Ihren Abba hat sie schon begrüßt und nun begrüßen auch wir uns sehr herzlich und ihre grün-blauen Au-

gen strahlen. Sie ist vierzehn Jahre alt und die zweitälteste der sechs Kinder. Ich habe die analoge, schwere Kamera umhängen und fotografiere Mara. Die Jungens und Boris sind längst auf dem Fluss. Ich zögere bei dem Gedanken, ob ich wohl, ohne ins Eis einzubrechen, das andere Ufer erreichen werde. Der Schnee, der auf dem Eis liegt, ist weich und nass und Wasserflecken zeigen sich hier und dort. Ich bete leise zu Gott und bitte um Bewahrung.

Glücklich gelange ich an das andere Ufer, wo die anderen drei Enkelkinder mich freudig empfangen. Jael, dunkle Haare, dunkle Augen ist sehr gewachsen und hübsch und wird noch diesen Monat elf Jahre alt. Abischag, sechsjährig, hat sich sehr verändert. Sie war vor vier Jahren in Borsbach nahe Ansbach, wo die Familie lebte, noch sehr klein. Niveschani, die beinahe Dreijährige, überrascht mich am meisten. Sie steht da, schaut mich erwartungsvoll, aber sehr lieb an. Es scheint mir, als hätte sie auf mich gewartet. Sie wurde hier im Haus geboren und deshalb begegnen wir uns das erste Mal. Ich umarme die Kinder und wir gehen die wenigen Meter hinauf zur Gartentüre. Hier steht Christine, meine Schwiegertochter, und begrüßt mich lachend. Wir gehen durch den noch sehr kargen Vorgarten, vorbei an der Banja, dem Badehaus, dann noch die wenigen Meter zum Haus, wo an einem herabhängenden Seil das halbe Brett, die Hälfte einer ehemals runden Holzschaukel, hängt. Sie ist sehr beliebt und kann nach allen Seiten schwingen. Ich steige zwei Stufen hinauf, gehe durch den offenstehenden Türeingang in den Vorraum, wo sich an der Wand aufgeschichtete Holzscheite befinden und ein großer Kasten mit Werkzeug steht. Dann kommt man an der Treppe vorbei, die nach oben zum Söller führt, schiebt eine herab-

**139**

hängende Wolldecke zur Seite und steht in einem halbdunklen Raum, in dem das Lodern eines Feuers, das in einer Vertiefung brennt, zu hören ist. Allerlei Gegenstände aus Metall und Holz sind schemenhaft zu erkennen. Nun stehe ich vor der eigentlichen Türe, die in den Wohnraum führt. Ich öffne sie und betrete die ca. 16 qm. große Wohnstube, in der sich das Leben der Familie abspielt. Alles für den täglichen Gebrauch notwendige befindet sich hier. Schnell wird mir bewusst, mit wie wenig der Mensch auskommen kann. Der Grundriss des Hauses beträgt 4,6 x 4,6 qm.

Wasserleitungen und Kanalisation gibt es nicht. Das Trinkwasser und das Brauchwasser wird in Metalleimern aus dem Fluss geholt. Das Schmutzwasser wird ins Freie entleert. Jeden Tag viele, viele Eimer.

Im Winter, und der ist lang und kalt, wenn der Fluss zugefroren ist, muss mit dem Eisbohrer durch das meterdicke Eis ein Loch gebohrt werden, um an das Wasser zu gelangen. Man holt es mit einem Schlauch heraus, muss sich aber ordentlich beeilen, bevor die Eisdecke sich wieder schließt.

Elektrischen Strom gibt es; Steckdosen sind dort angebracht, wo sie benötigt werden und die Stromkabel sind gut sichtbar im Raum verteilt.

Der große, gemauerte Ofen, ohne den das Leben überhaupt nicht denkbar wäre und der viel zur Gemütlichkeit beiträgt, befindet sich rechts von der Türe und nimmt einen großen Platz ein. Vorne ist die eiserne Feuertüre und dahinter prasselt das Holzfeuer; es wird nur mit Holz geheizt. An der rechten Wand des Ofens befindet sich ein unterschiedlich breiter Absatz, auf dem entweder ein Behälter mit Wasser steht oder Kochtöpfe mit Kartoffeln oder Roter Beete, die langsam köchelnd garen. Da-

hinter ist ein rechteckiger Hohlraum mit Türe, wo man einen großen Kessel mit Wasser hineinstellen kann. Über dem Ofen stehen Stiefel zum Trocknen und an den Stangen, die am Ofen entlang laufen, hängen Tücher, Jacken, Hosen und andere Bekleidungsstücke zum Trocknen. Rechts vom Ofen an der Wand sind Regale, gefüllt mit Holzscheiten, darüber viele Paare von Schuhen und die dick mit Jacken und Anoraks behängten Kleiderhaken.

Hier befindet sich die Leiter, die das obere Stockwerk mit dem Parterre verbindet.

Der Ofen brennt Tag und Nacht. Aber das nicht nur im Winter, denn zum wöchentlichen Brotbacken oder gelegentlichen Backen von Kuchen und für heißes Wasser braucht man ihn immer. Hier wird mir hautnah bewusst, wie ökonomisch und dennoch menschenfreundlich man mit Energie umgehen kann. Der angenehme Geruch von brennendem Holz, die wohltuende Wärme, die durch die Holzbauweise des Hauses ohnehin angenehmer ist als in gänzlich luftdicht abgeschlossenen Betonbauten oder anderem Mauerwerk.

Der Ofen ist der lebendige Mittelpunkt des Hauses und für die Menschen in dieser Region die einzige häusliche Wärmequelle. Wer einen russischen Ofen bauen möchte, sollte sich vorher um möglichst fachkundiges Informationsmaterial bemühen. Es können Fehler gemacht werden, die erst später zu Tage treten und kaum rückgängig gemacht werden können. Die Öfen unterscheiden sich in Form und Größe, aber einige Grundprinzipien sollte man wirklich beachten. Auch das Bedienen des Ofens verlangt einige Übung. Davon später mehr.

Links neben der Eingangstüre ist die Kochecke. Sie besteht aus mehreren aus Birkenästen zusammengebauten Regalen, einem kleinen Propangasherd mit zwei Kochflammen und der Gasflasche. Auf den Regalen steht das wenige Geschirr, das Besteck in einem Behälter aus Holz und einige Vorräte in Jutebeuteln. Auf der darunter liegenden Arbeitsplatte stehen zwei Spülschüsseln, eine zum Waschen des Geschirrs, die andere zum Nachspülen desselben. An der Wand dahinter links ist ein halbrunder Wasserbehälter aus Metall mit einem Hahn; dreht man diesen, kommt Wasser heraus, mit dem man sich die Hände waschen kann. Ist er leer, wird er wieder aufgefüllt. Das gebrauchte Wasser fließt in einen Eimer unter dem Holzbrett. Dieser muss immer rechtzeitig nach draußen getragen werden, sonst läuft er über. Daneben stehen einige ältere emaillierte Kochtöpfe und Schüsseln.

Der rechteckige Tisch steht vor dem großen Fenster, dessen Scheibe in 24 einzelne Quadrate aufgeteilt ist. Der Blick nach draußen auf den dahintreibenden Kasyr und das meist im Schatten liegende bewaldete Ufer gegenüber ist sehr schön.

Der Zaun des Grundstückes ist nur wenige Meter entfernt und dahinter liegt der helle Sandstrand. Ich kann mir gut die sommerliche Idylle vorstellen, wenn ich all die daher schwimmenden Schnee- und Eisbrocken aus meiner Betrachtung ausklammere.

An den Längsseiten des Tisches stehen zwei Bänke, zwei Hocker an den Schmalseiten und ein sehr archaisch aussehender Kinderstuhl. Den hat Boris auch aus Birkenholz gefertigt. Er könnte aus einem alten Bauernmuseum stammen. Die Jüngste sitzt in dem Stühlchen am Fenster, die andern Kinder auf den Bänken, die Eltern auf den beiden Hockern. Durch meine Anwesenheit muss ein wenig umdisponiert werden. Kein Millimeter zu viel Platz und kein

ungenütztes Fleckchen. Der Tisch dient zum Vorbereiten der Mahlzeiten, zum Backen von Brot, zum Essen, zum Schreiben, zum Lesen, für den Schulunterricht, zum Malen, zum Basteln zum Handarbeiten und zum Nähen.

Das Birkenholz ist ein hervorragendes Bauholz, es ist hart, splittert nicht und lässt sich vorzüglich verarbeiten. Der Tisch ist nicht im Eigenbau entstanden, sondern ein Geschenk des Vorgängers des Häuschens.

Die Beschreibung der Wohnverhältnisse ist so umfassend, dass ich sie später fortsetzen werde.

Das Wasser zum Trinken kann man für einige Wochen im Jahr nicht aus dem Fluss schöpfen. Es wird verunreinigt, sobald der Winter zur Neige geht, also im April oder im Mai durch die Schneeschmelze im Sajangebirge, wenn das Wasser Erde, Wurzelzeug, Äste und ganze Bäume flussabwärts schwemmt. Dann muss man das Wasser in Blecheimern aus dem etwa 800 m entfernten Dorfbrunnen holen. Mit einer Kurbel wird an einer Kette der Eimer in den tiefen Schacht hinab gelassen und anschließend wieder nach oben gekurbelt. Harte Arbeit für einen Eimer Wasser. Solange noch Nachtfrost herrscht, ist der Wasserstand im Brunnen allerdings sehr niedrig und die Wasserqualität entsprechend schlecht.

Gott sei Dank ist Russland mit Birken reich gesegnet. Die Stämme werden mit einem Bohrer angezapft, sogleich fließt ein wunderbarer Saft heraus. Der schmeckt nicht nur köstlich, wie leicht süßliches Quellwasser, sondern ist auch ein Geschenk des Himmels. Denn genau zu der Zeit, wenn das Flusswasser nicht genießbar ist, gewinnt man den Birkensaft. Ein Röhrchen wird in das gebohrte Loch gesteckt und der Saft fließt gemächlich in einen an einem Ast hängenden Eimer.

Ruben hat die Aufgabe schon sehr zeitig morgens in den Wald zu gehen, um den Birkensaft zu holen. Mit verschiedenen Gläsern und Eimern, die er sich dafür zusammengesucht hat, macht er sich auf den Weg und wartet, bis die Behälter gefüllt sind. Auf dem Rückweg hat er je nach Menge ordentlich zu schleppen.

Allmählich wird die Eisdecke des Kasyr dünner und bricht an verschiedenen Stellen, große Eisbrocken lösen sich und türmen sich an den Ufern zu gewaltigen Bergen auf und der Wasserspiegel steigt. Dann lösen sich die Brocken wieder und schwimmen mit der Strömung flussabwärts davon.

Das Haus, das die Familie vor drei Jahren gekauft hat, ist nicht registriert, da es in einem Überschwemmungsgebiet steht und deshalb größerer Gefahr ausgesetzt ist. Man kann froh sein, wenn das Wasser nur den Sandstrand überflutet und nicht bis an den Gartenzaun steigt. Das passiert in einem Jahrhundert nur einige Male. Trotzdem ist es jedes Jahr eine Zitterpartie, denn vorauszusehen ist das genaue Ausmaß der Überschwemmung ja nicht. Es kommt darauf an, wie hoch die Schneemassen im Gebirge sind und wie schnell sie schmelzen.

Solange noch genügend Eisbretter und -schollen auf dem Fluss dahintreiben, haben sich die Jungens ein wagemutiges Spiel ausgedacht. Sie springen von Eisscholle zu Eisscholle und rutschen mit ihren Gummistiefeln über die Eisfläche, um dann auf das nächste Eisbrett zu springen. Wenn einer Pech hat, landet er im eisigen Wasser und das passiert nicht selten. Das hindert die Kinder aber nicht daran, weiter zu machen. Wenn nicht jetzt, dann wieder im nächsten Jahr. Den Sohn des Nachbars und Ruben konnte ich dabei beobachten.

Ein großes Ereignis findet statt, wenn es heißt: „Der Fluss fährt!" Die Bewohner des Dorfes kommen aus ihren Häusern gelaufen und beobachten dieses Naturschauspiel. Einige klettern auf den Felsen am Ufer und erleben hier, wie sich Eis und Schnee zunächst nur wenige Minuten, schließlich stundenlang flussabwärts bewegen. Man denkt dabei an einen geflochtenen, schwimmenden, glänzenden Teppich. Ich sitze auch auf dem Felsen, die Sonne scheint, und dieses glitzernde Band, das sachte dahingleitet und sich immer wieder verändert, hat wirklich etwas Zauberhaftes. An mehreren aufeinander folgenden Tagen kann sich dieses Naturschauspiel wiederholen. Die Menschen hier erleben es mit Freude und das jedes Jahr.

Das Dorf Malinovka besteht aus vierzig Häusern, davon stehen einige leer und verfallen nach und nach. Darin haben ältere Menschen gelebt, die das harte Leben nicht mehr gut alleine bewältigen konnten. Meist auf Anraten ihrer Kinder ziehen sie dann in Siedlungen mit „besseren" Lebensbedingungen. Im nordöstlichen Sibirien, viele Hundert Kilometer von hier entfernt, gibt es Dörfer, die gänzlich von der Außenwelt abgeschnitten sind. Es gibt keine Straßen, um dorthin zu gelangen. Im Winter sind die Menschen monatelang eingeschneit. Dank der Selbstversorgung durch den eigenen Garten und dem Zusammenhalt der Dorfbewohner sind die Menschen ausreichend versorgt. Was dann noch fehlt, wird über die Luft durch Helikopter herbeigeschafft – gewiss auch bei unerwarteten Notlagen.

Hier im Dorf leben dreißig Erwachsene und dreizehn Kinder. Sechs davon sind meine Enkelkinder. Fünf Kinder hat die Nachbarfamilie, zwei Jungs und drei Mädchen im Alter von vier bis siebzehn Jahren.

Zu der etwa 800 m entfernt lebenden Familie gehört ein Junge von sechzehn Jahren und ein Mädchen von zehn. Alle Kinder kennen sich und spielen miteinander.

Die Häuser liegen erhöht über dem Steilufer und ziehen sich am Fluss entlang. Es sind schlichte kleine Blockhäuser mit teilweise sehr kleinen Fenstern. Die mir bereits bekannte bunte Bemalung der Fensterrahmen oder Zäune fehlt in Malinovka beinahe gänzlich.

Wenn das Tauwetter lange genug anhält, ist das Betreten der immer dünner werdenden Eisdecke gefahrlos nicht mehr möglich. Es kann zwei bis drei Wochen dauern, bis der Fluss einigermaßen von schwimmenden Eisbrocken befreit ist. Nun kann das Ruderboot, das am Ufer den Winter über unter einer Schneedecke verborgen war, wieder flott gemacht werden. Während im Winter der Fluss bei 30 bis 40 Minusgraden und einer Dauer von vier bis zu fünf Monaten als gut begehbare Straße dient, ist nun der Weg übers Wasser frei. Bei Sturm, heftigem Regen oder sonstiger Unbill kann die Kahnfahrt gefährlich werden. Vor allem weil der Kasyr eine starke Strömung in der Flussmitte hat. Das Beherrschen des Ruderns muss geübt werden, um nicht abgetrieben zu werden und um in der richtigen Bucht anzulegen. Meistens sind zwei Personen zum Rudern nötig, denn der Fluss kann sehr unberechenbar sein.

Der Weg über den Kasyr ist die einzige Verbindung zur Außenwelt.

In Tajaty kann man Lebensmittel und einfache Gebrauchsgegenständen kaufen. Es gibt drei Lebensmittelgeschäfte, eine Schule, einen sehr schönen aus Holz gebauten, bunt bemalten Spielplatz, ein Kulturhaus und einige Sägewerke, die nicht auf Bestellung arbeiten, sondern verkaufen, solange der Vorrat reicht.

Hier werden Kinder in Tanz, Ballett und Theaterspielen unterrichtet. Alles kostenlos und für jeden, der das möchte. Mara und Jael haben dort Tanzunterricht genommen. Zu Hause trainieren beide Mädchen eifrig ihre durch die Tanzlehrerin einstudierten Gymnastik- und Tanzübungen. Jael möchte sogar Primaballerina werden.

Tajaty ist flächenmäßig nicht klein. Zwischen den Häusern ist genug Platz zum Nachbarn und das Dorf liegt auf einem großen Areal. Platzmangel ist in diesem Land unbekannt. Jeder ist mehr oder weniger Selbstversorger und hat neben dem Garten oft noch Tiere, wie Hühner, Kühe oder Schweine. Man kauft sich so viel Land wie man möchte oder je nach Familiengröße braucht. Ein Leben im Dorf ohne eigenen Acker für Gemüseanbau und entsprechende Pflege, wie es das zunehmend in Deutschland gibt, ist hier undenkbar. Ein Haus baut man sich selbst und muss dafür entsprechend viel Holz heranschaffen. Das Grundstück hat man einigermaßen günstig erstanden und nun entscheidet man, wie viel Geld man für den Bau des Hauses ausgeben kann oder will.

Es gibt noble Häuser mit geschwungenen, farbigen Spitzdächern, die an kleine Kirchen erinnern. Sie haben manchmal zwei oder mehr Etagen und an den Seitenwänden sind kleine Balkone oder Erker angebracht. Die Giebeldächer sind nicht mit Ziegeln gedeckt, sondern mit Blech oder Dachpappe. Trapez-Blech für Dächer kann man kaufen, es ist in den Farben Pink, Blau und Grün häufig zu sehen.

Für die Blockhäuser verwendet man Baumstämme, die an den Rundungen abgeflacht werden und dann zusammengefügt werden. Ein fachmännisch gutes

**143**

Blockhaus zu bauen, setzt Könnerschaft und Erfahrung voraus. Die Ritzen zwischen den Stämmen werden mit Lehm und Moos verputzt, heute wird auch Hanf und PU-Schaum dafür verwendet. Die Häuser haben ein gut verträgliches Raumklima, und mit den farbig bemalten oder auch reliefartig geschnitzten Fensterrahmen sind sie wirklich sehr hübsch.

Eine geteerte Straße mit vielen Unebenheiten durchzieht die Ortschaft.

Auch im Mai sind die Gipfel der Berge, die Tajaty umgeben, noch mit Schnee bedeckt und dieser geht oft erst Mitte Juli weg. Im September, wenn es auch im Tal schon merklich kühler wird, beginnt in den Bergen neuer Schnee zu fallen und so geht es weiter Jahr für Jahr.

Aber bereits im Frühjahr türmt sich das Brennholz. Jeder schafft Bäume heran, um in der kalten, langen Winterzeit nicht frieren zu müssen. Überall wird gesägt, gehackt, Holz geschleppt oder mit Karren dahin gebracht, wo Platz dafür ist. Wo es gegeben ist, außerhalb oder im Haus, werden Holzscheite übereinander in meterhohen Wänden aufgeschichtet. Das ist in Tajaty so, wahrscheinlich auch in allen anderen Dörfern.

Zurück zu der Beschreibung der Wohnverhältnisse in Malinovka.

Der Fußboden besteht aus unterschiedlich breiten Holzdielen und zwei davon, die sich vor dem Tisch befinden, kann man herausnehmen. Hebt man sie hoch, erscheint eine steile Treppe, eher einer Leiter ähnlich, und die führt in den Keller. Um die erste Sprosse zu erreichen, muss man einigermaßen sportlich sein. Unten ist es düster und kalt und es riecht nach feuchter Erde. Erst wenn man sich an die spärliche Beleuchtung gewöhnt hat, sieht man, was dort herumsteht oder -liegt: Kartoffeln,

Rote Rüben und Karotten sind reichlich vorhanden. Auf Holzbrettern stehen in großen Einweckgläsern eingemachte Gemüsesorten, wie Bärlauch, Sauerkraut und Essiggurken.

Bis zur neuen Ernte im nächsten Sommer muss alles reichen und man muss mit Umsicht haushalten, um dann wieder die neuen Gaben der Natur zu verarbeiten, einzuwecken und einzukellern. Dank dem Himmel, wenn die Ernte üppig genug ausfällt.

Den Bärlauch haben zwei Kinder in großen Säcken aus größerer Entfernung herangeschleppt. Er wächst im Frühjahr in den lichten Wäldern am Fuße des Sajangebirges, und das in beinahe unüberschaubaren Mengen.

Käse stellt die Familie auch selber ab und zu her. Dazu ist Lab aus Deutschland nötig. Bei dieser „Kunst" können viele unwägbare Probleme auftreten und es ist nie vorhersehbar, ob er gelingt oder nicht. Auch muss genügend Milch da sein, und das ist nur der Fall, wenn die beiden Kühe nicht gerade ihre Kälbchen mit Milch zu versorgen haben.

Gegenüber der Kochecke, also nach dem Tisch, befindet sich in der rechten Wand noch ein etwas kleineres Fenster. Auf dem Fensterbrett stehen Pflänzchen in kleinen Becherchen, die bereits keimen und später in den Garten gesetzt werden. Eine rote Blume in einem Tontopf wächst am Fensterkreuz empor.

Davor steht ein weißer Bottich, der innen mit einer Trommel ausgestattet ist. Es ist eine Art Waschmaschine, die oben offen ist, von Hand mit Wasser gefüllt wird und mit Hilfe eines elektrischen Motors in Bewegung versetzt wird. Zuvor wird die Schmutzwäsche in einer Plastikwanne in reinem Kernseifenwasser eingeweicht und

**144**

ausgewaschen. Erst dann kommt sie in die Trommel und wird darin so lange hin und her bewegt, bis sie gut durchgespült ist. Danach wird sie herausgeholt, ausgewrungen und im Winter in der Banja und im Sommer bei schönem Wetter im Freien aufgehängt. Diese Arbeit macht Christine täglich und man kann sich denken, welch eine zeitintensive und kraftraubende Arbeit das ist. Manchmal wird auf der Bank am Tisch ein Kleidungsstück, das nicht sauber wird, mit einer Bürste und Seife bearbeitet, um so hartnäckigen Flecken zu Leibe zu rücken. Das machen meist die größeren Mädchen. Die eigene Wäsche wäscht jede der beiden selbst, sie wollen ja saubere Kleidung tragen und hübsch aussehen.

Bei diesem arbeitsreichen Leben im Stall, auf dem Acker, im Wald und beim Spielen der Kinder entsteht natürlich viel Schmutzwäsche.

Links an der Wand des kleineren Fensters ist mit schöner, geschwungener Schrift und mit farbigen Blumenornamenten verziert an der Wand zu lesen „Drei Jahre Malinovka" und darunter die Namen der Familienmitglieder und das Einzugsdatum. Die Familie ist im April 2010 hier eingezogen.

Davor hatte Christine mit den drei jüngeren Kindern bei einer sehr lieben Frau, einer Russland-Deutschen namens Ljudmila, genannt Mila, die zuletzt in Köln wohnte, ein halbes Jahr in Guljajevka, ca. 30 km von hier entfernt, gelebt. Boris hielt sich in der Zeit mit seinem ältesten Sohn Isai bei mir in München auf, um zu arbeiten und Geld zu verdienen. Zu Weihnachten wollte er mit seinem Sohn bei seiner Familie sein. Sie flogen bis Moskau und dann folgte dieselbe vier Tage dauernde Zugfahrt nach Abakan, die auch ich erlebt habe. Von dort ging es weiter mit Bussen, bis sie glücklich

Guljajevka erreichten. Die Familie wusste, dass sie bei ihrer liebenswürdigen Gastgeberin, die ihnen ihr eigenes Zimmer zur Verfügung gestellt hatte, um mit einer anderen Frau und deren Tochter ein Zimmer zu teilen, nur begrenzte Zeit würden bleiben können, nachdem sie nun noch zwei Personen mehr waren.

Boris macht sich also auf die Suche nach einer Wohnmöglichkeit. Er beginnt sich im Landkreis Karatuskij Rajon, in dem sie nun leben, umzusehen und umzuhorchen. Bei einer Busfahrt kommt er mit einer Frau ins Gespräch, und nachdem er ihr seine Suche nach einem Haus erzählt hat, sagt sie, dass sie in Malinovka eines wüsste. Da es ja in einem Hochwassergebiet steht und nicht registriert ist, ist das Haus selbst für Russen kein attraktives Objekt, um es zu erwerben. Boris stört das wenig, noch dazu, weil er es preiswert bekommen kann. Das Haus wird gekauft. Wie schon erwähnt, ist das Dorf Malinovka nicht auf dem Landwege zu erreichen. Nun muss schnell gehandelt werden, da es bereits Ende März ist und der Kasyr mit der Auftauphase vielleicht schon begonnen hat. Ein Transporter wird ausgeliehen, das Gepäck wird eingeladen und mit der Hoffnung, dass das Eis hält, überquert die Familie den Fluss. Es ist Gott sei Dank geglückt und nun beginnt eine arbeitsreiche Zeit, um das Haus bewohnbar zu machen. Viel Arbeit für alle und auch für Christine, die im achten Monat schwanger ist und Mitte Mai ihr sechstes Kind zur Welt bringen wird.

Die oben unterbrochene Wohnungsbeschreibung setze ich fort mit dem Elternbett. Das steht erhöht auf einem Sockel an der rechten Wand nach dem Waschbottich. Eine kleine Leiter führt hinauf und am hinteren Ende hängt ein käfigartiges, hölzernes Bettchen, in dem die Jüngste, die kleine Nini, schläft. Die Mutter kann mit der Hand das aufgehängte Teil erreichen und so die Kleine sachte hin und her wiegen. Unter dem Doppelbett ist ein großes Zwischenfach entstanden, auf dem allerlei Dinge wie Bekleidung oder Gegenstände, die oft gebraucht werden, liegen. Auch die Katzen finden hier immer wieder ein weiches Plätzchen zum Schlafen.

Nun sind wir wieder beim Ofen angelangt und der nach oben führenden Treppe. Steigt man diese hinauf, so steht man am Ende vor einer schweren Luke, die sich nur mit einiger Kraftanstrengung öffnen lässt. Hat man das geschafft und ist in den Raum geklettert und steht auf dem Boden, so fallen einem die vielen gemalten Bilder und Zeichnungen an den Wänden auf. Alle Kinder haben mitgemacht und waren kreativ, jeder auf seine Weise. Mara hat sich wohl, wie ich erfahren habe, am aktivsten daran beteiligt. Sie ist auch sehr begabt und liebt die Malerei. Sie hat vielleicht nicht zufällig am selben Tag Geburtstag wie ihr Opa, der Maler Heimrad Prem. Es ist, genau betrachtet, ein schönes mit viel Fantasie gemaltes Gesamtkunstwerk. Vor dem breiten Fenster, das auch den Blick über den Kasyr gewährt, steht ein sehr uriger länglicher Tisch mit ungenauen Maßen in der Länge und in der Breite. Die Tischplatte hat auch unterschiedliche Höhen. Links steht das Notebook, daneben ein nicht ganz zeitgemäßes schwarzes Telefon, einige Zettel, Hefte und Stifte. Ein Stuhl ist sichtbar, auf der anderen Seite des Tisches steht eine Sitzbank.

Ein großes Etagenbett, in dem oben die beiden Jungs und unten zwei Mädchen schlafen, befindet sich gegenüber dem Tisch. Abischag, die Sechsjährige, schläft an der rechten Wand in einem umfunktionierten Wandschrank. Dieser Raum ist Büro, Kinderschlafzimmer und Unterrichtszimmer gleichzeitig.

An den noch freien Plätzen sind Fächer und Regale eingebaut, wo die Eltern und die Kinder ihre Garderobe und persönlichen Dinge unterbringen können. An den Kleiderhaken, die an dem Etagenbett entlang befestigt sind, hängt alles Mögliche, was man aufhängen kann; erwähnenswert sind die Schulrucksäcke der Kinder. Bis auf einige Gegenstände, die im Haus bereits waren, musste alles, vor allem das Mobiliar, schnell und mit Effizienz hergestellt werden. Auch die Matratzen, die mit Heu oder Stroh ausgestopft sind. Da mussten auch die Kinder je nach Alter und Kräften mitarbeiten. Aber schlussendlich haben alle gemerkt, dass solche Zusammenarbeit nicht nur sehr lehrreich, sondern auch sehr beglückend sein kann.

Normalerweise ist in einem russischen Blockhaus kein Fenster zu öffnen, einerseits wegen der Mücken im Sommer und andererseits wegen der Kälte im Winter. Für uns kaum vorstellbar, aber wegen des Baustils und der Holzbauweise zirkuliert die Luft in den Räumen so gut, dass man auch so leben kann. Boris wollte das ändern und hat im Wohnraum und oben in dem Zimmer zwei kleine Fenster so umgebaut, dass sie zu öffnen und zu schließen sind.

Das Problem, das der Ofen verursachen kann, ist, dass der Rauch nicht mehr ordentlich durch den Kamin abzieht, sondern sich aus unerklärlichen Gründen in die Wohnräume verflüchtigt.

Die Folge können Kopfschmerzen oder Übelkeit sein. Leider ist das, je nach Witterungsverhältnissen, immer mal wieder vorgekommen. Mara leidet dann unter Kopfschmerzen und da hilft ihr dann Gott sei Dank ein Gang in der frischen Luft.

**146**

In dem Haus gibt es auch einen Söller, also einen Dachboden. Er ist zwar nicht groß, reicht aber aus, um all die Dinge, die man selten oder nie braucht, unterzubringen. Viele Koffer und dicke blaue Plastiksäcke stehen dort. Über eine Treppe vom Flur im Parterre aus ist der Söller zu erreichen. Er ist von zwei Seiten aus offen, also sehr luftig im Sommer und sehr kalt im Winter.

Die Kinder haben sich ein Zimmerchen da oben eingerichtet mit Fenster und Türe. Es ist die „Sommerresidenz". Kaum kommt der Frühling mit den ersten warmen Tagen, ziehen ein oder zwei Kinder, meist sind es Mädchen, mit warmen Decken nach oben, um dort die Nacht zu verbringen. Im Sommer schlafen die größeren Kinder, also die angehenden Jugendlichen manchmal im Schlafsack irgendwo im Freien. Bis spät in der Nacht rennen sie mit ihren Freunden durch das Dorf, hocken sich an den Strand und machen auf Russisch Smalltalk.

An klaren Nächten, wenn die Sterne am Himmel funkeln und der Fluss hörbar rauscht, hinterlässt das sicher bleibende Erinnerungen. Die Stute Titulja streunt auch hie und da Nachts noch mit ihrem Fohlen Poljana übers Feld und durchs Dorf, sucht sich eine Stelle zum Wassertrinken und galoppiert davon.

Die russische Umgangssprache der Kinder, die sie schnell gelernt haben, ist, wenn sie sich mit ihren Freunden unterhalten, durchsetzt mit Slang-Worten, sodass der Vater schon einige Male ärgerlich wurde, weil er von diesem „Kauderwelsch" wenig versteht.

Nun verlassen wir das Wohnhaus und sehen uns gegenüber, einige Meter von der Haustüre entfernt, die Banja, das kleine Badehaus, an. Am Samstag ist Badetag. Der Vater beginnt, und es kommt einer nach dem anderen dran. Am Morgen wird der niedrige, schwere Eisenofen geheizt und nun wird nicht nur das Wasser in dem darauf stehenden großen Eisenkessel heiß, sondern natürlich auch die Banja selbst. Der rechts neben der Türe stehende Ventilator ist unentbehrlich, andernfalls wäre die Hitze im Raum kaum zu ertragen. Am Boden neben dem Ofen steht ein Metalleimer mit kaltem Wasser und ein rechteckiger blauer Kunststoffeimer. Mit einem Holzstab, an dessen Ende eine Metallkelle befestigt ist, vermischt man das heiße mit dem kalten Wasser, begießt sich damit von Kopf bis Fuß, seift sich ein, wäscht sich, und überschüttet sich mit der mit Wasser gefüllten Kelle so oft, bis das Wasser klar ist. Auf der Holzbank dahinter kann man dann alles Restliche erledigen. Über einen daneben stehenden Tisch sind ebenso lange Wäscheleinen gespannt, über die einige Handtücher und einige Wäschestücke hängen. Das Badewasser fließt über den Boden, der nach rechts eine leichte Schräge hat, bis zu einer Rinne und von dort ins Freie ab.

An die Banja angebaut ist der einigermaßen große Holzschuppen. Momentan ist nicht allzu viel Holz darin, aber bis zum Herbst wird er wieder gut gefüllt sein.

Geht man den Weg rechts an der Banja und dem Holzschuppen entlang, so kommt man zur Toilette.

Das Bauen einer solchen ist denkbar einfach. In den Erdboden wird ein einige Meter tiefes Loch gegraben, dann wird ein Holzbrett, aus dem ein Rechteck ausgesägt wird, über den Schacht gelegt und ein Häuschen mit schrägem Dach und einer Türe wird darüber gestellt – fertig. Wenn die Grube beinahe voll ist, wird sie mit Erde aufgefüllt, und an einem anderen Platz wird ein neuer Schacht ausgehoben. Das Häuschen wird wieder darauf gesetzt.

In einen Eimer aus Metall wird das Toilettenpapier geworfen. Ist er voll, wird das Papier darin einfach angezündet und verbrannt. Es gibt gelegentlich Toiletten, die bereits einen aus Holz gebauten Aufsatz haben. Wohl ein Zugeständnis an die Neuzeit.

Russen bebauen ihr Anwesen mit voneinander getrennt stehenden Häusern. Sie haben ja genug Platz. Falls ein Feuer ausbricht, und das kommt nicht ganz selten vor, so fallen nicht gleich alle Gebäude den Flammen zum Opfer. Bei unserer Familie sind durch übermäßiges Heizen des Ofens in der Banja vermutlich unkontrolliert Glutfunken entwichen und haben das Dach in Brand gesteckt. Da es finster war, hat ein heller Feuerschein die Umgebung erhellt, und die Dorfbewohner, die es sahen, kamen gerannt und haben in großer Eile angepackt und geholfen, das Feuer zu löschen. Es gelang, bis aufs Dach, die Banja zu retten. Es wurde ein neues Dach gebaut und man dankte Gott, dass nicht mehr passiert ist.

Geht man weiter, so gelangt man zu dem Stall. Dieser ist nicht sehr groß, hat aber einen offenen Anbau und ist umzäunt. Der Misthaufen befindet sich vor dem Stall. Zwei Kühe und die zwei Kälbchen, die gerade eine Nacht vor meiner Ankunft geboren wurden, stehen im Stall und werden von Isai und Mara versorgt. Die schwarze Kuh heißt Maja und die weiße Kuh heißt Vidulja. Jede hat ein Kälbchen zur Welt gebracht. Das weibliche Kälbchen ist grauweiß und heißt Fossi und der weiß-braune kleine Stier heißt Nox.

Isai und Mara müssen die Tiere viermal am Tage melken, mit Gras versorgen, den Stall ausmisten und später auf die Weide treiben. Die gemolkene Milch bekommen die Kälbchen. Mara gibt sie ihnen aus dem

Eimer zu trinken und lässt sie nicht an dem Euter ihrer Mütter saugen. Das hat einen bestimmten Grund, der mir aber nicht offenbart wurde.

Die Familie muss sich zu dieser Zeit mit Trockenmilch, die man in Wasser auflöst, begnügen. Diese gibt es in großen stabilen Tüten in Tajaty zu kaufen.

Mir kommen da Erinnerungen an die Nachkriegszeit in den Sinn, als die Amerikaner deutsche Kinder mit Schulspeisung versorgt haben. Diese in Wasser gelöste Trockenmilch mochte ich gerne und nun steht sie wieder auf dem Tisch.

Das gesamte Grundstück ist eingezäunt, was wegen der frei herumlaufenden Tiere nötig ist. Der Acker mit der humusreichen, dunklen Erde ist sehr fruchtbar und groß genug, um ausreichenden Ertrag hervorzubringen. Am Ende des Zaunes ist noch einmal eine kleine Einzäunung und diese gehört Canissa, der jungen sehr lebhaften Hündin. Um sie kümmert sich Ruben. Er bringt ihr das Futter, das er auch selber kocht, wofür er die Kartoffeln verwendet, die nicht mehr für die Familie gebraucht werden. Er mischt in einem schwarzen Topf noch einige Löffel Haferflocken darunter, gibt heißes Wasser dazu und Canissa frisst es und es schmeckt ihr. Sie darf nur gelegentlich im Dorf herumspringen und das hat einen Grund. Die Stute und das Fohlen sind tagsüber immer und auch nachts unterwegs und das ganze Dorf mit den saftigen Weiden gehört den beiden. Auch die Kühe, es gibt einige, laufen dahin, wohin sie wollen. Da könnte es passieren, dass Canissa den Tieren unangenehm in die Quere kommt. Aber sie bekommt trotzdem immer mal wieder freien Auslauf und kann sich austoben.

Die Kühe laufen immer wieder in den Wald, in die pflanzenreiche, wilde, frucht-

**148**

bare Taiga. Schön wie ein Märchenwald mit Wassertümpeln, hellen filigranen Birken und Zedern mit den langen Nadeln und den runden Zapfen.

Dann müssen die Tiere gesucht werden, manchmal auch nachts oder morgens, wenn es noch dunkel ist. Das machen Isai und Mara, wobei ihnen manchmal ihre Freunde helfen. Ab Mitte April sind die Sträucher übersät mit Zecken, denen zu entkommen nicht möglich ist. Abends suchen sich die Kinder selbst oder gegenseitig nach Zecken ab. An der Kopfhaut zwischen den Haaren ist es besonders schwierig und schmerzhaft, sie herauszuziehen. Bei Abischag hat sich eine am Ohr festgesaugt, ihrer Mutter gelingt es, sie mit einer Pinzette herauszuziehen. Dabei hat die Kleine vor Schmerz geschrien, sie tat mir leid und musste schon einiges aushalten. Mit dem Fingernagel und der Kuppe des Daumens wird die Zecke zerquetscht. Diese Tiere sind äußerst zäh und schwer besiegbar. Ruben verkündet eines Tages: „Heute hatte ich vierzehn Zecken und alle habe ich sie getötet!" Die Kinder haben gelernt, damit so umzugehen wie die Kinder in der Stadt mit dem Autoverkehr. Ende April, Mitte Mai, wenn es warm wird, geht die Zeckenplage zu Ende. Dann beginnt allerdings die nicht minder unangenehme Mückenplage.

Von all diesen Plagen durch Ungeziefer und oft unerträglich heißen Sommertagen verschont einen der Winter und ist hinsichtlich dieser Tatsache wohl die schönste Jahreszeit.

Klares, beinahe immer sonniges Wetter, trockene Kälte, wenn auch sehr tiefe Temperaturen. Meterhoher Schnee, weißes, kristallines Pulver, das in der Sonne glitzert. Der Kasyr ist tief gefroren, eine glatte eisige Straße mit einigen Schneeflecken, die der Wind manchmal aufwirbelt. Am

Abend, wenn die Sonne über den Bergen untergeht und ein rötlich gelber Schein die weiße Landschaft, in der nur die kleinen Blockhäuser versteckt zwischen Schneehügeln als dunkle Fleckchen sichtbar sind. Allmählich verfärbt sich der noch hellblaue Himmel zu einem dunklen Ultramarin. Die Luft ist rein und eiskalt. Die ersten Sterne zeigen sich und es werden immer mehr. Nun ist der Himmel übersät mit Sternen und der Betrachter denkt: Wann habe ich je in einen solchen Sternenhimmel geblickt? Dank dem Schöpfer! Dankbarkeit erfüllt den Menschen. Aber die große Kälte ist nur kurz zu ertragen. In einen dicken Mantel gehüllt, mit Fellmütze auf dem Kopf und einem warmen Wolltuch vor Mund und Nase gebunden kehrt er zurück in die warme Stube. Hier knistert das Holz im Ofen, der diese unnachahmliche Behaglichkeit verströmt. Am nächsten Morgen, sehr früh wiederholt sich das Schauspiel. Die Sonne wirft ihre Strahlen voraus über die weiß-blauen Berggipfel. Der Kasyr bekommt einen matten Schein. Der Himmel wird heller, die Sterne verblassen, das orangefarbene Licht der Sonne taucht am Horizont auf, schnell wird es hell und ein neuer eisiger, klirrend-kalter Tag beginnt.

Auf einer Anhöhe, etwa zehn Minuten Gehzeit, der Weg ist noch voll harschiger Schneehügel und Eis, hat die Familie noch ein kleines Haus. Hier werden Mara und ich schlafen. Den morgendlichen Weg dort hin, aber besonders den am Abend liebe ich sehr. Ich habe einige Abende erlebt, an denen der Mond rund und voll am dunkelblauen Himmel steht. Die Sträucher im Vordergrund erscheinen schemenhaft und die Holzhütten verschwinden im dunklen Hintergrund. Es ist ganz still, nur das Rauschen des Flusses und das leise Kuhglockengeläut aus der Ferne sind zu hören.

**149**

Das „Gästehaus" hat einen Wohnraum, einen Ofen, zwei Betten, einen Tisch, einen Hocker und ein breites Fenster. Die Beine des Tisches bestehen aus vier abgesägten Baumstämmen. Mein Bett ist aus dicken Holzbrettern zusammengebaut und Maras Bett aus Birkenrundhölzern. Das große Brett, auf dem meine Matratze liegt, ist so lang, dass am Fußende noch ein kleiner Tisch entsteht. Die dünne Matratze ist beinhart, aber das stört mich nicht. Ich freue mich, dass Mara auch hier schläft.

In einem kleinen Anbau vor dem Haus, den man über zwei Stufen erreicht, stehen einige Reihen mit Brennholz. Es ist spät, Mara hat noch die Kühe gemolken, die Kälbchen versorgt und nun holt sie einige Holzscheite aus dem Vorraum. Das Feuer hat sie bereits entfacht und legt neue Scheite nach. Die Funken sprühen, das brennende Holz knistert und allmählich erwärmt sich der kalte Raum. Sobald das Feuer gut brennt, soll ich, sagt Mara, den Schieber oben am Ofen, der den Luftzug reguliert, zu machen, damit die Scheite nicht zu schnell rausbrennen. Am frühen Morgen, wenn Mara wieder einheizt, zieht sie zunächst den Ofenschieber, der schwarz vom Ruß ist, wieder heraus. Unsere Stiefel sind getrocknet und warm, die Nacht über stehen sie auf dem Brett, das oben neben dem Ofen an einer Stange befestigt ist. Es ist auch noch Platz für Handtücher, Waschlappen oder was man sonst noch hat. Eine kleine emaillierte Waschschüssel steht auf dem Tisch für meine Morgentoilette. Auf dem Ofen steht ein mit Wasser gefüllter großer emaillierter Topf. Den Nachschub an Wasser holt Mara aus dem Kasyr. Abends bringt Mara zwei mit heißem Wasser gefüllte Wärmflaschen mit, eine steckt sie unter meine Bettdecke, die andere nimmt sie. Oh, ist das angenehm! Auch mit

wollener Unterwäsche ist es gerade so an der Grenze des Erträglichen; nun ist es schön warm im Bett. Wir lassen das kleine Fenster, das man öffnen könnte, geschlossen. Die Luft ist so angenehm wie in einem Raum, der soeben gelüftet wurde und so bleibt es die ganze Nacht. Ich sehe mir die Wand neben meinem Bett an und entdecke zwischen den Baumstämmen Sandklümpchen, Erde, kleine Steinchen und sogar ein wenig Moos. Das wird alles zwischen die Stämme gedrückt zur Isolierung und zum Schutz gegen die Kälte im Winter und gegen die Hitze im Sommer. Es krümelt auch hie und da etwas heraus und das findet man dann auf dem Boden.

Bevor die Familie das Haus kaufte, hat darin eine Familie mit drei Kindern gelebt. Genaueres weiß ich aber nicht. Über dem Wohnraum befindet sich der nach oben und nach zwei Seiten offene Söller, zu dem man über eine Treppe von außen gelangt.

Mara macht noch ihre nicht ganz einfachen gymnastischen Übungen, die sie mit Jael zusammen in Tajaty im Kulturhaus gelernt hat. Sie macht das ganz konsequent, morgens und abends.

Trotz großer Müdigkeit unterhalten wir uns noch ein wenig. Ich freue mich und, ich glaube, auch Mara über die menschlich und auch geistig gute Atmosphäre zwischen uns. Ich danke Gott für die Bewahrung und bete für den nächsten Tag.

Mara muss morgen wieder früh hinunter in den Stall. Isai und sie melken die Kühe gemeinsam. Immer wieder kommt es vor, dass die Kühe nachts herumstreunen und auch in den Wald laufen, der nicht weit entfernt ist. Haben die Kinder die Tiere gefunden, so ist es mühevoll sie zurück ins Dorf und in den Stall zu treiben. Das Fell der Tiere ist übersät mit Zecken, viele sind schon dick mit Blut vollgesogen. Aber die

**150**

Rinder scheinen daran gewöhnt zu sein, sodass es ihnen wenig ausmacht.

Am Morgen habe ich es eilig, auf die Toilette zu kommen. Ich ziehe mir schnell die Jacke über den Schlafanzug und renne ins Freie. Das Toiletten-Häuschen ist nur etwa sechs Meter entfernt. Der Boden ist gefroren und es ist sehr glatt. Im Haus knistern die Scheite im Herd, Mara hat schon geheizt, das Wasser im Topf ist warm und ich kann mich waschen.

Plötzlich höre ich ein Getrappel, dass anscheinend von draußen kommt. Dann habe ich ein Empfinden, als würde das Haus leicht wackeln. Ich bekomme einen Schrecken und gehe ans Fenster. Dort steht die Pferdemama Titulja, die sich mit all ihrer Kraft ans Haus stemmt und sich anscheinend schon einige Male mit Wucht an die Holzwand gedrückt hat. Ich schaue sie an, sie sieht mich und weicht ein wenig zurück. Nun kommt auch Poljana, das Töchterchen hinter Mamas Bauch hervor und sie laufen elegant, typisch nach Pferdeart, davon. Ihr braun-schwarzes Fell glänzt im Licht des beginnenden Tages. Ich denke, morgen werden sich die beiden wohl wieder hier herumtreiben. Welch herrliches Pferdeleben! Diese unbeschwerte Freiheit! Vielleicht haben sie gar keinen Besitzer und leben nach ihren eigenen Gesetzen.

Während ich mich wie immer warm anziehe, überlege ich, ob Ruben, nachdem er vielleicht im Wald war und Birkenwasser abgezapft hat, wohl noch bei mir vorbeikommen wird. Er hat das schon einige Male gemacht. Aber um neun Uhr soll ich unten im Haus sein, da bleibt nicht mehr viel Zeit. Heute nehme ich eine etwas andere Route, ich mag sie alle diese Wege. Mir schlägt die frische, kalte Morgenluft entgegen, das Gras ist nicht mehr überall gefroren und ich gehe an Antons Haus, eines

Computerfreaks, vorbei. Er ist ein freundlicher Mann, der mit meiner Familie befreundet ist und ihnen hilft, wenn es Probleme mit dem Notebook gibt. Nun überquere ich den Platz der Perestroika, die Kinder nennen ihn so. Ich gehe zunächst den Hügel hinab und steige dann auf den Felsen, auf dem ich schon mehrmals war. Dort liegt ein dicker Balken, aber zum Draufsetzen ist er zu feucht. Der Himmel ist mit grauen Wolken durchzogen und ein Gefühl sagt mir, dass heute noch die Sonne hervorkommen wird.

Dann werden Jael und Abischag auch auf den Felsen steigen, um wilden Schnittlauch und noch andere ihnen bekannte Kräuter zu suchen. Es wächst hier einiges zwischen den Steinen und die Kinder klettern, ihre Beine stecken in Gummistiefeln, wie die Gämsen an der steilen Vorderseite des Felsens hinauf und hinunter. Es ist die Seite, die zum Fluss hinab führt. Alles was essbar ist, wird gepflückt und die Mädchen kennen sich gut aus. Ich werde auch mitgehen und bleibe oben bei Nini und passe auf, damit sie sich nicht zu weit vorwagt. Die Mädchen werden dann mit beiden Händen die Kräuter umklammern. Abischag nennt das Salat und ab und zu kauen sie an dem Grünzeug. Das meiste aber bringen sie nach Hause und das gibt es kleingeschnitten zum Abendbrot. Ruben erzählt von einem Bussard, den er einmal um den Felsen kreisen sah.

Es ist beinahe neun Uhr und ich beschleunige meine Schritte, gehe über den feuchten, grauen Sand an den herumliegenden Gesteinsbrocken vorbei und stehe vor der Gartentüre. Der Weg von der Garten- bis zur Haustüre ist so matschig und mir wird klar, dass zu dieser Jahreszeit Gummistiefel eigentlich unerlässlich wären. Ich mag sie nicht und habe keine. Ich versuche mit den Wanderstiefeln so gut wie möglich den Dreck zu umgehen und auf Steine und ein auf dem Boden liegendes Holzbrett auszuweichen.

Vom Flur aus höre ich Stimmen und öffne die schwere Türe zum Wohnraum. Ich ziehe schnell meine Schuhe aus. Auf dem großen, erhöhten Elternbett sitzen die Eltern und die Kinder. Vielleicht fehlt auch eines und ist noch unterwegs. Der Vater spricht einige Worte zur Morgenandacht und liest anschließend aus einem alten Buch vor, in dem es um altindische Weisheit geht. Boris beschäftigt sich schon viele Jahre mit dem Rig-Veda, einer Sammlung von Götterhymnen. Dann wird noch aus den Tagebuchnotizen von Heimrad Prem vorgelesen.

Um nicht zu stören, begrüße ich die Familie erst, als sie wieder vom Bett heruntergeklettert ist, und nun setzen wir uns zum Frühstücken an den Tisch. Ich habe einige Teebeutel Schwarztee und Grüntee aus Deutschland mitgebracht, und nachdem Isai in einem gelben, emaillierten Topf Wasser erhitzt hat, hängen wir zwei Beutel hinein. Mara und Isai gefällt das und wir trinken gemeinsam Tee. Ich nehme einige Löffel Trockenmilch dazu. Nächstes Mal, wenn Isai zum einkaufen geht, will er Tee besorgen. Nach dem Essen wird schnell alles abgeräumt, denn der Tisch wird gleich für den Unterricht benötigt. Der Abwasch wird später erledigt und es ist für jeden Tag festgelegt, wer ihn machen muss. Ab und zu wasche ich das Geschirr auch gleich ab.

Die beiden Großen klettern über die Leiter nach oben, wo der Papa schon auf den Unterrichtsbeginn wartet. Die Mama legt die Lernutensilien auf den Küchentisch. Abischag soll Buchstaben schreiben, sie hat ja dieses Jahr erst mit der Schule begonnen. Jael hat auch Deutschunterricht; sie

liest und schreibt und kann dann ihrer Phantasie mit singen und spielen auf dem Xylophon freien Lauf lassen. Einmal hat sie ein Lied selbst komponiert. Ruben nimmt sein Rechenbuch und beginnt, schriftlich darin zu arbeiten. Nini malt und schaut mich an und versucht die Handbewegungen des Schreibens nachzuahmen. Ich helfe Abischag und mache mich dort nützlich, wo es mir angebracht erscheint. Der Unterrichtsablauf ist nicht jeden Tag gleich. Einige Male in der Woche werden Jael und Ruben in Russisch unterrichtet, wobei Christine, indem sie dieses Fach unterrichtet, ihre Russischkenntnisse verbessern kann.

Freilich sind die Kinder unterschiedlich begabt und haben unterschiedliche Interessen. Aus diesem Grunde gestaltet sich der Unterricht für die Eltern manchmal problematisch. Sei es das eines der Kinder sein Instrument lustlos oder es gar nicht übt oder dass ein anderes sich mit den Mathematikaufgaben plagen muss und wenig Freude daran hat.

Die Eltern wollen nicht zu früh das breite Angebot an Fächern einschränken, sondern die Kinder so umfassend wie möglich unterrichten. Die Interessen und Begabungen der Kinder kristallisieren sich natürlich mit der Zeit heraus und darauf gehen die Eltern ein und fördern die Kinder auf entsprechende Weise. Ein Kind, das ein deutsches Volkslied singt, wie zum Beispiel „Wiedele wedele hinterm Städtele hält der Bettelmann Hochzeit" oder „Komm, lieber Mai, und mache die Bäume wieder grün" und das mit dem Glockenspiel begleitet, leistet eben so viel wie ein anderes Kind, das an einer Rechenaufgabe knobelt oder altgriechische Vokabeln lernt. Die Eltern teilen den Lehrstoff nicht in wichtig oder unwichtig, nützlich oder nutzlos ein. Die musischen und praktischen Fächer werden

**152**

den abstrakten und theoretischen nicht untergeordnet. Jedes Kind soll an alles herangeführt werden. Jael singt gerne und schön und Nini begleitet sie dabei. Auch Abischag stimmt mit ein in das deutsche Frühlingslied.

Am Vormittag gibt es eine Pause und da bringt Papa einen Plastikbehälter mit getrockneten Früchten. Es kann sein, dass es auch mal Bananen oder im Sommer Blaubeeren und Himbeeren gibt.

Ist der Unterricht zu Ende, so macht Stini, wie ihr Mann sie nennt, noch die Wäsche oder wischt den Wohnraum oder kehrt ihn aus. Das macht sie manchmal auch am späten Nachmittag.

Die Kocharbeit beginnt um ca. 12.00 Uhr und dazu muss der Tisch wieder ganz abgeräumt werden. Jael hat oft den Kochdienst und heute gibt es Borschtsch, ein echt russisches Gericht, das sehr schmackhaft ist. Die gewaschenen und vorbereiteten Karotten und Roten Rüben raspelt Jael auf einer schon viel benützten Handreibe. Ich helfe ihr, indem wir uns abwechseln. Nini macht auf ihre Weise mit und tut was man ihr sagt, so gut sie es eben kann. Dann schneide ich auf einem Holzbrett einige Zwiebeln klein. In einer großen Eisenpfanne wird Öl erhitzt, die Zwiebeln werden kurz angebraten, nun kommen die Roten Rüben und die Karotten dazu. Das Gemüse wird so lange auf dem Gas bei kleiner Flamme gewendet, bis es gar ist. Nun wird noch eine Portion Sauerkraut aus einem großen Glas, das Jael aus dem Keller geholt hat, darunter gemischt und alles wird nochmal erhitzt und zuletzt mit einer Portion Tomatenmark und Salz abgeschmeckt. Eventuell benötigt man noch ein wenig Wasser, damit der Borschtsch nicht zu fest wird. Alle Zutaten bis auf das Tomatenmark und das Salz stammen aus dem Eige-

nanbau. Jael zerstampft die auf dem großen Ofen bereits gegarten Kartoffeln. Zu Mittag gegessen wird um 14 Uhr. Ich staune wieder einmal was aus Roten Rüben, Karotten und Kartoffeln für leckere Speisen gekocht werden können. Mal als Salat, mal als Gemüse. Bärlauch oder Essiggurken gibt es nicht immer dazu. Aber oft genug als leckere Krönung. Abwechselnd kommen Reis- und Nudelgerichte auf den Tisch. Christine macht auch gelegentlich Piroggen aus Mehl oder Plini aus Buchweizen. Als Triebmittel verwendet sie Natron, das man im Lebensmittelladen in Tajaty kaufen kann. Sie mischt die entsprechende Menge und ein wenig Essig unter den Teig. Die Piroggen bäckt sie in der Pfanne auf der Gasflamme und sie gelingen und schmecken sehr gut.

Kommt eines der Kinder herein und schaut, ob das Essen fertig ist, und es steht eine Schüssel oder ein Topf auf dem Tisch, in dem sich von den Vorbereitungen noch ein Rest am Rand oder am Boden befindet, so wird ganz schnell danach geschnappt, manchmal auch zu zweit und alles wird mit Finger und Zunge fein säuberlich weggeputzt. Auch nach dem Essen werden die kleinen Essschüsselchen genau so gründlich ausgeschleckt. Nicht das kleinste Fleckchen bleibt über. Es gibt drei Holzschüsseln und sechs Schüsseln aus Palmblättern.

Nach dem Essen erfolgt der nicht gerade bequeme Abwasch. Ich übernehme ihn oft, solange ich hier bin, ansonsten fällt er meist Abischag oder Jael zu, aber gelegentlich auch Mara. Gibt es einen Protest wegen des Abwaschs, was natürlich vorkommt, oder ein Kind ist bockig und will seinen Pflichten nicht nachkommen, so haben die Eltern manchmal wirklich ihre liebe Not. Nehmen wir an, ein Mädchen sieht

**153**

nun mal nicht ein, dass es Geschirr abwaschen soll und protestiert lautstark dagegen. Die Mutter bleibt eisern und stellt sich neben das Kind und die Spülschüssel und versucht ihm unmissverständlich klar zu machen, dass ihm der ganze Aufstand nichts nützt. Aus Gründen der Gerechtigkeit, kann man nicht etwas bei dem einen Kind durchgehen lassen, wozu man das andere verpflichtet. Die Eltern sind sich da einig und versuchen den Trotz des Kindes zu brechen. Das ist der einzige Weg, denn es gibt keine Tätigkeit, die man auch unterlassen könnte. Es handelt sich ja nicht um Arbeitstherapie, sondern um einen dynamischen Prozess, der nicht unterbrochen werden kann. Freilich wird auf das Alter und das Vermögen der Kinder Rücksicht genommen.

Die Kinder sind sehr verschieden, was natürlich gut ist, denn auch die Aufgaben sind unterschiedlich und sollen alle erfüllt werden.

Isai ist an Technik sehr interessiert und er versucht an einer Maschine so lange herumzubasteln, bis es ihm gelingt, sie wieder in Gang zu setzen. Das ist ihm beim Motorblock geglückt. Mara arbeitet fleißig im Garten, schulisch ist sie hochmotiviert, das lernen fällt ihr leicht und sie hat ein sehr gutes Sprachgefühl und mag Fremdsprachen und hat vor allem an Alten Sprachen Interesse. Ruben ist der Pragmatiker, kann Karottenhäuschen bauen und ist ein erfinderischer Junge, der aus einem Stück Holz was Brauchbares machen kann.

Kommt ein Kind oder mehrere zum Mittagessen zu spät, was wegen zu viel Arbeit vorkommen kann, so wird das akzeptiert. Hat der Junge oder das Mädchen aus von ihm selbst nicht ganz nachvollziehbaren Gründen die Zeit vertrödelt und kommt erheblich zu spät, so wird es die Konsequen-

zen durch eine kürzere Spielzeit tragen müssen. Die Eltern versuchen den Kindern immer ein Vorbild zu sein, also nichts von ihnen zu erwarten, was sie sich nicht auch selbst abverlangen – und das ganz konsequent mit allen Härten.

Im Sommer, wenn es wegen der Gartenarbeit und der Heuernte auf dem Feld sehr viel Arbeit gibt, so kann es erforderlich sein, dass der Schulunterricht für mehrere Tage, Wochen oder gar Monate ausfällt. Darüber sind nicht alle Kinder traurig. Im Winter ist Zeit genug, um Versäumnisse nachzuholen.

Wenn Abischag mit dem Abwasch dran ist, holt sie sich einen Holzklotz und stellt sich darauf, um an die Schüsseln heranzureichen. Abgetrocknet muss nichts werden; das Geschirr wird auf das Regal geräumt, da tropft es ab und trocknet von selbst.

Christine legt sich in ihr Bett und ist froh, wenn sie es schafft, den wohlverdienten Mittagsschlaf zu machen. Nini schläft auch in ihrem hängenden Gitterbettchen oder nuckelt bei Imma, wie Mama genannt wird, denn sie liebt es immer noch sehr, gestillt zu werden. Boris, den die Kinder Abba nennen, legt sich auch, sofern es die Zeit erlaubt, zur Ruhe.

Die Kinder haben nun ihre Freizeit und die genießen sie in vollen Zügen. Sie schwirren wie Täubchen nach allen Richtungen davon. Nach etwa zwei Stunden kommen sie mit roten Backen wieder zurück.

Jael geht mit tänzelnden Schritten durch die Wohnküche und klettert behände nach oben und macht ihre Ballett- und Gymnastikübungen. Viel Platz hat sie dafür nicht. Schon einige Jahre beschäftigt sie sich intensiv mit dem Tanz und beherrscht mittlerweile beide Arten des Spagats. Vor einem Jahr habe ich ihr zum Geburtstag ein

**154**

Ballettbuch geschenkt und das arbeitet sie, wie sie sagt, systematisch durch. Sie lernt die einzelnen Schritte und Positionen und nützt jede zeitliche Lücke, um zu trainieren.

Mara trifft sich mit Aljona, ihrer gleichaltrigen Freundin aus dem Nachbarhaus, und die beiden gehen spazieren und haben sich viel zu erzählen. Isai begegnet gelegentlich Aljonas Bruder Svetasar, genannt Svetik, dem Ältesten der fünf Kinder. Er ist ein siebzehn Jahre alter Junge, der ein Gesicht hat in dem eine Unregelmäßigkeit auffällt, die ihn auf eine ganz subtile Weise entstellt. Er läuft viel alleine im Dorf herum, meidet Menschen wie mich, die er nicht kennt. Ich sehe ihn, wie er zu einem kleinen Bach, einem Zufluss zum Kasyr, Holzprügel schleift, Äste und Steine zusammenträgt, um entweder eine Brücke oder einen Staudamm zu bauen. Sprechen kann ich nicht mit ihm, worüber er gewiss froh ist. Meinen Blicken weicht er misstrauisch aus und auch der Linse meines Fotoapparates. Manchmal streift Svetik anscheinend ziellos über Wiesen und Felder, trägt aber meistens etwas in seinen Händen, um doch den Anschein zu erwecken, etwas Sinnvolles zu tun.

Gezielter trifft sich Isai mit Valentin und da werden lautstarke Diskussionen geführt; dann sitzen sie lachend und scherzend auf der Bank vor dem Haus. Aber Valja ist auch bereit bei den Arbeiten, die Isai aufgetragen werden, mitzuhelfen. Die kraftvolle russische Sprache, besonders wenn sie mit Slang durchsetzt ist, hat für mich immer wieder einen besonderen Reiz. Valentin mit dem blonden Haarschopf, den hellen, blauen Augen und der hellen Haut verkörpert für mich den typischen Russen.

Der Schulbesuch ist für die sieben russischen Kinder aus Malinovka nicht eiserne Pflicht. Sie besuchen zwar offiziell in Tajaty die Schule, aber oft ist wegen des allzu schlechten Wetters nicht daran zu denken. Meistens ist der Fluss die Ursache für den Schulverzicht und zwar im Herbst, wenn er mit dem Kahn nicht mehr befahrbar ist, weil das Wasser zu gefrieren beginnt und die dünne Eisdecke ein Hinübergehen noch nicht erlaubt. Dasselbe spielt sich im beginnenden Frühjahr in umgekehrter Reihenfolge ab. Davon habe ich ausgiebig berichtet. Aber auch heftige Schneestürme können den Unterricht vereiteln. Die Eltern haben die Pflicht, soweit ihnen das möglich ist, ihre Kinder selbst zu unterrichten.

Einmal im Jahr wird in der Schule in Tajaty der vorgeschriebene Lehrstoff für die entsprechende Jahrgangsstufe geprüft. Die vier älteren Prem-Kinder müssen sich dieser Lernzielkontrolle auch unterziehen. Aber angeblich ist die Leistungserwartung nicht allzu hoch und so haben sie das bisher erfolgreich geschafft.

Wenn ich mir bewusst mache, was die Kinder hier von ganz alleine und in Eigenverantwortung lernen, so wiegt das die mangelnde theoretische schulische Bildung um ein Vielfaches auf. Es wird auch der Mut, das Durchhaltevermögen, das Ertragen von Hitze und Kälte und der Erfindungsgeist immer wieder auf die Probe gestellt. Wer weiß, was die Menschheit in Zukunft noch erwartet? Hier lernen die Kinder auch in schwierigen Lebenssituationen zu bestehen.

Auf die unterschiedlichen Talente und Interessen der Kinder werde ich nun ausführlicher eingehen. Ruben ist der Baumeister und versteht einerseits, mit gefundenen Naturmaterialien oder auch mit noch vorhandenem Spielzeug kleine Grundstücke zu gestalten. Ein Häuschen aus Baumrinde, kleine Bänke auf denen

Püppchen sitzen, ein schickes Auto vor dem Vordach, Zäune aus kleinen Hölzern und Wege aus feinem Sandbelag. Ruben hat ein gutes Gespür für die Natur, kennt sich aus, weiß mit ihr umzugehen.

Eines Tages, ich habe gerade Karotten gewaschen und geschabt, kommt Ruben dazu, nimmt einige Möhren und beginnt, sie zu bearbeiten. Mit dem Messer schneidet er sich große und kleine, dicke und dünne Teile zurecht. Dann setzt er sie zu einem richtigen kleinen Blockhäuschen zusammen. Eine Außentreppe, die zum Söller führt, hat er auch nicht vergessen. Ich bewundere ihn und sage ihm das auch.

Jael hat sich ein Mäppchen mit Nähutensilien zum Geburtstag schenken lassen. Ihre Mama hat ihr den Umgang mit Nadel und Faden beigebracht. Abends, wenn wir um den Tisch sitzen und der Papa aus dem dicken Märchenbuch vorliest, wird entweder Schadhaftes geflickt oder an einem neuen Kleidungsstück gearbeitet. Jael ist ganz aufmerksam dabei.

Mir kommt plötzlich der Gedanke, den drei größeren Mädchen häkeln und stricken beizubringen. Am nächsten Tag steigen wir zum Söller hinauf und suchen in den Schachteln nach Wolle, Strick- und Häkelnadeln. Jael zeige ich zunächst das Häkeln, was sie aber bereits ein wenig kann. Mara kann rechte Maschen stricken und beherrscht auch bald die linken. Jael erkläre ich auch das Stricken und als sie es begriffen hat, ist sie bereit zu üben. Die Frage, ob ein Kind Lust hat, etwas Neues zu erlernen, wird nicht gestellt. Meist kommt ja die Lust dann, wenn sich, sei es auch zunächst nur ein kleiner, Erfolg einstellt. Das Kind merkt, dass es sich lohnt, nicht gleich aufzugeben. Meiner Beobachtung nach würde eine gewisse Zögerlichkeit meinerseits beim Kind Unsicherheit und demzufolge Ablehnung hervorrufen. Der Vater findet diese Entscheidung gut und lässt das die Mädchen auch wissen. Er ordnet an, dass Mara und Jael täglich eine halbe Stunde stricken sollen. Mit Abischag steige ich nochmal auf den Söller, um nach der Strickliesel zu suchen. Sie soll zuerst lernen, damit umzugehen, und ein schönes buntes Band machen. Auch sie begreift die Technik nach einigen Hürden und freut sich, als der runde Strick unter der Strickliesel schließlich herauskommt.

Hier setze ich den Text fort mit den Ausführungen der Spielzeit am Nachmittag.

Abischag läuft freudig den beiden Mädchen aus dem Nachbarhaus entgegen. Die beiden wissen natürlich, wann es an der Zeit ist und sind schon vor dem Haus. Es ist die Drittälteste, die neunjährige Angela und Arischa, die Viertälteste, die etwa sieben Jahre alt. Manchmal hat Angela ihr kleines, weißes Zicklein dabei, das sie mit einem Hanfseil mit sich herumführt. Abischag streichelt das Tierchen und freut sich, dass es so zutraulich ist und so anmutig im Kreise herumhüpft.

Zur „Perestroika" hinauf gibt es viele Wege, aber die Kinder laufen einfach übers Feld. Die Geschichte mit dem Haus hinter der „Perestroika" hat sich folgendermaßen zugetragen: Eine Gruppe Menschen aus Indien, allesamt Krischna-Anhänger, haben auf dem erhöhten Plateau, das genug Abstand zu den nächsten Häusern bietet, vor zwei Jahren ein Stück Land gekauft. Sie haben damit begonnen ein Haus zu bauen nach europäischem Vorbild, modern aus Stein und Zement und mit einem klassischen hölzernen Dachstuhl. Irgendwann ist ihnen das Geld ausgegangen und die Leute sind auf Nimmerwiedersehen verschwunden.

**156**

Nicht nur der große Platz vor dem Haus, sondern vor allem das unvollendete Bauwerk eignet sich vortrefflich zum Spielen für die Kinder vom Dorf. Die älteren Kinder klettern behände über die Holzlatten bis an die oberste Spitze des Daches. Sie spielen Verstecken im und um das Haus und da gibt es gute Verstecke und verborgene Winkel. Am beliebtesten ist der Abend, wenn es zu dämmern beginnt. Die großen Kinder ziehen das Spielen oft bis zum Dunkelwerden hinaus, auch dann, wenn die Kleineren schon heim müssen. Um diese Jahreszeit wird es erst spät dunkel.

Das herumliegende Baumaterial, wie Bretter, Balken, graue Quader, Sand und Farbtuben, die nur teilweise leer sind, haben die Kinder für sich entdeckt und benützen sie um allerlei daraus zu bauen. Jael hat mit Nini und Abischag einen Kaufladen gebaut, wo die verschiedenen Waren, meist aus Farbtuben bestehend, alle hübsch übersichtlich aufgestellt und zum Verkauf angeboten werden.

Jael baut eine Wippe für Nini. Zwei Holzbalken legt sie übereinander und darüber kommt ein Brett. Nini hält sich gut fest, damit sie beim Wippen nicht herunterfällt.

Ein Stückchen links vor dem Haus ist der Ballspielplatz und das ganze Grundstück nennen die Kinder ihre Perestroika. Baustelle heißt auf russisch „Stroika" und Umbau bedeutet „Perestroika". Der Begriff ist uns aus der Politik Russlands bekannt, als die Perestroika 1986 begann.

Ballspiele sind sehr beliebt und oft sind alle Kinder da. Mich überrascht, dass viele Spiele, wie Völkerball, Länderball und Jägerball anscheinend die Zeiten überdauert haben. Aber auch Fußball wird gespielt. Mir gefällt es, wenn nicht nur die Bälle,

sondern auch die kraftvollen russischen Wörter hin und her sausen. Ich fotografiere oder mache ein kleines Video. Wenn Jael nicht mitspielt, kümmert sie sich um Nini oder übt sich im Radschlagen, was sie sehr gut beherrscht, auch Mara kann es virtuos. Abischag muss noch ein wenig üben. Jaelka nennen die russischen Kinder Jael und aus Mara wird Marotschka.

Wenn Jael bei den anderen Kindern mitspielen möchte, bringt sie mir Nini und wir sitzen nebeneinander auf der Bank oder ich nehme sie auf den Schoß. Sie spricht ein fehlerfreies Deutsch und ihre Worte klingen allerliebst und ich staune über ihre Klugheit. Sie strahlt mich an mit ihren schönen blauen Augen, dann wird sie ernst und bevor sie wieder etwas sagt, blickt sie mich fragend an. Wir besprechen, dass wir bald, also in nächster Zeit, Blumen namens „Hänsel und Gretel" pflücken werden. In Deutschland bekannt als Lungenkraut. Sie sind nicht nur sehr schön, sondern auch essbar und man kann daraus Salat zubereiten.

Es ist Ende April, man spürt und sieht, wie die Natur erwacht und es auf den Wiesen und auf den Bäumen zu blühen beginnt. Hier ist der Übergang vom Winter zum Frühling sehr kurz. Kaum ist der letzte Schnee im Tal weggeschmolzen, schon beginnt es lebendig in der Natur zu werden. Aber auch diese Zeit dauert nicht lange und man sollte sie nutzen, bevor der heiße lange Sommer beginnt.

Wenn Isai nach Tajaty zum Einkaufen geschickt wird, leiht ihm sein Freund Valentin gelegentlich sein Fahrrad. Isai legt es zusammen mit dem großen Rucksack ins Boot, überquert den Fluss und muss dann von der Bucht aus mit dem wenig komfortablen Rad über die steinigen Wege nach Tajaty fahren. Während er die Einkäufe, die auf der Liste stehen, erledigt, trifft er Jungs seines Alters und es freut ihn, mit ihnen Zeit zu verbringen und zu plaudern. Isai ist kommunikativ und solche Gelegenheiten kommen ihm gelegen. Aber allzu lange darf er das Zusammensein nicht ausdehnen, da er zu einer bestimmten Zeit wieder zu Hause sein soll. So ein Einkauf, der in unterschiedlichen Geschäften und mit großen Entfernungen stattfindet, kann mit allem Drum und Dran schon einen Dreivierteltag in Anspruch nehmen.

Auf der Heimfahrt hat er nun den schweren Rucksack auf dem Rücken zu tragen, einen Fahrradkorb oder Ähnliches gibt es nicht. In der Bucht wartet das Boot auf ihn und er lädt das Fahrrad und den Rucksack ein und rudert zurück. Bei noch umfangreicheren oder komplizierten Einkäufen rudern und gehen sein Vater und er zusammen nach Tajaty. Da bleibt außer für die Besorgungen keine Zeit für anderes.

Seine Mutter Christine, auf Russisch Christinotschka, schreibt auf, welche Lebensmittel verbraucht wurden, und sobald die Liste lang genug ist, wird in der Regel Isai oder Isai mit seinem Vater zusammen losgeschickt.

Speiseöl wird in großen Mengen, also viele Flaschen gekauft. Es ist neben selbst gewonnenem Rahm das einzige Fett, Butter oder Margarine werden nicht gekauft. Das Öl kann man sich auf die Brotscheiben mit einem Backpinsel streichen. Viele Lebensmittel werden teilweise in sehr großen Verpackungen angeboten: Tomatenmark in Zwei-Liter-Gläsern, Reis und Nudeln in Fünf-Kilogramm-Packungen aus sehr stabilem Papier. Getreide kauft die Familie in Säcken. Es wird zum Brotbacken benötigt. Eine elektrische Getreidemühle verarbeitet es zu Schrot.

Wegen der weiten Wege und den schwierigen Bedingungen muss der Einkauf exakt geplant werden, damit er nicht zu oft stattfinden muss.

Gekocht wird dreimal am Tag. Für das Zubereiten des Frühstück ist immer eines der vier älteren Kinder zuständig. So kann es sein, dass es am Morgen Nudeln mit Tomatensoße gibt.

Die acht Brote in Kastenform bäckt Boris einmal in der Woche in der noch heißen Brennkammer des großen Ofens. Die so genannte Brotzeit gibt es nicht: Womit sollte man die Scheiben auch belegen, außer mit einigen Tropfen Öl? Selbstgemachter Käse ist im Frühling nur selten da. Das Brot wird zu den Mahlzeiten gereicht. Aber es kommt vor, dass ein Kind eine Scheibe Brot nascht, es schnell mit Öl bepinselt und hastig verspeist. Es gibt gelegentlich getrocknete Früchte, wie Datteln oder Rosinen, aus Kostengründen ganz selten Bananen oder einen Apfel. Süßigkeiten gibt es grundsätzlich nicht, da die Eltern großen Wert auf die Gesundheit der Zähne legen. Ein Zahnarztbesuch würde sich wegen der großen Entfernung zum nächsten Kassenarzt aufwändig gestalten. So findet also jeden Abend ein ausgiebiges Zähneputzen statt, und am Schluss des Zeremoniells werden die Zahnzwischenräume noch ordentlich mit Zahnseide gereinigt.

Am 26. April hat Jael Geburtstag, sie wird 11 Jahre alt und das möchte sie feiern und dazu ihre Freundinnen einladen. Sie wird ein hübsches Kleid anziehen und ihre dunkelbraunen, dicken Haare zu einem schönen Zopf flechten und hochstecken.

Vor der Geburtstagsfeier gehen Mara und Isai einkaufen, denn für den besonderen Tag ist mehr Obst nötig und ein Kuchen soll auch gebacken werden. Diesmal wird auch Butter und Sauerrahm besorgt.

Ruben und Jael haben am Vorabend den Teig für zwei Gewürzkuchen vorbereitet. Das Vollkornmehl, die Eier, die Butter, anstatt Zucker kleingeschnittene Datteln und Natron werden verrührt, denn die Kuchen sollen ja ordentlich aufgehen. Am nächsten Morgen werden die Kuchen in der Kastenform im Ofen gebacken. Später, wenn sie abgekühlt sind, schneidet Ruben jeden in drei längliche Teile, schmiert Rahm auf jedes Teil und Jael belegt sie mit Bananenscheiben. Die Teile werden wieder zusammengefügt und die Mädchen verzieren die Oberfläche der Kuchen mit Sonnenblumenkernen und nun sehen sie auch noch sehr schön aus.

Um 16.00 Uhr kommen die Gäste. Drei Mädchen aus dem Nachbarhaus und um 16.15 Uhr das Mädchen aus dem etwas entfernteren Haus. Alle vier sitzen artig auf der Bank am Fenster. Sie sind sauber und adrett gekleidet, sind akribisch frisiert, mit Zöpfchen und Schleifen im Haar. Auf dem Tisch stehen in Schüsseln aufgeschnittene Äpfel, kleingeschnittene Bananen und der Gewürzkuchen. Isai und Mara haben Sprudelwasser besorgt, normalerweise wird das Wasser aus dem Fluss getrunken. Die Kinder berühren nichts und warten, bis ihnen erlaubt wird, von den Köstlichkeiten zu nehmen. Jedes Kind überreicht Jael ein Geschenk. Es sind Bilder, die sie selbst gemalt haben, oder etwas selbst Gebasteltes. Auch hübsche Haarbänder und Spangen bekommt Jael.

Als sie zum Essen aufgefordert werden, erlebt man, mit welcher Freude sie nach den Apfelscheiben und Bananenstücken greifen. Wir machen Spiele und die Idee, deutsche altbekannte Kinderspiele zu spielen, kommt erstaunlich gut an. Ich mache die Vorschläge und Abischag übersetzt meine Worte. Wir spielen: „Es fliegt, es

fliegt ...". Abischag hebt beide Hände und streckt die Zeigefinger in die Höhe. Sie ruft auf russisch zum Beispiel „ein Auto". Wer da die Hände hebt, macht einen Fehler, weil das Auto nicht fliegt. Bei einem „Bussard" muss man die Hände heben usw. Wir haben zwei Luftballons. Ich erkläre, dass die Kinder vorsichtig und schnell die aufgeblasenen Ballons antippen sollen und sie während des Spiels in der Luft bleiben müssen. Bei wem einer den Boden berührt, soll ein Pfand geben. Aber darauf haben wir verzichtet. Dann spielen wir „Ich sehe was, was du nicht siehst" und „Hände-Übereinander-Legen". Die jeweils unterste Hand wird herausgezogen und oben auf den Händestapel gelegt. Die Kinder machen mit so großer Begeisterung mit, dass ich um Papierblätter bitte und wir beginnen Papierschiffchen zu falten. Bis alle es verstehen, dauert es ein bisschen, aber dann hat schließlich jeder eines und dann binden wir noch Zwirnsfäden an jedes Schiffchen und gehen damit ans Flussufer. Die Kinder werfen ihre Boote ins Wasser und passen auf, dass sie den Faden gut festhalten. Alle freuen sich, wie gut sie schwimmen und wie schön es aussieht, als ob sich weiße Täubchen auf den Wellen wiegten. Ich mache noch mehrere Schiffe und so schauen die Kinder noch lange Zeit den Schiffchen hinterher, wie sie allmählich flussabwärts zwischen den Wellen davontreiben. Immer weniger werden es, nur die an den Bindfäden versuchen die Kinder vor dem allzu schnellen Verlust zu retten. Allmählich wird es Abend, ich sage zu den Kindern „Do svidanija!" und gehe ins Haus. Durch das Fenster sehe ich sie auf dem dicken Ast am Ufer umher klettern. Sie spielen noch irgendetwas, einige halten den Faden mit dem Schiffchen in

Händen, laufen hierhin und dorthin und bald ist am Ufer keines mehr zu sehen.

Es ist Vormittag wir sitzen am Küchentisch und es ist Schulunterricht. Für Abischag schreibe ich Buchstaben vor, die sie dann in ein Heft nachschreibt. Nini schreibt auch mehrere Zeilen ein Kritzel-Kratzel. Als sie damit aufhört, sagt sie mit leuchtenden Augen, ich solle ihr das Geschriebene vorlesen. Ich gehe darauf ein und lese ihr das vor, was sie geschrieben hat und das ist eine kleine Geschichte, in der sie vor allem selber vorkommt. Abischag lacht und Nini staunt über den Text. Jael bewegt sich mit tänzelnden Schritten durch den Raum und singt leise vor sich hin. Nini malt noch ein Bild zu dem Geschriebenen dazu. Ich zeichne unterdessen eine Blume, es ist irgendeine.

Nach dem Mittagessen möchte ich in mein Haus gehen und Nini meint, dass sie mitgehen will. Sie sagt: „Mit Momi ins obere Haus mitgehen!" Ich denke, ihren Mittagsschlaf kann sie auch dort machen und wir gehen zusammen den Weg am Stall vorbei, am Feld entlang und dann den kleinen steilen Weg nach oben zum Haus.

Nini ist müde, sie setzt sich aufs Bett, ich helfe ihr, die Jacke und die Schuhe auszuziehen, und sie legt sich hin. Ich schiebe sie zur Wand und so habe ich auch noch Platz. Sie schaut mich noch ein wenig an, dann schläft sie, und kurze Zeit später schlafe auch ich ein.

Es ist an einem Nachmittag und Jael, Abischag, Nini und ich werden spazieren gehen.

Wir nehmen den Weg oberhalb des Ufers am Dorf entlang. Das warme Wetter erlaubt es den Mädchen, leichte Kleidung und kurze Strümpfe mit sommerlichen Schuhen anzuziehen. Zunächst gehen wir auf den Felsen; es raschelt auf dem Boden und kleine, fein gezeichnete Eidechsen huschen über die Steine und verschwinden schnell wieder zwischen dem Gras. Aber eines der Kinder ist schneller und erwischt eine mit der Hand. Mit großen Augen blickt das Tierchen um sich, steckt die Zunge heraus und möchte entfliehen. Aber das darf es noch nicht. Erst wenn die Kinder sie genau und lange genug betrachtet haben, bekommt sie wieder ihre Freiheit.

Wir gehen nun den Weg weiter und immer wieder entdeckt eines der Mädchen einen blühenden Strauch oder eine Pflanze, an der sie essbare Teile findet. Die Weidenkätzchen haben längliche, gelbe Triebe und die pflückt Jael und kaut das süße, nektarreiche Kraut. Die hellgrünen Triebe der Kiefern und Zedern haben die Mädchen auch als essbar entdeckt, brechen sich die Teile von den Zweigen ab und lutschen die hellgrünen Spitzen, so lange sie schmecken.

Wenn man am letzten noch bewohnten Haus vorbeigeht, kommen einige teilweise sehr verfallene Häuser. Die Menschen sind gestorben oder sind längst weggezogen und so verrotten die Grundstücke und in den Gärten wuchert das Unkraut.

Wir gehen so weit, bis der Wald beginnt und als er dichter wird, möchte ich umkehren, da ich doch das Unbehagen wegen der Zecken nicht ignorieren kann. Die Schmarotzer halten sich vorwiegend an den Gräsern und Zweigen auf, und wenn man diese berührt, springen sie auf den Menschen über. Seit ich hier bin, haben mich schon einige erwischt, aber Gott sei Dank bekam ich oder Mara sie zu fassen, bevor sie sich festsaugen konnten. Dann werden sie erbarmungslos zerquetscht.

Wir gehen also zurück und beim etwa zweiten Haus steht eine schon etwas ältere Russin vor ihrer Gartentüre, lächelt die

Mädchen an, sagt etwas, kommt näher, lacht wieder und ihre vielen silbernen Zähne blitzen im Sonnenschein. Sie spricht mich an, Jael erklärt, dass ich die Oma aus Deutschland bin und kein Russisch verstehe. Sie zeigt auf die Bank neben dem Weg und auf die setzen wir uns. Sie schnappt sich Nini, drückt sie an sich und setzt sie sich auf den Schoss. Nini schaut ein wenig verdutzt, lässt es sich aber gefallen. Die Frau lacht mich an und freut sich über die Babuschka. Die Kinder plaudern, sie fragt dies und das und ich erfahre, dass sie Anastasia, in der Kurzform Nastja heißt. Sie hat in der Vergangenheit einmal Bekanntschaft mit der Familie gemacht. Nini sieht sie zum ersten Mal. Nach einiger Zeit erscheint ein Mann vor der Gartentür mit einem erschreckend vernarbten Gesicht, das von einem Unfall herrührt. Jael sagt, dass es der Mann von Nastja sei. Er bleibt einen Moment an der Gartentüre stehen, sagt etwas und entfernt sich dann in Richtung Dorf. Nastja führt uns zum Gartenzaun und wir sehen hinter dem Zaun einige weiße Ziegen herumspringen. Die Ziegen kommen ganz nah an den Zaun heran und schauen uns mit ihren gelbgrünen Augen erwartungsvoll an. Die Mädchen reißen Gras aus und stecken ihre Händchen zwischen die Zaunlücken. Die Tiere drängeln sich gegenseitig weg, sodass die Kinder es nicht leicht haben, an alle ein wenig Gras zu verfüttern. Aber sie holen noch mehr und nebenbei redet Nastja lachend auf die Kinder ein. Auch mich schaut sie dabei an, als ob sie erwarten würde, dass ich sie doch verstehe.

Anastasia ist etwa fünfundsechzig Jahre alt, kräftig und untersetzt. Sie trägt ein farbiges Kopftuch, das im Nacken gebunden ist. Nun bittet sie uns, mit ihr zum Haus zu gehen. Sie hat ein wenig Mühe aufzustehen und beim Gehen fällt ein leichtes Hinken

auf. Wir gehen durch den Vorgarten und bleiben an der Haustüre stehen. Anastasia steigt die drei oder vier Stufen hinauf und verschwindet irgendwohin. Die Kinder unterhalten sich mit mir und wir warten. Plötzlich erscheint Nastjas Mann wieder an der Gartentüre, aber als er uns sieht, geht er einige Schritte auf uns zu, dann dreht er sich nach links, um einen anderen Weg zu nehmen. Es scheint, als wollte er eine unmittelbare Begegnung mit uns vermeiden. Ich spüre, es ist aus einem Taktgefühl heraus, vielleicht hätten die Mädchen ihn wegen seines Aussehens zu sehr angestarrt. Aber da kommt schon Nastja wieder mit einigen Gläsern eingemachtem Gemüse. Dem Anschein nach Paprikaschoten und Tomaten. Voll Freude drückt sie mir die Gläser in die Hände. Ich sage „Spasibo!" und sie lacht. Ich höre wieder die russischen Worte, wie sie so aus ihrem Munde sprudeln. Ich bitte Jael, sie solle Nastja um eine Tüte bitten, sonst könnte es passieren, dass aus einem dummen Versehen heraus etwas zu Bruch geht.

Nachdem wir die Verpackung bekommen haben, verabschieden und bedanken wir uns, und Nastja sagt wohl so etwas wie, dass wir wiederkommen sollen. Winkend und lachend schaut sie hinter uns her.

Zu Hause sagt mir Boris, dass das erschreckend zugerichtete Angesicht von Nastjas Mann von einem Sturz aus einem Zedernbaum herrührt.

Zedern können sehr hoch werden, haben lange Nadeln und dicke, rundliche Zapfen. Im Herbst, wenn in den Zapfen die Zedernkerne reif sind, werden sie gepflückt, die Kerne herausgeholt und zum Verkauf angeboten. Für einige Männer oder ältere Knaben kann diese Arbeit zum lohnenden Nebenverdienst werden.

Der Nachbar von Familie Prem, Sergej, steht morgens sehr früh auf, klettert auf Zedernbäume und füllt die mitgebrachten Säcke so voll, dass er sie gerade noch bis nach Hause schleppen kann. Wenn seine Frau oder die Kinder beim Tragen mithelfen, hat er es leichter. Zu Hause werden die Kerne aus den Zapfen herausgelöst.

Nun denkt sich Isai, ich werde auch Zedernzapfen sammeln, die Kerne herausholen und diese auf dem Markt verkaufen. Er macht das einige Wochen oder auch zwei Monate und bringt reichlich Zedernzapfen nach Hause. Sergej bemerkt, dass der älteste Sohn von Familie Prem auch mit dem Sammeln begonnen hat und entschließt sich, schon um 3.00 Uhr morgens auf die Bäume zu klettern. Das geht auch einige Zeit gut, aber dann passt es Isai nicht mehr, dass Sergej schon so viele Zapfen gepflückt hat, bevor er selbst überhaupt nur mit der Arbeit beginnt. Vor 3.00 Uhr aufstehen, nein, das will er nicht. So gibt er es schließlich ganz auf, Zedernzapfen zu sammeln. In einem deutschen Reformhaus zahlt man für 100 Gramm Zedernkerne 3.50 Euro.

Ganz in der Nähe von Anastasia lebt ihre Schwester, die einen so krummen Rücken hat, dass sie beim Gehen beinahe nur auf den Boden vor ihren Füßen blicken kann. Nur ein wenig kann sie ihren Kopf drehen und auch ein kleines bisschen hochheben. Sie wirkt ganz vergnügt, als ich eines Tages beim Spaziergang mit den Kindern sie sehe, und sie bemerkt es auch und lächelt. Mich schaut sie noch einmal und ein wenig verdutzt an: Wer ist diese Fremde? Sie sagt irgendetwas, während sie damit beschäftigt ist, eine kleine Ziegenherde von ihrem Häuschen aus über die Wiese hinunter zum Fluss zu treiben. Sie ist in eine beigefarbene Jacke gehüllt, die vorne beinahe bis zum Boden reicht, und trägt ein Kopftuch. Von hinten gleicht sie einer Kugel mit Füßen, da man ihren Kopf nicht sieht. Die Ziegen springen hierhin und dorthin und die Frau hat Mühe, sie einigermaßen zusammenzuhalten. Aber es gelingt ihr doch und als sie dann alle genug getrunken haben, setzt sich die Frau selbst ans Ufer und die Ziegen suchen sich die saftigsten Kräuter oder tollen um die Frau herum. Sie bleibt lange am Fluss sitzen, schließlich erhebt sie sich mühsam und steigt langsam, immer auf den Boden blickend, als würde sie etwas suchen, den Hang hinauf. Bis alle Ziegen wieder beisammen sind, muss sie sich noch gedulden, aber mit ihrem Stecken in der Hand und einigen kräftigen Worten gelingt es ihr, die Tiere in den Hof, der zu ihrem Häuschen gehört, zu treiben. Dieses Zeremoniell, denke ich, wird sich wohl täglich wiederholen. Was für ein einfaches und doch zufriedenes Leben führt diese Frau! Gott gibt ihr die Freude und die Kraft. Was für eine Gnade.

Anastasia kommt auch zu ihr und hilft ihr, wann immer das nötig ist. Es ist ganz selbstverständlich in Malinovka, dass man einander hilft, Dinge ausleiht, für jemanden etwas in Tajaty besorgt oder jemand zum Arzt bringt, wenn er alleine nicht gehen kann oder selbst kein Boot hat. Es gibt nur einige Bootsbesitzer im Dorf und wenn jemand über den Fluss möchte, muss er es organisieren, dass er hinübergebracht und auch wieder abgeholt wird. Im Winter, wenn der Fluss zugefroren und begehbar ist, ist dieser Service nicht nötig.

Nachdem wir den Inhalt des eingemachten Gemüses von Nastja aufgegessen haben, sage ich zu den Kindern, dass wir die Gläser wieder zurückbringen müssen. So machen wir uns eines Nachmittags wieder auf den Weg. Mara hat uns ein Stückchen begleitet und plötzlich erwischt sie eine Eidechse. Sie packte sie und das Tierchen zappelt und streckt die Zunge heraus. Sie ist ziemlich groß, hat gelbe Augen und ein Zickzack-Muster auf dem glänzenden Rücken. Mara hält die Eidechse ganz nah vor unsere Augen und sagt, dass sie giftig sei. Das warme Wetter lockt die Tiere jetzt aus ihren Nestern und sie genießen die Wärme. Mara lässt sie wieder los und springt nach Hause. Sie hat immer zu tun und momentan vorwiegend im Garten. Die drei anderen Mädchen setzen mit mir den Weg fort und wir nehmen den unten am Fluss. Durch die immer noch anhaltende Schneeschmelze in den Bergen führt der Fluss reichlich Wasser; es kommen immer noch Bäume und Äste dahergeschwommen. Ein kleiner Nebenfluss, dessen Wasser sich auch in den Kasyr ergießt, versperrt uns den Weg. Aber dann gelingt es uns doch, auf größere Steine springend hinüberzugelangen. Das Pferdepaar, Mutter und Tochter, sind auch unterwegs, beobachten uns und laufen, nachdem wir drüben sind, zu dem kleinen Bach, um Wasser zu trinken. Wir gehen weiter und kommen an zwei Booten vorbei, die für den Sommer hergerichtet wurden, neu gestrichen sind und nun wieder flott sind. Eine Frau steht mit Farbe und Handwerkszeug vor ihrem Boot und betrachtet ihr Werk. Sie schaut uns nur von der Seite an. Wir nehmen den Weg nach oben und dort liegt ein wirklich bemerkenswerter Müllhaufen. Er besteht aus einem völlig verrosteten Autowrack, verbeulten Blechteilen und noch einer Menge anderer vergammelter, verdreckter Dinge. Dieser Anblick ist für einen Mitteleuropäer ungewohnt, für Russen vom Lande aber nichts besonderes. Sachen, die alt, kaputt und nicht mehr gebraucht werden, wird man auf diese Weise los. Solche Haufen findet man auch in größeren Dörfern. Es stört niemanden und Platz ist genug da. Brennbarer Abfall wird verbrannt. Irgendwo raucht es immer und das oft tagelang. Es gibt auch Menschen, die sich mehr Mühe machen und ihren Müll im Wald entsorgen.

Wir wollen weiter zu Anastasia und haben auch bald ihr Haus erreicht. Die Ziegen schauen wieder neugierig durch die Zaunlücken. Wir gehen an ihnen vorbei zur Türe zum Hof. Jael öffnet sie und wir gehen durch den Vorgarten. Anastasia ist nicht gleich zu finden und ich hoffe, dass uns nicht ihr Mann begegnet und ich denke an jene prekäre Situation von neulich. Wir gehen die drei Stufen vor dem Haus hinauf und da steht oben in der Diele tatsächlich Anastasias Mann. Er schaut uns kurz an, ruft sofort nach seiner Frau und verschwindet wieder. Sie erscheint mit lachendem Gesicht und in ihrem Mund blitzen die Silberkronen. Ein Schwall freundlicher Worte ergießt sich über die Kinder und mich. Wie erwartet kommt das Wort Babuschka aus ihrem Mund und noch viele Worte hinterher. Die Einmachgläser stellt sie auf die Treppe und geht voraus zu ihrem Garten neben dem Haus. Wir laufen hinterher und ich bemerke, dass sie sichtlich stolz ist auf all die Beete, in denen bis zum Sommer viel Gemüse heranwächst. Dazu hat sie auch allen Grund. Während sie auf das Zwiebelbeet, die Tomaten und die Zucchini Pflanzen zeigt, sagt sie, was Jael übersetzt, dass auch viel Arbeit dahinter stecke. Dabei bemerke ich trotz ihrer gleichbleibenden Freundlichkeit den ein wenig bekümmerten Gesichtsausdruck.

Wir verlassen den Garten, und da entdecke ich in einem Anbau, wohl zum Holzschuppen gehörig, eine richtige Waschmaschine. Jael erfährt, dass Anastasias Sohn

**163**

ihr diese geschenkt hat. Sie erklärt, wieder sichtlich erfreut, dass sie oben mit Eimern das Wasser hineingießt; elektrischer Strom ist ja vorhanden und so kann die Trommel in Bewegung gesetzt werden. Das Nachspülen der Wäsche, soweit ich mich erinnere, erledigt sie dann per Hand.

Nun wird es Zeit, dass wir uns auf den Rückweg machen. Aber da muss Nastja noch schnell ins Haus und kommt mit einigen gefüllten Gläsern wieder. Ich bedanke mich vielmals mit „Spasibo bolschoje!". Die Mädchen umarmt sie einzeln, Nini drückt sie fest an sich und mir schüttelt sie die Hände. Werde ich sie wieder sehen? Bald werde ich wieder zurück nach Deutschland reisen. Ob meine Familie, wenn ich in einigen Jahren vielleicht wieder komme, hier noch lebt? Ich werde Mara bitten, die Gläser zurückzubringen; Anastasia erinnert sich an Mara, sie hat sie gesehen, als sie noch ganz klein war.

Zu der Zeit, als noch Eisschollen auf dem Wasser treiben, bemerke ich, wie der vierjährige Fima, der jüngste Sohn des Nachbars, damit beschäftigt ist, Zweige und Äste heran zu schleifen, um damit ein Feuer, das am Ufer flackert, am Brennen zu halten. Kleinere Holzstücke findet er zwischen den Steinen und trägt sie auch aus größerer Entfernung heran und wirft sie in die züngelnden Flammen. Es entwickelt sich starker Rauch, den das feuchte Material verursacht. Zunächst bemerkt das Kind mich nicht. Ich sehe den Eifer in seinem Gesichtchen und die Freude, so unbekümmert und ohne elterliche Überwachung sein kindliches Glück ausleben zu dürfen. Plötzlich taucht sein großer Bruder Svetik auf. Auch er beginnt nach brennbarem Material zu suchen. Das findet er schnell und so schleppt er einiges heran. Mich schauen sie immer mal wieder verstohlen an, aber

sie wissen ja, das ist die deutsche Babuschka aus dem Nachbarhaus. Es wird also noch lange dauern bis das Feuer erlöscht. Die Wärme ist wohltuend und da es auf den Abend zugeht, glänzt der Kasyr bläulich zwischen den langsam daherschwimmenden, hell glänzenden Eisschollen. Das Feuer wirft einen roten Schein zwischen die Eisbrocken. Von meinen Enkelkindern sehe ich keines. Ich sollte nach Hause gehen, es gibt sicherlich auch Arbeit für mich.

Eines Tages, ich bin noch nicht lange in Malinovka, fragt mich nach dem Frühstück Isai, ob ich Lust hätte, mit ihm und Ruben ein wenig auf dem Kasyr herumzurudern. Nini hört es und möchte auch dabei sein. Sie schaut mich bittend an und ich trinke meinen Tee zu Ende. Nini holt ihren Schneeanzug und die Stiefel. Die Mütze hole ich und ich ziehe ihr die Sachen an. Mir fällt die starke Strömung in der Flussmitte ein und irgendwie ist mir gar nicht so wohl bei dem Gedanken an eine Bootsfahrt. Die beiden Jungens lachen und ich nehme Ninis Hand und wir gehen ins Freie. Der Boden des Bootes ist an verschiedenen Stellen mit Wasser bedeckt; das kommt von einem Leck irgendwo im Holz. Isai schöpft mit einem Eimer das Wasser aus dem Kahn. Dann steigen Nini und ich ein, der Kahn wackelt gewaltig und wir setzten uns schnell auf die mittlere Bank. Ein Ruder nimmt Isai, das andere Ruben. Die beiden Jungens nehmen noch zwei Metalleimer mit, um beim Dorfbrunnen Wasser zu schöpfen. Isai sitzt beim Rudern vorne auf der Bank und Ruben steht mit dem Ruder hinten. Eisstücke ziehen an uns vorüber, manchmal auch richtig große Brocken und klatschen gegen die Bootswand. Das Boot wackelt wieder ein wenig. Die Jungens rudern in geringer Entfernung am Ufer entlang. Von hier aus sehe ich das

**164**

Dorf mit den unterschiedlichen Blockhäusern von einer neuen Seite. Diese putzigen Holzhäuser mit den kleinen Fenstern sind so urig und originell, dabei unterscheiden sie sich doch sehr voneinander. Es ist als ob jedes Haus ein Spiegelbild des Besitzers darstellt. Ich denke daran, dass solche Häuschen wohl entstünden, wenn man Kinder mit einem Holzbaukasten spielen lassen würde.

Die Jungens rudern zum Ufer. Wir sind dort angekommen, wo sich der Dorfbrunnen befindet. Sie nehmen jeder einen Eimer und steigen die Anhöhe hinauf. Die Jungens müssen fest pumpen und schaffen es die beiden Eimer zu füllen. Isai und Ruben schleppen die Eimer zum Boot und heben sie mit Schwung über die Bordwand. Der Kahn wackelt wieder. Was wenn der Brunnen leer ist und auch der Saft in den Birken zur Neige geht?

Nini und ich sind im Boot geblieben und die Jungens drehen das Schiff und rudern zurück. Wir sind erst wenige Minuten auf dem Fluss unterwegs, dann sehen wir Abischag, die gerannt kommt mit wehenden Haaren und offener Jacke, rufend, dass sie mitfahren möchte. Ruben lacht, Isai äußert irgendetwas und sie rudern ans Ufer und Abischag springt ins Boot. Sie setzt sich auf den Boden, denn einen anderen Platz gibt es nicht. Nachdem die Eimer zu Hause abgeliefert worden sind, geht es zur eigentlichen Bootsfahrt. Der Himmel ist blau und hellgraue Wolken ziehen vorüber. Isai zieht kräftig mit dem Ruder durch die Wellen und wir nähern uns der Flussmitte; der Kahn bewegt sich hin und her und auf und nieder und das Wasser klatscht gegen die Bootswände. Die Knaben rudern gegen die Strömung, also flussaufwärts, was ihnen bestimmt nicht wenig Kraft abverlangt. Nini drückt sich an mich und ich bete leise

zu Gott, dass wir nicht kentern mögen. Ich habe meine Kamera umhängen und versuche, einige Aufnahmen zu machen. Das Ufer gegenüber von Malinovka ist nun gut sichtbar und wir sind von beiden Seiten etwa gleich weit entfernt. Die gegenüberliegende Seite ist dunkler und sehr bewaldet; es ist die Nordseite und überall zwischen den Bäumen liegt noch sehr viel Schnee. Abgesehen von der Bucht, wo man anlegen kann, um nach Tajaty zu gelangen, erscheint mir die Vegetation düster und undurchdringlich.

Die Jungens rudern weiter stromaufwärts, nähern sich nun wieder der Seite, wo das Dorf liegt und ich staune über die Mannigfaltigkeit der Natur. Es stehen hier wilde knorrige Bäume und dazwischen plätschern kleine Bäche Schmelzwasser, das zwischen Moos und Steinen hindurch in den Kasyr fließt. Auch unter kleinen Eistunnels hindurch bewegt sich glasklares Wasser. In den Nächten gibt es noch Frost und da gefriert all das wieder, was am Tage aufgetaut ist. Es bilden sich bizarre Formen in dem Eis, das an der Rinde einiger Bäume hängt. Wir kommen ins Schilf, das braun und grau-grün aus dem Wasser ragt. Ich fotografiere diese für mich neue Welt und denke: Hier ist ein wenig Leben, aber ein kleines Stück weiter landeinwärts kommt viele, viele hundert Kilometer nichts, nur unbewohntes Land; dazwischen die wilde Vegetation der Taiga.

Die Kinder, so auch Isai und Ruben, sprechen vorwiegend russisch miteinander und, da sie nun das Boot wenden, nehme ich an, dass sie umkehren wollen. Zuerst rudern sie wieder auf die Flussmitte zu und nun spürt man, wie die Strömung von hinten das Boot antreibt. Nini sagt etwas und Abischag ergänzt das Gesagte mit ihren Worten. Nini schaut mich wieder neugierig

**165**

an, und dann fällt ihr Blick auf die Kamera. Nachher werde ich ihr die Fotos zeigen.

Es dauert nur noch kurze Zeit und wir legen im sandigen Ufer unterhalb des Hauses an. Die Buben ziehen das Boot ein Stück weit auf den Sand und dabei ist ein kratziges Geräusch zu hören. Das Seilende legt einer der Jungs um einen großen Stein. Abischag springt aus dem Boot und ich folge ihr mit Nini.

Eines Tages kommt Mara auf die Idee, dass ich mit ihr und den Schwestern nach Tajaty fahren könnte, um dieses Dorf besser kennen zu lernen. Nini, meint ihre Mutter, sei dafür noch zu klein und so unternehmen wir den Ausflug ohne sie. Isai und Ruben rudern uns über den Fluss und von der Bucht aus gehen wir zu Fuß weiter. Als wir an den ersten Häusern vorbeikommen, bemerken wir einen Mann, der auf einem großen Holzstoß steht. Überraschenderweise erkennt er die Kinder und sie erinnern sich auch daran, dass sie ihm irgendwann begegnet sind. Er lacht und spricht ein wenig englisch und ich erfahre, dass er von Beruf Lehrer ist und nebenbei Kinderbücher schreibt mit Erzählungen märchenhaften Inhalts. Sein Name lautet Arkadij. Die Kinder unterhalten sich noch ein wenig mit ihm auf Russisch. Mara übersetzt mir die Worte, aber der Inhalt des Gesprächs ist mir nicht mehr im Gedächtnis. Er lacht wieder und wir verabschieden uns. Wir gehen an einem von Birken umwachsenen Tümpel vorbei und begegnen immer wieder Kühen, die einfach dastehen oder träge mit dicken Eutern sich ihrem Zuhause nähern. Wir nehmen eine der wenigen Straßen und da kommen wir an einem Platz vorbei, der einer Wiese gleicht, wo einige Jungens Fußball spielen. Die beiden Tore sind provisorisch zusammengebaut und der Ball hat auch schon viel erlebt. Aber die wenigen Buben sind voller Freude und mit Eifer bei der Sache. Sie nehmen kaum Notiz von uns. In Tajaty sind Touristen sehr selten oder sogar unbekannt. Ich werde, wer auch immer mich sieht, als Fremde erkannt. Es überrascht mich sehr, dass, während die drei Mädels und ich weiter das Dorf erkunden, plötzlich eine Frau mit einem Kuchenblech in der Hand auf uns zukommt und uns jedem ein Stück von dem darauf liegenden Kuchen anbietet. Vielleicht hat sie die Mädchen erkannt, die sich artig lächelnd bedanken und auch ich bringe überschwänglich mein „Spasibo bolschoje!" zum Ausdruck. Die Dame lächelt und entfernt sich wieder und wir genießen den wirklich köstlichen Kuchen, der nach Nüssen und Honig schmeckt. Abischag kann ihr Stück nicht ganz aufessen und wir packen es ein.

Wir gehen weiter an Wasserlachen vorbei, in denen einige Enten herum watscheln und nebenbei nach Gras und anderem Fressbaren picken. Einige Schafe stehen oder liegen kauend am Wegrand. Mara bleibt sichtlich erfreut plötzlich vor einer weiß-braunen Kuh stehen, streichelt sie und sagt: „Das war einmal meine Kuh." Sie hat sie vor einiger Zeit, als sie noch kleiner war, hierher verkauft.

Es wird Nachmittag und wir beschließen, nachdem wir noch den Ort durchquert haben, den Rückweg anzutreten. Wir gehen an einem Sägewerk vorbei und ich staune über die Straßenschilder mit den darauf geschriebenen Hausnummern. Wir wollen noch Ljuba besuchen, es ist die Frau, der wir ganz am Anfang, als wir in Tajaty aus dem Taxi stiegen, begegnet sind. Es ist das letzte Haus des Dorfes. Wir betreten das Haus und ich bin überrascht, wie schön und geräumig es ist. Im Wohnzimmer liegen farbige Teppiche auf dem Boden und

**166**

ein großes Bett steht an einer Wand, und darauf liegen bunte Kissen und farbige Tagesdecken. Ein schwerer mittelbrauner großer Holztisch steht in der Mitte des Raumes und ein Fernseher, der gerade läuft, befindet sich in dessen Nähe. Eine hölzerne Sprossenleiter, die an einer Wand befestigt ist, muss man hinaufklettern, um in die obere Etage zu gelangen. Ljuba, eine zart wirkende etwa achtundvierzig jährige Frau, die immer noch sehr schön ist, lebt hier mit ihren zwei Söhnen von etwa zehn und elf Jahren und ihrer achtzehnjährigen Tochter Angelina. Sie hat ein Zwillingspärchen und wohnt mit ihrem Mann im Haus nebenan.

Die beiden Jungen freuen sich über unser Kommen, das heißt eigentlich nur Samson, der Jüngere. Daniil hingegen, der auf dem Bett liegt, macht auf mich einen bedrückten Eindruck, so als würde er mit einem Schmerz ringen. Mara sagt mir leise, dass der Vater erst wenige Tage weg sei, weil sich Ljuba von ihm getrennt habe. Ljuba sitzt in der Küche vor ihrem Elektroherd, es riecht nach Kuchen, sie spricht ein wenig deutsch und sagt, dass sie diesen gerade bäckt. Verschiedenfarbige und verschieden große in Mörtel eingelassene Steine bilden einen Halbkreis vor dem Herd. Ljuba ist blass und scheint mir trotz ihrer Freundlichkeit auch mit einer Belastung zu kämpfen, die man ihr anmerkt.

Hier im Hause gibt es eine Wasserpumpe, dass Wasser wird über den Keller hochgepumpt.

Ruben ist auch da, Isai hat ihn wohl mit dem Boot über den Fluss gefahren, damit er seinen Freund Samson besuchen kann. Die beiden sitzen am Tisch und spielen Schach. Die anderen verfolgen das Fernsehprogramm, dazu haben meine Enkel sehr selten Gelegenheit. Mittlerweile ist die Tochter von Ljuba gekommen und sitzt an dem kleinen Küchentisch und unterhält sich mit ihrer Mutter. Ljuba kniet auf einem Kissen am Boden vor dem Herd und schaut durch die Glasscheibe der Herdtüre, um zu prüfen, wie weit der Kuchen gediehen ist. Als er fertig ist, verabschiedet sich Angelina, und Ljuba trägt den Kuchen ins Wohnzimmer. Zum über die Maßen leckeren und saftigen Kuchen gibt es Saft. Vor allem wegen der Nüsse und dem Honig schmeckt er so vortrefflich. Aber die schmerzliche Atmosphäre ist dennoch im Raum und ich wünsche sehr, dass es Daniil wieder leichter zu Mute wird.

Allmählich geht es auf den Abend zu und wir bedanken und verabschieden uns. Samson begleitet uns auf dem Weg zur Bucht. Unterwegs toben die beiden Freunde herum und veranstalten allerlei Spiele und Neckereien. Ein kräftiger Wind beginnt zu wehen und am Himmel ziehen dunkle Wolken auf und ich hoffe, dass es nicht zu schnell ein Gewitter geben wird. Als wir die Bucht erreichen, steht Boris und Isai schon am anderen Ufer des Flusses und wir winken ihnen mit starken Armbewegungen zu. Beide springen in den Kahn und rudern so schnell es eben geht herüber. Der Himmel verfinstert sich, der Wind wird stärker und es beginnt zu tröpfeln. Als sie in der Bucht anlegen, springen die Mädchen in den Kahn und ich bekomme den Platz auf der Bank. Mir ist bange und auch Jael und Abischag machen ängstliche Gesichter, aber die beiden Männer greifen kraftvoll in die Ruder und kämpfen gegen den Wind und die Wellen an und so gelangen wir Gott sei Dank trockenen Fußes nach Malinovka. Es dauert nicht lange, wir sind gerade im Haus, dann bricht ein heftiges Gewitter los. Es stürmt und pfeift um das kleine Haus und ich sehe, wie die wenigen Strommasten sich bewegen und die Leitungen auf und nieder wippen. Einige der weiter entfernten Holzmasten hat man im unteren Drittel mit Betonringen eingefasst, und so ist es möglich, das Abbrechen der Masten bei stürmischen Unwettern leichter zu verhindern. Es dauert nicht sehr lange, der Regen und der Sturm lassen nach und es wird wieder hell. Ich gehe vor die Türe und atme die frische Luft, diese besondere Luft mit dem dampfende Boden, wie es das nur nach Regengüssen gibt. Von den Pflanzen tropft das Wasser und die Farben wirken kräftig, und als dann noch die Sonne zwischen den Wolken hervorkommt, präsentiert sich die Welt in dem ganzen Zauber, zu dem sie fähig ist.

Während ich diese Schönheit der Natur erlebe, fällt mir ein, dass in der Familie davon gesprochen wird, dass man in Malinovka nicht bleiben wird, sondern an einen anderen Ort ziehen wird. Boris hat eine ausgeprägte Lust am Hausbau und diesen Wunsch, ein eigenes Haus zu bauen, könnte er sich dort erfüllen. Im Internet verbringt er viel Zeit damit, um sich die Fähigkeit anzueignen, Öfen zu bauen. Zwar ist der Ort, der sehr einsam ist, nur vierzehn Kilometer entfernt, aber um dorthin zu gelangen, muss man sich durch einen Dickicht quälen, kleine Tümpel überwinden, über umgestürzte Bäume klettern und sich durch enges Unterholz mit dichtem Gestrüpp plagen.

Das bisschen Zivilisation, das Malinovka bietet, ist meinem Sohn schon zu viel, denn die wenigen Menschen hier haben natürlich, trotz ihres einfachen und bescheidenen Lebens, eine andere Einstellung zur Realität. Fernsehen gibt es in jedem Haus.

Während ich versonnen hinunter zum nun ruhigen Kasyr mit dem schönen Sand-

strand schaue, spüre ich: auch ihn wird es nicht mehr geben. Das Rauschen des Wassers wird verklingen. Die sich übereinander türmenden Eisschollen werde ich nicht mehr erleben, sowie das „Fahren des Flusses" und den Felsen an der Steilküste. Es wird keine Ruderfahrt mit dem Boot mehr geben, die Nachbarkinder und die anderen beiden Kinder werden nicht mehr zum Spielen kommen.

Trifft mein Sohn eine Entscheidung, so ist diese unwiderruflich und endgültig.

Ein Sowchosenbesitzer wird ihm ein großes Grundstück zur Verfügung stellen. Früher gab es die Kolchosen und daraus sind die Sowchosen hervorgegangen. Es war ein ganzes Dorf an dieses Stelle mit fünfzehn Häusern, nun steht noch ein einziges Blockhaus, das die Familie bekommen wird, aber zu klein ist für alle. Die Menschen dort sind gestorben oder weggezogen. Den Namen hat es behalten, er lautet Kinseljuk.

Sollte ich einmal wiederkommen, wird alles anders sein, die Kinder sind älter, das Leben hat sich verändert. Was bleibt ist die schöne Erinnerung an Malinovka.

Die erste Zeit ist Mara Abends immer mit hoch in unser Häuschen gegangen. Nun gehe ich alleine und Mara erledigt noch die Arbeit im Stall. Wenn sie hier ist, legt sie noch Scheite in den bereits brennenden Ofen und wir unterhalten uns. Wir liegen schon im Bett, da klopft es an die Türe und Isai kommt herein. Ich freue mich über sein Kommen und wir beginnen uns zu unterhalten. Er hat schon einige Male großes Interesse an dem Leben in Deutschland gezeigt und vor allem technische Errungenschaften begeistern ihn. Ich verstehe gut, dass er etwas wissen will über das Land, aus dem er kommt. Auch fragt er was seine vielen Cousins und Cousinen ma-

**168**

chen. Er, als der Älteste, hat ja viele Erinnerungen an seine Heimat. Das Los dieser Kinder ist so ganz anders, als das der Kinder im zivilisierten Westen. Ich merke wie Isai sich viele Gedanken über das macht, über das Land, in dem es so ganz anders ist als hier. Als er wieder geht empfinde ich beinahe eine Wehmut über die Vergänglichkeit alles Seins.

Es ist Anfang Mai und die Tage werden spürbar wärmer und ich kann meine warme, gefütterte Winterhose endlich mit einer kühleren vertauschen.

Da tauchen plötzlich russische Fischer am Ufer des Kasyr mit Fangnetzen auf. Dort haben sie bereits ein stattliches, graues aufblasbares Schlauchboot verankert. Isai und Ruben nähern sich den Männern und dem Boot und wollen sehen wie das mit dem Fischefangen klappt.

Nun sieht man immer wieder die Fischer auf dem Fluss und wie sie offensichtlich erfolgreich Fische an Land ziehen. Ein Art Landrover, der oben im Dorf steht, nimmt dann die Fracht auf und wird von den Fischern weggefahren. Isai entdeckt am Ufer ein im Sand liegendes, weggeworfenes, schadhaftes Fangnetz, das die Fischer anscheinend nicht mehr gebrauchen konnten. Er macht sich an die Arbeit und flickt mit Zwirn und viel Geduld die Löcher. Als das Netz ausreichend repariert ist, versuchen er und Ruben von ihrem Kahn aus selber Fische zu fangen.Tatsächlich gelingt es ihnen und sie fangen einmal vier Fische und das nächste Mal sechs Fische. Die Größe entspricht etwa dem uns bekannten Hering. Ruben trennt die Köpfe vom Rumpf und so bringt er sie ins Haus. Wir dünsten sie in Öl und es gibt zu Mittag zweimal ein köstliches Mahl. Aber auch viele Gräten und anderes Ungenießbares bleibt übrig. Die Katzen freut es und angelockt vom Ge-

ruch schleichen so lange um den Esstisch, bis sie endlich die Reste bekommen und sich über dieses seltene, aber leckere Mahlzeit hermachen. Sie drängeln und jede versucht genug zu bekommen.

Am Abend wird meist vorgelesen. Wenn nicht vom Buch: „Märchen aus aller Welt," aus dem Abba vorliest, so hat Mara mehrere Abende aus den Büchern von Karl May vorgelesen. Die größeren Kinder hören zu und es gefallen ihnen diese spannenden und fantastischen Abenteuergeschichten.

Anton, der bereits erwähnte Computerfreak und Nachbar des erhöht liegenden Hauses, möchte oder muss gelegentlich auf die andere Seite des Kasyrs. Entweder er will nach Tajaty oder fährt mit dem Bus weiter. Da er kein eigenes Boot besitzt, ist er darauf angewiesen, dass ein freundlicher Dorfbewohner ihn hinüberrudert. So wendet er sich auch an Isai und wird von ihm hinübergebracht. Zur ungefähren Zeit seiner Rückkehr geht Isai ans Ufer um zu schauen, ob der winkende Anton in der Bucht steht, um wieder abgeholt zu werden. Isai macht das gerne und eine Ruderfahrt über den Kasyr ist immer eine Freude. Vielleicht ahnt oder weiß er auch, dass es nicht mehr allzu viele davon geben wird.

Am neunten Mai ist das große russische Nationalfest; ein hoch politisches Fest, denn es wird der Sieg der Russen über die Deutsche Wehrmacht des zweiten Weltkrieges gefeiert.

Auch hier in dem kleinen Dorf, aber vor allem in Tajaty wird an dieses geschichtsträchtige Ereignis gebührend erinnert. Schon am Morgen sehe ich die schön und aufwendig gekleideten Frauen am Strand stehen, wie sie Ausschau halten nach jemandem oder auch mehreren, die sie hinüber zur Bucht rudern. Sie haben sich fein gemacht und auch einige Männer in saube-

**169**

ren Anzügen stehen herum und bereden ihre Überfahrt. Einige Boote werden zu Wasser gelassen und die Damen in ihren langen Röcken müssen diese anheben, um über die Bordwand zu klettern. Sie bewegen sich vorsichtig, um ihren hübschen Kopfputz nicht zu verlieren. Ihre farbigen Tücher halten sie mit den Händen fest. Sie schwatzen und lachen und freuen sich auf das bevorstehende Ereignis. Es dauert nicht lange und einige Ruderboote wiegen sich schon auf dem Wasser, werden immer kleiner und legen schließlich in der Bucht an.

Die Kinder haben gelernt, mit wildwachsenden, essbaren Pflanzen umzugehen. Ruben bringt eines Tages eine ganze Menge Klettenwurzeln. Er wäscht sie, schneidet sie in kleine Stücke und brät sie in der Pfanne. Das Gemüse schmeckt ein wenig nach Pilzen und ist so gut, dass alle hoffen, dass Ruben wieder einmal zu so einer Überraschung bereit ist.

Eines Tages entschließen wir Jael, Abischag Nini und ich uns, eine Wanderung oberhalb des Hauses die breite Schneise zwischen den beiden Wäldern hindurch zu machen. Vor einigen Wochen war dort, wo die Wiese hinab in eine Senke geht, noch ein richtiger See, entstanden aus dem Schmelzwasser des Winters, der nun aber ausgetrocknet ist. Fima, den jüngsten Sohn des Nachbarn, nehmen wir auch mit. Es ist ein schöner warmer Frühlingstag, blauer Himmel mit weißen Wölkchen darunter, weiß-gelbe Schmetterlinge schwirren um uns herum, Schlüsselblumen sprießen wohin man blickt und überall eng beieinander die leuchtend blauen Hänsel und Gretel. Hänsel hat blaue Blüten und Gretel die leicht rötlichen. Wir wollen sie reichlich pflücken, um später gewaschen und geschnitten Salat daraus zu bereiten.

Zwischen dem moosigen Waldboden wachsen die hübschen, kleinen weißen Anemonen.

Nun gehen wir durch einen sich nach oben schlängelnden Hohlweg. Aber bald kehren wir wieder um, denn das Mittagessen und die Zeit um es zu bereiten liegt noch vor uns. Aber vielleicht ist es bis auf den Salat ja schon fertig, bis wir zurück kommen. Jael und Abischag sind schneller und hüpfen zwischen Sträuchern, Blumen und Gräsern hin und her. Leider kann ich den Gedanken an die Zecken nicht so leicht verscheuchen. Aber die Kinder genießen den Tag ganz unbeschwert und sorglos. Nini bleibt an meiner Hand und ich achte darauf, dass Fima auch in meiner Nähe ist. Nini spricht über das, was sie sieht, das sind die Blumen, die Schmetterlinge und sie jubelt laut, wenn sie Hänsel und Gretel findet und wir sie dann auch pflücken. Sie ist so aufmerksam und ich staune, was sie alles bewegt und wie viel sie weiß. Plötzlich sagt sie: „Im Sommer kommt Gott zu mir." Ich erwidere nichts darauf, aber es bewegt mich innerlich diese kindliche Selbstverständlichkeit. Mir fällt ein Vers der Bibel ein: „Wenn ihr nicht werdet wie die Kinder...." Wir gehen um einige mit Moos bewachsenen, großen Steine herum und hören plötzlich ein leises Geräusch. Da bemerkt Nini eine Eidechse, die gerade über einen dieser Steine klettert. Als wir uns zu ihr herunterbeugen, bleibt sie wie versteinert stehen. Sie ist sehr groß, schön gezeichnet in gelb und braun. Sie hat bernsteinfarbenen Augen und eine feine Zunge, die sie zitternd herausstreckt. Ich fotografiere sie mehrmals. Nini ist so fasziniert, dass sie kaum zu atmen wagt. Wir verhalten uns ganz leise und rufen nicht nach den Mädchen, auch Fima ist zu weit weg. Nun ermahne ich Nini leise, dass wir gehen

**170**

müssen und nehme ihr Händchen fester in meine Hand. Kaum haben wir uns umgedreht, hören wir wieder ein Geräusch und die Eidechse ist verschwunden. Ich suche Fima mit den Augen und sehe ihn wie er hin und her läuft und dann wieder Hänsel und Gretel pflückt. Diese Pflanzen wachsen wie kleine Inseln, immer in Gruppen zwischen Gras und Sträuchern. Nini erwähnt die Eidechse mehrmals, als wir in Richtung Malinovka gehen, aber dann spricht sie nicht mehr darüber. Dieser so stark erwachende Frühling birgt so vieles an Schönem, dass Nini schon wieder von anderem begeistert ist. Es ist das Tanzen der Mücken in der Luft und das Schwirren der Schmetterlinge ringsumher und die gelben Schlüsselblumen.

Die Frühlingszeit in Sibirien ist kurz und heftig, bevor der heiße Sommer beginnt. So ist es auch im Herbst. Der wird oft schon Ende September von einem kalten, langen Winter abgelöst. Um so mehr genießt man diese beiden Jahreszeiten.

Ich rufe Jael und Abischag zu, sie sollen den Rückweg antreten und auch Fima ist in der Nähe. Die beiden Mädchen finden an den Weidenkätzchen gelbe Blüten, die sie von den dünnen Zweigen abpflücken und den feinen süßen Nektar aussaugen. Auch die Spitzen von Tannenzweigen brechen die Mädchen ab und lutschen sie aus. Nun pflücken sie noch Hänsel und Gretel. Beim Heimweg erzählt Nini immer noch, was sie beobachtet und was sie bewegt und das formuliert sie allerliebst in ihrer kindlichen Art.

Wir sind wieder unten am Haus angekommen und Fima bekommt einen ordentlichen Teil von Hänsel und Gretel und damit geht er ins Nachbarhaus, wo er wohnt. Vorher fotografiere ich ihn noch mit Nini zusammen.

Boris hat einen kleinen Steg am Ufer gebaut, der zwei Meter weit ins Wasser hineinreicht. Hier können wir nun, nachdem Jael Schüsseln geholt hat, die Blumen waschen. Wir tragen die Pflanzen ins Haus, schneiden sie fein auf und genießen den Salat angemacht mit Essig, Öl und Salz zum Mittagessen. Einfach köstlich.

Mara hat es eilig in der Frühe, sie bat mich am Abend zuvor, dass ich sie um 7.00 Uhr wecken soll. Das mache ich auch. Sie springt aus dem Bett, heizt noch den Ofen ein, zieht ein schwarz-weiß gestreiftes T-Shirt an und ihr schwarzes Röckchen, das oben am Bauch eng ist und dann oberhalb der Knie wie eine Glocke auseinanderfällt. Sie sieht wie immer sehr hübsch aus. Sie hat es eilig und darum denke ich, müsste ich auf das Morgengebet verzichten.

Aber da sagt sie: „Betest du nicht?" Mein Herz hüpft und ich sage: „doch" und bete unser Morgengebet.

Boris und Isai müssen sehr früh den Bus nach Karatus erwischen, um Verschiedenes dort zu erledigen. Mara hat einen Brief an ihre Freundin geschrieben und Boris wird ihn zur Post mitnehmen. Mara hat ihre Freundin in Borsbach, Mittelfranken, kennengelernt, wo sie vor ihrem Wegzug lebte.

Nini war, seit ihr Vater wieder hier ist, ihm gegenüber immer mal wieder rebellisch. Boris denkt, die Ursache liegt darin, dass er ein halbes Jahr nicht hier war. Nun muss sie sich wieder an ihren Abba gewöhnen und das meint Boris erreicht er damit, indem er sie einige Zeit lang mit aller Kraft festhält. Sie wehrt sich und reagiert mit kräftigem Geschrei, ist aber dann, wenn Boris sie wieder los lässt, wie befreit.

Meine Zeit hier ist noch kurz und ich bitte Mara mir eine Löwenzahn und eine Schafgarbenpflanze auszugraben, damit ich sie nach München mitnehmen kann, um sie dort in einen Tontopf auf ein Fensterbrett in meine Wohnung zu stellen. Sie erfüllt mir die Bitte und ich packe die Pflanzen fest in Kunststofffolie ein.

Ruben, Jael und Abischag sage ich am Abend vor meiner Abreise Aufwiedersehen.

An diesem Abend kommt Mara früher als sonst. Sie gibt mir die heiße Wärmflasche und steckt ihre in ihr Bett. Wir sprechen, wie schon einige Male über den christlichen Glauben und sie hört mir aufmerksam zu. Es ist unser letztes Gebet, denn die letzte Nacht liegt vor uns und morgen werde ich Malinovka verlassen.

Am nächsten Morgen klingelt der Wecker um 5.45 Uhr, aber ich bin bereits wach. Meine blaue Reisetasche steht gepackt neben dem Bett, ebenso der schwarze Rucksack. Den Ofen heize ich kräftig ein, schnell erwärmt sich der Raum. Mara schläft noch fest, aber als Boris mit dem schwarzen Hut auf seinem Kopf hereinkommt, bewegt sie sich. Es ist 6.30 Uhr, Boris nimmt mit einem Schwung meine Reisetasche und sagt: „Es gibt noch Frühstück!" und geht wieder. Mara ist bereits angezogen und wir beten noch. Ich umarme sie und nun kämpfe ich mit den Tränen als wir uns verabschieden.

Das Frühstück, es gibt Nudeln mit Tomatensoße, steht auf dem Tisch und dazu trinke ich einen Becher Tee. Isai reicht mir die Trockenmilch herüber. Die anderen Kinder schlafen noch. Christine macht etwas, aber ein wenig entfernt, und ist wie meist reserviert und kühl. Leider.

Isai drängt zum Aufbruch. Ich gehe zu Nini, die in ihrem kleinen käfigartigen Bettchen liegt und mich neugierig anschaut. Ich umarme und küsse sie und während ich ihre Hände streichle lächelt sie ganz sanft. Nun nehme ich den Rucksack und die Umhängetasche, verabschiede

mich von meiner Schwiegertochter und verlasse das Haus. Am Ufer steht der Kahn bereit und

Boris wirft gerade meine Reisetasche ins Boot und es schaukelt hin und her. Außer mir ist noch eine Russin da, Pascha ein Freund der Familie, Valentin, Isai, Boris und ich. Wir alle müssen in das Boot. Valentin wird, nachdem wir in der Bucht ausgestiegen sind, das Boot wieder zurückrudern.

Boris und Isai tragen meine Reisetasche und ich laufe hinterher. Der sandige Boden ist so glitschig und nass, dass man die Tasche nicht an dem Gestänge ziehen kann. Auf dem Weg bis Tajaty sind viele Pfützen und an verschiedenen Stellen ist der Kasyr über die Ufer getreten, sodass wir auf enge mit Gestrüpp bewachsene Seitenpfade ausweichen müssen. Schließlich erreichen wir das erste Haus von Tajaty und Boris erinnert mich daran, dass wir bei Ljuba ein Päckchen mit einem Brief abholen sollen. Vor einige Zeit bat sie mich darum ihren Verwandten in München das Päckchen zu überbringen. Unsere beiden Begleiter gehen schon voraus zur Bushaltestelle und bis zu dessen Abfahrt haben wir noch Zeit. Boris, Isai und ich betreten das Haus, aber niemand ist zu sehen. Ich bin verwundert, da Ljuba mich extra um diesen Dienst gebeten hat. Boris beginnt sie zu suchen, aber erfolglos; bis sie schließlich auftaucht, aber verschlafen wirkt und den Eindruck macht, als ob sie sich an unsere Abmachung nicht mehr erinnern würde. Sie verschwindet gleich wieder und ich mutmaße, dass sie erst jetzt den Brief schreibt oder das Päckchen packt. Ich werde ungeduldig, aber Boris meint, es wäre noch genügend Zeit. Wir warten und endlich taucht Ljuba mit einer roten Geschenktüte in der Hand auf und überreicht mir diese. Sie bedankt sich in ihrem gebrochenen Deutsch und wir verlassen das Haus und gehen in Richtung Dorfmitte. Das Ende dieser Geschichte ist folgende: Als ich wieder in München bin und die unterschiedlichen Telefonnummern, die auf einem Zettel stehen, der sich in dem Päckchen befindet, versuche anzurufen und das mehrmals, stellt sich heraus, dass es diese Nummern gar nicht gibt und mir wird klar, dass ich diesen ganzen Aufwand mir hätte sparen können. Mit dem nächsten Paket, das ich an meine Familie schicke, sende ich das Päckchen wieder zurück.

Nun sitzen wir in dem klapprigen Bus ganz hinten, dort wo wir meine Reisetasche gerade noch untergebracht haben. Der Bus ist gut gefüllt, das bemerke ich, nachdem Boris die Fahrkarten bei dem Busfahrer gekauft hat. Die Straße ist nicht sehr breit und der Rand ist unbefestigt. Wenn ein Bus entgegenkommt, so müssen die beiden Busfahrer geschickt rangieren, um aneinander vorbei zu kommen. Die Vorhänge wehen hin und her, die Leute unterhalten sich und ich werde wieder an die Zeiten erinnert, als das Leben in Deutschland noch anspruchsloser war. Ein leises Meckern ist zu hören und dann sagt jemand, dass eine Ziege oder ein Zicklein an Bord ist. Alle lachen - auch wir. Jemand hat also eine Ziege bei sich, aber nur für wenige Haltestellen und dann steigt der Mensch mit der Ziege aus. Der Bus hält oft und es steigen Frauen ein, die gut gefüllte Körbe und Taschen bei sich haben. Der Bus wackelt hin und her, aber die Atmosphäre gefällt mir. Eine Busfahrt in Sibirien hat schon einen sehr abenteuerlichen Charakter, das habe ich mittlerweile gelernt. Boris sagt, eine Reifenpanne ist bei diesen doch recht ungewöhnlichen Straßenverhältnissen keine Seltenheit. Er hat davon schon gehört, oder selbst

erlebt. Es ist dann noch ein großes Glück, wenn keinem Fahrgast etwas passiert. Der Busfahrer sorgt seinerseits für ein doch recht rasantes Tempo, um die Fahrzeiten einigermaßen einzuhalten. Wir fahren bis Karatus, um dort einen anderen Bus nach Abakan zu nehmen. Die Fahrt dauert etwa eine Stunde.

Wir steigen aus, wie alle anderen auch, und es ist kalt und mich fröstelt. Boris geht in ein flaches Holzhaus, um die neuen Fahrkarten zu kaufen. Es dauert lange Zeit, bis er zurückkommt. Isai geht umher und ich beobachte die Frauen, die auf einer Bank sitzen. Sie erinnern mich an Bauersfrauen mit ihren langen Röcken und den dicken Jacken und den farbigen Tüchern. Zwei Frauen tragen runde dicke, gewiss selbstgestrickte Mützen, die wie Köpfe von Pilzen aussehen. Auch ein kleiner Junge sitzt auf einer Tasche neben der Bank. Sie haben schön gebündelten Bärlauch neben sich liegen und ich vermute noch anderes Gemüse in ihren Körben. Sie werden also auf den Markt gehen und dort versuchen ihre Waren zu verkaufen. Es ist ein schönes Bild, sehr farbig und ich fotografiere es.

Es dauert noch eine ganze Weile, bis Boris zurückkommt und als er dann schließlich hier ist, müssen wir noch auf den Bus warten. Schon eine Menge Menschen stehen wartend am Straßenrand, die alle in den doch recht engen und kleinen Bus hinein wollen. Wir gehen zu den Wartenden und tatsächlich ist es nun soweit und ein, aber doch verhaltenes, Gedränge beginnt. Boris packt die Reisetasche und Isai ist auch nahe der Türe und ich versuche mich mit meinem Rucksack ihnen anzuschließen. Wir schaffen es und bekommen auch Sitzplätze.

Nun geht es noch einmal ratternd und wackelnd, aber auch oft anhaltend, da viele

**173**

Menschen ein aber auch aussteigen, in Richtung unseres Zieles. Die Sitze und Rückenlehnen sind unterschiedlich verschlissen, aber gerade dadurch bekommt die holperige Busfahrt bei doch rasantem Tempo etwas, was mich an Oktoberfestbesuche meiner Jugendzeit erinnert, als ich das Erlebnis mit der Berg und Talbahn oder mit dem Toboggan zu fahren genoss.

Die Zeit vergeht also schnell und wir erreichen Abakan und halten am Bahnhof, den ich von meiner Ankunft vor vier Wochen her kenne.

Ein Polizist steht an der Türe. Er schaut Boris, Isai und mich an und befiehlt stehen zu bleiben. Vor uns hat er einen Mann aufgefordert seinen Koffer auszupacken. Mit einem länglichen, schwarzen Gegenstand leuchtet er in dessen Koffer herum. Was er darin sucht, wissen wir nicht, aber wir vermuten, er schaut, ob irgendwo Waffen versteckt sind. Als bei diesem Mann nichts Verdächtiges gefunden wird, entlässt der Polizist ihn und wendet sich an uns. Ich stelle meinen Rucksack auf den Tisch. Ich öffne ihn und nun beginnt sein unergründlicher Stab, der sogar leuchtet, in meinem Rucksack herumzusuchen. Meine Umhängetasche betrachtet er nur von außen und nun sagt er, dass er den Reisepass von Boris sehen möchte. Boris gibt ihm den Pass und im selben Moment sagt Isai auf deutsch, dass er keinen Pass dabei hat. Nun schaut der Staatsbeamte noch in meine Reisetasche hinein, aber darin ist viel schmutzige Wäsche und allmählich verliert er das Interesse an meinen Sachen. Boris soll noch seinen großen, stark abgenützten blauen Rucksack öffnen, aber auch darin entdeckt der Beamte nichts, was irgendwie verdächtig oder gar kriminell sein könnte.

Ich habe großen Hunger, unser Frühstück liegt lange Zeit zurück und wir gehen in das Bahnhofsrestaurant, in dem wir früh morgens nach unserer Ankunft aus Moskau gegessen haben, nach unserer viertägigen Zugfahrt.

Hier hat sich nichts verändert. Wir nehmen wieder gefüllte Teigtaschen mit Weißkraut und Kartoffelpuffer mit saurer Sahne. Ich bekomme wieder Kaffee im Plastikbecher, mit Zucker und einem Plastikdöschen mit Milch.

Nun drängen Boris und Isai zum Aufbruch, um zu versuchen, ein Auto zu kaufen. Mein Flugzeug fliegt erst morgen Vormittag und das bedeutet, dass wir ein Hotel oder Ähnliches zum Übernachten brauchen. Ich möchte natürlich nicht bis heute Abend hier oder im Warteraum sitzen, sondern mich wenigstens im Umkreis des Bahnhofes bewegen.

Einen Deutschen, namens Wagner, der früher Missionar war, wie Boris sagt, versucht Isai seit vorgestern auf seinem Handy zu erreichen, aber bisher vergebens. Boris meint, das wäre jemand, bei dem man vielleicht übernachten hätte können. Aber nachdem wir keinen Erfolg haben, müssen wir nach einem Hotel Ausschau halten. Das ist nicht weit entfernt, sondern im Bahnhofsgebäude, gleich nebenan. Es ist ein für Russland nicht seltenes Stundenhotel. Zunächst bekommen wir für mich ein Zimmer mit zwei Betten. Boris verhandelt, es ist vom Preis her normal und wir müssen es für 24 Stunden mieten. Man kann es auch für zwölf Stunden mieten. Das wäre zwar billiger, aber zeitlich für uns zu kurz. Die Dame an der Rezeption ist nett und ich gebe ihr meinen Pass. Boris bezahlt und sie zeigt mir das Zimmer und die Toilette auf dem Gang, mit Waschbecken. Alles geschieht wortlos. Wieder spüre ich die Schmach der Sprachlosigkeit. Boris und Isai werden erst am Abend ein Zimmer

**174**

nehmen. Sie kommen spät zurück und bekommen zwei Betten in einem Sechsbettzimmer. In meinem Zimmer steht ein Tisch, zwei Stühle, ein Schrank mit drei Fächern und am Fenster ein kleiner Schreibtisch. Was mich wundert ist, dass sich außer der Zimmertüre noch eine zweite Türe am Ende des anderen Bettes befindet. Auch hinter der Türe, also aus dem daneben liegenden Zimmer, höre ich rumoren und bin mir sicher, dass dort jemand ist. Ich frage mich, ob diese zweite Türe, diejenige ist, welche mein Nachbar benützten muss, um seinen Raum zu verlassen. Ich bin so müde, dass ich den Schlaf regelrecht herbeisehne. Aber an meinem Rücken spüre ich etwas, das ich bereits kenne, aber ich hoffe gleichzeitig, dass meine Vermutung falsch ist. Nun bemerke ich an einem Arm ein Krabbeln und erwische sie gerade noch, bevor sie sich festbeißt, die Zecke. An die Stelle an meinem Rücken kann ich beim besten Willen nicht gelangen und so entschließe ich mich, die Dame an der Rezeption zu bitten, mir die Zecke zu entfernen. Ich gehe mit der Pinzette in der Hand zu ihr, mache verschiedene Bewegungen und sie begreift schnell, worum es geht. Geschickt zieht sie die Zecke aus meinem Fleisch. Sie lächelt und ich staune wie normal sie es findet, einem Hotelgast eine Zecke zu entfernen. Gesprochen hat sie nichts, vielleicht auch aus Rücksicht meiner mangelhaften Russischkenntnisse.

Die Zecken haben mich erwischt, als wir wegen Überschwemmungen nicht den normalen Weg zwischen der Anlegebucht des Kasyrs und Tajaty gehen konnten, sondern uns auf einem sehr schmalen Pfad zwischen Sträuchern hindurch schlängeln mussten. Die Zecken sitzen am liebsten an niedrigen, dünnen Zweigen der verschieden Sträucher.

Nun lege ich mich sorglos und froh in das zivilisierte Bett und döse langsam ein. Ganz fest schlafe ich noch nicht, aber ich fühle eine große Schwere in meinen Gliedern. Da spüre ich plötzlich wie jene zweite Türe mit der goldenen Türklinke aufgeht und ganz leise wieder geschlossen wird. Fast lautlos bewegt sich jemand durch diese wenigen Meter und verschwindet durch meine Zimmertüre. Ich konstatierte, bleibe aber regungslos liegen, dass diese zweite Türe dazu dient, um von dem Zimmer nebenan durch mein Zimmer nach außen zu gelangen. Ich rühre mich nicht und schlafe nun endgültig ein.

Als ich erwache, fühle ich, dass ich lange geschlafen habe, und bin mir sicher, dass Boris und Isai noch nicht zurückgekommen sind. Das Teegeschäft, das uns damals im Zug zwischen Moskau und Abakan jemand empfohlen hat, wollten sie auch besuchen. Die meisten Geschäfte haben rund um die Uhr geöffnet. Es ist etwa 16.00 Uhr.

Was mache ich nun? Ich werde aufstehen und nach draußen gehen und mich nicht zu weit vom Bahnhof entfernen, um nicht in eine für mich nicht zu bewältigende Unterhaltung zu geraten. Aber ich habe so großen Durst, dass ich mich entschließe, einen Laden zu suchen, um ein Getränk zu kaufen. Über die Geleise vor dem Bahnhof führt eine Brücke. Als ich diese überquert habe, gelange ich auf eine staubige Straße mit löcherigem und unebenem Asphalt. Zwei Hunde von unterschiedlicher Größe, kommen mir entgegen. Sie wirken scheu, aber auch neugierig. Beide haben ein zerzaustes Fell mit kahlen Stellen zwischen den graubraunen Zotteln. Ich empfinde Mitleid mit ihnen, aber andererseits denke ich, ihr freies ungebundenes Leben hat gewiss auch etwas abenteuerliches. Kein Herrchen oder Frauchen, das ihnen an

**175**

straffe Leine gelegt zu parieren beibringt. Freilich, um an Futter zu gelangen, müssen sie mehr Zeit und Mühe auf sich nehmen als die wohlgenährten Hunde mit Besitzer. Allerdings sind diese oft auch aggressiver, denn es wird ihnen nicht oft erlaubt, ihre gut genährten Leiber mit den unverbrauchten Kräften ungezügelt auszuleben. Diese herrenlosen Hunde sind froh, wenn ihnen jemand einige Brocken hinwirft. Aber was sollte ich ihnen geben? Ich gehe weiter und sie schauen mir nach. Dann laufen sie weg, einer hinkt sogar ein wenig.

Nun stehe ich vor einer Einkaufszeile. Etwa vier oder fünf Läden befinden sich nebeneinander in einem länglichen, niedrigen Gebäude. Bunte Schriftzüge mit großen Lettern schmücken die Türen und Wände. Keine sozialistische Monotonie, sondern eher amerikanisches Flair. Ich suche mir das Geschäft aus, das heißt ich schaue durch die Fenster ins Innere und betrete dann den Laden. Die Wörter, die ich sagen will, lege ich mir vorher gedanklich zurecht. Ich grüße und frage: „Yest woda?" zu deutsch: „Gibt es Wasser." Ich wurde wohl verstanden,

denn der Mann hinter dem Tresen holt unterschiedliche Plastikflaschen herbei und zeigt sie mir. Ich sage: „Bitte mit Gas." das versteht er auch und deutet mit den Fingern die Anzahl drei an, was mir recht ist. Ich hole mein Geldbörse aus dem Rucksack und bezahle und bekomme noch einige Münzen heraus; dass der Mann mir richtig heraus gibt, nehme ich einfach an. Ich sage noch, dass ich aus Deutschland bin: „Ja is germanii." Er lacht und ich sage „do svidanija". Ich gehe ins Hotel zurück und lasse zwei Flaschen im Zimmer, eine nehme ich mit. Zuvor esse ich noch von den sauren Gurken und dem Brot, das Boris mittags gekauft hat.

Der Hotelgast im Zimmer nebenan telefoniert ohne Ende und nebenbei höre ich noch sprechen, aber es kann sein, dass es aus einem Radio oder einem Fernsehgerät kommt. Die nette Dame von der Rezeption klopft unerwartet an meine Türe, sie zeigt auf die andere Türe, sagt etwas und ich nehme an, dass sie sich entschuldigen möchte, wegen meines Nachbarn. Ich versuche auf Englisch zu sagen, was sie aber nicht versteht, dass mir das nichts ausmache, und ich lache sie an, sie reagiert genauso und hat verstanden und schließt die Zimmertüre.

Es ist möglich, dass nachts das zweite Bett in meinem Zimmer noch belegt wird, falls zur späten Stunde noch ein Gast beherbergt werden will. Es ist doch viel sinnvoller und ökonomischer, Hotelgäste in halb oder viertel belegte Zimmer unterzubringen, anstatt unberührte Räume dafür zu benützen. Boris und Isai bekommen ihre Betten, als sie am Abend zurückkehren in einem Sechs-Bettzimmer; aber sie verbringen die Nacht nicht alleine, sondern mitten in der Nacht kommen noch Gäste.

Nun will ich mir den Platz vor dem Bahnhof ansehen und dabei entdecke ich einen Springbrunnen, der am Abend mit Scheinwerfern abwechselnd in verschiedenen Farben beleuchtet wird. Nun schlendere ich durch eine Grünanlage an einem bemerkenswerten Denkmal vorbei, das doch wieder sehr an die russische Vergangenheit erinnert. Es stellt zwei Männer dar, einen stehend den anderen sitzend. Beide mit ernsten in sich gekehrten Gesichtern. Die Hand des stehenden Mannes ruht auf der Schulter des anderen. Sehr naturalistisch aus grauem Stein. Sie stehen auf einem rotbraunen, rechteckigen Sockel, auf dem ein dreizeiliger Text modelliert ist. Ein silbrig glänzender fünfeckiger Stern befindet sich über dem Schriftzug.

Ich verlasse den Park und gerate auf eine breite Straße. Gegenüber stehen gewaltige, hohe Plattenbauten mit vielen Stockwerken und langen, teilweise verglasten Balkonen. Wieder begegnen mir streunende Hunde; ihr Leben erscheint mir wie ein Glücksspiel. Man weiß nicht, wie es weitergeht und wie es endet.

Diese große Straße mit viel Autoverkehr, aber auch hohen und grünen Pappeln, gehe ich entlang und denke mir, so wie hier könnte es auch in einem anderen Land in irgendeiner Stadt aussehen. Nicht nur kyrillische Schriftzüge, sondern auch Wörter in lateinischen Buchstaben sind auf Plakate gedruckt. Lichter gehen in dem Einkaufsmarkt an, Straßenlaternen beginnen zu brennen, Menschen eilen in die Läden, um, von der Arbeit kommend, noch einzukaufen. Ein riesiger Handyturm ragt über dem Dach eines hohen Hauses empor und daneben ist ein anderer noch breiterer und höherer Turm, der noch gewaltiger wirkt, mit vielen Etagen und Verstrebungen zwischen dem Gerüststangen. Ich schaue mir noch ein wenig die Menschen und ihr Treiben im beginnenden, abendlichen Abakan an, bleibe aber in überschaubarer Nähe zum Bahnhof. Dahin wende ich mich nun und gehe in das mir wohlbekannte Lokal. Vorher verweile ich noch kurz vor dem Springbrunnen neben dem Bahnhof. Jetzt ist er beleuchtet und das in die Höhe springende Wasser wird abwechselnd in rosa, gelbes und grünes Licht getaucht.

Boris und Isai werden noch nicht zurück sein; oder sie haben ein Auto bekommen, das bezahlbar und gut ist. Was haben sie sonst noch zu erledigen? Sachen für den Garten oder fürs Haus? Ich hoffe sie kommen bald; es ist bereits 19.30 Uhr.

Ich suche mir einen Tisch, ein wenig unentschlossen, was ich mir kaufen soll. Der Umgang mit den relativ wertlosen Rubel macht mich immer noch unsicher.

Am Nebentisch sitzt ein junger Mann, legt sein Geld auf den Tisch und zählt die einzelnen Münzen immer wieder nach. Mit beiden Händen lässt er Münze für Münze durch die Finger gleiten. Plötzlich steht er auf und geht, um sich ein Getränk in einer Dose zu kaufen. Er geht auf seinen Platz zurück und sucht wieder in seinen Taschen nach Geld. Er kauft sich ein rundes, kleines Gebäck. Einige Münzen liegen auf dem Tisch und als er zurückkommt, beginnt er wieder das Verbliebene zu zählen. Er schaut die einzelnen Münzen genau an, als ob er sich über deren Wert Gedanken machen würde. Abrupt erhebt er sich wieder und geht dorthin, wo die Preise angeschlagen sind. Er beginnt diese gründlich zu studieren und es vergeht eine geraume Zeit, bis er an seinen Tisch zurückkehrt. Diesmal hat er nichts gekauft. Ihm gegenüber am selben Tisch nimmt ein bärtiger Mann Platz, trinkt eine Cola und dazu isst er etwas in heißem Fett gebackenes. Ich habe zwei Gläser Kefir und ein Glas Zitronensaft getrunken. Der Kefir ist sehr lecker und hier ein ganz normales Getränk, das in Bechern angeboten wird. Nun hole ich mir zum Essen auch so ein fettes, nach Fleisch schmeckendes Gebäck. Ich esse es beinahe mit schlechtem Gewissen, angesichts des Mannes am Nebentisch. Außerdem ist es irgendwie zu fett und nicht gut.

Ich empfinde den jungen Mann als sehr ernsthaft und nachdenklich und ich habe das Gefühl, dass ihn etwas stark beschäftigt. Plötzlich erhebt er sich wieder, nachdem er wieder die Münzen lange betrachtet und von einer Hand in die andere geschoben hat, und spricht mit der Dame am Tre-

**177**

sen, fragt dies und das und zeigt auf etwas, das er dann kauft. Er kommt zurück und stellt eine kleine Dose Bier und einen Plastikbehälter auf den Tisch. Er nimmt zwei kleine Tüten, wo immer er diese her hat und schüttet dessen Inhalt in den Plastikbehälter und geht danach wieder zum Tresen und holt sich offensichtlich heißes Wasser. Ich nehme an, dass er sich eine Suppe zubereitet. Auch eine zweite Dose Bier hat er sich gekauft. Gedankenversunken mit ernstem Gesicht isst er seine Suppe und beginnt immer wieder, sein noch verbliebenes Geld zwischen seinen schmalen Fingern hindurchgleiten zu lassen. Aber schließlich steckt er den Rest in die Jackentasche. Er nimmt die Schirmmütze vom Tisch, setzt sie auf und verlässt das Lokal. Die leere Bierdose und der Plastikbehälter bleiben auf dem Tisch stehen.

Die beiden Damen am Tresen machen ihre Arbeit mit nicht allzu großer Begeisterung. Vielleicht liegt es daran, dass nur wenige Gäste hereinkommen. Die Jüngere ist schlank, hübsch mit hellbraunem Pferdeschwanz. Die ältere ist etwas dicker, blond und ich habe den Eindruck, dass sie dieser Arbeit mehr Engagement entgegenbringt. Auf jedem der Tische steht ein spitz zulaufender, runder, hellblauer Kunststoffbehälter, in dem sich Servietten befinden.

Plötzlich öffnet sich die Türe und der junge Mann kommt wieder herein, setzt sich an seinen Platz, nimmt die Kappe ab, isst aus einem Behälter eine Suppe, anscheinend mit Käse, und einen Toast dazu. Er zieht den Käse in langen Fäden aus dem Behälter in seinen Mund.

Der junge Mann schaut auf einmal zu mir herüber und sagt etwas. In seinem Blick liegt etwas unkontrolliertes, als ob er betrunken wäre. Er trinkt ja nun bereits das dritte Bier. Ich sage zu ihm, dass ich kein Russisch spreche und bin überrascht, dass er mich versteht. Er antwortet, zwar sehr gebrochen, aber verständlich, dass er in England gewesen sei. Nun wirkt er älter als vorhin und erwähnt noch, dass er auch Deutschland kenne. Er meint: „Ja njemka“, und das bezieht er auf mich. Er zeigt auf seinen Arm, was heißt, dass er die Uhrzeit wissen will. Ich gehe zu seinem Tisch und deute auf meine Uhr. Es ist fünf Minuten nach 20.00 Uhr. Er bedankt sich und ich gehe an meinen Tisch. Ob Boris und Isai wohl schon da sind? Ich muss gehen, denn im Hotel werden sie mich nicht finden. Es kommen immer mehr Gäste ins Lokal und überall klingeln Handys und es wird laut und viel gesprochen. Es ist Feierabend und dieser macht sich hier lautstark bemerkbar.

Ältere Russinnen, einige vollschlank, sitzen an einem Tisch, haben runde Gesichter und kräftige Hautfarbe. So wie sie aussehen, haben sie den Tag an der frischer Luft verbracht. Manche tragen halblange oder ganz lange Röcke und haben farbige Tücher auf den Köpfen. Sie schwatzen und lachen, Zahnkronen aus Silber oder Blech werden beim Lachen sichtbar und sie haben sich Vieles zu erzählen.

Ein junger, gutaussehender Herr kauft etwas bei der Brünetten mit dem Pferdeschwanz und mir scheint, als wäre er an einem Flirt mit ihr nicht uninteressiert. Sie aber gibt ihm das Gewünschte ohne ein Lächeln, mit kühlem und ernstem Gesichtsausdruck.

Der junge Mann sitzt immer noch beim Bier und schaut aus dem ihm gegenüber liegenden Fenster. Plötzlich greift er abrupt an seine Jackentasche und fasst hinein, zieht aber kein Geld hervor. Dann blickt er still vor sich hin und nun wieder unbeirrt aus dem Fenster, bis er plötzlich mit beiden Händen beginnt sich die Augen zu reiben.

Das Lokal füllt sich mit Männern, jungen und älteren, die fast alle Mützen oder Kappen tragen. Die vorherrschende Farbe ihrer Hosen ist schwarz und ebenso die Pullover und die Jacken. Fast immer ist an irgendeinem Kleidungsstück die Adidas Marke mit den drei weißen Streifen zu sehen. Viele holen sich einen Becher mit Kefir, wie schon erwähnt ein ganz gängiges Erfrischungsgetränk.

Nachdem erstaunlich viele, also immer mehr Gäste das Lokal betreten, tauchen plötzlich drei Polizisten auf, mit goldbesetzten Gürteln, Schlagstöcken und Handschellen und bleiben am Eingang stehen.

Der junge Mann macht jetzt nicht mehr den Eindruck des unergründlichen Forschers, sondern hat nun beinahe all die Züge des gewöhnlichen Menschen, der ein bisschen zu viel getrunken hat. Er zählt kein Geld mehr, stattdessen macht er Mundbewegungen, als spräche er mit sich selber oder rezitiere Prosa oder Gedichte. Er schaut zu mir herüber und ich blicke in wasserhelle, blaue Augen. Er geht zum Tresen und kauft die vierte Dose Bier.

Ein anderer Mann geht zum Waschbecken und wäscht sich die Hände.

An einem Tisch reichen Männer Fotos herum, kommentieren diese und geben sie lachend an die Nachbarn weiter. Handys klingeln von allen Seiten und allmählich beginnt sich die Stimmung aufzuheizen. Nahe an der Türe sitzt eine rothaarige Frau, breitbeinig mit entschlossenem, selbstbewusstem Gesichtsausdruck. Der junge Mann schaut oft zu dem Tisch mit den Männern, die Fotos herumreichen. Er ist zu scheu oder er wagt es aus anderen Gründen nicht, sich zu ihnen zu setzen. Ein Einzelgänger oder Sonderling denke ich. Nun tauchen zwei junge Frauen auf, sehr stark geschminkt, mit hochgesteckten Frisuren in engen Jeans und hochhackigen Pumps. Sie lassen prüfend ihre Blicke über die Köpfe der Gäste hinweg gleiten und fragen schließlich, ob sie am Tisch des jungen Mannes Platz nehmen dürfen. Beinahe erschrocken gestattet er es und nach kurzem Schweigen unterhalten sie sich und auch der junge Mann redet. Die eine trägt eine schwarze Lederjacke mit hellem Plüschkragen und ist hellblond mit ganz exakt geschnittenem Pony. Die andere ist dunkelblond und hat einen großen Haardutt auf dem Kopf. Sie holen sich etwas zu essen und der junge Mann sagt etwas - ich nehme an er wünscht ihnen guten Appetit.

Er schaut die beiden Frauen an und fühlt, zumindest ahnt er es, dass er keine Chancen bei ihnen haben würde. Ich überlege, während ich seinen Blick betrachte, ob er es als Glück empfinden würde, wenn es anders wäre. Ich nehme an, er weiß, dass er in seinem Leben versäumt hat, zur rechten Zeit die richtigen Maßstäbe zu setzen. Er mustert die beiden Frauen abwechselnd mit ernstem Gesicht. Die Blonde betrachtet er, während sie in ihrem Kaffee rührt, dann schaut er wieder die Andere an, die eine Flasche vor sich stehen hat und immer wieder ein wenig daraus trinkt. Die Frauen sprechen miteinander, aber er schweigt. Als sie nach kurzer Zeit aufstehen und das Lokal verlassen, nimmt auch er seine Mütze vom Tisch und geht. Nun wird er nicht mehr zurück kommen, heute bestimmt nicht.

Das Lokal wird richtig voll, viele mongolisch aussehende Frauen mit schwarzen, glatten Haaren setzen sich zu den männlichen Gästen an die Tische. Auch Russinnen besetzen die Plätze, die noch frei sind und die eine oder andere Russin, auffallend in ihrem Outfit und Make-Up, schaut den Männern herausfordernd ins Gesicht.

Ein Herr mit zwei Kindern fragt mich, ob er an meinem Tisch Platz nehmen dürfe. Seine Worte verstehe ich zwar nicht, aber die Kinder beginnen bereits sich die Stühle zurecht zu rücken. Der Mann ist froh über den Platz und wir radebrechen so gut es eben geht. Er spricht sogar einige Worte Deutsch und staunt, dass ich aus Germanija komme. Das größere Mädchen bekommt einen Becher mit einem heißen Getränk und möchte der kleineren, die auch einen Pappbecher hat, etwas davon abgeben. Die Kleine schmollt, weil sie kein eigenes Getränk bekommt und der Vater der Kinder hat Mühe, die Sache zu regeln. Aber dann, nachdem die Mutter, die nun auch gekommen ist, die Sache in die Hand nimmt, muss sich die Kleine in die Anordnung fügen. Der Jüngste, ein Junge, den die Mutter an der Hand hat, hält ein großes, weißes Gebäckstück in Händen, von dem die Frau zwei Stücke abreißt und sie ihren Töchtern reicht. Der Bub mault, aber das nützt ihm nichts. Der Vater ist weggegangen, um vielleicht etwas zu besorgen. Die Mutter trinkt einen Becher Kaffee und die Kinder schauen mich abwechselnd an, sagen was und lachen verschmitzt und ich lache auch.

Draußen ist es dunkel geworden und ich ermahne mich selbst zum Gehen. Sind denn Boris und Isai noch nicht zurückgekommen? Es ist 20.45 Uhr. Ich würde noch gerne bei der Familie sitzen, aber da kommt der Mann, sagt etwas, die Familie steht in Eile auf, die Kinder winken, der Mann sagt „Do svidanija!" und die Frau ruft noch schnell „Good bye!" beim Hinauseilen.

Ja, wieder ein Abschied. Ich stehe auf, gehe durch die Türe und überquere den Hof. Da kommen mir mein Sohn und mein Enkel geradewegs entgegen und teilen mir sogleich mit, dass sie noch kein Auto bekommen haben.

Also werden sie sich morgen, nachdem ich abgeflogen bin, weiter nach einem umsehen und eventuell sogar noch eine weitere Nacht in Abakan bleiben. Sie essen in meinem Zimmer die von Boris gekauften Lebensmittel und gehen dann in ihr Zimmer.

Morgen ist der 14. Mai, mein Abflugtag. Bei dem Gedanken daran geht mir vieles durch den Kopf und auch ein Gefühl der Wehmut erfasst mich. Wieder ein Ende, wieder ein Abschied und wieder der Gedanke, wie im Leben alles der Vergänglichkeit unterworfen ist. Aber ich besinne mich auf das Unvergängliche, das in der Ewigkeit wartet. Ich danke Gott für das Bleibende, für das Unvergängliche. Ich denke an die Empfindungen, die einen ergreifen im Zusammensein mit Menschen, an Erlebnissen in der Natur. Ist nicht das, was man mit Worten nicht beschreiben kann, das, was im Herzen am längsten haftet?

Ich werde in die Annehmlichkeiten der westlichen Zivilisation zurückkehren. Der Alltag wird mich empfangen, aber auch Enkelkinder und deren Eltern und auch einige Überraschungen wird es geben.

Am nächsten Tag wollen Boris und Isai um 8.00 Uhr kommen, aber sie sind schon früher hier. Nachdem ich fertig bin, alles gepackt habe und wir in der Rezeption bezahlt haben, gehen wir in das Lokal zum Frühstück. Hier ist es nun leer und wir essen wieder Piroggen und ich trinke wieder Kaffee aus einem weißen Plastikbecher.

Als wir an der Bushaltestelle stehen, ein mit Graffiti bemaltes Blechhäuschen, müssen wir lange warten. Es ist 9.30 Uhr und ich denke, dass wir bis 10.30 Uhr am Flugplatz sind. Es kommen viele Busse, aber immer mit anderen Nummern, als die, wel-

**180**

che wir nehmen können. Plötzlich sagt Isai, dass der nächste Bus unserer wäre. Es ist ein gelber Bus und wir drängen uns vorne durch die schmale Türe hinein und gehen nach hinten, wo Isai meine Reisetasche wieder in eine Lücke hineinzwängen kann, aber daran sind wir schon gewöhnt. Boris kauft beim Fahrer wieder die Fahrscheine. Die Busse, wie ich finde sind alle vergleichsweise klein zu deutschen Bussen, aber dafür sind es sehr viele. Der Bus wird wieder richtig voll. Leute, die zur Arbeit fahren, Menschen mit Mützen oder Kappen auf den Köpfen. Es ist Mitte Mai und doch recht kalt.

Das Fluggebäude von Abakan macht einen beinahe tristen Eindruck. Es ist ein nicht sehr großer Flughafen mit relativ wenigen Flugbewegungen. Aber Personal in Uniform gibt es genug und der erste von ihnen empfängt uns gleich am Eingang. Auch Boris und Isai müssen ihre Rucksäcke auf das Band legen. Ich lege alle Dinge einzeln darauf, Handtasche, Kamera, Rucksack, Jacke. Es wandert alles durch einen dunklen Apparat und kommt auf der anderen Seite wieder heraus. Der Beamte beobachtet alle Vorgänge mit aufmerksamer Miene. Ein Uniformierter fordert Boris auf, seinen Anorak auszuziehen. Ich wundere mich über das Zeremoniell, wo die beiden doch gar nicht fliegen. Nun gehen wir zu einem der beiden Schalter. Ich gebe der jungen Dame meinen Pass und das Ticket. Boris steht neben mir und, da sie meine Sprachlosigkeit bemerkt, fragt sie Boris, welches die Nummer des Reisepasses sei. Es scheint mir, als hielte sie den ersten deutschen Reisepass in Händen. Sie stellt an Boris weitere Fragen und als es ihr genügte, gibt sie mir meine Papiere zurück und schlingt um meine bereits auf dem Förderband stehende Reisetasche jene wei-

ßen Papierbänder. Sogar um meinen Bordrucksack legt sie ein Band. Das ist für mich neu. Auch die beinahe DIN A4 große Boardcard bekomme ich noch. Boris fragt, ob in Moskau, wohin ich fliege, die Reisetasche direkt in das Flugzeug nach München umgeladen würde. Nach kurzer Überlegung bejaht sie. Wir bedanken uns und gehen dann mit Isai in das Bistro, zu dem wir über eine Treppe nach oben gelangen. Die Frau hinter dem Tresen hat so gut wie nichts zu essen, nur Kaffee, Tee, einige Kekse und allerlei Süßigkeiten. Aber trotzdem wirkt sie sehr beschäftigt und läuft dauernd hin und her. Isai nimmt Tee, ich Kaffee und Boris isst sein mitgebrachtes Gurkenbrot. Wenige Menschen sitzen auf den Holzstühlen. Da erscheint ein Polizist und fordert den jungen Mann auf, der an einem anderen Tisch sitzt, mitzukommen. Dieser steht auf und folgt der Aufforderung. Beide gehen zum hinteren Teil des Bistros, wo vor einer Türe auch ein Gendarm steht, der anscheinend auf sie gewartet hat. Zu Dritt betreten sie den Raum. Nach etwa 10 Minuten kommt der junge Mann wieder, läuft mit schnellen Schritten die Treppe hinab und verschwindet.

Nun werde ich dorthin gehen müssen, wo Boris und Isai nicht mit hinein dürfen. Wir gehen hinunter und Isai lächelt, sein typisches Lächeln, ganz lieb, aber auch ein wenig schelmisch. Als er den Arm um mich legt und mir lebe wohl sagt, spüre ich seine Wärme und meine Trauer. Nun gehe ich da hinein, wohin mich Boris noch bis zum letzten erlaubten Meter begleitet. Boris umarmt mich mit starkem Arm, drückt mich an sich und ich küsse ihn auf die Wange. Ich winke noch, aber es eilt: wieder Kontrolle, diesmal eine Frau in Uniform, schnell muss mein Rucksack aufs Band. Nach der Durchleuchtung sagt die Russin auf Englisch: „Haben Sie Bottles?" Ich sage: „Ja, with water." Sie deutet mir an, dass ich diese behalten dürfe. Ich bin erstaunt und erleichtert.

Mein Sohn steht noch vor dem für ihn unerlaubten Bereich und winkt mir zu. In seinem Gesicht spiegelt sich Kraft, aber auch Wohlwollen und Zuversicht wider, aber auch ein wenig Sorge, ob ich alleine alles schaffen werde. Hinter mir drängen andere Fluggäste nach und hinter der nochmaligen Passkontrolle wird mir unwiderruflich klar, dass ich nun auf mich alleine gestellt sein werde. Ich drehe mich nochmal um, aber den Eingang kann ich nicht mehr sehen. In dem Raum setze ich mich auf eine eiserne Bank schaue mir das Rollfeld durch die Fenster an. Es steht nur ein Flugzeug der Aeroflot, einer russische Airline, dort. Vielleicht ist es mein Flugzeug, das mich nach Moskau bringen soll. Dort werde ich einen langen Aufenthalt haben, um dann mit der Air Berlin nach München zu fliegen. Ich denke an meine Enkelkinder, an zu Hause, an meine Kinder und an verschiedene Dinge, die aber banal sind und wahrscheinlich ganz anders sich ereignen werden, als ich glaube. Wie lange sind vier Wochen in der Fremde? Meine ganze Erinnerung fügt sich zusammen zu einem Bild. Es ist ein farbiges Gemälde, ein abstraktes Gemälde, es vermischt sich mit Vorstellungen und Ahnungen und die Farben laufen ineinander wie bei einem Aquarell.

Die Menschen auf den anderen Bänken sind ernst und viele schauen erwartungsvoll durch die Scheiben oder auf den Boden und einige plaudern miteinander.

Die Empfindungen vor einem Flug sind bei mir anders als etwa vor einer Eisenbahnfahrt. Gewiss auch bei anderen; darum ist eine gewisse Angespanntheit im Raum zu spüren. Während wir noch wartend ausharren, denke ich, dass Boris und Isai ihre Suche nach einem Auto wieder aufgenommen haben. Plötzlich geht ein Raunen durch die Menge und jeder, der sitzt, erhebt sich. Die Türe zum Flugfeld öffnet sich und alle strömen dorthin. Ich krame nach meiner Boardcard und mache mich auf den Weg. Draußen werden wir von einem starken Wind empfangen. Auf dem Flugfeld steht Personal mit farbigen Kapuzenjacken unterhalb der Einstiegstreppe. Mir gelingt es noch, ein Foto zu machen. Nun sind für mich die letzten Minuten auf sibirischem Boden gekommen. Ich sitze im Flieger an einem Fensterplatz und sehe, wie Abakan und das Umland immer kleiner werden und sich dann in einer weißen Wolkenschicht auflösen.

Meine Gedanken wandern voraus, aber auch zurück und mir wird bewusst, dass ich dort in Malinovka die Familie meines Sohnes nie mehr antreffen werde. Sie werden an einem anderen Ort leben, alles wird nicht mehr so sein, wie es war. Aber gibt es im Leben jemals Wiederholungen? Ich denke nein. Ich danke Gott für das Gewesene, für das Erlebte und freue mich auf das Kommende und werde auch das in aller Dankbarkeit aus Seiner Hand nehmen.

Als wir die Wolkenschicht durchbrochen haben, ist wieder diese unvergleichliche Bläue da überall, so weit ich sehen kann. Unter uns dichte Wolken, mal aufgerissen, dann wieder wie eine geschlossene, weiße Wand. Nun lehne ich mich in meinen Sessel zurück und versuche nichts zu denken und nichts zu reflektieren. Dabei schlafe ich ein und wache erst dann wieder auf, so vermute ich, als ich etwa ein Drittel meiner Flugstrecke des vierstündigen Fluges nach Moskau hinter mich gebracht habe. So ist das Dasein zwischen Himmel und Erde ein sehr flüchtiges. Du steigst an einem Ort in unendliche Höhen hinauf und sinkst an einem anderen Ort wieder hinab in die Tiefe und das Leben dazwischen kannst du dir

vorstellen, wie du willst, es wird dir immer verborgen bleiben.

### Nachwort

Ich halte es aus dem Grunde für nötig ein Nachwort zu schreiben, weil ich vorwiegend aus meiner subjektiven Beobachtung heraus, meine Erlebnisse und Reflexionen wiedergebe.

Freilich habe ich die eine oder andere Recherche unternommen, aber nur dann, wenn ich es zum besseren Verständnis einiger Textpassagen als notwendig erachtete.

# Reisen nach Irland
**zu meinem Sohn Leander und seiner Familie
(1. bis 11. Dez. 2022; 20. Feb. 2025 [Rückreise])**

Heute ist der erste Dezember 2022. Ich stehe um sechs Uhr auf, um rechtzeitig zum Franz-Josef-Strauß-Flughafen ins Erdinger Moos zu kommen. Ich werde nach Irland fliegen. Mein Sohn Leander und seine Familie haben mich eingeladen. Nach einer zweijährigen Weltreise mit kurzem Aufenthalt an meinem Wohnort München haben sie sich im Südosten von Irland niedergelassen und leben dort nun seit einigen Monaten.

Mit dem Rucksack auf dem Rücken und der nicht zu schweren roten Rolltasche mit weißen Punkten und herausziehbarem Bügel mache ich mich auf den Weg zu der S-Bahnstation Hirschgarten. Man erreicht sie von der Friedenheimer Brücke aus über eine hinabführende Treppe. Hier verkehren die S1 und die S8, die beide zum Flughafen fahren. Während des Hinabsteigens wundere ich mich über die beiden beinahe menschenleeren Bahnsteige.

Ein Frau, der ich auf der Treppe begegne, sagt mehr zu sich selber: „Da geht heute nichts mehr."

Die beiden Anzeigetafeln lassen erkennen, dass in beide Richtungen die Züge ausfallen. Ich werde nervös. Der Gedanke, ich könnte das Flugzeug verpassen, ergreift mich so sehr, dass ich beginne auf ein Taxi zu hoffen, das es jedoch, wie jemand sagt, nicht gäbe, da viele nach einem Taxi suchen würden. Ein freundliche Herr, der meine Not erkennt, meint, es käme eine Bahn, die zum Ostbahnhof fahren würde; von dort aus wäre es näher zum Flughafen und eine Taxifahrt billiger.

Gisela, eine Schwester aus der Gemeinde, wollte ich hier treffen, aber per Handy hatte sie schon erfahren, dass die Züge nicht fahren. Nun kam wirklich die vom freundlichen Herrn angekündigte S-Bahn. Wir beide stiegen ein und sonst beinahe niemand. Ich holte mein Handy aus dem Rucksack und rief Gisela an. Sie sagte nun doch, sie werde am Hauptbahnhof zusteigen. Hier stieg der Herr aus und winkte noch. Sehr erleichtert war ich, als Gisela kam. Zwei Stationen später, am Marienplatz, stand die S-Bahn still und bewegte sich nicht mehr vom Fleck. Die Zeit verstrich und aus dem Lautsprecher kamen keinerlei Durchsagen. Bis zu meinem Abflug waren es noch circa eindreiviertel Stunden. Gisela und ich stiegen aus, um unbedingt schnellstens ein Taxi zu bekommen. Im Thal gleich nach dem Marientor stand eins auf der linken Straßenseite. Gisela rannte über die Straße, der Taxifahrer war frei und wir stiegen ein. Die Fahrt zum Flughafen würde mindestens eine halbe Stunde dauern, eher aber mehr. Ich saß vorne neben dem Fahrer und war erleichtert. Ebenso Gisela, die hinten saß. Ich unterhielt mich mit dem Chauffeur und so verging die Zeit. Er erzählte aus seinem täglichen Berufsleben. Ich kramte in meinem Rucksack nach dem kleinen blauen Neuen Testament. Das wollte ich ihm unbedingt zum Abschied schenken. Wann würde der richtige Moment sein? Dieses Vorhaben erfüllt mich stets mit innerer Erregung, denn der Ausgang ist immer ungewiss: Ablehnung, freundliche Annahme und ehrliche Freude, alles ist möglich. Auch dass ich am Ende die Übergabe vergessen kann, lehrte mich die Erfahrung.

**184**

Am Airport angekommen bezahle ich die 95 Euro für die Taxifahrt und gebe dem Fahrer das Neue Testament. Er nimmt es, aber schon während der Fahrt war mir klar geworden, dass er mehr Atheist war als ein Glaubender.

Über Rolltreppen erreichte ich zusammen mit Gisela die Ticketkontrolle, wo ich am Schalter mein DIN-A4-Blatt zeigte, für das Leander gesorgt hatte, woraufhin mir die Dame die Boardcard aushändigte. Sehr hilfsbereit zeigte sich Gisela, nicht nur beim Tragen meines Handgepäcks, den Rucksack trug ich selbst, sondern auch beim Suchen der richtigen Airline, nämlich der Aer Lingus, einer irischen Linie. Wir sollten nun in den zweiten Stock hinaufsteigen bzw. auf der Rolltreppe fahren. Hier oben stand schon eine beträchtliche Menge an Menschen. Ich wunderte mich, wie beliebt Irland als Reiseland ist. Mein Handy hatte schon im Parterre geklingelt. Nun klingelte es ein zweites Mal. Es meldete sich Karl K. Er sagte, dass er mich schon lange suchen würde. Ich antwortete etwas, dann gab ich mein Handy Gisela; sie sollte weiter mit ihm reden. Sie erklärte ihm genau, wo wir sind, während er behauptete, gerade im zweiten Stock gewesen zu sein. Es ging hin und her. Gisela telefonierte so lange mit Karl, bis ich durch die Sicherheitsabsperrungen musste, die Gisela nicht passieren durfte. Sie gab mir mein Handy zurück, der Abschied war lieb und herzlich. Sie wollte Karl nicht treffen, mir tat er leid. Er war extra so früh aufgestanden und mit der S-Bahn hierher gefahren. Das S-Bahn-Problem hatte sich also inzwischen aufgelöst, der S-Bahn-Verkehr verlief wieder reibungslos.

Nun war ich dort angelangt, wo man Jacke, Schal, Kopfbedeckung und Schuhe ausziehen musste, um sich dann noch weiteren Kontrollen zu unterziehen. In diesem Augenblick klingelte das Handy wieder, aber es war mir unmöglich es aus der Tasche zu ziehen. Es klingelte immer und immer weiter. Schließlich ergriff ich es doch. Karl fragte, wer diese Gisela sei. Ich sagte es ihm kurz. Dann konnte ich nicht mehr telefonieren, denn es eilte, weil andere Passagiere nachrückten. Es läutete nicht mehr und ich lief und lief und wunderte mich, wie weit der Weg zum Flieger war. Aber es waren immer andere Nummern, die angezeigt wurden, bis ich schließlich zu meiner Fluglinie kam.

Als ich in der schlauchartigen Gangway war, hörte ich vom Telefon nichts mehr.

Nun hatte ich auch meinen Sitzplatz gefunden und eingenommen. Es war eine Dreierreihe. Ich saß am Fenster, der Platz neben mir blieb leer, auf dem Sitz am Gang saß ein Herr.

Sofort begann ich, Karl mit dem Handy eine WhatsApp zu schreiben. Ich nahm an, dass er bereits in der S-Bahn auf seinem Heimweg war. Ich teilte ihm mein ehrliches Bedauern darüber mit, dass wir uns verfehlt hatten und dass ich absolut außerstande sei zu begreifen, wie das habe passieren können.

Die Maschine rollte über das Rollfeld, steigerte immer mehr die Geschwindigkeit und hob ab. Wir stiegen höher und höher und schon lag unter uns die grauweiße Wolkendecke, die über München hing. Über und um uns erstrahlte das blaue Firmament. Das ist jedes Mal ein bewegender Augenblick für mich. Unter uns schwammen wie auf einem leicht gewellten See federleichte Schäfchenwolken. Oh, danke Herr im Himmel! Ich gedachte meiner ersten USA-Reise, die siebzehn Jahre zurücklag und acht Flugstunden währte. Aber ich spürte auch, dass ich älter geworden war.

Bald begannen die Stewardessen sich durch den schmalen Gang mit ihren beladenen Wägen zu schieben. Mein Nachbar, der häufig aus beruflichen Gründen, wie er sagte, zwischen München und Irland hin und her flog, fragte im Auftrag einer Stewardess, ob ich etwas trinken oder einen kleinen Imbiss essen wolle. Ja, ein Becher Kaffee und so eine kleine Gemüserolle wären mir schon recht. Als beides vor mir auf dem kleinen Tablett stand und ich mein Portemonnaie öffnete, hieß es, Barzahlung sei nicht möglich. Also holte ich die EC-Karte hervor, aber auch diese passte der Stewardess nicht. Mein Nachbar sagte, bezahlen könne ich nur mit Kreditkarte. Ich erinnerte mich an die USA-Reise. Auf ihr bezahlte man auch ausnahmslos mit Kreditkarten. Damals hatte ich auch selbst eine besessen, diese jedoch nach meiner Rückkehr wieder an die Bank zurückgegeben. Nun versuchten wir es mit der EC-Karte, aber als ich das Kartenlesegerät in der Hand hatte, tippte ich, schon sehr nervös, die vier Ziffern in der falschen Reihenfolge ein. Nun war es ganz aus. Ich bat meinen Nachbarn, mir als Besitzer einer Kreditkarte den fälligen Betrag auszulegen; später würde ich ihm das Geld in bar zurückgeben. Aber das wollte er aus mir unbekannten Gründen nicht. Da er perfekt Englisch sprach, regelte er es so, dass die Stewardess in Absprache mit der Fluglinie mir das Frühstück großzügig schenkte. Ich reagierte zwar mit Dankbarkeit, bereute aber andererseits, bei einem so kurzen Flug nicht einfach auf das bescheidene Menü, das nicht einmal besonders schmeckte, verzichtet zu haben.

Ich kannte es so, was mein Nachbar mir auch bestätigte, dass das Essen und das Trinken im Flugticket mit inbegriffen ist. Er meinte, die Fluggesellschaft sei finanzi-

ell nicht so gut aufgestellt wie etwa die Lufthansa und müsse darum an vielen Ecken sparen.

Die Zeit war schnell vergangen und die Landung stand bevor. Ich freute mich auf die Kinder, auf Lee und Miri und hoffte, dass unserem Treffen nun nichts mehr im Wege stehen würde. Mein Nachbar war schon für den Ausstieg bereit, da er schnell das Wenige an sich genommen hatte, als das Flugzeug auf dem Rollfeld dem Halt entgegenrollte. Mein Staunen galt wieder der immer gleichen Routine, mit der Fluggäste sich so benehmen als würden sie aus der Straßenbahn oder aus der Eisenbahn steigen. Alle drängten zum Ausgang und ich war eine der letzten, die dem wartenden Flugpersonal entgegengingen. Aber ich empfand nicht mehr die Herzlichkeit des Personals der früheren Jahre. Der Flugverkehr war ein großes Geschäft geworden mit tausenden von Buchungen im Zeitalter des Massentourismus.

Es dauerte länger als ich dachte, bis ich zur Familie gelangte. Viele Fluren, Türen, Rolltreppen musste ich im Airport von Dublin noch überwinden. Die Freude war groß, als wir zum Auto von Lee gingen und ich wortreich von mir gab, was mir an Antworten auf die gestellten Fragen einfiel.

Die Kinder waren älter geworden, besonders Samuel war gewachsen, aber herzlich und lieb waren alle fünf. Ich bekam den Platz vorne neben meinem Sohn, was schön war. Aber gleich erfasste mich ein heftiger Schreck, als mir die Autos auf der falschen Seite entgegenkamen. Ja, ich erfuhr, dass hier Linksverkehr herrscht und das ist natürlich sehr gewöhnungsbedürftig. Noch oft bin ich diesbezüglich zusammengezuckt. Wir fuhren etwa eine Stunde, bis wir bei dem kleinen, weißen Haus ankamen, in dem sie wohnten. Das Meer, die

**186**

Irische See, ist nicht weit entfernt von hier. So überrascht es nicht, dass die alle gleich aussehenden weißen Häuser, die hier stehen, Ferienhäuser sind. Sie unterscheiden sich nur durch die nicht einheitliche Farbgebung der Türen und Fensterrahmen. Am Haus von Familie Prem waren diese dunkelblau gestrichen. Im Parterre des Gebäudes, das mit Möbeln und allen Gegenständen des täglichen Bedarfs ausgestattet ist, befinden sich das Wohnzimmer, die Küche, das Badezimmer sowie ein Schlafzimmer. Auch die obere Etage umfasst mehrere Räume. An dem offenen Kamin, der mit Holz beheizt wird, sitzt jeder gerne am Abend oder in der kalten Jahreszeit in gemütlicher Runde beisammen. Ich bekam das Zimmer im Erdgeschoss, in dem sonst Aliza schläft. Jetzt überließ sie es mir und Samuel.

Nachdem die Familie zwei Jahre lang mit kurzen Unterbrechungen in Asien und Südamerika auf Weltreise gewesen war, hatte sie sich nun für einen festen Wohnsitz entschieden. Dieser wurde im Südosten von Irland gefunden. Hier sollten die Kinder eine Schule besuchen, die den pädagogischen Vorstellungen der Eltern entsprach. Madlin und Samuel entschieden sich für die demokratische Schule in Wicklow. Das Wort besagt, dass Demokratie in dieser Schule auf allen Ebenen gelebt wird. Aliza wählte eine Schule, die etwa einer Gesamtschule in Deutschland entspricht und sich ebenfalls in Wicklow, einer Kleinstadt, befindet. In der Notengebung und auch in vielen anderen Dingen stimmt diese Bildungseinrichtung jedoch mit keinem in Deutschland geläufigen Schultyp überein. Das Schönste und was speziell mir besonders gut gefiel, ist die Schulkleidung. Mädchen tragen karierte Röcke, rote Pullover, schwarze Kniestrümpfe und schwarze

Schuhe. Die Jungen weiße Hemden, bis zur sechsten Klasse rote, später blaue Pullover und schwarze Hosen. Mit aufgeschlitzten Jeans und T-Shirts mit hässlichen aufgedruckten Sprüchen läuft hier niemand herum, geschweige in der Schule. Man könnte beinahe sagen, dass diese Kleiderordnung einen durchaus vornehmen Anstrich hat.

Gleich am nächsten Tag gingen wir ans Meer mit Steilküste und breitem Sandstrand. Vorher wurden die Kinder von ihrem Papa zur Schule gebracht. Etwa 20 Minuten einfache Fahrzeit, und das zweimal täglich, wurden für Leander zur Pflicht. Er verbindet diese Fahrten manchmal auch mit Besorgungen.

Zum Meer führt eine schmale Straße, die auch von Autos befahren wird und für Fußgänger nur ein kurzes Stück einen sehr schmalen Bürgersteig hat. Nach etwa 25 Minuten stehen wir vor dem endlos weiten Meer. Dieser Anblick, den ich nur selten erlebe, hat für mich etwas Erhabenes und überwältigend Schönes. Miri und ich gehen am hellen Strand entlang, entdecken viele unterschiedliche Muscheln und Steine. Wir beginnen dieses und jenes aufzuheben, zu betrachten und auch zu sammeln. Wie schön und unterschiedlich diese im ewigen Meereswogen entstehenden Gebilde doch sind! Glasscherben werden von dem sie Jahrzehnte lang umspülenden Wasser zu rundlichen Glaskörpern geschliffen.

Die Temperatur war niedrig, also war ein warmer Mantel mit Mütze und Stiefeln genau das Richtige. Es war Anfang Dezember, aber Schnee ist in Irland eher eine Seltenheit. Das Seeklima hier erreicht im Sommer maximal 26 Grad plus und im Winter fällt die Temperatur selten unter zehn Grad plus. Miri, Leander und ich wanderten auf eine Anhöhe und stiegen auf die Steilküste, die wir dann so weit, wie das

**187**

möglich war, entlanggingen. Wir kamen zu einer breiten Bucht, wo tief unter uns am schäumenden Wasser eine große Menge von Robben lagen oder sich träge hin und her bewegten. Es waren auch einige Robbenbabys dabei, die so drollig aussahen, wie sie sich am Ufer oder im seichten Wasser tummelten!

Samuel kam nur dann mit, wenn er keine Schule hatte, und er liebte es, ohne Strümpfe und Schuhe die Dünen hinauf- und wieder hinabzurennen. Auch ein dünnes T-Shirt genügt ihm, Kälte stört ihn nicht und er tobt sich hier nach Herzenslust aus. Die Mädchen bleiben lieber zu Hause und verbringen ihre Zeit auf ihre Weise. Bei Aliza beginnt der Unterricht sehr früh. Madlin und Samuel können später kommen und dürfen bis 16 Uhr in der Schule bleiben. Diese Schule ist keine Schule im herkömmlichen Sinn, sondern eine Bildungsstätte im erweiterten Sinn. Man kann praktische Tätigkeiten wie handarbeiten, malen, zeichnen, bauen, klettern und noch mehr erlernen, ohne dass der Lernerfolg gleich überprüft wird. Also eine sehr moderne Pädagogik, deren Erfolg sich in der Zukunft zeigen wird. Alle drei Kinder sprechen sehr gut Englisch, was mit dem Umstand zu tun hat, dass Miriam dank einem Auslandsaufenthalt im englischsprachigen Raum in ihrer Jugend die Gelegenheit hatte die Sprache gründlich zu erlernen.

Auf unseren ausgedehnten Ausflügen gelangen wir bis zu dem kleinen Binnenhafen von Wicklow. Dort entdecken wir Frauen, die im kalten Meereswasser schwimmen und das sogar ziemlich lange. Sie rufen sich lachend Botschaften zu, bis die eine oder andere in aller Ruhe aus dem eisigen Meerwasser steigt und zu ihren Sachen in die steinige Bucht geht. Hier zieht sie sich in

aller Ruhe wieder an. Diese Frauen trotzen der Kälte entweder durch starke Willensstärke oder sie sind gegen Kälte widerstandsfähig geworden. Aber auch Männern scheinen in diesem Land tiefe Temperaturen wenig anzuhaben. Viele laufen im Dezember in kurzen Hosen und dünnen Jacken herum. Mir wurde wieder mal klar, wie hoffnungslos verwöhnt wir Deutschen sind. Mir immerhin gefiel die kühle Witterung ausgesprochen gut.

Hier am Kai gibt es eine lange, graue Mauer, auf der bei genauerer Betrachtung ein gemaltes Schiff nach dem anderen zu sehen ist. Alles ist sehr exakt und naturgetreu gemalt. Mir wird schnell klar, dass es zu jedem der gemalten Schiffe, ob Segelschiff, Frachter oder Überseedampfer, eine Vorlage in der wirklichen Welt geben muss. Auch bei den Seilen und den an diesen befestigten, in den Landesfarben gehaltenen Wimpeln, die das Gemälde aufweist, dürfte es sich keineswegs um der Phantasie des Künstlers entsprungene Gebilde handeln. Da die Mauer sehr rau ist und aus grobem Stein besteht, muss der Maler viel Zeit und Mühe auf sich genommen haben, um sein Werk so detailgetreu durchzuführen. Nachdem wir gründlich die Wandbilder betrachtet hatten, stand plötzlich ein Mann, vielleicht sechzigjährig, auch mit kurzer Hose bekleidet, vor uns und es stellte sich heraus, dass er der Maler dieses Wandfrieses war. Miri begann gleich eine Unterhaltung mit dem Mann und der sehr freundliche Ire, der sehr bescheiden und demütig wirkte, freute sich über unser Interesse und unser Lob für sein Werk. Leider verstand ich wenig, aber nun kam auch Lee dazu und alle drei sprachen miteinander und zwischendurch übersetzten sie für mich. Vierzehn Jahre habe er gebraucht, um dieses Werk zu vollenden.

**188**

Wicklow ist eine typische irische Stadt mit niedrigen Häusern und vielen Schornsteinen auf den Dächern. Es wird mit Holz und Briketts geheizt, was man manchmal an dem Geruch der Luft bemerken kann. Hochhäuser gibt es hier keine, stattdessen kleine, oft farbig bemalte Häuser, die sehr hübsch in ihren unterschiedlichen Formen, auch in denen der Fenster sind. Auch die Haustüren haben oft einen individuellen Anstrich. Es macht auf mich ein wenig den Eindruck, als hätten Kinder mit Spielzeughäusern, Spielzeugschiffen und Spielzeugkränen eine Hafenstadt gebaut. Nicht nur die Menschen wirken bescheidener und anspruchsloser als im überladenen Mitteleuropa, sondern auch die Wohnungen, die Straßen, alles macht einen schlichten, aber trotzdem sehr charmanten Eindruck.

Wir besuchen ein Gasthaus. Auch hier ist es kühl. Draußen vor den Fenstern sitzen die Gäste in dünnen Jacken und die Raucher wärmen sich an ihren Zigaretten. Zwei große Discounter wie Lidl und Rewe haben sich in Wicklow niedergelassen. Eine sehr einträgliche Idee zweier deutscher Manager. Nun wird den Menschen wie bei uns die Möglichkeit endlosen kulinarischen Genusses geboten. Eine Sonntagsruhe gibt es nicht, einkaufen ist Tag und Nacht möglich. Das haben die Iren von Amerika gelernt.

Einmal waren wir in verlassenen Ortschaften außerhalb von Wicklow, wo sich die Überreste einst aus großen und kleinen Steinen errichteter Wohnhäuser befinden. Diese Ruinen sind sehr interessant und teilweise noch gut erhalten. Es gibt auch einen Friedhof mit alten Gräbern, der wegen der Kreuze so makaber und beinahe unheimlich wirkt. Die Kirchen in Irland unterscheiden sich nicht nur von außen, sondern auch inwendig stark von unseren Kirchen. Eine bayerische Barockkirche mit ihrer starken Bemalung, dem Prunk in Gold und Silber ist nicht zu vergleichen mit der zurückhaltenden Schlichtheit eines irischen Gotteshauses.

Einmal haben wir, Leanders Familie und ich, eine richtige Bergtour unternommen. Zum etwa eine Dreiviertelstunde entfernten Aufstiegsplatz fuhr uns Lee mit dem Auto. Die Stimmung war herbstlich, die Sonne schien, die uns umgebende Landschaft war zart-grün, ocker, gelb und hellrot. Bergwandern ist hier nur auf ausgewiesenen Pfaden möglich. Trotzdem sind wir auf unserer Wanderung nur einem Menschen begegnet. Lee hat mit ihm gesprochen und wird auch wissen, woher er kam. Am Parkplatz waren einige Menschen.

Immer wieder schaute ich mir die farblich schöne Landschaft mit der so unterschiedlichen Vegetation an. Als ich mich als Letzte dem Gipfel näherte, hatte ein kräftiger Wind begonnen, der auch viel Kälte mit sich brachte. Samuel, der jeder Kälte stets trotzt, begann nun doch zu spüren, wie der Wind ihn durchrüttelte. Gott sei Dank nahm eine seiner Schwestern ihn so unter ihre Jacke, dass es ihm immer wieder ein wenig warm wurde. Nun hatte der Abstieg begonnen und als wir wieder im Auto saßen, war jeder froh, ein bisschen Wärme zu spüren.

Hungrig waren wir auch. Lee und Miri sahen sich nach einem Gasthaus um und bald fanden wir auch eins. Es sah gediegen und beinahe edel aus und der Ober war kultiviert und wartete geduldig, bis wir die Speisekarte gelesen und bestellt hatten. Das Essen selbst brachte eine schicke, immer lächelnde Kellnerin. Alles schmeckte gut und bei Nichtmögen tauschten wir dies oder das untereinander aus. Ein fremdes Land hat auch fremdes Essen.

Abends machten wir oft Gesellschaftsspiele. Sehr beliebt war „Stadt, Land, Gewässer". Um Abwechslung ins Spiel zu bringen, veränderten wir die Kategorien, ersetzten z.B. „Gewässer" durch „Beruf".

Einmal kam das Ehepaar zu Besuch, auf dessen Ranch die Familie Lee und Miri einige Wochen gelebt und sich im Haushalt, auf dem Hof und im Garten arbeitsmäßig nützlich gemacht hatte.

Nach der Begrüßung machte Miriam sich daran, das gute Essen, mit dem sie begonnen hatte, zu Ende zu kochen, während das Ehepaar aus seinem Leben erzählte. Das fand natürlich in Englisch statt und ich konnte nur wenig verstehen. Der Mann, der seinen Hund bei sich hatte, musste beizeiten wieder nach Hause, aber seine Frau blieb noch auf dem Sofa sitzen. Es wurde der Entschluss gefasst, ein Spiel zu spielen, bei dem man durch Fragen und Antworten eine Sache oder eine Person herausfinden musste. Mir hatte Aliza einen zu erratenden Begriff zugeteilt, dessen Bedeutung mir missfiel, da ich das Wesen, das sich dahinter verbirgt, nicht mochte. Aus diesem Grund beantwortete ich die an mich gerichteten Fragen nur zögerlich und – alle anderen Begriffe waren inzwischen enträtselt worden – schließlich musste Aliza ihn preisgeben: Er lautete „Vampir".

Samuel liebte Kissenschlachten, die sehr häufig auf dem Sofa beim offenen Kamin stattfanden. Mit unglaublicher Geschwindigkeit flogen die Sofakissen zwischen den Spielern hin und her. Ich spielte gern mit.

Madlin und Aliza hielten sich oft in ihrem Zimmer auf. Angetan mit runden, großen Kopfhörern und mit Handys in den Händen verbrachten sie viele Stunden. Mehr weiß ich darüber nicht zu berichten.

Ich kochte einige Male Ingwer-Shot, den Miri, Lee und ich sehr gerne tranken. Aber ob die Kinder ihn auch mochten, das weiß ich nicht.

Das Haus, in dem wir jetzt wohnten, würde die Familie Prem bald wieder verlassen müssen, und zwar kurz nachdem ich wieder nach Deutschland zurückgekehrt sein würde. Wir besuchten die Familie, in deren Haus sie dann wohnen würden. Das Haus befindet sich in einer vom jetzigen Wohnort etwa 50 km entfernten Kleinstadt. Vom Meer war man dort weiter entfernt, aber zu den Schulen würde es etwas näher sein. Das künftige Vermieterehepaar hatte zwei halbwüchsige Söhne und ein Baby, auch ein Junge, von neun Monaten. Die Familie beabsichtigte eine Weltreise nach Asien zu unternehmen und ihr Haus für die Zeit von fünf Monaten zu vermieten. Ich staunte darüber, dass die Frau ein solches Unternehmen mit einem Kleinstkind wagte. Aber sie winkte lachend ab. Mit ihren zwei großen Söhnen, so berichtete sie, hätte sie Reisen unternommen per Fahrrad, mit Zelten, in Booten bei Wind und Wetter. Dabei bot sie uns leckeren Kuchen, Kaffee und Tee an. Nach dem Kaffeetrinken besprach der Hausherr mit Lee sehr detailliert, was dieser für die Zeit ihrer Abwesenheit unbedingt würde zu beachten habe. Der Mietpreis werde im Rahmen dessen liegen, was in der Gegend üblich sei. Das neue Haus war viel größer, was angesichts der Tatsache, dass die Schwester von Miriam, Claudia, und ihr Mann Martin sie bald mit ihren beiden Töchtern Viola und Antonia sowie mit Opa Herbert besuchen würden, sehr von Vorteil war.

Am zehnten Dezember, dem Tag meines Abfluges, brachen wir auf Veranlassung Leanders bereits vormittags nach Dublin auf, obwohl mein Flugzeug erst abends starten würde. Wir würden einen Tag in Dublin verbringen, ich sollte die Hauptstadt also auch noch kennenlernen. Die Fahrt dorthin gestaltete sich wegen des plötzlichen Wintereinbruchs ganz und gar anders als das bei milderer Witterung der Fall gewesen wäre.

Ich hatte mein Gepäck zusammengepackt und so kamen wir zeitig genug am Vormittag weg. Dieses Häuschen werde ich wohl nicht wiedersehen. Es war sehr kalt geworden, Raureif lag auf den Wiesen und die Straßen waren glatt. Auch in München, so hatten wir gehört, war Schnee gefallen und in den Nächten herrschten dort zehn Grad unter Null.

Lee musste vorsichtig fahren, mit einem so überraschenden Wintereinbruch war nun wirklich nicht zu rechnen gewesen. Die Fahrzeit zur Hauptstadt betrug etwa eine Stunde. Als Lee das Auto in der Peripherie Dublins in einer Großgarage abstellte und wir zu Fuß zu einer Busstation gehen wollten, war der Bürgersteig so spiegelglatt, dass ich mich nur mit Festhalten fortbewegen konnte. Samuel benutzte die Eisflächen dazu herumzuschlittern. Mehrere sehr hohe Etagenbusse fuhren in verschiedene Richtungen an uns vorüber. Laut Fahrplan sollte bereits einer unsere Haltestelle angesteuert haben und endlich hielt auch wirklich einer an. Wir stiegen in die obere Etage und ich setzte mich ganz nach vorn, von wo aus ich einen fantastischen Ausblick auf die Stadt hatte. Ich bekomme immer einen bevorzugten Sitzplatz, was die Kinder auch akzeptieren, da die Eltern es einfach befehlen. Von den an einer Bushaltestelle stehenden Menschen muss jemand den Arm heben, damit der Busfahrer erkennt, dass er anhalten muss und jemand einsteigen will. Im Bus war es warm, aber als wir ausstiegen, spürten wir, wie kalt es draußen

war. Und trotzdem begegnete man auch hier immer wieder leicht bekleideten Menschen. Zwei Bettler, einer auf einer zugigen Brücke zitternd und mit klammen Fingern, der andere an eine Mauer gelehnt, ebenfalls zitternd vor Kälte. Ich bemitleidete sie beide.

Eine wirklich schöne und interessante Metropole ist Dublin. Der Fluss Liffey ist dort, wo wir ihn auf einer Brücke überqueren, beinahe so breit wie die Elbe an ihrer Mündung. Hinter der Brücke gehen wir links am Fluss entlang und treffen auf dem Bürgersteig auf einige menschliche Gestalten aus Bronze, die ein irischer Bildhauer geschaffen hat. Es sind erschütternde Objekte. Figuren, die eine Menschengruppe auf der Flucht darstellen. Verstörte Gesichter mit hohlen Augen und ausgehungerte Kinder auf den Armen ihrer Eltern. Die Stadt hat viele Gesichter. Sehr vornehme rote Backsteinhäuser mit kleinen Treppen vor den Eingangstüren. Ein Baustil, wie man ihn auch in Städten Norddeutschlands antrifft. Hier leben die Vornehmen und Wohlhabenden. Dann gibt es Fassaden, verwegen bemalt, aber dennoch gekonnt und mit künstlerischem Anspruch. In Dublin findet man alle Rassen von Menschen, wie wohl in jeder Großstadt, die unmittelbaren Zugang zum Weltmeer hat. Vieles haben wir gesehen, anderes blieb uns wegen der Kürze der Zeit verborgen. Lee und Miri hatten immer meinen Abflug im Auge, der ja in einigen Stunden stattfinden sollte.

Schließlich trieben uns Kälte und Hunger in ein Gasthaus, wo wir unsere eisigen Hände und Füße aufwärmen konnten. Wieder bekamen wir Speisekarten. Das Entschlüsseln der vielen Gerichte nahm seine Zeit in Anspruch. Bei Madlin geht es am schnellsten, da sie von vornherein nur eine sehr kleine Auswahl in Betracht zieht. Am

**191**

Ende bleibt es dann doch meist bei einer Pizza. Nun wurde es auch Aliza warm, die an diesem Tag einen sehr dünnen, aber hübschen Rock trug.

Nach der Mahlzeit besuchten wir eine Straße, in der viele kleine Kaffeehäuser und viele hübsche Boutiquen nebeneinander liegen. Wir betraten eine davon und waren erstaunt, wie viele deutsche sehr schöne alte gebundene Bücher es gab. Aliza kaufte sich einen aus Jute gefertigten Stoffbeutel mit einer Aufschrift.

Nun war es an der Zeit, Dublin zu verlassen und zum Flughafen zu fahren. Dort hielten wir uns und mit uns viele andere noch lange Zeit auf. Aber was blieb uns anderes übrig? Hier geht es zu wie auf jedem anderen Airport der Welt. Die Kinder bekamen Eis, wir aßen Verschiedenes durcheinander, tranken Kaffee, fotografierten uns, wobei Madlin sich meistens wegdrehte. Die meisten Wartenden tippten augenscheinlich ziellos auf ihren Handys herum. Hat sich doch ein Gesprächspartner gefunden, so freuen sich beide über die unerwartete Handypause und sind nun angehalten eigene Gedanken zu formulieren und auf unerwartete Fragen einzugehen.

Ich gedachte der Zeit, als das Handy noch nicht erfunden war und überlegte, wie man damals wohl seine Wartezeiten verbrachte. Eines ist mir in Erinnerung: Dass die Menschen viel mehr miteinander sprachen. Dabei nahmen sie in Kauf, dass der Gesprächspartner nicht immer ganz ihren Vorstellungen entsprach, aber man erfuhr aus Menschenmund, also autonom, Dinge, die einem sonst verborgen geblieben wären. Und man hatte auch die Zeit, über das, was man von anderen Menschen gehört hatte, nachzudenken. Aber auch mit dem Lesen von Büchern oder Zeitschriften wurden Wartezeiten überbrückt.

Es war inzwischen 16.30 Uhr geworden und an der Zeit, von Lees Familie Abschied zu nehmen. Ein wenig traurig war ich doch, auch wenn mein Sohn Leander schon von einem Wiedersehen sprach. Nun gab es die letzten Umarmungen und Küsschen, bevor ich den Bereich betreten musste, der nur für Fluggäste vorgesehen ist. Man empfahl mir, meine metallene Wasserflasche noch schnell auszuleeren, was ich ablehnte, da ich nicht fürchtete, dass man sie mir bei der Kontrolle abnehmen würde. Das gekaufte Fruchtgetränk beabsichtigte ich noch vor der Kontrolle zu mir zu nehmen. Meinen Rucksack, den Lee getragen hatte, schulterte ich nun selbst und die Reisetasche mit Ziehgriff gab mir Miri. Alle fünf winkten mir hinterher und ich machte schnell noch ein Foto. Diesmal versteckte sich Madlin nur zur Hälfte hinter ihrem Papa. Dem Menschenstrom folgend bog ich um die Ecke und ich war alleine. Das Bordticket bereithaltend lief ich zur Körperkontrolle. Nun folgte das übliche, Schuhe und Mantel ausziehen, Kopfbedeckung abnehmen, Foto für die Gesichtserkennung, Rucksackdurchsuchung. Den Rest meines Erdbeer-Fruchtsaftes trank ich, wie geplant, noch aus. Meine halb gefüllte Aluwasserflasche, die im Rucksack lag, nahm mir der Bedienstete nicht ab. Alles musste schnell gehen. Die Nachfolgenden drückten nach, die vor mir Gehenden waren schon enteilt. Ich staunte immer wieder aufs Neue mit welcher Routine die Flugreisenden das ganze Programm absolvierten. Freilich, fast alle waren weitaus jünger als ich. Der größere Teil meines zurückliegenden Lebens hat sich noch in der analogen Welt abgespielt. Die meisten der handytippend hier Herumstehenden waren in der vordigitalen Zeit noch nicht einmal geboren. Nun hatte ich einen langen Weg vor

**192**

mir, um dorthin zu gelangen, wo mein Flugzeug der Lufthansa starten sollte. Es galt die dreistellige Nummer des Abflug-Terminals zu suchen, was einen langen Marsch erforderte. Als ich endlich ankam, sah man überall viele wartende Menschen. So überfüllt wie diesmal, hatte ich den Flugsteig noch nie erlebt.

Es kamen aus dem Lautsprecher Durchsagen in Englisch, die anscheinend mit dem Wintereinbruch und den dadurch ausgelösten Verspätungen, Abflugschwierigkeiten und noch anderen Problemen zu tun hatten. Die links hinter mir stehende junge Dame fragte ich und sie sagte, dass es an München liege, dass der Flieger nicht abheben könne. Die Landebahn sei dort mit Eis bedeckt. Dann wurde gemunkelt, dass auch die Flugzeugflügel vereist wären und das Fliegen unmöglich sei. Die Menschenmenge wurde größer und größer, was bedeutete, dass auch andere Airlines von dem plötzlich eingetretenen eisigen Winterwetter überrascht worden waren.

Mit Leander und Miriam tauschte ich mich per Handy immer wieder aus, schrieb von den Problemen und Ereignissen auf dem Flughafen und dass der Flugverkehr lahm gelegt sei. Ich teilte ihnen vieles im Laufe der Nacht mit, aber noch detailgetreuer ist das Geschehen in meinem vorliegenden Reisebericht nachzulesen.

Neben mir stand eine nicht gerade kleine Gruppe von lachenden, quatschenden, sich über alles Mögliche lustig machenden Männern. Viele hatten Gläser in den Händen und der eine oder andere bog sich immer wieder vor Lachen. Der Sprache nach waren es Bayern, die für eine Party über das Wochenende nach Dublin geflogen waren und nun wieder zurückfliegen wollten. Der sich verzögernde Abflug und der Alkohol bewirkten, dass ihre Sprüche immer

derber, ihr Lachen immer durchdringender und von den am Boden stehenden Flaschen Irish Whiskey immer mal wieder welche umflogen, was weitere Lachsalven erzeugte. Inzwischen standen wir Wartenden, die in die Maschine nach München wollten, schon so lange herum, dass auch die junge Dame rechts hinter mir ganz verzweifelt ihrem Unwillen Ausdruck verlieh, indem sie wütend äußerte, dass sie schon unzählige Male geflogen sei, aber ihr so etwas wirklich noch nie passiert sei. Die johlende Männergruppe fand immer wieder Gründe sich über jede erdenkliche Banalität zu amüsieren.

Endlich kam die Durchsage, dass man unsere Maschine nun betreten dürfe. Wir liefen alle ein Stück über das nasse, teilweise schneebedeckte Rollfeld. Es ging ordentlich zu: Erst sollte der hintere Rumpf des Fliegers gefüllt werden, dann kam die Mitte dran und die Letzten nahmen die vorderen Plätze ein. Meine Sitzplatznummer fand ich auf der Bordkarte und ich war froh, einen Fensterplatz zu bekommen. Die Stewardess sagte mir sofort, dass ich meinen Rucksack nicht vor mich auf den Boden stellen dürfe, da es keinen Vordersitz gebe, sondern rechts vor mir der Notausgang sei und der müsse immer frei bleiben. Die zwei Plätze neben mir waren schnell besetzt. Nun stand die Flugbegleiterin schon wieder vor mir, da ich etwas aus dem Rucksack brauchte, den sie in Gewahrsam genommen hatte. Meine Reisetasche hatte ich oberhalb von mir in ein Fach legen können. Die in gebrochenem Deutsch sprechende Stewardess zeigte nun doch Verständnis für meine höchst unkomfortable Lage und bot mir einen Sitzplatz in einer ganz leeren Dreierreihe an. Sobald ich hier Platz genommen hatte, lobte ich den Erfinder des Smartphones, holte es sogleich hervor und

**193**

schrieb eine WhatsApp an meinen Enkel Nathanael. Es könne noch dauern, bis wir losfliegen würden und welch ein Chaos am Flughafen von Dublin herrsche. Er wollte mich eigentlich heute Abend mit dem Auto in München abholen. Ich war froh weiter vorne zu sitzen und der alkoholisierten, ständig lärmenden bayerischen Männergruppe entflohen zu sein.

Ich schrieb nun Nathanael, dass sich unser Abflug mindestens um eineinhalb Stunden verzögern werde. Wir schrieben hin und her, während die Piloten – auch eine Frauenstimme war zu hören – von Zeit zu Zeit Durchsagen machten. Zunächst ging es darum, eine Enteisungsmaschine aufzutreiben, um das Rollfeld damit vom Eis zu befreien. Endlich war eine solche herangeschafft worden und die Arbeit konnte beginnen. Nathanael war inzwischen am Münchner Airport und verfolgte das Geschehen gleichzeitig online. Die Pilotin gab in Abständen Kommentare von sich, die immer weniger zuversichtlich klangen. Sie entschuldigte sich, dann schöpften wir wieder Hoffnung und so ging es noch einige Zeit weiter. Schließlich erklang aus dem Mund der Pilotin der Satz, dass wir nun doch abheben könnten. Nathanael verfolgte, wie er mir schrieb, das Geschehen auf dem Flightradar. Ich schrieb: „Nun sind wir in der Luft." Die nun folgende Ansage war wieder enttäuschend, da die Meldung kam, dass wir wegen eines Landeverbotes des Innenministeriums nicht in München landen dürften, sondern der Flug umgeleitet würde zu dem Flughafen Köln-Bonn. Ich teilte es gleich Nathanael mit, doch er wusste es bereits. Es tat mir leid, als er mir schrieb, dass er nun nach Hause gehen würde. Ich solle ihm mitteilen, wann ich von Köln nach München fliegen würde. Er würde mich dann abholen.

Nach kurzem Flug landeten wir in Köln, eine Stadt, die ich nur einmal vor sehr langer Zeit besucht hatte. Hier gab es kein Nachtlandeverbot wie in München. Wir stiegen alle aus und befanden uns in einem beinahe menschenleeren Flughafengebäude. Wie es jetzt weitergehen würde, wusste ich nicht. Auch sonst hatte keiner eine Ahnung. Wir gingen alle dorthin, wohin uns einige Beamte schickten. Ich ging, da ich alleine war, hinter den anderen her, und zwar in die erste Etage zu einigen nebeneinanderliegenden Schaltern. Hier konnte man anscheinend seine Beschwerden vorbringen wegen des missglückten Fluges. Ich holte meine Wasserflasche hervor und war dankbar meinen Durst löschen zu können. Auch Müdigkeit beschlich mich, außerdem begann ich nach einer Toilette zu suchen. Dabei stieß ich in der weiten Leere auf eine Reinigungsbedienstete und sie wies mir den Weg. Ich empfand es beinahe als unheimlich in diesen leeren Hallen umherzuirren.

Als ich wieder bei den anderen war, stellte ich fest, dass es weniger geworden waren, da sich manche für eine Zugfahrt nach München entschieden hatten. Der Hauptbahnhof von Köln lag direkt unter dem Flughafen. Hier würde um 7.00 Uhr ein Zug nach München abfahren. Das sagte mir jemand, aber ich zögerte wegen der langen Fahrzeit. Nun stand ich weiterhin vor den Schaltern herum, bis eine junge Frau mich fragte: „Wo wollen Sie denn hin?" Ich sagte es ihr und sie forderte mich auf, ihr meinen Personalausweis zu geben und sie würde mir ein Flugticket besorgen. Ich setzte mich auf eine Bank und wartete ab. Ganz so einfach schien das nun doch nicht zu sein. Ich hörte nur, wie sie in perfektem Englisch per Handy mit jemandem sprach. Andere, meist junge Leute, warte-

**194**

ten auch vor den Schaltern. Ihre Gepäckstücke lagen auf dem Boden hinter ihnen. Sie sprachen miteinander oder mit jemandem, der am Schalter stand. Es war spät geworden, ich verspürte Müdigkeit, aber ich wollte ausharren. Was blieb mir auch anderes übrig? Die junge Dame sprang mit meinem Ausweis in der Hand vor den Schaltern hin und her. Dann kam sie wieder zu mir und meinte, dass es so einfach nicht wäre, ein Ticket für mich nach München zu bekommen. Aber ich bräuchte mir keine Sorgen zu machen, sie würde es schon schaffen. Sie selbst hätte auch noch keines. Die Gruppe, zu der ich ohne es zu beabsichtigen nun auch gehörte, diskutierte wieder miteinander. Sie sprachen über Dinge, die außerhalb meiner Weltsicht lagen. Es ging natürlich um die augenblickliche Lage. Ich vermutete, dass die Lufthansa, mit der wir hierher geflogen waren, Probleme machte, da das Chaoswetter ja nicht die Schuld der Airline sei. Ich trank mein Wasser nicht ganz aus, denn eine halbe Nacht lag noch vor mir. Es würde noch dauern, bis man etwas zu trinken oder auch zu essen kaufen könne.

Es war merkwürdig: Allmählich verschwand meine Müdigkeit und ich fühlte mich so überdreht, das heißt, ich war in einen Zustand geraten, den ich seit sehr langer Zeit nicht mehr erlebt hatte. Inka hieß die neue Bekannte und sie meinte, wir könnten uns doch duzen. Ich verspürte Hunger, da das Essen mit Lees Familie vor vielen Stunden meine letzte Mahlzeit gewesen war. Ja, meinte Inka, die Geschäfte hier würden sehr früh aufmachen. Wir gingen in die Richtung, die mir Inka wies, aber ein Ticket für mich hatte sie noch immer nicht, würde aber noch eines bekommen. Ich wunderte mich wieder einmal, wie weltmännisch und clever diese Frau Probleme

anging. Sie war vielleicht 30 Jahre alt, völlig ungebunden, fliegt übers Wochenende nach Irland für einen Besuch bei ihrer Freundin. Sie hat einen Traumjob bei google an der Donnersberger Brücke in München und verdient fantastisch. Ich dachte zurück an mein eigenes Leben. Ich hatte mit 30 Jahren sechs Kinder und einen um die Kunst ringenden Ehemann. Mit oft klammen Einkünften.

Die Nacht lichtete sich, der Morgen nahte, der Laden wurde geöffnet und wir kauften uns etwas zu essen und zu trinken. Nach dem Essen lief Inka wieder weg zu den anderen, um die Lage zu erkunden und zu klären, wie man an Tickets käme. Meinen Ausweis hatte sie noch immer. Während ich so dasaß, bemerkte ich auf der gegenüberliegenden Bank einen Mann, der gestikulierend mit sich selbst redete, dann aufsprang, in unglaubliches Gelächter verfiel und sich wieder auf die Bank niederwarf. Diese Szene wiederholte sich einige Male. Er redete mit einer anscheinend nur für ihn sichtbaren Person, streckte ihr seine Arme entgegen, bog sich wieder vor Lachen, was ihn schließlich so ermüdete, dass er sich in ganzer Länge auf die Bank hinstreckte. Ich betete für den Menschen, denn trotz des grotesken Auftrittes rührte er mein Herz.

Inka kam plötzlich angelaufen, nahm meine Reisetasche, auch meinen Rucksack auf ihren Rücken, lief los und ich hinterher. Wir sollten zu anderen Schaltern gehen, die Lufthansa hatte geschlossen. Dort standen noch einige unserer Gruppe, laut diskutierend und um ein Ticket kämpfend. Vorhin hatte Inka mich eilig um mein Handy gebeten und einige Zeit später entdeckte ich ihren Namen, ihre Handynummer und kurze Zeit danach fand ich noch die anderen in der WhatsApp unter der Bezeichnung „Reisegruppe Irland". Unglaublich, in was für einer schnelllebigen Zeit sind wir angekommen! Was geschieht da in einer Welt, die im Verborgenen agiert? Ich stehe wieder herum, bis Inka freudig auf mich zukommt und verkündet, dass sie für mich ein Ticket hat. Von den anderen hatte auch jemand eines bekommen. Die Zeit verstrich, um sieben Uhr sollte mein Lufthansa-Flieger nach München abfliegen. Von Köln hatte ich nun nichts gesehen, leider; aber der Kölner Dom war mir aus einer längst vergangenen Zeit in sehr guter Erinnerung. Ein gewaltiger Dom in gotischem Baustil.

Nun hatte ich ein Ticket auf Kosten der Lufthansa. Warum gerade ich? Auch die anderen hatten alle gekämpft. Speziell für mich Inka. Da kam sie lachend zu mir und sagte, dass sie von der Eurowings, die zur Lufthansa gehört, auch ein Ticket bekommen hat. Ich bin sehr froh, dass nun alle bis auf vier eines haben. Ich wünsche von Herzen, dass zu guter Letzt alle noch einen Flug bekommen. Meine Bordkarte hatte Inka in der Hand und gab sie mir. Sie sagte, dass sie eine halbe Stunde später als ich fliegen würde und ich solle mich jetzt beeilen. Wir gingen zusammen zum Einchecken, was hier sehr locker, also mit wenig Kontrolle vonstatten geht. Meine Saftflasche, die ich mir gekauft hatte und sichtbar bei mir trug, interessierte den Beamten nicht. Ich nahm an, dass der Grund für die laxe Kontrolle der Umstand sei, dass es sich um einen Inlandflug handelte. Inka wurde gründlicher kontrolliert.

Nun stand unsere Trennung bevor. Ich dankte Inka von Herzen für ihre Hilfe und spürte, dass ich ihr sagen sollte, dass ich Christin sei. Sie erriet meine Gedanken und entgegnete, dass man auch ein netter Mensch sein könne, ohne gläubig zu sein.

Da musste ich ihr unumwunden recht geben.

Wir winkten uns noch zu, meine Maschine stand flugbereit und ich ging mit vielen anderen über die Rampe in den Flieger. Wer von unserer Irlandgruppe noch hier saß, konnte ich nicht überblicken, da mich plötzlich eine übergroße Müdigkeit befiel. Nur wollte ich Nathanael noch schnell eine E-mail schicken. Plötzlich kam mir der Gedanke, dass ich dem Erfinder des Handys durch meine ablehnenden Haltung Unrecht getan hatte. Was für ein cleverer Mensch muss es doch gewesen sein, in einem so kleinen rechteckigen Gerät eine solche Fülle an Funktionen und Informationen unterzubringen! Trotzdem, bei allem Respekt: Meine ganze Zuneigung konnte ich ihm nicht schenken. Ich nahm also dieses Wunderwerk zur Hand und schrieb Nathanael, dass wir etwa um acht Uhr, bzw. wegen der Zeitverschiebung um neun Uhr in München landen werden. In einem Bruchteil von einer Sekunde kam der Bescheid, dass er mich rechtzeitig abholen werde. Welch liebenswürdiger Enkel, wo er doch erst um ein Uhr nachts zu Hause angekommen war! Immerhin, er hatte heute einen freien Tag. Vor einigen Monaten ist Nathanael von zu Hause ausgezogen und wohnt nun als Mieter in dem Stadtteil Fürstenried.

Inzwischen war die Müdigkeit so heftig geworden, dass ich unverzüglich mit dem Kopf ans Bullauge gelehnt einschlief. Aus meinem tiefen, aber kurzen Schlaf wurde ich beim Landemanöver geweckt, fühlte aber, wie unausgeschlafen ich noch war. Freute mich aber auch auf zu Hause.

An Nathanael schrieb ich, dass ich am Terminal 2 im Bereich B landen würde. Er sagte mir später, dass auf der Tafel „Terminal 2 Bereich E" gestanden habe. Nun saß

**196**

ich auf einer Bank und wartete. Da trat eine Frau von der Irlandgruppe auf mich zu, mit der ich mich schon in Köln ausgetauscht hatte, und berichtete, dass in der allerletzten Minute noch jeder unserer Gruppe ein Flugticket bekam. Gleichzeitig fiel mir Inka ein. Wo mag sie jetzt wohl sein?

Da stand auch schon Nathanael vor mir und hatte gehört, was die Dame gesagt hatte, während ich von Herzen froh war, dass keiner zurückbleiben hatte müssen. Nathanael meinte, dass weder Eis noch Schnee die Ursache für das Nichtlanden in München gewesen seien, der Grund sei vielmehr das bayerische Gesetz des nächtlichen Landeverbotes, das es sonst in keiner anderen deutschen Stadt gebe.

Die freundlichen Mitreisenden, die sich mit auf die Bank gesetzt hatten, wollten sich nun entfernen, aber ich dachte, wir könnten sie doch zum Frühstücken mitnehmen. Aber ich war nicht alleine und Nathanael wollte ins Self-Service-Restaurant, wo wir nicht nur frühstücken, sondern uns auch über meine Erlebnisse in Irland unterhalten würden und dabei hätten meine Mitreisenden seiner Meinung nach stören können. Nathanael hat vor, im Mai mit zwei seiner Geschwister auch nach Irland zu fliegen.

München lag unter einer weißen Schneedecke. Was ich aus den Autofenstern sah und auch spürte, war der heftige Winter- und Kälteeinbruch, der bereits vor einigen Tagen eingesetzt hatte. Mit seinem schicken, großen Wagen fuhr mich mein Enkel nach Hause, trug mir meine Reisetasche in meine Wohnung und mit einem herzlichem Dank meinerseits verließ er mich. Nach kurzem Blick auf die Post, die mir meine Tochter Natascha aus dem Briefkasten heraufgeholt hatte, und nach einem kleinen Lebensmitteleinkauf ganz in der Nähe, bei Edeka, fiel ich auf der Bauernbank in meinem Wohnzimmer in einen tiefen, einige Stunden währenden Schlaf. Hiermit war meine Reise eigentlich zu ihrem Ende gekommen. Doch es gab noch ein Nachspiel.

Erstaunlich schnell war die „Reisegruppe Dublin" – die Namen der Personen, die zu ihr gehörten waren in meinem Handy aufgetaucht – zu dem Entschluss gekommen, wegen der entstandenen Komplikationen sich bei der Lufthansa zu beschweren. Das verwunderte mich sehr. Jeder war gut nach Hause gekommen und wenn alles Geschehen zwischen Himmel und Erde in Gottes Hand liegt, dann sollte doch jeder froh sein über das glückliche Ende. Augenscheinlich forderten die meisten oder sogar alle der Gruppe eine Rückerstattung ihrer Reisekosten. Wie geprägt waren diese jungen Leute vom Zeitgeist und gleichzeitig so gewieft, alle ihnen offenstehenden Möglichkeiten auszuschöpfen, um eine Entschädigung von der Lufthansa durchzusetzen! Den Namen Inka fand ich nicht, aber mir fielen die drei Wörter „In the Garden" auf: Konnte das ihr Familienname sein? Ich hatte zwei Botschaften an die Gruppe ins Handy geschrieben. Es handelte sich um Dankesworte, den Wunsch, sie möchte gut nach Hause kommen und Weihnachtsgrüße.

Kurz nach meiner Rückkehr besuchte mich mein Enkel Isai, der älteste Sohn meines zweitältesten Sohnes Boris. Er ist Auszubildender in einer Internetfirma. Er sagte sehr schnell, da müsse man sich bei der Airline beschweren und das Geld zurückfordern. Also, dachte ich, eine solche Haltung sei völlig normal und entspringe dem Zeitgeist. Ich entgegnete, dass ich froh sei glücklich angekommen zu sein. Außerdem wüsste ich überhaupt nicht, wie man das macht und das solle er bleiben lassen. Er saß schon am Computer und tippte anhand meiner Reiseunterlagen auf dem PC herum. Falls ich wirklich etwas bekommen würde, solle er die Hälfte davon haben. Als Isai wieder hier war, schaute er gleich nach, ob schon Geld von der Lufthansa gekommen sei. Es waren Versprechungen zu lesen, was ihn ermutigte, noch einmal nachzuhaken. Im Handy war zu lesen, dass einige Gruppenmitglieder Geldbeträge bekommen hätten, und zwar zwischen 60 und 250 Euro. Mir waren auch 250 Euro versprochen worden. Das teilte ich per Handy der Gruppe mit, was, siehe oben, meine zweite Botschaft an die Reisegruppe war.

Noch eine Überraschung widerfuhr mir. Gisela, mit der zusammen ich zum Münchner Flughafen gefahren war, wollte mir 50 Euro geben, also die Hälfte meiner Taxigebühr. Zunächst lehnte ich das strikt ab, obwohl ich es sehr liebenswürdig von ihr fand. Aber als sie nicht locker ließ, nahm ich das Geld schließlich an.

Hiermit beende ich den Bericht über meine Reise nach Irland. In Erinnerung bleibt mir das schöne Bild von Irland, das endlose Meer, die Wanderungen auf schmalen Bergpfaden bei Sonne und Wind. Und das sehr fröhliche Beisammensein mit der Familie.

Inzwischen hat mich Leander zum zweiten Mal nach Irland eingeladen. Ich soll ihn und seine Familie im April dieses Jahres noch einmal besuchen. Aliza wird mit mir zusammen nach Deutschland fliegen und eine Woche lang bei mir wohnen. Die Erlebnisse, die mich erwarten, liegen in der Zukunft und für mich noch im Dunkeln. Bis dahin kann nicht nur im großen Weltgeschehen, das nicht nur rosig aussieht, noch vieles passieren. Aber das weiß nur Gott.

Nun beschreibe ich noch den turbulenten Rückreisetag meiner Irlandreise, die im Jahr 2025 stattgefunden hat. Es war der 20. Februar.

Mein Urlaub bei der Familie Leander und Miriam und deren Kindern neigte sich dem Ende zu. Die Tasche, der Rucksack waren gepackt. Noch ein letztes Frühstück, zusätzlicher Reiseproviant, von Miri zubereitet, war im Gepäck verstaut. Madlin blieb zu Hause, Aliza und Samuel stiegen ins Auto, und ich saß vorne neben Leander, der das Auto steuerte.

Ich spürte den Druck, den Aliza, die Siebzehnjährige, ausübte, weil sie eine Freundin treffen wollte. Wir fuhren etwa eine Dreiviertelstunde auf steinigen, kurvenreichen Straßen, mal aufwärts, dann wieder abwärts, vorbei an niedrigen Bäumen, stacheligen Ginstersträuchern und grünen Wiesen, wo Schafe in ihrem dicken, weißen, wollenen Fell weideten.

Lee sagte mir, dass es einen sehr kleinen Flughafen gäbe, direkt am Atlantik, wo einmal täglich ein Flugzeug mit wenigen Passagieren abhebt und direkt zum Flughafen von Dublin fliegt.

Nun werde ich bald auf mich alleine gestellt sein. Bei diesem Gedanken stellte sich bei mir ein flaues Magengefühl ein.

Zehn Tage hatte ich sehr bequem, beinahe ohne eigene Verantwortung verbracht. Dank Miris und Lees Fürsorge.

Der Atlantik lag mit seinem blauen Wasser, der gebirgigen grün-braunen Landschaft und dem hellen breiten Sandstrand vor uns. Es war ein schöner, beinahe sonniger Tag und der für mich letzte in Irland.

Wir gingen ins Fluggebäude zurück, hatten hier noch sehr gut ein zweites Mal gefrühstückt und der Abschied stand bevor. Ich spürte wieder, wie ein Unbehagen sich

**198**

meiner bemächtigte, aber ich wusste, auf Grund der Lage mussten wir uns endgültig voneinander verabschieden.

Noch ein kurzes Winken und die Familie verschwand in ihrem Auto und fuhr über Kurven und Hügel davon.

Nun saß ich wieder auf der Bank in dem großen Gebäude, in dem auch die anderen Fluggäste warteten.

Ein dunkelhäutiges Ehepaar mit zwei sehr kleinen Söhnen setzte sich auf die Bank vor mir. Jeder der beiden Buben hielt ein Handy in seinen kleinen Händen und tippte darauf herum. Sie hielten es mit beiden Händchen fest. Der Vater lachte und scherzte, die Mutter blieb ernst.

Die Zeit verging und nach etwa zehn Minuten standen nach und nach alle Menschen auf und gingen zum Ausgang. Ich fragte einen Mann, der zum Personal gehörte, was los sei. Er sagte, es sei zu viel Wind und das Flugzeug könne nicht abheben. Ich wunderte mich und dachte, Wind ist hier doch immer. Ich war beinahe die letzte, die in den bereitstehenden Kleinbus stieg. Ich war froh doch noch in der zweiten Bankreihe einen Platz zu bekommen. Busreisen habe ich in der Vergangenheit, wenn überhaupt, höchst selten unternommen. Oder habe ich je eine gemacht? Nun war es also anders gekommen, als ich erwartet hatte. Der Herr neben mir dachte vielleicht dasselbe. Ich hoffte, dass wir nicht mehr als drei Stunden bis zum Flughafen in Dublin unterwegs sein würden. Aber da hatte ich mich sehr getäuscht; die Fahrt dauerte knapp sechs Stunden. Mein Rücken schmerzte; ich hatte keine Bewegungsfreiheit, es war heiß, also eine wenig erfreuliche Situation. Nur die Landschaft draußen, Hügel, Dörfer, Berge, Schluchten, Schafe, Wasser - das war alles sehr schön.

Für meinen Abflug nach München war es jetzt zu spät.

Nun musste ich also mit meinen geringen Englischkenntnissen das, was mir bevorstand, alleine bewältigen. Mir fielen meine Reisen in meiner Jugend ein, die meist per Anhalter von statten gegangen waren. Wie leicht und schwerelos hatte ich damals das Leben empfunden!

Ich versuchte an Leander eine Botschaft per Handy zu verschicken, aber mein Handy schickte sie nicht ab. Meinen Nachbarn bat ich mir zu helfen, was er auch tat. Ich wollte Alex, meinem Enkel, mitteilen, dass ich heute nicht mehr nach München fliegen könne, er solle bitte nicht versuchen, mich im Flughafen abzuholen. Wie ich später erfuhr, hatte Lee das, Gott sei Dank, schon erledigt.

Nach etwa fünfeinhalb Stunden Busfahrt erreichten wir Dublin und den Airport. Endlich konnte ich mich wieder bewegen und betrat die beinahe menschenleere, sehr große Flughalle. In einer Ecke saßen an einem Schalter zwei perfekt gestylte Damen. Zu ihnen ging ich und versuchte ihnen meine Situation, von der sie aber schon irgendwie wussten, zu erklären.

Die beiden knöpften mir siebzig Euro ab, wofür blieb mir unbekannt.

Nun kam noch ein junger Mann hinzu, der ein wenig Deutsch sprach.

Ich sollte also in ein Hotel gebracht werden mit Namen „Carlton". Auf dem Bus, der unweit von hier an einem riesigen Busbahnhof abfahren würde, sollte auch das Wort „Carlton" stehen. Der junge Mann brachte mich zum Busbahnhof, zog meine Reisetasche hinter sich her, sprach einige Worte in gebrochenem Deutsch und sagte, dass er für kurze Zeit in Deutschland gewesen wäre. Er musste wieder zurück ins Flughafengebäude und ich hielt Ausschau

**199**

nach meinem Bus mit der Aufschrift „Carlton". Aber einen solchen konnte ich nirgendwo entdecken. Ohne Unterlass fuhren Busse auf diesem höchst unübersichtlichen, riesigen Platz hin und her. Ich sprach eine Dame an, die gleich bereit war mit mir den Bus zu suchen. Schließlich entdeckten wir einen Bus, der relativ klein war und auf dem an der Seite der Name „Carlton" aufgedruckt war. Ich winkte der Dame zu, sie lachte und ich bedankte mich. Sie winkte zurück. Einige Leute standen vor dem Bus, andere stiegen bereits ein. Der Einstieg war so hoch, dass ich Mühe hatte hinaufzukommen. Ein Mann half mir, auch mein schweres Gepäckstück hineinzuheben. Der Bus fuhr los und wackelte bei großer Geschwindigkeit hin und her, kaum dass ich auf meinem Platz saß. Dublin sah ich nur durch die Busscheiben. Es war dämmerig geworden, bunte Lichter von überall her. Die Fahrt dauerte überraschend lang, obwohl der Busfahrer gewaltig aufs Gas drückte - also lag das Hotel in weiter Entfernung.

Wir waren angekommen, meine Reisetasche hob jemand aus dem Bus. Die Riesenstufe überwand ich alleine. Ich betrat das Hotel, in dem viele Menschen standen oder herumsaßen. Ich stellte mich an der Rezeption an und erzählte, soweit wie es mir möglich war, meine Story. Das erledigte sich schnell, weil eine Dame vom Personal sagte, dass hier kein Zimmer mehr frei wäre. Auch der Herr, der einige Meter weit entfernt stand, hatte mir schon angedeutet, dass ich hier kein Zimmer bekommen würde.

Nun musste ich also in ein anderes Hotel gebracht werden. Der Herr, ein Amerikaner, wie ich vermutete, und ein vielgereister Mann, wie er mir erzählte, besaß diese typische amerikanische Lässigkeit eines Menschen, dem nichts Irdisches fremd ist.

Nun stiegen wir wieder in einen sehr leeren Kleinbus, fuhren lange durch die abendliche Peripherie der Großstadt. Rote und gelbe Lichter, wohin man blickte. Geschwindigkeitsbegrenzung scheint es in Dublin nicht zu geben. Trotzdem nahm die Fahrt kein Ende. Der Himmel war rosarot, durchzogen mit blauen Wölkchen dazwischen.

Abrupt blieb der Bus stehen. Die wenigen Leute stiegen hastig aus. Ich war die letzte. Der Ami reichte mir die Hand, damit ich die Riesenstufe hinunterkam.

Am Eingang war diesmal CARLTON Blanchardstown auf einem Schild zu lesen.

Also handelte es sich um eine Hotelkette. Im Foyer war man bereits informiert und eine Dame erledigte die neu entstandenen Formalitäten. Nun sollte ich in den Speisesaal gehen, hatte aber leider sehr wenig Hunger. Bei seelischen Anspannungen vergeht mir meist der Appetit. Ich saß noch nicht lange an meinem Platz, da kam der Chef des Hauses und zeigte mir auf seinem Tablet einen deutschen Text, den Leander geschrieben hatte. Er und Miri hätten sich Sorgen um mich gemacht. Mittlerweile hatten Lee und Miri per Telefon alles geregelt, was wegen des Flugausfalles, auch in finanzieller Hinsicht, nötig war. Ich musste also nichts bezahlen. Wie zuvorkommend von ihnen!

Der Hotelchef nahm das zur Kenntnis und schrieb zurück, dass es mir gut ginge. Die Bedienung kam, ich bestellt eine Flasche Sprudelwasser und eine Gemüsesuppe. Die Suppe war gut, aber in einer sehr kleinen Schüssel; daneben lagen zwei dicke Brotscheiben, die ich nur mit Mühe hinunterwürgte.

Da ich um 3.30 Uhr aufstehen würde müssen, dachte ich daran bald ins Bett zu gehen. Ich wollte einen sehr frühen Flieger nehmen, um schon am Vormittag in München zu sein. Am Samstag hatte ich mich mit Familie Boris und Christine für eine Wanderung verabredet. Ich rief den sehr zuvorkommenden Hotelchef, der auch kam und mir im zweiten Stockwerk mein Zimmer zeigte. Mit einer kleinen grünen Karte, die er vor das Schloss hielt, öffnete er die Zimmertüre lautlos. Wieder eine Neuheit für mich.

Nun stand ich in einem Raum, wie ich ihn mir nobler und neumodischer nicht hätte vorstellen können. Ein riesiges Doppelbett stand beinahe in der Mitte des Raumes, in dem vier Personen hätten Platz gehabt. Ein großer Schmalfernseher befand sich an der Wand am Fußende des Bettes. Ein kleineres Zimmer lag daneben, in dem ein riesiger Fauteuil stand mit einem kleineren Fernseher an der Wand davor. Bei zwei Gästen konnte jeder sein gewünschtes Fernsehprogramm wählen. Es hätte ja unter Umständen sonst Streit geben können.

In dem Badezimmer befanden sich außer einer Wanne eine Extradusche und viele Spiegel. Von allen Seiten blitzte und funkelte es.

Ich wollte schnell ins Bett, da ich sehr zeitig aufstehen musste. Ich sollte telefonisch geweckt werden, aber das hat, aus welchen Gründen auch immer, nicht geklappt. Wegen meines sehr leichten Schlafes wäre es auch nicht nötig gewesen und ich wurde von selber wach.

Ich beeilte mich, es war noch dunkel und sehr früh. Ich verließ lautlos mein Zimmer. Die grüne Karte ließ ich am Schloss stecken und ging über den Flur und suchte eine Treppe. Aber die fand ich nirgendwo. Also musste ich mit dem Lift vorliebnehmen. Am Tresen stand zu dieser frühen Morgenstunde ein müde dreinblickender Mann, den ich bat mir ein Taxi zu rufen. Auch die

versprochene Frühstückstüte gab er mir. Das Taxi kam, ich stieg ein und wir fuhren in Richtung Flughafen. Das war eine schnelle und wackelige Taxifahrt mit vielen Kurven und einem kräftig gebauten, grobschlächtigen Iren als Chauffeur. Er stellte unterwegs nur ein Frage, nämlich ob ich zu Terminal 1 oder Terminal 2 wolle. Gott sei Dank hatte mir Leander gestern noch per Handy Terminal zwei eingeschärft.

Wir waren am Ziel, der Taxifahrer stieg aus, lief um das Auto herum und verlangte 35 Euro. Ich holte das Portemonnaie aus meiner Umhängetasche und gab ihm den Betrag. Er musste wieder ums Auto herumgehen, da in Irland Rechtsverkehr herrscht.

Hier begann nun die Suche nach meinem Gate mit Flugziel Munich.

Das war nun ein Bergauf-und-bergab-Gerenne. Ich musste oft fragen. Die Nummern auf der Gate-Anzeige erreichten eine Zahl weit über 200. Quergänge, dann wieder Treppen hinauf und hinab, nicht immer mit Rolltreppe. Also kam noch Schlepperei hinzu. Das nächste Mal, dachte ich, würde ich meine rotgetupfte Reiseziehtasche lieber aufgeben. Was aber bei meiner diesmaligen Irrfahrt gar nicht möglich gewesen wäre.

Schließlich gelangte ich an die zu meinem Gate mit der dreistelligen Nummer gehörige Abfertigungsstelle, auch Munich stand auf einem Schild. Nun erfolgte die Körper- und Sachkontrolle. Einer der Grenzbeamten nahm zunächst die gefüllte Wasserflasche aus meinem Rucksack. Dann prüfte er den Inhalt und gab sie mir mit Inhalt wieder zurück. Er hatte irgendwie Freude daran, dass ich aus München kam. Er redete alles Mögliche, auch einige deutsche Worte waren dabei. Lachend redete er weiter, bis er nach meinem Namen fragte und den sich irgendwie einprägen wollte, indem er ihn mehrmals wiederholte. Ich musste weiter, andere drängten nach und schließlich erreichte ich nach weiterem Auf und Ab und Hin und Her das Gate mit der Aufschrift Munich.

Es saßen schon etliche Reisende auf den Bänken, aber Zeit um mir einen Kaffee zu kaufen hatte ich noch. Es schienen nur Iren zu sein. Kein deutsches Wort.

Nun öffnete ich die Tüte mit dem Proviant und begann das Gebäck zu essen, trank den Kaffee dazu und innerlich war ich sehr froh, alle Hürden hinter mich gebracht zu haben. Nach etwa einer halben Stunde wurde das Gate geöffnet und wir wurden aufgefordert über die Gangway zum Flugzeug zu gehen. Die Frau am Gang, die den Personalausweis anschaute, sagte lachend zu mir: „We missed you yesterday." Ich war überrascht, wie kann ein Mensch an einem Ort, wo täglich Millionen Personen hindurchgehen, vermisst werden? Ja, in unserer Zeit geht so schnell keiner verloren. Ich

saß im Flugzeug in der zweiten Reihe am Fenster. Der Platz neben mir war frei. Am Gang saß ein junger Mann, der seine Mütze über das Gesicht gezogen hatte und schlief. Auch ich verspürte Müdigkeit, was auf Grund der Strapazen, die ich hinter mir hatte, nicht verwunderlich war. Auch ich schlief ein.

Nach etwa zwei Stunden erblickte ich kleine Dörfer mit Kirche, grüne Wiesen und grünbraune Felder. Schon hopste das Flugzeug über das Rollfeld. Es blieb stehen und alle Passagiere stiegen in einen Bus, der uns dorthin brachte, wo man den Münchener Flughafen verlässt. Es war etwa 10 Uhr.

Als ich hinausging, sah ich meinen Enkel Alex, er lachte, ich lachte und er umarmte mich. Wir gingen zu seinem Auto, er entrichtete die Parkgebühr, wir stiegen ein und Alex brachte mich nach Hause.

März 2025, Monika Prem

**202**